Rumo a uma cobertura universal de saúde e
equidade na América Latina e no Caribe

DIREÇÕES NO DESENVOLVIMENTO
Desenvolvimento Humano

Rumo a uma cobertura universal de saúde e equidade na América Latina e no Caribe

Evidência de países selecionados

Tania Dmytraczenko e Gisele Almeida, editoras

GRUPO BANCO MUNDIAL

Organização
Pan-Americana
da Saúde

Organização
Mundial da Saúde
ESCRITÓRIO REGIONAL PARA AS **Américas**

Conteúdo

Capítulo 3   **Políticas de cobertura universal de saúde na América Latina e Caribe**

Figuras

Tabelas

Prefácio

Nos últimos vinte e cinco anos, os países da América Latina e do Caribe (ALC) têm experimentado um aumento da renda, com correspondentes reduções nos níveis de pobreza. Ao mesmo tempo, os países alcançaram melhorias na saúde e no bem-estar para todos os segmentos da população: a expectativa de vida tem aumentado significativamente, mais crianças chegam ao seu primeiro e quinto aniversário, e menos mães falecem por complicações durante o parto. Não obstante, persistem iniquidades de saúde entre os países e dentro dos mesmos, e alguns dos resultados de saúde continuam inaceitáveis, o que desafia os sistemas de saúde a desenvolverem abordagens inovadoras que melhorem sua capacidade de resposta e atendam às necessidades da população que estão em constante mudança.

A cobertura universal de saúde encontra-se no centro da agenda pública global de saúde nos últimos anos. Como uma das metas abrangentes dos sistemas de saúde, a cobertura universal de saúde oferece aos países um caminho para avançar no esforço de lidar com necessidades não atendidas e iniquidades em saúde. O Banco Mundial tem adotado a cobertura universal de saúde como parte da sua missão de eliminar a pobreza absoluta até o ano 2030 e aumentar a prosperidade compartilhada. A Organização Pan-Americana da Saúde (OPAS) adotou em outubro de 2014 uma Estratégia Regional para o Acesso Universal à Saúde e Cobertura Universal de Saúde, que expressa o compromisso dos países membros da OPAS de fortalecer os sistemas de saúde, expandir o acesso a serviços de saúde integrais e de qualidade, assegurar proteção financeira e adotar políticas abrangentes e integradas para tratar dos fatores determinantes sociais da saúde e iniquidades em saúde.

Durante os últimos dois anos, o Banco Mundial e a OPAS têm trabalhado em conjunto para examinar as políticas e iniciativas na ALC voltadas para a consecução da cobertura universal de saúde. Este relatório é resultado desta colaboração. Inclui contribuições de profissionais de ambas as instituições e recebeu apoio de pesquisadores de vários países da região. O relatório apresenta informações sobre as diferentes abordagens e o progresso feito durante os últimos vinte e cinco anos pelos países selecionados para aumentar a cobertura da população, os serviços oferecidos e a proteção financeira, especialmente com ênfase na redução de iniquidades na saúde.

Este relatório mostra que os países têm feito um progresso significativo rumo à cobertura universal de saúde, com a ampliação da cobertura da população e do acesso aos serviços de saúde, um aumento dos gastos públicos em saúde e uma diminuição dos desembolsos diretos que podem resultar em gastos catastróficos e no empobrecimento de muitos lares. Na maioria dos países, tem sido observada uma expansão nos serviços de saúde, incluindo serviços preventivos, clínicos e especializados, e o uso desses serviços tem se tornado mais equitativo ao longo dos anos. A diferença entre os ricos e os pobres tem diminuído em vários resultados de saúde cruciais. Mas apesar dos avanços, ainda há muito que se fazer para eliminar a iniquidade entre ricos e pobres e abordar os novos desafios no campo da saúde na região.

À medida que muitos países na ALC adotam políticas, planos e estratégias para avançar rapidamente rumo ao acesso universal à saúde e à cobertura universal de saúde, será necessário realizar de maneira continua avaliações do progresso conseguido para assim obter a base de evidência necessária para desenvolver políticas e processos decisórios em nível nacional. Deve-se dar prioridade à análise de fatores críticos tais como a governança e administração da saúde, a participação social e a prestação de contas, a equidade no acesso a serviços de qualidade, o financiamento da saúde e uma abordagem intersetorial para lidar com os fatores determinantes sociais de saúde, entre outros.

As políticas e estratégias nacionais que promovem o acesso universal à saúde e à cobertura universal de saúde devem estar firmemente ancoradas na premissa de que usufruir dos níveis mais altos possíveis de saúde é um dos direitos fundamentais de todo ser humano. Este relatório reafirma que as políticas orientadas a promover a cobertura universal de saúde podem melhorar a equidade, promover o desenvolvimento e aumentar a coesão social, proporcionando dessa forma melhor saúde e bem-estar para todos.

Carissa Etienne
Diretora
Organização Pan-Americana da Saúde

Jorge Familiar
Vice-presidente para a Região
da América Latina e Caribe
Banco Mundial

James Fitzgerald
Diretor do Departamento de
Sistemas e Serviços de Saúde
Organização Pan-Americana da Saúde

Tim Evans
Diretor Sênior da Prática Global de
Saúde, Nutrição e População
Banco Mundial

Agradecimentos

O presente relatório é o resultado de mais de dois anos de esforço colaborativo entre o Banco Mundial e a Organização Pan-Americana da Saúde (OPAS). Ambas as organizações adotaram a cobertura universal de saúde como parte integrante de seu trabalho de fortalecer os sistemas de saúde e melhorar a saúde da população mundial. Os estudos realizados para este relatório ampliam e complementam os trabalhos realizados sob o projeto EquiLAC da OPAS.

A equipe técnica foi liderada por Tania Dmytraczenko, da Prática Global de Saúde, Nutrição e População do Banco Mundial, e Gisele Almeida, do Departamento de Sistemas de Saúde e Serviços da Organização Pan-Americana da Saúde. Os outros integrantes da equipe são Heitor Werneck, analista de pesquisas; Eleonora Cavagnero, economista; Magnus Lindelow, líder de programa; Fernando Montenegro Torres, economista sênior; Evan Sloane Seely, associado profissional júnior; e Steven Kennedy, editor, com apoio logístico e administrativo de Marize de Fátima Santos, Claudia Patricia Pacheco Florez e Isadora Nouel, assistentes administrativas. O trabalho foi realizado sob a orientação útil de Joana Godinho, gerente de práticas, Prática Global de Saúde, Nutrição e População do Banco Mundial; e James Fitzgerald, diretor, Departamento de Sistemas e Serviços de Saúde da OPAS.

Este estudo partiu de uma proposta desenvolvida por Joana Godinho e Christoph Kurowski. Foi apresentado ao Escritório do Economista-Chefe para América Latina e Região do Caribe do Banco Mundial em julho de 2011. Os autores agradecem ao economista-chefe, Augusto de la Torre, assim como a Tito Cordella por sua aprovação e financiamento. Também agradecemos a Daniel Lederman por haver orientado o trabalho até a sua conclusão e a Adam Wagstaff por iniciar a colaboração interinstitucional.

O presente relatório está baseado em outros trabalhos de referência encomendados e realizados por Flávia Mori Sarti, Terry Macedo Ivanauskas, Maria Dolores Montoya Diaz, Antônio Carlos Coelho Campino (Brasil), Guillermo Paraje, Felipe Vásquez (Chile); Fernando Ruiz, Teana Zapata Jaramillo (Colômbia); James Cercone, Silvia Molina (Costa Rica e Guatemala); Ewan Scott (Jamaica); John Scott, Yadira Díaz (México); Martín Valdivia e Juan Pablo Ocampo (Peru). Também se usou informação contida em trabalhos desenvolvidos sob a liderança de Daniel Cotlear para a série Estudos de Cobertura de Saúde Universal (UNICO) por Rafael Cortez, Daniela Romero (Argentina); Bernard Couttolenc,

Tania Dmytraczenko (Brasil); Ricardo Bitran (Chile); Fernando Montenegro Torres (Costa Rica e Colômbia); Oscar Bernal-Acevedo (Colômbia); Christine Lao Pena (Guatemala); Shiyan Chao (Jamaica); María Eugenia Bonilla-Chacín, Nelly Aguilera (México); e Pedro Francke (Peru).

O estudo beneficiou-se também das notáveis contribuições de Joana Godinho, Margaret Grosh, Adam Wagstaff, Caryn Bredenkamp, Leander Buisman, Michele Gragnolati, Alexo Esperato, Oce Ozcelik, Molly Bode, Victor Valdívia, Javier Vasquez, Maria Eugenia Bonilla-Chacín, Shiyan Chao, Katharina Ferl, André Medici, Christine Lao Pena, Fernando Lavadenz, Sunil Rajkumar, Vanina Camporeale, Luis Orlando Perez e Dov Chernichovsky, assim como pelos revisores-pares Tim Evans, James Fitzgerald, Christian Baeza, Daniel Cotlear, Amalia Del Riego, Pablo Gottret, Jack Langenbrunner, Akiko Maeda, Jed Friedman, Carlos Ocke-Reis e Cristian Morales. Também agradecemos a Zurab Sajaia pelo apoio técnico relacionado como o *software* ADePT.

Sobre os colaboradores

Sobre as editoras

Tania Dmytraczenko, economista sênior, trabalha na Prática Global de Saúde, Nutrição e População do Banco Mundial e tem vasta experiência como pesquisadora e assessora técnica em políticas de saúde, financiamento para saúde e fortalecimento de sistemas de saúde na América Latina, África e Ásia. Antes de trabalhar no Banco Mundial, era pesquisadora associada da Abt Associates, onde prestava assistência técnica à Agência dos EUA para o Desenvolvimento Internacional (USAID), à Organização Mundial da Saúde, ao Fundo de População das Nações Unidas e ao Programa Conjunto da ONU em projetos de HIV/AIDS. Antes disso, ocupava posição conjunta no Departamento de Economia e no Centro da Estudos Latino-americanos da Universidade de Tulane em Nova Orleans, estado da Louisiana. Possui um doutorado em economia pela Universidade da Carolina do Norte em Chapel Hill.

Gisele Almeida é assessora em análise de sistemas e serviços de saúde, assim como coordenadora do projeto EquiLAC da Organização Pan-Americana da Saúde/Organização Mundial da Saúde em Washington, DC, onde presta cooperação técnica aos países membros sobre processos de monitoramento e avaliação, uso de evidência em políticas públicas e avaliação de desempenho de sistemas de saúde. Possui larga experiência em pesquisas de sistemas de saúde, ferramentas de gestão de serviços de saúde, métodos de avaliação e gestão de projetos. Recebeu seu doutorado em saúde pública, com especialidade em políticas de saúde e mestrado em gerenciamento de informação na Universidade George Washington. Já publicou artigos em vários livros e revistas científicas.

Sobre os autores

Airlane Alencar tem mestrado e doutorado em estatísticas do Instituto de Matemáticas e Estatísticas da Universidade de São Paulo, Brasil. É professora de estatística na mesma instituição e especialista em análises de séries temporais. Tem trabalhado como assessora do Ministério de Saúde do Brasil nos campos de análise de dados e análises de tendências temporais. Também trabalhou como consultora na Organização Pan-Americana da Saúde em análises estatísticas de tendências em pneumonia e influenza em vários países das Américas.

Adam M. Aten é pesquisador do Centro Engelberg para Reforma dos Cuidados de Saúde da Brookings Institution, especialista em desenvolvimento de evidência e inovação biomédica dessa mesma instituição. Antes de trabalhar no Brookings, era funcionário público no Departamento de Saúde e Serviços Humanos dos EUA, trabalhando nas áreas de seguro de saúde para populações de baixa renda, sistemas de informação digital e gerenciamento de informação e custo-efetividade de programas de saúde pública. Recebeu mestrado em saúde pública na Universidade de Des Moines, no estado de Iowa, e mestrado em economia da saúde na Escola de Pós-graduação em Economia de Barcelona, na Espanha. Também realizou trabalho de pós-graduação em informática de saúde pública na Universidade Johns Hopkins.

Eleonora Cavagnero, economista, começou a trabalhar no Banco Mundial em 2010. Trabalhou no Sul da Ásia, na região da América Latina e Caribe. Antes de vir para o Banco Mundial, trabalhou seis anos no Departamento de Financiamento de Sistemas de Saúde da OMS, em Genebra. Tem publicado extensivamente, incluindo livros e artigos em periódicos revisados por pares sobre financiamento da saúde, fortalecimento de sistemas de saúde e o impacto dos gastos com saúde na pobreza e aspectos socioeconômicos, entre outros assuntos. Tem nacionalidade argentina e possui doutorado pela Universidade de Antuérpia, na Holanda.

James A. Cercone, presidente e fundador da *Sanigest International*, é economista matemático pela Universidade de Michigan. Há mais de 20 anos, trabalha intensamente com o Banco Mundial, Banco Interamericano de Desenvolvimento (BID) e outras organizações em uma ampla gama de projetos nos setores social e público. Sua experiência abrange mais de 60 países no desenvolvimento de sistemas de saúde, reformas aos sistemas de seguro e financiamento de saúde, estabelecimento de normas de monitoramento e avaliação, análises econômicas e avaliações de impacto. Com frequência, profere palestras e publica extensivamente sobre reforma do setor público, desenho e implementação de sistemas de seguro, mecanismos de alocação de recursos, gestão hospitalar, contratação e monitoramento e avaliação.

Yadira Díaz, doutoranda em economia no Instituto para Pesquisas Sociais e Econômicas na Universidade de Essex, na Inglaterra tem interesse em temas relacionados à pobreza, com ênfase nos métodos de pesquisas quantitativas. Nos últimos 14 anos, trabalhou na Colômbia e em outros países latino-americanos e caribenhos. Tem conhecimento especializado em áreas referentes ao desenho de ferramentas para a medição da pobreza e desigualdade, ao estudo do impacto da reforma do sistema de saúde da Colômbia no uso dos serviços de saúde e na situação de saúde, ao desenho de avaliações de impacto das políticas de saúde.

Tem sido também consultora para o governo de vários países em desenvolvimento, assim como organizações internacionais.

Magnus Lindelow é coordenador do programa do Banco Mundial em saúde, educação, proteção social e pobreza no Brasil. É doutor em economia pela Universidade de Oxford, na Inglaterra. No Banco Mundial, tem trabalhado em projetos e pesquisas em várias regiões, entre elas na África, Ásia Oriental e, mais recentemente, América Latina. Publicou vários livros e artigos sobre reformas do sistema de saúde, questões de distribuição no setor de saúde, finanças públicas, prestação de serviços, pobreza e outros temas. Antes de chegar ao Banco Mundial, atuou como economista no Ministério de Planejamento e Finanças em Moçambique.

Daniel Maceira, doutor em economia pela Universidade de Boston, nos EUA, é pesquisador sênior no Centro para os Estudos do Estado e Sociedade, pesquisador independente do Conselho Nacional de Pesquisa Científica e Tecnológica e professor do Departamento de Economia da Universidade de Buenos Aires, assim como em diferentes programas de pós-graduação na América Latina. Colabora com o Banco Mundial, Organização Pan-Americana da Saúde, Organização Mundial da Saúde, Programa das Nações Unidas para o Desenvolvimento (PNUD), Fundo das Nações Unidas para a Infância (UNICEF), Comissão Econômica para América Latina e Caribe, Banco Interamericano de Desenvolvimento, Agência dos EUA para o Desenvolvimento, Fundação Interamericana, Fundação Gates, Rede de Desenvolvimento Global e Fundo Global. Possui inúmeras publicações revisadas por pares e é coordenador de projetos de pesquisa na América Latina e em outros países em desenvolvimento.

Fátima Marinho graduou-se em medicina na Universidade Federal do Rio de Janeiro e obteve mestrado e doutorado em medicina preventiva e epidemiologia pela Universidade de São Paulo, onde atuou como pesquisadora médica até ser nomeada coordenadora para análises epidemiológicas do Ministério de Saúde do Brasil. De 2008 a 2012, trabalhou na Organização Pan-Americana da Saúde em Washington, DC, e continua como assessora do Observatório Regional de Saúde da OPAS. Em 2014, regressou ao Ministério de Saúde do Brasil e atualmente fornece assistência técnica no Projeto Carga de Doença e no fortalecimento do sistema de estatísticas vitais do Brasil.

Silvia Molina é economista da Universidade Nacional da Costa Rica, com extensa experiência nas áreas de planejamento, contabilidade, controles internos, pesquisas em gestão de risco e estatística. Como parte da equipe de consultores da *Sanigest International*, colabora na pesquisa, análise de avaliação comparativa, preparação de documentos técnicos, planejamento de levantamentos e trabalho de campo, monitoramento e avaliações. Tem apoiado projetos em saúde, educação, financiamento de saúde, monitoramento e avaliações, avaliações de impacto, equidade, AIDS, reforma de sistemas de saúde e cobertura de seguro na América

Rumo a uma cobertura universal de saúde e equidade na América Latina e no Caribe
http://dx.doi.org/10.1596/978-1-4648-0920-0

Latina e no Caribe, Ásia e Europa Oriental. Também trabalha no Sistema de Gestão de Qualidade da empresa.

Fernando Montenegro Torres, economista sênior e médico, trabalhou para várias organizações internacionais em políticas e projetos de cobertura universal de seguros, incluindo a liderança do portfólio do setor de saúde do Banco Mundial na Colômbia, Costa Rica e República Dominicana. É médico formado pela Universidade Central do Equador, com mestrado em sistemas de saúde pela Universidade de Heidelberg, e com mestrado e doutorado em economia da saúde pela Universidade Johns Hopkins, em Baltimore. Dirige um programa baseado em resultados para doenças não transmissíveis e uma subvenção do Fundo Fiduciário Nórdico para o direito à saúde. Membro da equipe multissetorial do Banco Mundial sobre novas ferramentas digitais para sistemas de informação no setor social.

Flávia Mori Sarti é professora de economia aplicada à gestão de políticas públicas na Universidade de São Paulo desde 2006. Suas áreas de pesquisa são economia da saúde (com ênfase em saúde pública e políticas de nutrição) e modelagem de sistemas complexos (com ênfase na avaliação de sistemas de saúde). Seus principais projetos de pesquisa incluem avaliação de tecnologia da saúde, segurança alimentar, políticas públicas de saúde e nutrição e avaliação econômica. É bacharel em economia e em nutrição e tem doutorado em Nutrição Humana Aplicada pela Universidade de São Paulo.

Saskia Nahrgang é assessora em saúde pública no escritório regional da Organização Mundial da Saúde na Europa. Estudou medicina na Universidade Ruperto Carola em Heidelberg, Alemanha, e tem mestrado em saúde pública pela Universidade Johns Hopkins, em Baltimore. No Banco Mundial, tem atuado como especialista em reformas de sistemas de saúde, prestação de serviços e doenças crônicas não transmissíveis. Também trabalhou em projetos no Brasil, na Nicarágua e no Panamá. Nos últimos anos, tem participado do desenho e avaliação de programas no setor da saúde, planejamento de políticas de saúde e trabalhos de pesquisa na Albânia, Burkina Faso, Geórgia, Nepal, Tanzânia, Turquemenistão e Uzbequistão.

Guillermo Paraje é economista com especialização nas áreas de desenvolvimento e economia da saúde. Antes de chegar à Universidade Adolfo Ibañez, no Chile, passou três anos como economista na Organização Mundial da Saúde. É consultor para diferentes organizações internacionais e ministérios de saúde nacionais, publicou vários artigos sobre temas relacionados com economia da saúde e fez apresentações em conferências internacionais. Além disso, dirigiu equipes de pesquisa internacionais financiadas pelo Centro de Pesquisa para o Desenvolvimento Internacional (IDRC). Recentemente, fez parte do Comitê Presidencial de Assessoramento para a Reforma do Setor de Saúde Privada no Chile. Tem doutorado em economia pela Universidade de Cambridge, na Inglaterra.

Fernando Ruiz é o vice-ministro de Saúde Pública e Serviços de Saúde da Colômbia. Foi diretor do Cendex, um centro de pesquisa de serviços de saúde na Universidade Javeriana em Bogotá, Colômbia, e cofundador da Associação Colombiana de Economia da Saúde. Já trabalhou no desenho, gestão e avaliação de projetos de saúde na Colômbia e em outros países da América Latina. Recebeu um mestrado em saúde pública pela Escola de Saúde Pública de Harvard, tem mestrado em economia da saúde e doutorado em saúde pública pelo Instituto Nacional de Saúde Pública no México.

Ewan Scott é doutor em economia de alimentos e recursos pela Universidade da Flórida, e é professor no Departamento de Economia da Universidade das Índias Ocidentais em St. Augustine desde o ano 2001. Seus interesses em pesquisa abrangem uma ampla gama de temas relacionados com economia da pobreza, trabalho, finanças públicas e saúde. Colabora ativamente com pesquisadores em outras disciplinas, tais como medicina e agricultura.

John Scott é professor e pesquisador no Departamento de Economia do Centro de Pesquisa e Docência Econômica na Cidade do México. Também é pesquisador acadêmico no Conselho Nacional de Avaliação de Política de Desenvolvimento Social, instituição pública responsável pela medição da pobreza e avaliação de programas sociais no México. É bacharel em filosofia pela Universidade de Nova York e tem mestrado em economia e estudos de doutorado pela Universidade de Oxford, na Inglaterra. Suas principais áreas de pesquisa incluem a incidência da distribuição dos gastos sociais, análise de pobreza e desigualdade, avaliação de políticas sociais, e políticas de desenvolvimento rural e em saúde.

Evan Sloane Seely tem mestrado em saúde pública pelo Dartmouth College em Hanover, estado de New Hampshire, e é profissional em saúde no Banco Mundial, com experiência de trabalho nas áreas de obesidade infantil e de adolescentes e em estados frágeis. É membro da equipe de Saúde para América Latina e o Caribe do Banco Mundial desde 2013.

Martin Valdivia tem doutorado em economia aplicada pela Universidade de Minnesota, nos EUA, e é atualmente pesquisador sênior do Grupo de Análise para o Desenvolvimento em Lima, Peru, e diretor do escritório para América Latina da Rede de Pesquisa sobre Pobreza e Política Econômica. Trabalha com temas de desenvolvimento econômico e realizou vários estudos sobre os fatores determinantes sociais da saúde, dos quais os mais recentes se concentram em assuntos como os efeitos de longo prazo das recessões econômicas sobre a saúde infantil e o papel da cultura para explicar padrões de gravidez na adolescência. Também é membro ativo de associações profissionais como a Associação Econômica para América Latina e o Caribe e a Rede Global de Desenvolvimento (GDN).

Heitor Werneck é formado em odontologia pela Universidade Federal do Rio de Janeiro, com sete anos de experiência clínica em comunidades carentes no Brasil. Tem mestrado em saúde pública pela Escola Nacional de Saúde Pública, no Brasil, fazendo atualmente doutorado em saúde pública na Universidade George Washington, nos EUA. Como parte de seu trabalho de doutorado, atuou como assistente de pesquisa no projeto EquiLAC na Organização Pan-Americana da Saúde. É servidor público da Agência Nacional de Saúde do Brasil, agência federal que supervisiona o seguro privado de saúde no país.

Siglas e abreviações

ALC	América Latina e o Caribe
BID	Banco Interamericano de Desenvolvimento
CONAPO	Conselho Nacional de População
DHS	Pesquisa Nacional Sobre Demografia e Saúde
DNT	Doenças não transmissíveis
DUDH	Declaração Universal de Direitos Humanos
GTS	Gasto total em saúde
IC	Índice de concentração
IH	Índice de iniquidade horizontal
IHME	Instituto de Medição e Avaliação em Saúde
MdS	Ministério de Saúde
NHF	*National Health Fund*
OCDE	Organização para a Cooperação e o Desenvolvimento Econômico
ODM	Objetivo de Desenvolvimento do Milênio
OMS	Organização Mundial da Saúde
OPAS	Organização Pan-Americana de Saúde
OSC	Organização da Sociedade Civil
PEC	Programa de Extensión de Cobertura
PIB	Produto interno bruto
PIDESC	Pacto Internacional de Direitos Econômicos, Sociais e Culturais
PPA	Paridade de poder aquisitivo
SAA	Saúde autoavaliada
SRO	Sais de reidratação oral
USAID	Agencia dos EUA para o Desenvolvimento Internacional

Resumo

Reconhecendo e exercendo o direito à saúde

Nas últimas três décadas, muitos países da América Latina e do Caribe reconheceram que a saúde é um direito do ser humano e vêm atuando com base neste reconhecimento. Vários introduziram alterações na constituição para garantir a seus cidadãos o direito à saúde.[1] A maior parte desses países ratificou convenções internacionais que definem a implementação gradual e equitativa do direito à saúde como um dever do Estado.[2] Fundamentadas na estrutura jurídica ampliada que regulamenta esses novos direitos, novas demandas têm surgido no sentido de que os sistemas de saúde passem a ser mais ágeis na prestação de serviços de saúde a preços acessíveis que atendam às necessidades da população. Dessa forma, os países têm implementado políticas e programas destinados a alcançar a cobertura universal de saúde, ou seja, assegurar que todos possam obter os serviços que necessitam sem enfrentar dificuldades financeiras indevidas.

Um elemento-chave dessas políticas tem sido a preocupação com uma maior equidade. Embora a América Latina e o Caribe tenham obtido ganhos enormes em termos de resultados de saúde no último século, desigualdades em saúde persistem entre os países e mesmo dentro deles. Na maioria dos países da região, os pobres têm maior probabilidade do que os ricos de ter problemas de saúde e menos probabilidade de utilizar os serviços básicos de saúde, tais como cuidados preventivos necessários para evitar esses problemas, bem como detectar doenças precocemente. Ao mesmo tempo, a mudança do perfil demográfico e epidemiológico da região – particularmente o envelhecimento populacional e a mudança da carga das doenças para doenças crônicas, que vêm aumentando em todos os grupos de renda – cria maior demanda por serviços de saúde.

O enfoque na equidade não é exclusivo do setor de saúde. Na última década, a América Latina e o Caribe, região há muito assolada por desigualdades persistentes na distribuição da riqueza, tem presenciado uma transformação social drástica. As políticas sociais que abrangem reformas no setor de saúde têm sido implementadas em um contexto de redemocratização e crescimento econômico estável que trouxeram consigo um aumento da renda, redução acentuada da pobreza e diminuição da desigualdade econômica na maior parte dos países.

Uma classe média em ascensão e um eleitorado fortalecido têm exigido investimentos maiores e mais eficazes em saúde e em outros setores sociais, os quais, uma vez realizados, têm o potencial de aumentar o capital humano e impulsionar um maior crescimento e redução da pobreza, criando um círculo virtuoso. (Ferreira *et al.* 2013)

Ficou claro mediante pesquisa anterior (Savedoff *et al.* 2012), sendo confirmado pelas conclusões deste relatório, o fato de volumes maiores de financiamento conjunto e um enfoque na equidade serem condições necessárias para progredir no sentido da cobertura universal de saúde. Todos os países do estudo registraram aumento do financiamento público para a saúde como parcela do produto interno bruto (PIB), e a maioria ampliou a cobertura de seus esquemas de agrupamento de seguro de saúde, que são em grande parte, senão totalmente, financiados por receitas gerais que priorizam ou põem foco explicitamente em grupos sem capacidade de pagamento. Na maioria dos países, o compromisso político traduziu-se não somente em maiores alocações orçamentárias, mas também na aprovação de legislação que insula o financiamento à saúde mediante o estabelecimento de níveis mínimos de gastos no setor, vinculação ou destinação de impostos para a saúde. Mesmo os países que não adotaram tais medidas permanentes afastaram-se parcialmente de orçamentos baseados em receitas e rubricas e voltaram-se para transferências per capita, às vezes oriundas de cálculos de custo atuariais. Esses mecanismos são notórios por reduzirem a incerteza no financiamento.

Da fragmentação à cobertura universal de saúde

Historicamente, a maioria dos países da região tem mantido um sistema de dois níveis de atendimento de saúde: um para as pessoas empregadas no setor formal e outro, proporcionado pelo ministério da saúde, para os pobres e não segurados (Baeza e Packard 2006). Nas décadas de 1980 e 1990, vários países (começando com o Chile, Costa Rica, Brasil e Colômbia) adotaram reformas para minimizar a fragmentação dos serviços de saúde criados por sistemas de dois níveis. Desde então, a Argentina, Guatemala, Jamaica, México, Peru e Uruguai implementaram um conjunto muito mais amplo de políticas para melhorar os incentivos e a estrutura de governança com o objetivo de aumentar a eficiência e ampliar o acesso à assistência de saúde, especialmente entre as pessoas de baixa renda e as pessoas em risco de cair na pobreza devido aos custos dos serviços de saúde. Estão surgindo também novos incrementos às políticas nos primeiros países que introduziram reformas: Brasil, Chile, Colômbia e Costa Rica.

Após quase um quarto de século de experiências com reformas para fomentar a cobertura universal de saúde na América Latina e no Caribe,[3] este é um bom momento para fazer uma avaliação do progresso alcançado para melhorar a saúde da população e o acesso aos serviços de saúde, a qual se torna particularmente oportuna à luz do impulso global recebido por esta agenda com a publicação do Relatório Mundial da Saúde, *Financiamento de Sistemas de Saúde: O Caminho para a Cobertura Universal* (Organização Mundial da Saúde 2010). A adoção em 2011 da resolução WHA 64.9 da Assembleia Mundial da Saúde instando os países a intentar à cobertura universal economicamente viável é mais uma evidência de progresso. Em 2012, a Assembleia Geral das Nações Unidas incentivou os estados membros a adotarem a transição para a cobertura universal de saúde, recomendando que a cobertura universal fosse considerada com vista a inclusão na agenda de desenvolvimento pós-2015 (A/67/L.36). Em 2014, os países membros da Organização Pan-Americana de Saúde (OPAS) aprovaram por unanimidade uma resolução para implementar a Estratégia de Acesso Universal à Saúde e a Cobertura Universal à Saúde (OPAS 2014). O Banco Mundial também adotou a cobertura universal de saúde como elemento integrante de sua missão para eliminar a pobreza absoluta até 2030 e impulsionar a prosperidade compartilhada.

Neste contexto, este estudo aborda as seguintes questões:

- As reformas acima mencionadas reduziram a desigualdade nos resultados de saúde, utilização de serviços e proteção financeira?
- Que medidas podem ser usadas para monitorar o progresso na consecução da cobertura universal de saúde nos países de forma confiável ao longo do tempo?
- Que tendências regionais, se é que existem, decorreriam da implementação de políticas para fazer avançar a cobertura universal de saúde?

Para analisar a série de reformas na América Latina e no Caribe e medir o progresso rumo à cobertura universal de saúde, utilizamos como estrutura organizacional o "cubo da OMS" proposto por Busse, Schreyögg e Gericke (2007). Aplicamos uma lente de equidade para avaliar o progresso realizado pelos países em três dimensões: cobertura da população, cobertura de serviços e proteção financeira. Para fins do monitoramento do progresso na consecução da cobertura universal de saúde, concluímos que as taxas de utilização não bastam como medida. Tornar os serviços mais disponíveis e economicamente viáveis não se traduz automaticamente em melhores resultados de saúde. Propomos que é preciso desenvolver melhores métodos de coleta e comunicação de medidas sobre a qualidade do atendimento e sua prestação no momento oportuno. Nossas conclusões e recomendações foram substanciadas por uma vasta revisão da literatura e análises primárias de pesquisas domiciliares nacionalmente representativas.

Embora seja um instrumento útil para examinar o progresso rumo à consecução da cobertura universal de saúde, o cubo da OMS não é um modelo de análise do desempenho do sistema de saúde. Uma limitação deste relatório reside no fato de ele não proporcionar uma avaliação abrangente das políticas e programas para fortalecer os sistemas de saúde. No entanto, examinamos as políticas e programas principais destinados a promover a cobertura universal de saúde com base em documentos produzidos para nove países da América Latina e do Caribe (Argentina, Brasil, Chile, Colômbia, Costa Rica, Guatemala, Jamaica, México e Peru) no âmbito da Série de Estudos sobre a Cobertura Universal de Saúde (UNICO). Ao revisar a implementação das políticas, a UNICO aplica um protocolo definido por cinco fatores: 1. pacote de benefícios; 2. inclusão de pobres e grupos vulneráveis; 3. prestação eficiente de serviços; 4. desafios no atendimento básico; e 5 mecanismos de financiamento para alinhar melhor os incentivos.

Em retrospectiva: abordagens comuns

Os países da Região da América Latina e do Caribe seguiram trajetórias diferentes para a cobertura universal de saúde e também alcançaram diversos graus de êxito. Alguns obtiveram resultados comparáveis aos dos países da Organização para Cooperação e Desenvolvimento Econômico (OCDE), apesar de terem começado tardiamente a estabelecer programas e políticas para melhorar a cobertura da população, acesso aos serviços de saúde e proteção financeira. Embora os países estudados representem um conjunto diversificado de experiências, uma revisão das evidências e políticas implementadas para avançar no sentido da cobertura universal de saúde revela certas características comuns nos métodos utilizados.

Ganhos contínuos no âmbito e equidade dos programas de saúde com aumentos nos gastos públicos

A parcela da população da região coberta por programas de saúde com garantias explícitas de atendimento economicamente acessível tem aumentado consideravelmente. Desde o início da década de 2000, 46 milhões de habitantes dos países analisados passaram as ser cobertos (nominalmente) por programas e políticas de saúde que visam avançar em direção à cobertura universal de saúde. Ao mesmo tempo, melhorou a equidade. Vários países implementaram programas subsidiados (em sua maior parte, esquemas de seguro com cadastramento proativo de beneficiários) destinados a populações específicas, tais como os não cobertos por esquemas de contribuição social para seguro de saúde, ao passo que outros ampliaram a cobertura a grupos vulneráveis com programas universais. Mesmo nos países que têm mantido sistemas de saúde onde coexistem esquemas subsidiados e contributivos, as taxas da cobertura global têm-se tornado mais equilibradas entre os grupos de renda. Embora o seguro social de saúde baseado no emprego continue a pender consideravelmente para os ricos, esquemas subsidiados, pelo menos inicialmente direcionados aos pobres, têm proporcionado um equilíbrio.

A partir de uma perspectiva de financiamento, as reformas têm sido acompanhadas de um aumento dos gastos públicos com saúde e, na maioria dos casos, de um declínio na parcela de gastos diretos das famílias em despesas de saúde. Embora nem todas as reformas tenham um objetivo explicitamente declarado de ampliar a proteção financeira, a maioria dos países tem presenciado uma redução de despesas catastróficas com saúde e do empobrecimento devido a desembolsos para serviços de saúde.

É difícil predizer uma tendência consistente no tocante a despesas catastróficas e equidade. Talvez isso seja reflexo de limitações na mensuração de despesas diretas, que não consegue captar informações sobre indivíduos que não procuraram atendimento de saúde devido a barreiras financeiras; nem há suficiente granularidade no que diz respeito à natureza da despesa, principalmente se o pagamento pelos serviços de saúde foi necessário ou eletivo. Cumpre notar que, embora a taxa de empobrecimento oriunda das despesas por cuidados de saúde (inclusive catastróficas) seja baixa em termos relativos e geralmente em declínio, há de dois a quatro milhões de habitantes dos países analisados que foram levados à pobreza por despesas diretas de saúde. Apesar das melhorias, a parcela referente a gastos diretos das famílias na despesa total ainda é relativamente alta nos países do estudo em comparação com as médias da OCDE. Despesas com medicamentos absorvem de longe a maior parcela de gastos diretos entre os grupos de renda, mas representam um ônus especialmente pesado para os pobres.

Variabilidade nos pacotes de benefícios e uma crise que se aproxima com as mudanças das necessidades de saúde

A cobertura nominal de serviços foi ampliada durante o período analisado. Os esquemas subsidiados cobrem pelo menos intervenções materno-infantis, embora a maioria deles vá além e também inclua atendimento básico amplo. Metade dos países incluídos neste estudo oferece benefícios extensos que vão de cuidados de baixa à alta complexidade.

A evidência corrobora que os investimentos para ampliar o atendimento de saúde, dispensando especial atenção a atingir populações vulneráveis, estão produzindo resultados positivos. A expansão de programas para avançar a cobertura universal de saúde tem coincidido com uma redução da lacuna entre ricos e pobres em matéria de resultados de saúde e utilização de serviços, especialmente no caso de alvos especificados nos Objetivos de Desenvolvimento do Milênio.

A priorização de serviços de atenção primária custo-efetivos é o denominador comum entre todos os países, quer escolham ampliar gradualmente um pacote de benefícios inicialmente restritos, como feito na Argentina e no Peru, ou ofereçam cobertura ampla desde o início, como foi o caso do Brasil, Costa Rica e Uruguai. O enfoque na priorização dos cuidados básicos tem melhorado comparativamente a posição dos pobres, que tinham maior probabilidade do que as pessoas mais ricas de carecer de acesso ao primeiro nível de atendimento. A cobertura de benefícios é mais abrangente nos países com sistemas de saúde integrados e nos países que já estão adiantados no caminho de integração do sistema. Embora a maior parte dos países tenha uma lista positiva de serviços cobertos. O Brasil, a Colômbia e a Costa Rica, por exemplo, têm benefícios irrestritos.

Os países com maior cobertura da população e pacotes de benefícios mais extensos têm conseguido utilização quase universal de serviços de saúde materna, com altos níveis de utilização e praticamente sem diferença entre os diferentes quintis de renda. Onde ainda permanece um gradiente favorável aos ricos na utilização de serviços, ele é menor para os serviços prestados mediante programas verticais tradicionais, tais com programas de imunização e planejamento familiar.

O gradiente favorável aos ricos também foi reduzido com êxito nos serviços prestados principalmente nos níveis mais básicos da cadeia de cuidados (por exemplo, cuidados pré-natais e tratamento de infecções respiratórias agudas). As desigualdades entre ricos e pobres são maiores para partos ocorridos em ambiente hospitalar.

Este panorama tem mais nuances e não é tão positivo no caso de condições crônicas e das enfermidades que são as causas mais importantes de mortalidade e morbidade nas fases intermediária e avançada da vida. A parcela da população com uma situação de saúde "menos do que boa" não diminuiu acentuada ou consistentemente na maioria dos países; e o indicador é altamente concentrado, com os pobres informando os piores resultados.[4] Além disso, condições diagnosticadas como crônicas – tais como diabetes, doença cardíaca isquêmica e asma – têm aumentado em todos os grupos de renda em vários países, o mesmo ocorrendo com fatores de risco associados, tais como obesidade e hipertensão.

Não há um gradiente claro nas condições crônicas diagnosticadas e em fatores de risco associados entre os grupos de renda, apesar da evidência disponível apontar maiores taxas de mortalidade para essas condições entre os pobres (Di Cesare *et al.* 2013). Uma explicação provável é que os pobres têm menos acesso aos cuidados de saúde, especialmente aos serviços de diagnóstico e, portanto, têm menor probabilidade de serem diagnosticados quando comparados com os ricos. Evidência proveniente de exames para detecção de câncer reforça esta interpretação. A utilização desses diagnósticos geralmente favorece os ricos, com um gradiente particularmente pronunciado no exame para o câncer de mama, o qual requer acesso a cuidados de especialistas. As tendências quantos às médias de utilização e equidade são positivas, no entanto países com altos níveis de cobertura da população – com exceção do Brasil – têm reduzido enormemente a desigualdade entre ricos e pobres, particularmente no que diz respeito a exame para detecção de câncer cervical, e também para mamografia nos casos da Colômbia e do México.

Reduzindo a fragmentação dos sistemas de saúde

Poucos países adotaram o caminho da plena integração mediante a criação de um sistema no qual todas as contribuições obrigatórias – sejam financiadas pela tributação sobre a folha de pagamento e receitas gerais, como é o caso da Costa Rica, ou somente por este último elemento, como é o caso do Brasil – são reunidas de forma a oferecer acesso a toda a população por meio de uma rede comum de prestadores. A maioria dos países tem optado por manter, em maior ou menor grau, um sistema segmentado, com um subsistema subsidiado em paralelo a um subsistema financiado inteira ou principalmente por contribuições da folha de pagamento, por meio do qual os beneficiários geralmente têm acesso a diferentes redes de provedores.

Historicamente, nesses esquemas, tem havido grandes discrepâncias no pacote de benefícios e na qualidade do atendimento. Porém, mais recentemente, os arranjos que ampliam o grupo, diluem o risco e permitem subsídios cruzados

entre beneficiários contribuintes e subsidiados, acompanhados de regulamentações que equalizaram pacotes de benefícios e proporcionaram garantias explícitas
de acesso oportuno a serviços que atendem a padrões especificados de cuidados
(fechando assim vias de racionamento de atendimento no setor público pobre de
recursos) e têm sido eficazes na redução de desigualdades no financiamento e na
prestação dos serviços entre os subsistemas – por exemplo, no Chile, Colômbia e
Uruguai.

Dados dos países selecionados, embora limitados, reforçados pelas pesquisas
disponíveis, demonstram que muitos sistemas de saúde enfrentam sérios desafios
nessas áreas, os quais provavelmente crescerão em importância à medida que as
necessidades de atendimento de saúde se tornarem mais complexas e aumenta-
rem as expectativas da população quanto ao sistema de saúde. Por enquanto,
limitações nos dados impedem que os esforços para monitorar o progresso rumo
à cobertura universal de saúde captem adequadamente as dimensões de necessidade, qualidade e oportunidade para que se possa saber se o acesso a uma cobertura *efetiva* está melhorando.

Separando o financiamento da prestação de serviços no setor público

Apesar da ampla variabilidade no grau em que os países se afastaram de um
financiamento com prestação de serviços altamente integrados no sentido da
separação dessas funções, há uma tendência comum de adotar métodos de aquisição que incentivem a eficiência e a responsabilização em função dos resultados
e que confiram ao setor de saúde maior autonomia para alinhar os prestadores
com as prioridades em saúde pública. Uma forma pela qual os países criaram
uma separação de funções é o estabelecimento de relações contratuais entre
financiamento e prestação de serviços mediante contratos legalmente vinculantes
ou de acordos explícitos que especifiquem as funções e as responsabilidades
de cada parte e os resultados esperados. Os mecanismos de pagamento variam
consideravelmente, indo de capitação ao pagamento por unidade de serviço,
incluindo ainda pagamentos baseados no caso, mas normalmente os mecanismos
incentivam os prestadores a atenderem à demanda mediante a vinculação do
fluxo de fundos ao cadastramento de beneficiários ou a serviços realmente prestados. Cada vez mais, os países instituem mecanismos de pagamento por desempenho que recompensam o cumprimento de metas específicas vinculadas às
necessidades de saúde da população.

Ao eliminar a rigidez dos orçamentos por rubricas, as novas modalidades de
financiamento oferecem aos prestadores maior autonomia na gestão de insumos
para conseguir ganhos de eficiência. Nos sistemas descentralizados (federais),
acordos semelhantes que promovem o cumprimento de prioridades nacionais
estão sendo aplicados às transferências de recursos para governos subnacionais.
Mesmo nos países em que o volume de recursos oriundos dos novos mecanismos
de pagamento é relativamente pequeno, as reformas introduzem uma plataforma
para a construção de sistemas que dependem mais intensamente da aquisição
estratégica.

Olhando para o futuro: a agenda inacabada

Aumentar a receita em um espaço fiscal cada vez mais restrito

Proteger as realizações já conquistadas e enfrentar os desafios que se colocam à frente exigirá investimentos sustentados na saúde. Cumprir os compromissos da cobertura universal de saúde vai requerer esforços conjuntos para melhorar a geração de receitas de forma fiscalmente sustentável e para aumentar a eficiência dos gastos. Ambos serão especialmente importantes à medida que os países avancem na transição demográfica e comecem a enfrentar os desafios decorrentes de coeficientes de dependência da população gradualmente maiores e, no fim, bases tributárias menores.

Em toda a região, os países aumentaram o financiamento público para a saúde, embora essas despesas ainda representem menos de 5% do PIB na metade dos países estudados.[5] No entanto, em oito dos 10 países o setor de saúde já absorve mais de 15% do orçamento público (média da OCDE) e em três dos oito países a parcela supera 20%. Isto é motivo de preocupação uma vez que os países de renda média da região podem não dispor de espaço fiscal para permitir que as despesas com saúde aumentem mais do que o crescimento econômico.

Ao buscar meios para financiar despesas com saúde pública, será importante para os países avaliarem a eficácia e equidade das medidas de financiamento. Muitos países da região dependem da tributação sobre a folha de pagamento, mas valeria a pena explorar opções implementadas em outros lugares. Por exemplo, a inclusão da receita proveniente de alugueis ou juros no cálculo geraria simultaneamente receitas, e aumentaria a progressividade do financiamento, uma vez que as receitas não relacionadas à remuneração representam uma maior parcela da receita total de domicílios mais ricos.

Embora a dotação de impostos para a saúde tenha sido amplamente usada na região para financiar a expansão da cobertura, este tipo de medida pode reduzir a flexibilidade em realocar recursos para atender às necessidades em evolução da população em diferentes setores. Independentemente da fonte, criar novos impostos para a saúde será difícil para alguns países, tais como a Argentina e o Brasil, países nos quais a carga tributária já está nos níveis da OCDE.[6]

Melhorar a eficiência do gasto em saúde

Embora priorizar os cuidados básicos custo-efetivos e reformar os esquemas de agrupamento e aquisição contribuam indubitavelmente para melhorar a eficácia dos investimentos em saúde, muito mais precisa ser feito para conter a escalada de custos e aumentar a eficiência do gasto.

* Primeiro, *reformas estratégicas de aquisições* devem ser intensificadas e seu âmbito ampliado além dos cuidados básicos para gerar maiores ganhos de eficiência técnica e de alocação.
* Segundo, os países devem estabelecer *sistemas formais e transparentes de seleção da cobertura de serviços* baseados em critérios bem definidos e fundamentados na evidência científica da eficácia e do custo, bem como nas preferências

sociais. Na ausência desses sistemas, vários países da região têm presenciado uma "judicialização" do direito à saúde, em que as controvérsias sobre o que o Estado deve legalmente prover são muitas vezes solucionadas por meio de ações judiciais, que podem levar à subsidização pública de cuidados ineficazes e ineficientes e ainda têm o efeito adverso de aumentar a desigualdade, uma vez que os ricos têm melhor acesso a assessoria jurídica.

• Terceiro, em uma região em que a parcela referente a gastos diretos das famílias nas despesas totais de saúde ainda ultrapassa 30% em muitos países, iniciativas para conter o *aumento do custo dos insumos* no setor público não podem funcionar de maneira isolada, o que é particularmente, embora não exclusivamente, relevante para a adoção de novas tecnologias médicas no setor privado, uma área em que a demanda induzida pelos prestadores mostrou ser um importante impulsionador do aumento de custos nos países desenvolvidos.

Gerir as diferenças de qualidade entre os subsistemas

Persistem diferenças substanciais na qualidade dos prestadores em todos os subsistemas. Iniciativas que enfatizem a qualidade dos cuidados, prontidão no lado da oferta, integração da prestação de serviços e *e-Saúde* podem desempenhar funções importantes na redução dessas lacunas.

As diferenças existentes no financiamento per capita e na qualidade dos serviços prestados entre os subsistemas, embora abaixo do nível ótimo na perspectiva da equidade, oferece um sólido incentivo para os indivíduos inscreverem-se em um regime de contribuição obrigatória, que oferece um pacote mais generoso de benefícios e melhores cuidados. À medida que diminui a diferença entre subsistemas, há um risco de que este incentivo se deteriore. No Chile, onde os trabalhadores têm a opção de aplicar sua contribuição obrigatória em um plano de saúde privado ou se inscreverem no plano público, nossos dados mostram uma saída de pessoas da primeira alternativa para entrar na segunda. A evidência até agora sugere que a extensão da cobertura do seguro para aqueles que estão fora do setor formal, como o *Seguro Popular* do México, tem tido um impacto apenas marginal na informalidade (Reyes, Hallward-Driemeier e Pages 2011).

Para manter a iniciativa de proporcionar cuidados de saúde viáveis economicamente a toda a população face a essas incertezas, os países precisarão permanecer vigilantes para captar as contribuições dos que estão em condições de pagar, mas não estão dispostos a fazê-lo voluntariamente, direcionando ao mesmo tempo os subsídios públicos para os que não podem pagar. A obrigatoriedade e o subsídio são ambas condições necessárias (e suficientes) para a cobertura universal (Fuchs 1996).

Reunir melhores dados e formular melhores processos de monitoramento da qualidade

À medida que a comunidade internacional se prepara para a Cúpula Mundial de 2015, que definirá os objetivos e metas para a era dos Objetivos de Desenvolvimento Pós-Milênio, precisaremos utilizar melhores indicadores de acompanhamento. Esses desafios vão além dos dados agregados nacionalmente.

Felizmente, nosso estudo demonstra que, apesar das limitações, é possível medir o progresso na utilização de serviços e na proteção financeira.

Com poucas exceções (por exemplo, diagnósticos de câncer), as pesquisas disponíveis não fornecem o nível de granularidade necessária para determinar se as pessoas estão recebendo os cuidados que necessitam. Os registros administrativos oferecem melhores detalhes médicos, mas são ineficientes na obtenção de informações socioeconômicas, não estão disponíveis publicamente e suscitam questões de privacidade. A complexidade da gestão de grandes sistemas de dados de várias instituições que contêm informações médicas altamente confidenciais dificulta essa tarefa no setor público cujos recursos são restritos. As parcerias com instituições de pesquisa, tanto no âmbito nacional quanto internacional, poderiam ser uma forma de os ministérios da saúde explorarem o grande volume de informações que são geradas sobre financiamento da saúde, prestação de serviços e resultados para informar a tomada de decisão sobre políticas e fortalecer a governança no setor.

Um resumo dos capítulos

Capítulo 2: O surgimento das reformas para promover a cobertura universal de saúde

Nas últimas décadas, a cobertura universal de saúde vem surgindo no contexto da saúde como um direito humano fundamental e tem sido intimamente ligada a reformas sociais mais amplas para melhorar as condições de vida e o acesso aos serviços de saúde para grupos vulneráveis. Essas reformas sociais ocorreram paralelamente a um processo de democratização durante um período de crescimento econômico sustentado e maior igualdade na região. As políticas sociais, inclusive aquelas que ampliam a cobertura e o acesso aos serviços de saúde e garantem proteção financeira para a população, têm surgido como um tópico importante da agenda política. As mudanças demográficas também estão alimentando as demandas sociais por cobertura e serviços de saúde mais abrangentes de modo a enfrentar o aumento das doenças crônicas, que impõem desafios especiais ao sistema de saúde e à sua sustentabilidade financeira.

Os resultados demonstram que os dez países que estão sendo estudados em geral estão atrás dos países de alto desempenho da OCDE, mas à frente dos países menos desenvolvidos. Os países da América Latina e Caribe também têm demonstrado uma tendência a ter desempenho acima do esperado, o que pode ser atribuído, em parte, a políticas públicas melhores e ao aumento dos gastos públicos em saúde. A região continua a demonstrar melhores resultados em saúde, tendências positivas e economias mais fortes. Entretanto, apesar do progresso a desigualdade permanece elevada. Para combater a desigualdade, os países devem manter sua estabilidade macroeconômica e monitorar as mudanças demográficas que alimentam as demandas por cobertura de saúde mais abrangente. A região precisa encontrar uma forma de continuar a crescer. A desaceleração do crescimento demográfico nas últimas décadas é quase certa, mas os países continuarão a envelhecer, desafiando a região a continuar a ampliação de políticas que promovam a cobertura universal de saúde a fim de lidar com doenças não transmissíveis e doenças infecciosas. As doenças não transmissíveis apresentam desafios tanto para a prestação dos serviços quanto para o financiamento de cuidados de saúde devido às transições epidemiológicas em curso e ao crescente envelhecimento da população. Os países da América Latina e Caribe precisam sustentar o progresso já alcançado, melhorar a equidade no acesso aos serviços de saúde e aprimorar a qualidade dos serviços. Trabalhando em conjunto, os órgãos públicos, instituições acadêmicas e o setor privado conseguirão enfrentar os principais obstáculos à consecução da cobertura universal de saúde.

Capítulo 3: Uma análise comparativa das políticas de promoção da cobertura universal de saúde na região

Nas últimas décadas, diversos governos da América Latina e Caribe têm atuado no sentido de fortalecer o desempenho dos seus sistemas de saúde mediante o desenvolvimento de novas políticas e intervenções destinadas a concretizar a meta da cobertura universal de saúde. O foco dos governos tem sido a redução da fragmentação do financiamento e da organização do sistema de saúde, a harmonização da abrangência e da qualidade dos serviços nos subsistemas, o fomento do financiamento do setor público de uma maneira mais abrangente e integrada e a criação de incentivos que promovam melhores resultados de saúde e proteção financeira. As políticas de saúde têm enfatizado a explicitação dos direitos; a criação de garantias que possam ser cumpridas e o estabelecimento de incentivos do lado da oferta destinados a melhorar a qualidade do atendimento e a redução de barreiras geográficas ao acesso. Em um grau menor, os governos também têm feito esforços para melhorar a governança e a responsabilização. Este capítulo faz um balanço dessas mudanças e identifica as principais tendências das políticas de promoção da cobertura universal de saúde em países com sistemas de saúde diferentes e que enfrentam desafios distintos.

Alguns dos temas principais são resultado da nossa análise das experiências de implementação de políticas de promoção da cobertura universal de saúde nos países da América Latina e Caribe analisados neste estudo:

- Aumento do financiamento público para alcançar os pobres
- Uma abordagem pragmática e contextual para definir (ou não) o pacote de benefícios
- Um aumento do financiamento público para a saúde
- Reformas na maneira como os prestadores são pagos e administrados
- Ênfase nos cuidados primários
- Uniformização entre subsistemas

A revisão e análise das políticas dos casos utilizados neste estudo sugerem que é possível lidar com a regulamentação para reduzir as diferenças de qualidade, oportunidade e abrangência dos serviços desde que o setor público tradicional melhore antes seu desempenho e sua capacidade de resposta mediante, não apenas o aumento do financiamento, mas também outros aspectos das políticas.

Resultados positivos estão sendo alcançados com a introdução de novos mecanismos para alinhar os incentivos com a oportunidade de monitoramento, acessibilidade e qualidade dos serviços de modo que os pacientes possam transitar pelos sistemas sem interromper a continuidade dos cuidados de saúde e com a melhoria da satisfação dos pacientes.

Capítulo 4: Os resultados da mensuração do progresso em direção à cobertura universal de saúde nos países estudados

A análise das mensurações da cobertura da população, resultados de saúde, cobertura dos serviços e proteção financeira ao longo do tempo e entre os grupos socioeconômicos demonstra que a região vem apresentando progresso considerável na ampliação da cobertura para a população por meio de esquemas destinados a promover a cobertura universal de saúde, sendo também identificadas melhorias na igualdade durante o mesmo período. São claramente observadas variações socioeconômicas nas condições de saúde: os pobres apresentam resultados de saúde piores do que os ricos, embora essas desigualdades tenham diminuído consideravelmente, em especial nos primeiros anos de vida. Os países alcançaram níveis elevados de serviços de saúde materno-infantil, mas, apesar da diminuição da desigualdade, os serviços continuam a beneficiar os ricos. A cobertura de intervenções em doenças não transmissíveis não é tão elevada e a utilização do serviço concentra-se entre os mais ricos, embora as desigualdades aqui também tenham diminuindo ao longo do tempo. Os serviços de cuidados primários são em geral distribuídos de forma mais igualitária entre os grupos de renda do que os cuidados especializados. A prevalência de doenças não tem ocorrido conforme o esperado considerando a queda da mortalidade. O melhor acesso aos serviços e, portanto, aos diagnósticos, entre as pessoas com melhores condições financeiras pode estar mascarando as mudanças na verdadeira prevalência. Os gastos catastróficos com saúde vêm caindo na maioria dos países. O cenário relacionado à equidade, entretanto, é misto, indicando limitações de medição.

Capítulo 5: Além da utilização e dos resultados em saúde: observando a qualidade dos serviços de saúde

As avaliações da cobertura universal de saúde tendem a se concentrar na utilização dos serviços de saúde, no direito formal ou na elegibilidade para acessar os serviços e nas medidas de proteção financeira. Mas se nossa preocupação for avaliar até que ponto todas as pessoas conseguem ter acesso aos cuidados de saúde que necessitam sem enfrentarem dificuldades financeiras, percebemos que os indicadores nessas áreas têm importantes limitações. Na verdade, a expansão da cobertura de saúde no sentido de tornar os serviços de saúde disponíveis e com preços mais razoáveis não se traduz automaticamente em resultados melhores. Tendo isso em mente, o Capítulo 5 complementa a análise de padrões de utilização, cobertura e proteção financeira na América Latina e Caribe com uma revisão sobre os vínculos entre utilização e resultados de saúde. Ao fazê-lo, examina as questões de necessidade de cuidados de saúde não atendida, a qualidade e a prestação oportuna dos serviços de saúde. Essas são áreas nas quais a mensuração tende a ser mais difícil do que na utilização e proteção financeira. Todavia, embora exista uma limitação de dados de rotina comparáveis entre os países, os estudos e os dados de monitoramento de certos países propiciam um quadro que permite destacar a importância dessas questões e assim estimular os esforços para desenvolver abordagens mais sistemáticas para a coleta e divulgação da qualidade e tempo oportuno dos serviços de saúde na região.

Capítulo 6: Conclusões

O capítulo de conclusão resume as principais constatações, discute as implicações em termos de políticas públicas e indica as áreas em que se faz necessária mais pesquisa.

Notas

1. A criação de um direito constitucional ou jurídico para a saúde reflete compromisso político. Entretanto, os direitos não se traduzem automaticamente em maior cobertura e talvez não sejam condição suficiente para alcançá-la. Na realidade, vários países da região e fora dela que são considerados muito adiantados na trajetória rumo à cobertura universal de saúde não têm o direito à saúde garantido em suas constituições (por exemplo, Canadá e Costa Rica).

2. Referimo-nos aqui à Convenção Americana de Direitos Humanos "Pacto de San José da Costa Rica" e ao Protocolo de San Salvador.

3. Utilizamos "promover a cobertura universal de saúde" como forma abreviada de "promover o objetivo de cobertura universal de saúde".

4. Existem sérias restrições à análise das diferenças nos resultados de saúde de adultos por estrato socioeconômico. Os dados para a análise das tendências de mortalidade geralmente são provenientes dos dados estatísticos de registros civis que em geral não contêm informações sobre a situação socioeconômica. O nível de escolaridade pode ser usando como substituto, mas, entre os países estudados, apenas o Chile e o México possuíam dados confiáveis para a realização desse tipo de análise. A autoavaliação do estado de saúde é um indicador que tem suas deficiências, mas é medido nas pesquisas analisadas (Lora 2012).

5. Abaixo do limiar de 5% a 6% de gastos públicos como percentual do PIB os países têm dificuldade para assegurar a cobertura dos serviços de saúde para as pessoas de baixa renda (OMS 2010).

6. A arrecadação tributária como parcela do PIB é 36% e 37%, respectivamente, no Brasil e na Argentina em comparação com a média de 34% dos países da OCDE.

Referências

Baeza, C., and T. Packard. 2006. *Beyond Survival: Protecting Households from Health Shocks in Latin America.* Washington, DC: World Bank.

Busse, R., J. Schreyögg, and C. Gericke. 2007. "Analyzing Changes in Health Financing Arrangements in High-Income Countries: A Comprehensive Framework Approach." HNP Discussion Paper, World Bank, Washington, DC.

Di Cesare, Mariachiara, Young-Ho Khang, Perviz Asaria, Tony Blakely, Melanie J. Cowan, Farshad Farzadfar, Ramiro Guerrero, Nayu Ikeda, Catherine Kyobutungi,

Kelias P. Msyamboza, Sophal Oum, John W. Lynch, Michael G. Marmot, and Majid Ezzati, on behalf of The Lancet NCD Action Group. 2013. "Inequalities in Non-Communicable Diseases and Effective Responses." *The Lancet* 381 (9866): 585–97.

Ferreira, F. H. G., J. Messina, J. Rigolini, L. F. López-Calva, M. A. Lugo, and R. Vakis. 2013. *Economic Mobility and the Rise of the Latin American Middle Class.* Washington, DC: World Bank.

Fuchs, Victor. 1996. "What Every Philosopher Should Know about Health Economics." *Proceedings of the American Philosophical Society* 140 (2): 186–96.

Lora, Eduardo. 2012. "Health Perceptions in Latin America." *Health Policy and Planning* 27 (7): 555–69.

PAHO (Pan American Health Organization). 2014. "Strategy for Universal Access to Health and Universal Health Coverage." Document CD53/5, Rev 2, 53rd Directing Council, PAHO, Washington, DC.

Reyes, A., M. Hallward-Driemeier, and C. Pages. 2011. "Does Expanding Health Insurance beyond Formal-Sector Workers Encourage Informality? Measuring the Impact of Mexico's Seguro Popular." Policy Research Working Paper 5785, World Bank, Washington, DC.

Savedoff, William, David de Ferranti, Amy L. Smith, and Victoria Fan. 2012. "Political and Economic Aspects of the Transition to Universal Health Coverage." *The Lancet* 380: 924–32.

WHO (World Health Organization). 2010. *The World Health Report 2010: Health Systems Financing—The Path to Universal Coverage.* Geneva: WHO.

CAPÍTULO 1

Introdução

Gisele Almeida e Tania Dmytraczenko

Sumário

Os países da América Latina e do Caribe (ALC) estão adotando cada vez mais a noção de que a saúde é um direito humano. Vários países fizeram alterações na constituição para assim garantir aos seus cidadãos o direito à saúde. A maioria também ratificou convenções internacionais que definem a implementação progressiva e equitativa do direito à saúde como uma obrigação do Estado.[1] Em um esforço para tornar este direito realidade, os países vêm implementando políticas e programas com o objetivo de alcançar a cobertura universal de saúde, ou seja, garantir que todas as pessoas possam ter acesso aos serviços que necessitam sem que isto as sujeite a dificuldades financeiras. O objetivo primordial da cobertura universal de saúde é melhorar a saúde de toda a população, sem excluir ninguém, garantindo o acesso a serviços de saúde de qualidade, mas sem expor as pessoas a gastos elevados com saúde.

A região da América Latina e Caribe tem uma longa história de implementação de políticas de saúde com o objetivo de cumprir a promessa de assegurar a cobertura universal de saúde. Nas décadas de 1980 e 1990, vários países começaram reformas cuja meta era minimizar a fragmentação no financiamento e no cuidado à saúde, introduzidas pelos sistemas de dois níveis então existentes. Políticas anteriores haviam criado sistemas de saúde com um nível para atender as pessoas empregadas no setor formal e outro, administrado pelos ministérios da saúde, para atender principalmente os pobres e não segurados (Baeza e Packard 2006). Grande parte desse esforço com reformas, no entanto, não conseguiu reduzir a fragmentação do sistema de saúde. Estas primeiras iniciativas de reformas começaram no Chile, na Costa Rica, no Brasil e na Colômbia. Desde então, os países da região vêm implementando um conjunto mais amplo de políticas. O objetivo é o de melhorar os incentivos e a estrutura de governança para aumentar a eficiência e expandir o acesso equitativo aos cuidados de saúde, especialmente entre os pobres ou os que se encontram em risco de cair na pobreza em razão de gastos com a saúde. Estas reformas estão sendo implementadas na Argentina, Guatemala, Jamaica, México, Peru e Uruguai, enquanto novas políticas incrementais estão surgindo nos países das primeiras reformas mencionados acima.

O enfoque na equidade não é exclusivo do setor saúde. Durante a última década, essa região, há muito assolada por desigualdades persistentes na distribuição da riqueza, tem testemunhado uma transformação social drástica. Milhões de pessoas saíram da pobreza e agora fazem parte da classe média (Ferreira *et al.* 2013). Esse fenômeno foi impulsionado por políticas governamentais que agora favorecem a provisão de programas sociais e, juntamente com a estabilidade econômica, serviu para aumentar a renda e reduzir a desigualdade de renda. As reformas no setor da saúde que promovem a universalidade por meio da inclusão dos pobres devem ser vistas nesse contexto.

Após quase um quarto de século de experiência na implementação de reformas para alcançar a cobertura universal de saúde na ALC, é chegado o momento para avaliar o desempenho dos países em seus esforços para melhorar a saúde da população. Isso se faz particularmente relevante à luz do ímpeto global em direção à cobertura universal de saúde – ímpeto que tomou mais força com a publicação do Relatório Mundial de Saúde *"Financiamento dos Sistemas de Saúde: O Caminho para a Cobertura Universal"* (OMS 2010). A adoção em 2011 da resolução da Assembleia Mundial de Saúde, WHA64.9, na qual se insta os países a colocarem como meta uma cobertura universal acessível é outra evidência do progresso alcançado. Em 2012, a Assembleia Geral das Nações Unidas incentivou estados membros a adotarem a transição à cobertura universal ao recomendar que a cobertura universal de saúde fosse considerada para inclusão na Agenda de Desenvolvimento pós-2015 (A/67/L.36). Em 2014, os membros da Organização Pan-Americana da Saúde (OPAS) aprovaram por unanimidade uma resolução para implementar a Estratégia de Acesso Universal à Saúde e a Cobertura Universal de Saúde (OPAS 2014). O Banco Mundial também adotou a cobertura universal de saúde como parte integrante de sua missão para eliminar a pobreza absoluta até 2030 e impulsionar a prosperidade compartilhada.

Ao revisar as experiências da América Latina e do Caribe, o presente estudo espera contribuir para o conhecimento global sobre as trajetórias que levam à cobertura universal de saúde. Os principais objetivos do relatório são: (1) descrever as reformas para avançar rumo à cobertura universal de saúde que ocorreram na região e (2) medir o progresso alcançado em direção a este objetivo. Em particular, buscamos responder às seguintes perguntas: as reformas têm reduzido a desigualdade em saúde, utilização dos serviços e proteção financeira? Que medidas podem ser usadas com segurança nos países para monitorar o progresso em direção à cobertura universal ao longo do tempo? Que tendências regionais, se é que existam, decorreriam da implementação das políticas para avançar com a cobertura universal de saúde?

Para analisar o conjunto de reformas implementadas na ALC e medir o progresso obtido rumo à cobertura universal de saúde, este relatório utiliza como estrutura organizacional "cubo OMS" proposto por Busse, Shreyögg e Gericke (2007), que aparece no Relatório Mundial de Saúde de 2008 e, numa versão ligeiramente modificada, no relatório do ano de 2010. Aplicamos a lente da equidade para avaliar de que forma os países estão administrando o progresso rumo à cobertura universal de saúde em três dimensões: cobertura da população, cobertura do serviço e proteção financeira. Também postulamos que, na definição de cobertura universal de saúde, esteja implícita a noção de que a população deve ter acesso a serviços de qualidade que atendam as suas necessidades de cuidados de saúde. Ao monitorar o progresso realizado em direção à cobertura universal de saúde, chegamos à conclusão de que não é suficiente simplesmente medir a utilização de serviços e a proteção financeira. Fazer com que os serviços de saúde estejam mais disponíveis e acessíveis do ponto de vista financeiro não necessariamente se traduz em melhores condições de saúde. Propomos que a região precisa desenvolver abordagens mais sistemáticas para medir e divulgar aspectos sobre a tempestividade e a qualidade do atendimento.

Embora o cubo da OMS seja um esquema útil para revisar o progresso rumo à cobertura universal de saúde, ele não é um modelo adequado para analisar o desempenho de sistemas de saúde. Uma limitação do presente relatório é que ele não fornece uma avaliação abrangente das políticas e dos programas voltados a fortalecer os sistemas de saúde. O relatório tampouco revisa aspectos de governança, da força de trabalho em saúde ou dos produtos e tecnologias médicas. Além disso, o relatório não aborda temas de eficiência e de sustentabilidade, embora estas áreas mereçam uma atenção crítica, caso os países da região esperem manter os avanços já conseguidos e progredir ainda mais para que o direito à saúde seja uma realidade.

À medida que a comunidade internacional se prepara para a Cúpula Mundial de 2015, que definirá os objetivos e metas para a era dos Objetivos de Desenvolvimento Pós-Milênio, esperamos elucidar a viabilidade e ressaltar alguns desafios em acompanhar indicadores que vão além de agregados nacionais. Partimos de estudos anteriores para demonstrar que, apesar das dificuldades, os países conseguem medir progresso em termos de proteção financeira e utilização de serviços – em diferentes estágios da vida das pessoas – ao usar pesquisas domiciliares nacionais (Almeida *et al.* 2013; Barraza-Llórens, Panopoulou e Díaz 2013; Bredenkamp *et al.* 2013; Gómez, Jaramillo e Beltrán 2013; Knaul, Wong e Arreola-Ornelas 2012; Petrera, Martín e Almeida 2013; Scott e Theodore 2013; Vásquez, Paraje e Estay 2013).

Além da revisão da literatura e da análise dos dados, os autores baseiam-se em estudos produzidos em nove países da ALC (Argentina, Brasil, Chile, Colômbia, Costa Rica, Guatemala, Jamaica, México e Peru), sob a série Estudos de Cobertura Universal de Saúde (UNICO). A série UNICO aplica um protocolo de estrutura para a revisão de execução de políticas para (1) estabelecer o pacote de benefícios; (2) determinar a inclusão dos grupos pobres e vulneráveis; (3) melhorar a eficiência na assistência à saúde; (4) lidar com desafios no atendimento básico; e (5) ajustar os mecanismos de financiamento para alinhar melhor os incentivos.

As políticas de saúde não acontecem por si só. Antes, são moldadas pelo ambiente político, econômico, demográfico e epidemiológico. O capítulo 2 descreve o aparecimento da cobertura universal de saúde no contexto da saúde como um direito fundamental do ser humano. O capítulo 2 também descreve como a democratização, o compromisso com a implementação de políticas sociais e um crescimento econômico mais sustentado e equitativo durante a última década confluíram para que o direito à saúde fosse gradativamente realizado. O capítulo 3 oferece uma análise comparativa das políticas desenvolvidas para promover a cobertura universal de saúde na região, identificando aspectos comuns entre os países. No capítulo 4, apresentamos os resultados da mensuração do progresso realizado rumo à cobertura universal de saúde nos nove países estudados. O capítulo começa descrevendo a cobertura da população por diferentes esquemas e segue com uma análise de como as condições de saúde, a cobertura dos serviços e as medidas de proteção financeira têm mudado ao longo do tempo e entre grupos socioeconômicos. O capítulo 5 complementa essas análises com uma revisão do que se sabe sobre os vínculos existentes entre a utilização de serviços e os resultados em saúde. Nesse processo, avalia a questão de necessidades não satisfeitas em cuidados de saúde, se tais cuidados estão disponíveis de maneira oportuna, e qual é seu nível de qualidade. O último capítulo apresenta um resumo das principais constatações, discute implicações de políticas e indica as áreas em que mais pesquisa se faz necessária.

Nota

1. Referimo-nos à Convenção Americana de Direitos Humanos, "Pacto de São José, Costa Rica", e ao Protocolo de São Salvador.

Referências

Almeida, G., F. Mori Sari, F. F. Ferreira, M. D. Montoya Diaz, and A. C. Campino. 2013. "Analysis of the Evolution and Determinants of Income-Related Inequalities in the Brazilian Health System, 1998–2008." *Pan American Journal of Public Health* 33 (2): 90–7.

Baeza, C., and T. Packard. 2006. *Beyond Survival: Protecting Households from Health Shocks in Latin America*. Washington, DC: World Bank.

Barraza-Lloréns, M., G. Panopoulou, and B. Y. Díaz. 2013. "Income-Related Inequalities and Inequities in Health and Health Care Utilization in Mexico, 2000–2006." *Pan American Journal of Public Health* 33 (2): 122–30.

Bonilla-Chacín, M. E., and N. Aguilera. 2013. *The Mexican Social Protection System in Health*. UNICO Study Series 1, World Bank, Washington, DC.

Bredenkamp, C., A. Wagstaff, L. Buisman, and L. Prencipe. 2013. *Health Equity and Financial Protection Datasheets—Latin America*. Washington, DC: World Bank.

Busse R., J. Schreyögg, and C. Gericke. 2007. "Analyzing Changes in Health Financing Arrangements in High-Income Countries: A Comprehensive Framework Approach." HNP Discussion Paper, World Bank, Washington, DC.

Chao, S. 2013. *Jamaica's Effort in Improving Universal Access within Fiscal Constraints*. UNICO Study Series 6, World Bank, Washington, DC.

Commission on Social Determinants of Health. 2008. *Closing the Gap in a Generation: Health Equity through Action on the Social Determinants of Health*. Geneva: WHO.

Ferreira, F. H. G., J. Messina, J. Rigolini, L. F. López-Calva, M. A. Lugo, and R. Vakis. 2013. *Economic Mobility and the Rise of the Latin American Middle Class.* Washington, DC: World Bank.

Gómez, F. Ruiz, T. Zapata Jaramillo, and L. Garavito Beltrán. 2013. "Colombian Health Care System: Results on Equity for Five Health Dimensions, 2003–2008." *Pan American Journal of Public Health* 33 (2): 107–15.

Knaul, F. M., R. Wong, and H. Arreola-Ornelas, eds. 2012. *Household Spending and Impoverishment.* Vol. 1 of *Financing Health in Latin America Series.* Cambridge, MA: Harvard Global Equity Initiative, in collaboration with Mexican Health Foundation and International Development Research Centre; distributed by Harvard University Press.

PAHO (Pan American Health Organization). 2014. "Strategy for Universal Access to Health and Universal Health Coverage." Document CD53/5, Rev 2, 53rd Directing Council, PAHO, Washington, DC.

Petrera, M., V. Martín, and G. Almeida. 2013. "Equity in Health and Health Care in Peru, 2004–2008." *Pan American Journal of Public Health* 33 (2): 131–6.

Scott, Ewan, and Karl Theodore. 2013. "Measuring and Explaining Health and Health Care Inequalities in Jamaica, 2004 and 2007." *Pan American Journal of Public Health* 33 (2): 116–21.

Vásquez, F., G. Paraje, and M. Estay. 2013. "Income-Related Inequality in Health and Health Care Utilization in Chile, 2000–2009." *Pan American Journal of Public Health* 33 (2): 98–106.

WHO (World Health Organization). 2010. *The World Health Report 2010: Health System Financing—The Path to Universal Coverage.* Geneva: WHO.

O contexto das reformas para cobertura universal de saúde na América Latina e Caribe

Eleonora Cavagnero, Gisele Almeida, Evan Sloane Seely e Fátima Marinho

Resumo

Nas últimas décadas, a cobertura universal de saúde surgiu no contexto da saúde como um direito fundamental do ser humano e tem estado vinculada às reformas sociais mais amplas para melhorar as condições de vida e o acesso aos serviços de saúde para os grupos mais vulneráveis. Estas reformas sociais aconteceram em paralelo com o processo de democratização, durante um período de crescimento econômico sustentado e melhorias em termos de equidade na região. As políticas sociais, incluindo as que expandem a cobertura e o acesso aos serviços de saúde e garantem a proteção financeira da população, surgiram como um tema importante na agenda política. As mudanças demográficas também impulsionaram as exigências sociais por uma cobertura de saúde e serviços mais abrangentes para lidar com o aumento das doenças crônicas, que impõe desafios especiais ao sistema de saúde e sua sustentabilidade financeira.

Introdução

A trajetória para a cobertura universal de saúde na América Latina e Caribe (ALC) tem uma história longa e diversa, marcada por importantes conquistas. Embora não tenha sido comum em todos os países, houve quatro fatores que garantiram o advento da cobertura universal de saúde, a saber: (1) a promulgação de instrumentos legais nacionais e internacionais sobre o direito à saúde; (2) a democratização; (3) um crescimento econômico sólido; e (4) o compromisso político de melhorar a saúde da população aumentando o acesso aos cuidados de saúde.

O direito à saúde na América Latina e Caribe

De 1946 a 1966, o direito à saúde foi consagrado em importantes instrumentos internacionais, desde a Constituição da Organização Mundial da Saúde até a Declaração Universal dos Direitos Humanos e o Pacto Internacional dos Direitos Econômicos, Sociais e Culturais. Estes instrumentos constituíram a espinha dorsal de importantes estratégias internacionais que procuraram melhorar a saúde da população e inspiraram a inclusão do direito à saúde em muitas constituições nacionais, estabelecendo, assim, um compromisso entre os governos e seus cidadãos e promovendo o cumprimento desses direitos.

O compromisso com o direito à saúde começou há mais de 68 anos, quando foi confirmado como um direito social na Constituição da Organização Mundial da Saúde, que estabelece que "usufruir dos níveis mais altos possíveis de saúde do constitui um dos direitos fundamentais de todo ser humano, sem distinção de raça, religião, crença política, condição econômica ou social" (OMS 1946). A Constituição da OMS entrou em vigor em 1948, mesmo ano em que o direito à saúde foi proclamado também na Declaração Universal dos Direitos Humanos (DUDH). Esta histórica Declaração da ONU foi aprovada com o voto de 48 países, (19 da América Latina e do Caribe, ver o tabela 2.1), reunindo países dos blocos oriental e ocidental, divididos pela Segunda Guerra Mundial, mas comprometidos em garantir direitos inalienáveis à sua população. O artigo 25° da Declaração que estabelece que "toda pessoa tem direito a um nível de vida adequado para lhe assegurar e à sua família saúde e bem-estar, principalmente no que diz respeito à alimentação, vestuário, moradia, assistência médica e serviços sociais necessários, e ter direito à segurança em caso de desemprego, doença, invalidez, viuvez, velhice ou em outros casos de perda de meios de subsistência por circunstâncias independentes da sua vontade", e forneceu princípios normativos importantes para as políticas públicas e sistemas de saúde, abrindo caminho para alcançar a meta da cobertura universal de saúde (ONU 1949).

O direito à saúde foi codificado em 1966 com o Pacto Internacional de Direitos Econômicos, Sociais e Culturais (PIDESC), no qual se proclamava "o direito de toda pessoa de usufruir o mais elevado nível de saúde física e mental possível". Até o momento assinado, ratificado ou acedido por todos os países da ALC, com apenas três exceções (ver tabela 2.1), o PIDESC estabelece quatro etapas específicas a serem alcançadas pelos signatários para realizar este direito, incluindo (1) reduzir a natimortalidade e a mortalidade infantil, ao mesmo tempo em que se assegure um desenvolvimento saudável da criança; (2) melhorar a higiene ambiental e industrial; (3) prevenir, tratar e controlar as doenças epidemiológicas, endêmicas, ocupacionais e de outro tipo; (4) e garantir o acesso à assistência de saúde para todos em caso de doença (ONU 1976).

Desde a década de 1970, com o apoio da adoção dos instrumentos internacionais mencionados anteriormente, o direito à saúde veio a ser o fundamento legal para importantes estratégias da OMS e seus escritórios regionais, incluindo a campanha "Saúde para todos no Ano 2000", estabelecida pela Declaração de Alma-Ata de 1978, e a "Estratégia para o Acesso Universal à Saúde e Cobertura

Tabela 2.1 Provisões constitucionais e instrumentos internacionais relativos ao direito à saúde na América Latina e no caribe

País	Provisão Constitucional ao Direito à Saúde	Declaração Universal dos Direitos Humanos[a]	Tratado Internacional de Direitos Econômicos, Sociais e Culturais[b]
Antígua e Barbuda			
Argentina		✓	✓
Bahamas			✓
Barbados			✓
Belize			✓
Bolívia	✓	✓	✓
Brasil	✓	✓	✓
Chile	✓	✓	✓
Colômbia		✓	✓
Costa Rica		✓	✓
Cuba	✓	✓	✓
Dominica			✓
República Dominicana	✓	✓	✓
Equador	✓	✓	✓
El Salvador	✓	✓	✓
Granada			✓
Guatemala	✓	✓	✓
Guiana	✓		✓
Haiti	✓	✓	✓
Honduras	✓		✓
Jamaica			✓
México	✓	✓	✓
Nicarágua	✓	✓	✓
Panamá	✓	✓	✓
Paraguai	✓	✓	✓
Peru	✓	✓	✓
São Cristóvão e Nevis			
Santa Lúcia			
São Vicente e Granadinas			✓
Suriname	✓		✓
Trinidad e Tobago			✓
Uruguai	✓	✓	✓
Venezuela	✓	✓	✓

Fontes: OPAS 2010: Nações Unidas 1949, sem data.
Nota: Esta tabela inclui apenas países independentes e ilhas nações da América Latina e da região do Caribe.
a. Quando a Declaração Universal dos Direitos Humanos foi redigida em 1948, a maioria da ilhas caribenhas inglesas, Guiana e Suriname não eram países independentes e por isso não podiam votar.
b. Belize e Cuba assinaram o Tratado Internacional de Direitos Econômicos, Sociais e Culturais, mas não o ratificaram. A assinatura expressa a intenção de fazer parte do Tratado, enquanto que a ratificação envolve a obrigação legal de aplicá-lo.

Universal de Saúde", da Organização Pan-Americana de Saúde (OPAS) de 2014. Aprovada por unanimidade por seus estados membros, a estratégia da OPAS especifica quatro maneiras para fazer avançar a meta de acesso universal à saúde e cobertura universal de saúde, promovendo o direito à saúde mediante o seguinte: (1) expansão do acesso equitativo a serviços de saúde abrangentes, de qualidade, centrados nas pessoas e na comunidade; (2) o fortalecimento da administração e governança; (3) aumento e melhora do financiamento, com equidade e eficiência, buscando-se a eliminação do desembolso direto no ato do serviço; e (4) fortalecimento da coordenação intersetorial para abordar os fatores sociais determinantes da saúde (OPAS 2014).

A despeito do forte apoio internacional, a DUDH (bem com a PIDESC) não garantem direitos constitucionais aos cidadãos dos países signatários na América Latina. A única exceção é a Argentina, que outorga a estes e a outros tratados internacionais relacionados, o mesmo status legal que a sua constituição nacional (Zuñiga, Marks e Gostin 2013). Dezessete dos 20 países da região consagraram o direito à saúde em suas constituições nacionais (ver tabela 2.1), e aqueles que não concederam o direito à saúde aos seus cidadãos oferecem direitos relacionados, como, por exemplo, o direito à vida (tratamento para o câncer e HIV) na Colômbia e na Costa Rica, que são cumpridos por meio de processos judiciais. Uma decisão histórica (T-760/2008) na Colômbia consolidou as demandas legais referentes ao direito à saúde, indicando a necessidade de reformas para abordar as deficiências do sistema de saúde que vinham provocando grande número de ações judiciais. A Corte Constitucional da Colômbia recebia cerca de 90 mil processos por ano relacionados com a legislação sobre o direito à saúde. Aproximadamente 80% dos casos foram decididos a favor daqueles que não podiam pagar por serviços de saúde, incluindo os que requeriam: (1) direito à vida (tratamento para câncer e HIV); (2) assistência para problemas de saúde que afetam mulheres grávidas, crianças e idosos; e (3) benefícios de saúde outorgados a pessoas individualmente sob o sistema contributivo ou subsidiado (Yamin e Parra-Vera 2009). Na Costa Rica, a Corte Constitucional tem consistentemente protegido o direito à vida sob o artigo 21 que reconhece que a vida humana é inviolável, garantindo, portanto, o direito à proteção da saúde (Sáenz, Bermúdez e Acosta 2010).

Embora sejam essenciais, direitos constitucionais e outros não se traduzem automaticamente em ações que protegem a saúde das pessoas. A informação obtida de vários países sugere que mesmo os que têm direitos à saúde constitucionalmente consagrados e assinaram tratados internacionais de direitos humanos enfrentam dificuldades para realizar as transformações necessárias no sistema de saúde para melhorar a assistência de saúde para todos os seus cidadãos (Fórum de Política Mundial 2014; Zuñiga, Marks e Gostin 2013). Quando o direito à saúde é negado às pessoas, o ordenamento jurídico lhes permite encontrar proteção judicial. Nessas situações, os tribunais passaram a ser garantidores não apenas do direito à saúde, mas também da responsabilidade do Estado – exemplo disso é o aumento dos processos legais relacionados com saúde nos tribunais na Argentina, Brasil, Colômbia, Costa Rica e Uruguai. Embora a judicialização tenha um papel legítimo em fazer cumprir o direito à saúde, há algumas consequências distributivas não esperadas. A evidência sugere que as ações judiciais se originam principalmente de pessoas e regiões mais afluentes, o que faz sentido. Os que já contam com melhor acesso aos serviços de saúde também têm maior acesso ao sistema judicial, refletindo inequidades encontradas em toda a sociedade (Iunes, Cubillos-Turriago e Escobar 2012).

No entanto, a ausência de direitos constitucionais ou legais à saúde em outros países – três exemplos notáveis seriam o Canadá, a Holanda e o Reino Unido – não os impediu de implementar programas e iniciativas para fortalecer o sistema de saúde, focar os fatores sociais determinantes de saúde e produzir excelentes condições de saúde para a população. Garantir direitos constitucionais ou legais de saúde é importante, mas pode não ser suficiente. Na América Latina, a democratização e uma maior participação social também têm sido fatores essenciais para impulsar os governos a instaurarem programas nacionais que fornecem melhor assistência de saúde com melhor proteção financeira. A adoção de tais políticas foi facilitada por um período de estabilidade econômica.

O processo de redemocratização na região

Depois de duas décadas de ditaduras na região, a democracia começou a ser reestabelecida nos anos 1980. Um período aproximado de vinte e cinco anos de democracia contínua permitiu importantes reformas institucionais nos governos e uma participação social na formulação de políticas que redesenhou a agenda política. A democratização também possibilitou o surgimento de organizações da sociedade civil, que têm desempenhado um papel de destaque em garantir a resposta governamental às necessidades e exigências da população.

Durante a década de 1960, quando os instrumentos de direito à saúde estavam sendo elaborados e apresentados à comunidade internacional, a ditadura espalhava-se em toda a América Latina. Como se pode observar na figura 2.1, entre 1960 e 1985, 13 países fizeram a transição da democracia para a ditadura, a maioria sob regimes militares.

Já as ilhas do Caribe inglês, que fizeram a transição da condição de colônia a países independentes e democráticos durante o mesmo período, permaneceram democracias, com exceção da Guiana e do Suriname, que passaram por períodos de ditadura de 1979 a 1983 e de 1980 a 1986, respectivamente.

Não só na América Latina houve transições de democracias às ditaduras. Muitos países da Europa e da Ásia fizeram a mesma transição, incluindo aqueles com histórias de governo democrático prolongado, como a Índia e as Filipinas. Da mesma forma, o Chile e o Uruguai tinham governos democráticos de longa data antes de voltarem a ter regimes ditatoriais (Huntington 1991).

Nos anos 1970, apenas a Colômbia, a Costa Rica e a Venezuela tinham governos democráticos. Em contrapartida, em 1992, todos os países da ALC eram democracias e só Cuba e o Haiti tinham governos de partido único (Mainwaring e Pérez-Liñan 2005). A restauração da democracia na região começou em 1979 no Equador, seguido pelo Peru, Honduras, Argentina, El Salvador, Brasil, Uruguai

Figura 2.1 Ditaduras na América Latina e no Caribe, 1934–92

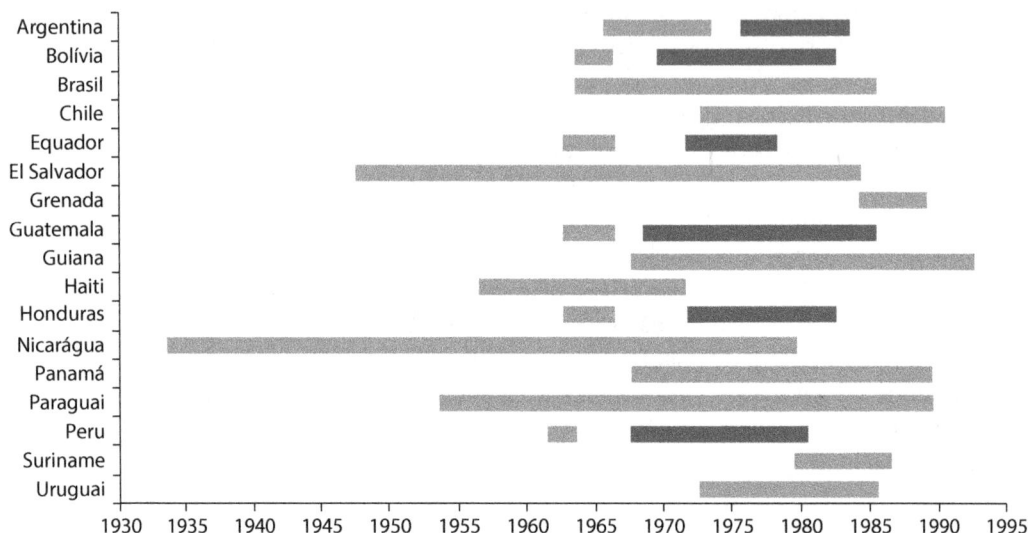

Fontes: Cálculos do Banco Mundial, com informações de Anderson 1988; Catoggio 2010; Conaghan and Espinal 1990; Dangl 2007; Doumerc 2003; Harding 2006; Kolb 1974; Lambert 2000; Rutgers and Rollins 1998; Schiller 2005; Singh 2008; Skidmore 2009; Sondrol 1992; Valenzuela and Valenzuela 1986; Youngers 2000.
Nota: Na Argentina, Bolívia, Equador, Guatemala, Honduras e Peru, houve dois momentos de ditadura.

e Guatemala nos primeiros anos da década de 1980; e Panamá, Paraguai, Chile e Guiana no fim dos anos 1980 e começo dos 1990. Esse movimento em direção à democracia trouxe importantes reformas sociais e um período de progresso sustentado que transformou o desenvolvimento político, econômico e social na região. A democratização da América Latina e Caribe ocorreu como parte de um terceiro ciclo de democratização mundial desde o século XIX. Segundo Huntington (1991), o primeiro teve lugar de 1828 a 1926 e o segundo de 1943 a 1962, aproximadamente.

Atualmente, a região tem vivido quase 25 anos ininterruptos de democracia, o período mais longo até agora, e países não democráticos são uma raridade na região. Alguns autores argumentam que o êxito de longo prazo da democracia é devido (1) à diminuição da polarização entre diferentes posições políticas; (2) ao apoio da comunidade internacional à democratização e menos tolerância a regimes autoritários; e (3) a uma percepção popular mais favorável da democracia (Mainwaring e Pérez-Liñan 2005). Esta última tendência é confirmada pelos resultados de uma pesquisa realizada em 18 países da ALC a partir de 1996 e que foi publicada no *The Economist.* Quase 80% dos entrevistados estavam de acordo com a seguinte declaração: "A democracia pode ter seus problemas, mas é o melhor sistema de governo". Isso demonstra um claro apoio à democracia. O sentimento a favor da democracia vem aumentando progressivamente desde 2003 e é consistente com a satisfação dos entrevistados com a vida cotidiana, que registrou 77% na mesma pesquisa (*The Economist* 2013).

Com a democracia chegaram liberdades políticas e demandas populares por reformas de governo. Uma das reformas realizada em muitos países da região foi a descentralização, onde os países transferiram responsabilidades e recursos dos governos centrais aos locais (prefeituras), para assim responder melhor às necessidades específicas da população. Houve exceções, entretanto. No Chile, por exemplo, a descentralização fez parte de uma política que favorecia a privatização iniciada no começo da década de 1980, ainda sob a ditadura. Mas em termos gerais, o novo ambiente promoveu a participação social e permitiu o estabelecimento de organizações da sociedade civil (OSC), que contribuíram [ara a criação de redes sociais, iniciativas de autoajuda e grupos de apoio mútuo (Carrión 2001).

A sociedade civil vem participando cada vez mais da política e tem assumido novas responsabilidades nos processos governamentais, e os governos apoiam e promovem sua participação no processo de formulação de políticas. A Bolívia, o Equador e a República Bolivariana da Venezuela, por exemplo, consagraram a participação social em sua nova constituição como uma maneira de reduzir a desigualdade social e econômica. No Brasil, a participação social é considerada um método democrático de governar e uma importante ferramenta para o desenho, a execução e a avaliação de políticas públicas (Pogrebinschi 2013).

O ciclo ininterrupto da democracia na América Latina e Caribe, acompanhado pela execução de importantes reformas institucionais e participação social no governo, coincidiu com um período de crescimento econômico e desenvolvimento na região, que será abordado na próxima seção.

Crescimento econômico, distribuição de renda e políticas sociais

Os países na ALC passam por um período de melhoria econômica sustentada nessas duas últimas décadas, marcadas por produtos internos brutos (PIB) mais altos e menos pobreza, desemprego e desigualdades. Os governos investiram mais para melhorar a saúde da sua população, modificando a composição do financiamento da saúde. Enquanto os gastos governamentais em saúde têm aumentado como porcentagem do PIB e em relação aos gastos totais em saúde na maioria dos países, os gastos diretos dos indivíduos têm diminuído.

Além das mudanças políticas e do estabelecimento de governos democráticos na região nas últimas décadas, as economias da América Latina e do Caribe têm também experimentado um crescimento saudável, acompanhado de reduções na pobreza e na desigualdade (Banco Mundial 2011). O desempenho econômico da região tem sido igual e às vezes melhor do que o das economias de elevado rendimento (ver figura 2.2) e tem criado empregos a uma taxa mais rápida que o crescimento da força de trabalho, resultando em níveis de desemprego historicamente baixos. Registra-se que alguns países estão operando "em ou perto do seu potencial". Embora esses sejam fatos consideráveis, a região continua a ser caracterizada por grandes desigualdades sociais entre os seus países e também dentro deles (FMI 2013).

No começo do século XXI, o crescimento estável na América Latina atingiu o ponto mais alto desde o começo da década de 1970, devido a uma demanda

Figura 2.2 Crescimento do PIB na América Latina e nos países de alta renda (crescimento ajustado ciclicamente usando filtro passa-banda)

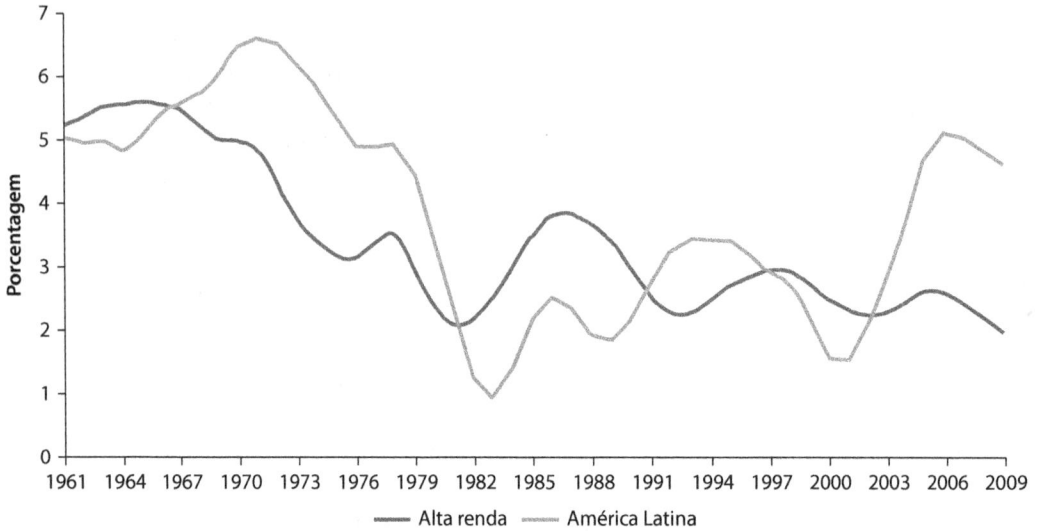

Fonte: Banco Mundial 2011.

externa sólida, uma liquidez global ampla e choques positivos nos termos de troca (De la Torre e Yeyati 2013). Estes fatores conduziram a declínios na pobreza e desigualdades de renda (Ferreira *et al.* 2013), que por fim reduziram o impacto da crise de 2008. Com exceção dos países com os piores resultados macro, a pobreza continuou diminuindo durante a crise financeira global (Grosh, Fruttero e Oliveri 2013).

O crescimento do PIB per capita mostra uma correlação direta com a redução da pobreza na região num período de 15 anos, desde 1995 até 2010 (ver figura 2.3). O crescimento econômico permitiu melhores rendas, que por sua vez possibilitou o aumento da classe média, definida como as pessoas que vivem com no mínimo US$ 10 por dia (ver figura 2.4). O PIB per capita aumentou de menos de US$ 4.000 em 1995 a quase US$ 9.000 em 2010, e a classe média passou a ser maior do que a população em situação de pobreza – ou seja, que vivem com menos de US$ 4 por dia.

Embora o aumento na remuneração pelo trabalho tenha sido o principal motor do declínio da pobreza extrema e da pobreza moderada, as transferências de renda e pensões também tiveram um papel importante (Cord, Lucchetti e Rodriquez-Castelan 2013). Com um crescimento consistente e sustentado, os países da região foram capazes de expandir seu espaço fiscal e aumentar os investimentos em seus setores sociais, dirigindo seu apoio aos grupos mais pobres da população e reduzindo as desigualdades (ver figura 2.5). Ainda que a maioria dos países tenha conseguido diminuir as disparidades de renda, a desigualdade na região ainda é alta, com o coeficiente de Gini variando entre 57,40 em Honduras a 41,32 no Uruguai (Banco Mundial 2012).

Figura 2.3 Crescimento do PIB per capita e a pobreza na América Latina e no Caribe, 1995–2010

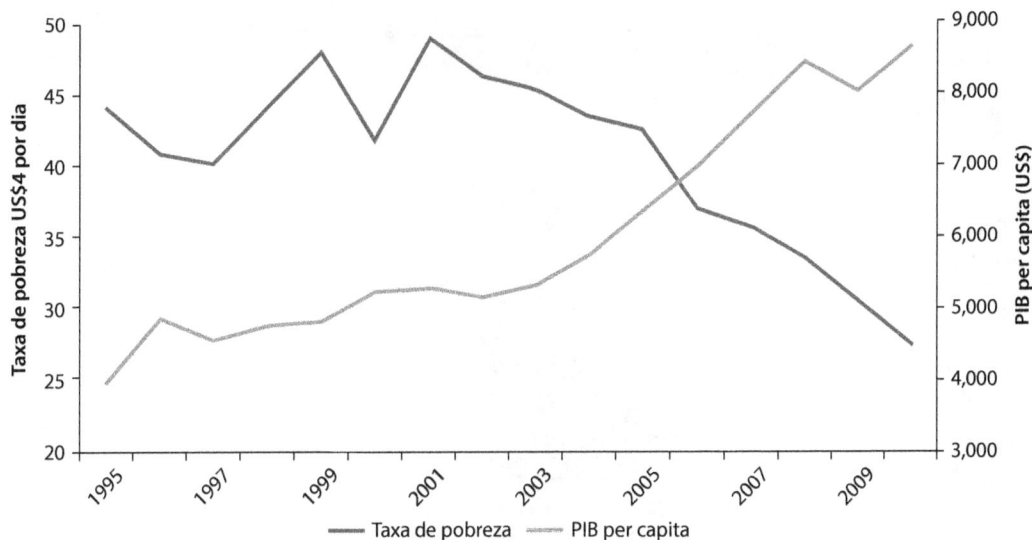

Fonte: Banco Mundial 2012.

Figura 2.4 Redução da pobreza e expansão da classe média na América Latina e no Caribe, 1992–2010

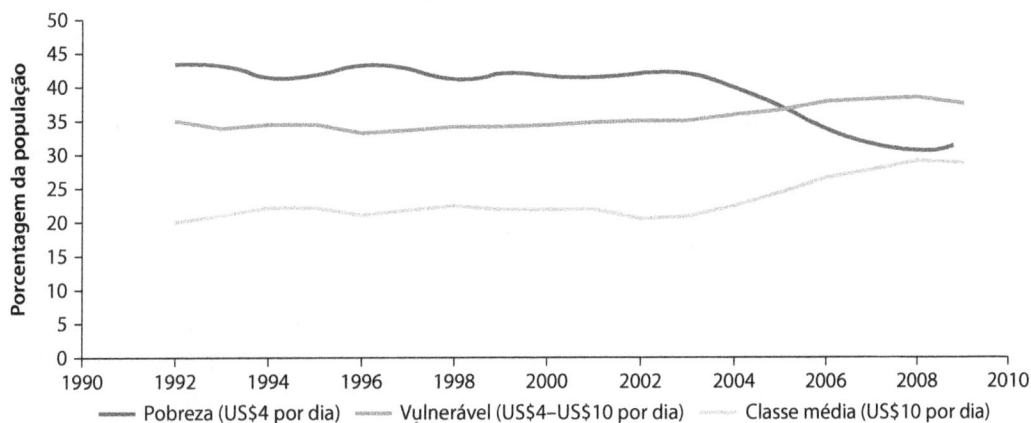

Fonte: Banco Mundial 2012.

Os fatores externos que ajudaram o crescimento na região antes da crise (principalmente a demanda proveniente da China e das economias avançadas, assim como o risco financeiro baixo) perderam força – por ora nem ajudando nem restringindo o crescimento – mas poderão afetar o futuro econômico da ALC. Não se pode depender das forças globais para retornar às taxas de crescimento de antes da crise, que eram de 5% a 6%. A região precisa encontrar motores de crescimento internos (Cord, Lucchetti e Rodriquez-Castelan 2013). Isso pode significar um desafio para a expansão da cobertura em saúde, embora no passado o crescimento econômico não tenha sido necessariamente uma precondição para a

Figura 2.5 Mudanças cumulativas no coeficiente de desigualdade de Gini, 1995 a 2011

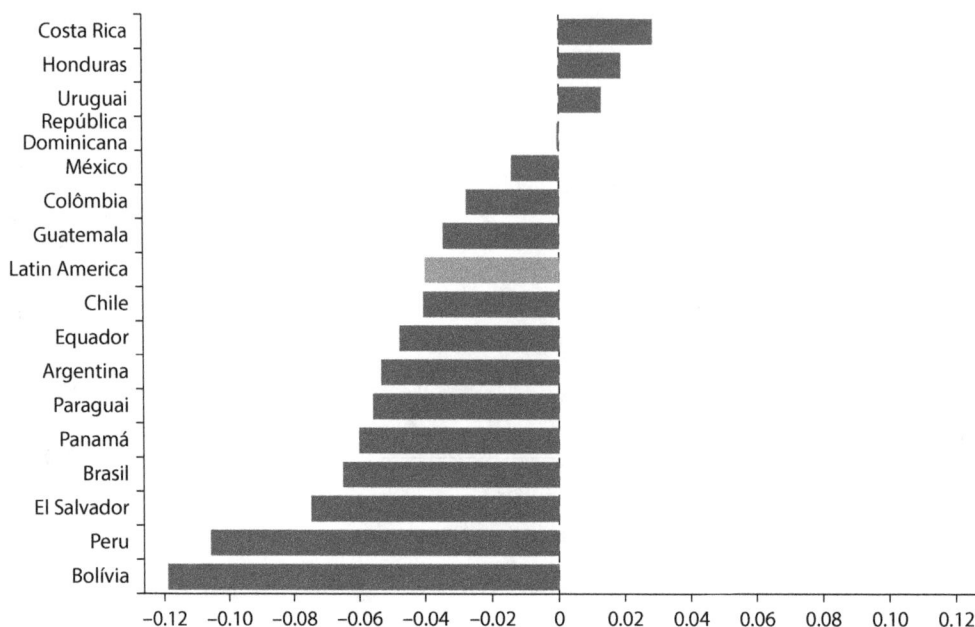

Fonte: Banco de dados dos Indicadores do Desenvolvimento Mundial do Banco Mundial 2012.
Nota: Bolívia – 1997; Chile, Colômbia, República Dominicana – 1996; Guatemala e Peru – 1998; México – 1996 e 2010.

adoção de políticas de avanço rumo à cobertura universal de saúde. Por exemplo, o compromisso do Brasil com a cobertura universal de saúde teve lugar durante um período de crescimento econômico lento (Maeda 2014).

Nos 10 países estudados, o surgimento de políticas de promoção à cobertura universal de saúde ocorreu junto com um aumento no gasto público social (saúde, educação e proteção social) desde 2000 e até o presente (ver figura 2.6). Além disso, muitos países na região da ALC foram bastante atuantes nas suas políticas de proteção social durante a última crise econômica, em termos do aproveitamento dos programas já estabelecidos nos anos anteriores à crise, bem como lançando novos programas que serão úteis durante crises futuras (Grosh, Fruttero e Oliveri 2013). Isto pode ser observado na queda que houve ao redor do período da crise e na rápida recuperação de todos os países.

As políticas fiscais progressivas também contribuíram para melhorar a vida dos pobres. Durante os últimos anos, os governos ampliaram a assistência social também para os que se encontram fora do mercado de trabalho formal, incluindo programas de transferência concebidos para reduzir a pobreza e a desigualdade, entre eles as transferências condicionadas de renda ou programas de alimentação escolar (Draaisma e Zamecnik 2014). Sob a chancela da assistência social, alguns programas também têm foco em serviços de saúde. Por exemplo, a maioria dos programas de transferências condicionadas de renda inclui vinculações ao uso dos serviços de saúde. A literatura mostra que os programas de transferências

Figura 2.6 Gastos públicos em saúde, educação e proteção social como proporção do PIB, 2000–09

Legend:
- Gasto público em proteção social (% do PIB)
- Gasto público em saúde (% do PIB)
- Gasto público em educação (% do PIB)
- Gasto público em saúde (% do PIB)
- Gasto social (% do PIB)

Fonte: Comissão Econômica para América Latina e Caribe (ECLAC) — Divisão de Desenvolvimento Social. Banco de dados de gasto social.

Nota: Dados para 2010–12 não estavam disponíveis para todos os países. Peru não dispunha de dados para gastos públicos em saúde.

31

condicionadas de renda podem gerar benefícios no campo da saúde (Fiszbein, Schady e Ferreira 2009). Os gastos públicos em saúde como porcentagem do PIB aumentaram nos 10 países selecionados da ALC em relação à década anterior. Em alguns casos, isso se deveu à expansão da cobertura, em outros, a causa foi o aumento das despesas com doenças crônicas. De toda forma, os aumentos no gasto social refletem a crescente importância das políticas sociais na agenda política dos governos.

Muitos dos países que implementaram amplas reformas para cobertura universal de saúde experimentaram um aumento no gasto do governo com saúde[1] como porcentagem do PIB durante a primeira década do século XXI (ver figura 2.7). A Argentina, Brasil, Uruguai e Costa Rica tiveram os maiores aumentos nos seus gastos públicos com saúde, sendo que a Costa Rica aumentou a quantidade investida em mais de 2 pontos percentuais entre 2005 e 2012. Outros países, como a Jamaica e o Chile tiveram aumentos de 1 ponto percentual, enquanto que um terceiro grupo teve aumentos aproximados de 0,5 ponto percentual em seu PIB (ver figura 2.7).

O gasto do governo com saúde como proporção do gasto geral do governo é usado frequentemente em comparações internacionais como medida do compromisso dos governos com o investimento em saúde (Cavagnero *et al.* 2008). Embora uma proporção mais alta não implique necessariamente melhores resultados nos cuidados de saúde, as pesquisas têm demonstrado que existe uma associação entre os gastos gerais do governo em saúde e a taxa de mortalidade infantil (Bhutta 2004). Durante o período de 2005 a 2012, a relação do gasto público em saúde aos gastos gerais dos governos aumentou na Argentina, Brasil e Chile (em menor escala) Colômbia, Costa Rica, Jamaica e Uruguai; e continuou estável na Guatemala e no México. Em geral, o gasto público com saúde é mais alto na ALC do que em outras regiões do mundo. De fato, a maioria dos países da ALC já se encontram acima do patamar de 15% requerido pela Declaração de Abuja.[2] Embora o Brasil e a Jamaica ainda não tenham chegado à meta de 15%, ambos mostraram uma significativa melhora nos últimos cinco anos (figura 2.8).

Como se pode ver na figura 2.9, os gastos totais em saúde[3] entre os países diferem substancialmente. O gasto per capita em saúde da Argentina é o mais alto (US$ 1.434), enquanto o da Guatemala é o mais baixo (US$ 334). Os gastos em saúde do governo têm aumentado em todos os países, e na maioria deles, superam os aumentos nos gastos diretos dos usuários. Em toda a região, no ano 2011 aproximadamente 32% de gastos totais com saúde foram desembolsos diretos, algo próximo a 7 pontos percentuais mais baixos do que em 2001, mas ainda assim mais alto que os 20% recomendados pelo *Relatório Mundial de Saúde* (OMS 2010).

Alguns países que realizaram reformas conseguiram reduzir seus gastos diretos – em particular a Argentina, Chile, Colômbia, Guatemala e México (ver figura 2.10). A Guatemala e o México apresentaram as proporções de desembolsos diretos mais altas, com 60% e 52% do total de gastos em saúde, respectivamente, no começo do período. Dos dez países incluídos neste estudo, somente a Argentina, Colômbia, Costa Rica, Jamaica e Uruguai têm gastos diretos por parte de usuários inferiores a 30%.

Figura 2.7 Gastos do governo em saúde como proporção do PIB, 2005–12

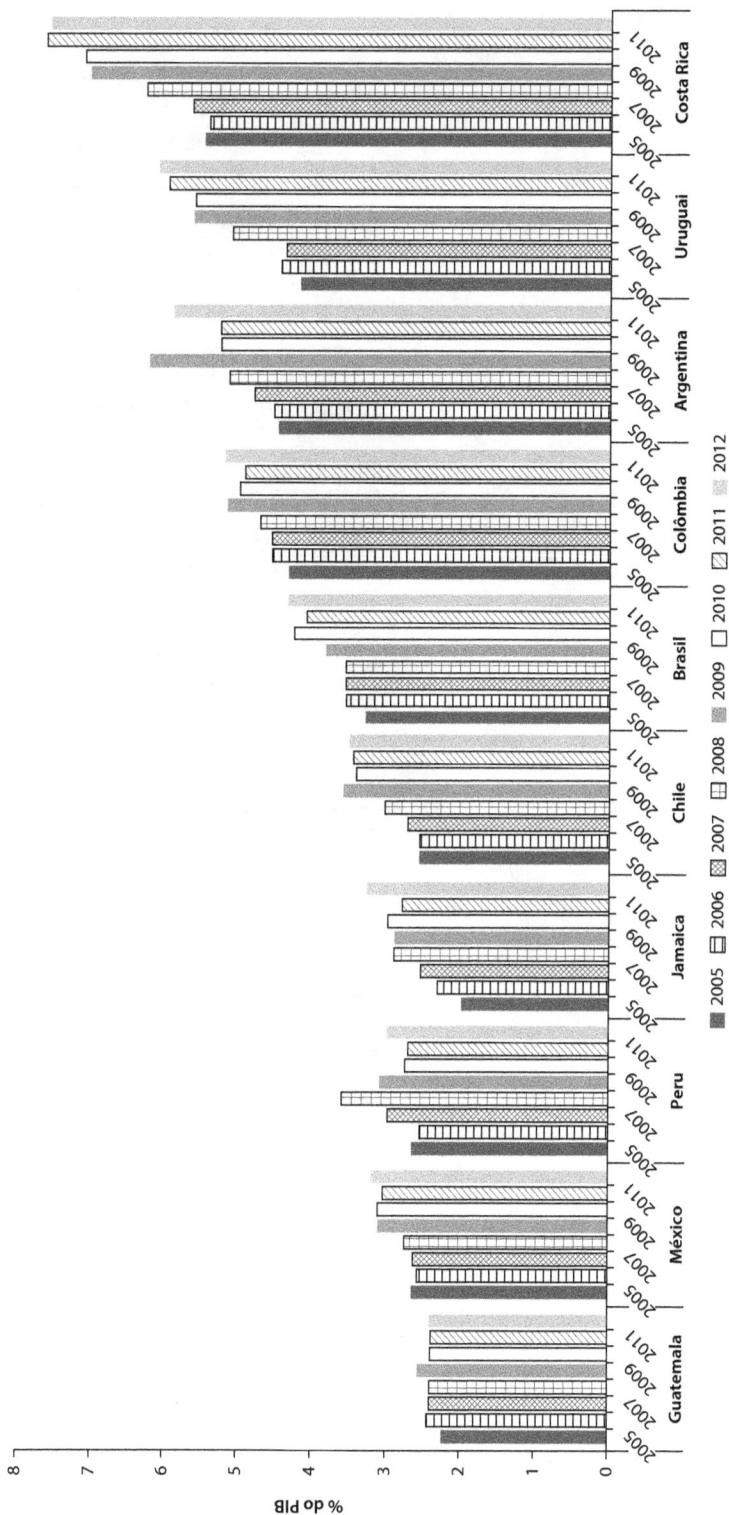

Legenda: ■ 2005 ▦ 2006 ▨ 2007 ▥ 2008 ☐ 2009 ☐ 2010 ▧ 2011 ▨ 2012

Eixo vertical: % do PIB (0 a 8)

Países (eixo horizontal): Guatemala, México, Peru, Jamaica, Chile, Brasil, Colômbia, Argentina, Uruguai, Costa Rica

Fonte: Banco de Dados 2012 dos Indicadores do Desenvolvimento Mundial do Banco Mundial.

Figura 2.8 Gasto do governo em saúde como proporção do gasto total do governo, 2005–12

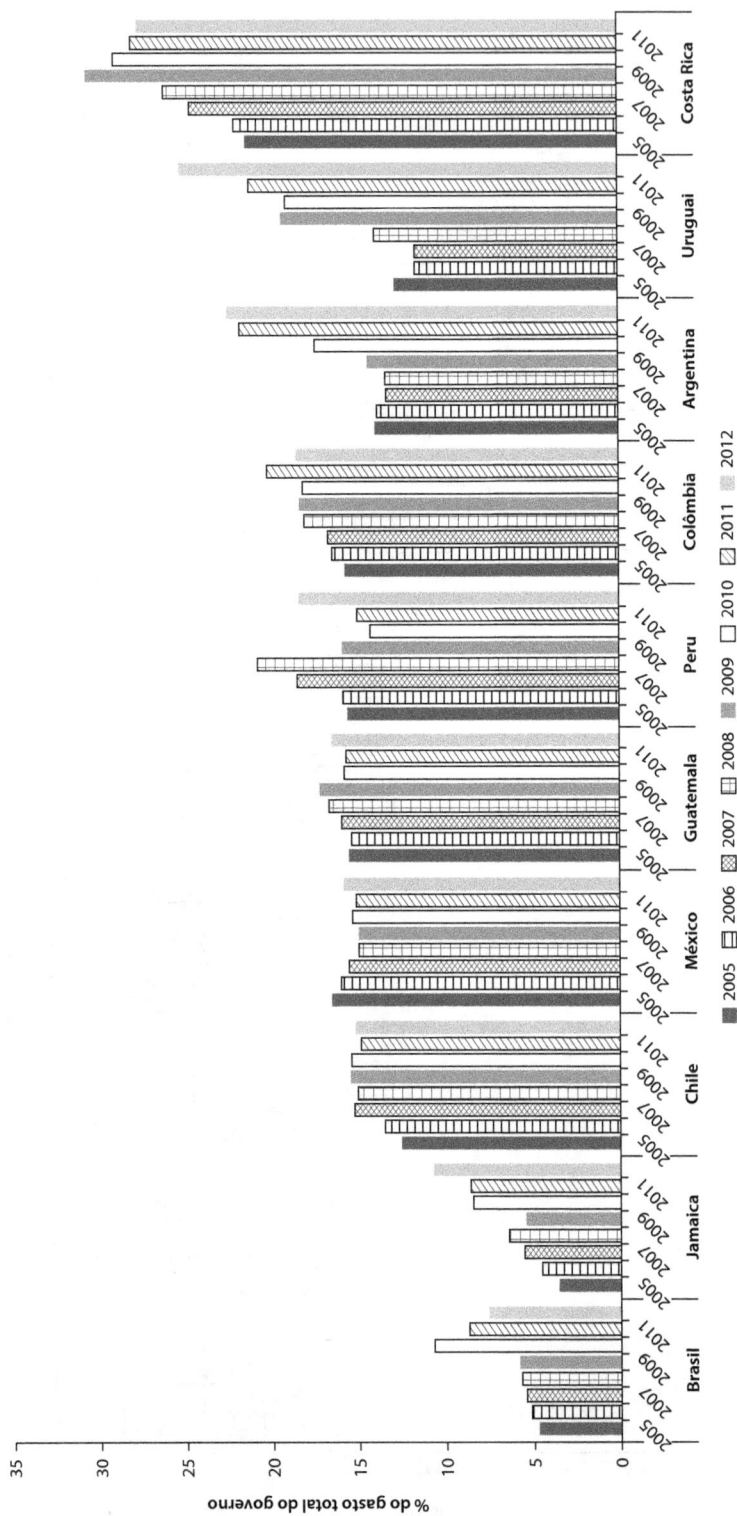

Legenda: ■ 2005 ▨ 2006 ⊞ 2007 ▨ 2008 ■ 2009 ☐ 2010 ▨ 2011 ▨ 2012

Eixo Y: % do gasto total do governo (0, 5, 10, 15, 20, 25, 30, 35)

Eixo X (países): Brasil, Jamaica, Chile, México, Guatemala, Peru, Colômbia, Argentina, Uruguai, Costa Rica

Fonte: Banco de Dados 2012 dos Indicadores do Desenvolvimento Mundial do Banco Mundial.

Figura 2.9 Gasto total em saúde per capita, por fonte (PPA em dólar internacional constante), 2001–12

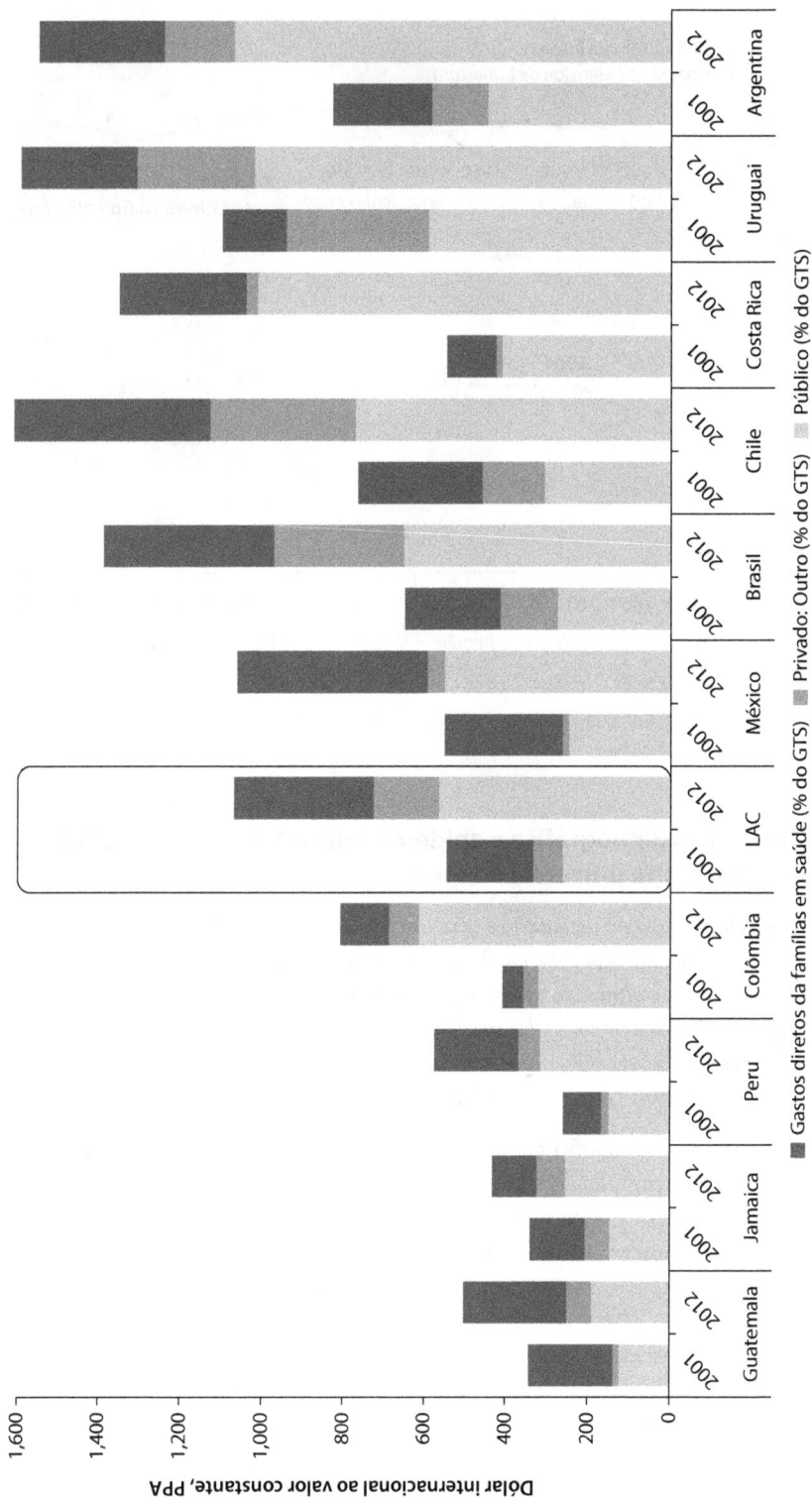

Eixo vertical: **Dólar internacional ao valor constante, PPA** (0, 200, 400, 600, 800, 1,000, 1,200, 1,400, 1,600)

Eixo horizontal (países e anos): Guatemala (2001, 2012), Jamaica (2001, 2012), Peru (2001, 2012), Colômbia (2001, 2012), LAC (2001, 2012), México (2001, 2012), Brasil (2001, 2012), Chile (2001, 2012), Costa Rica (2001, 2012), Uruguai (2001, 2012), Argentina (2001, 2012)

Legenda:
- Gastos diretos das famílias em saúde (% do GTS)
- Privado: Outro (% do GTS)
- Público (% do GTS)

Fonte: Banco de Dados 2012 dos Indicadores do Desenvolvimento Mundial do Banco Mundial 2012.

Nota: GTS = Gasto total em saúde; PPA = Paridade do poder aquisitivo.

35

Figura 2.10 Gastos diretos das famílias em saúde como proporção dos gasto total em saúde, 1995–2012

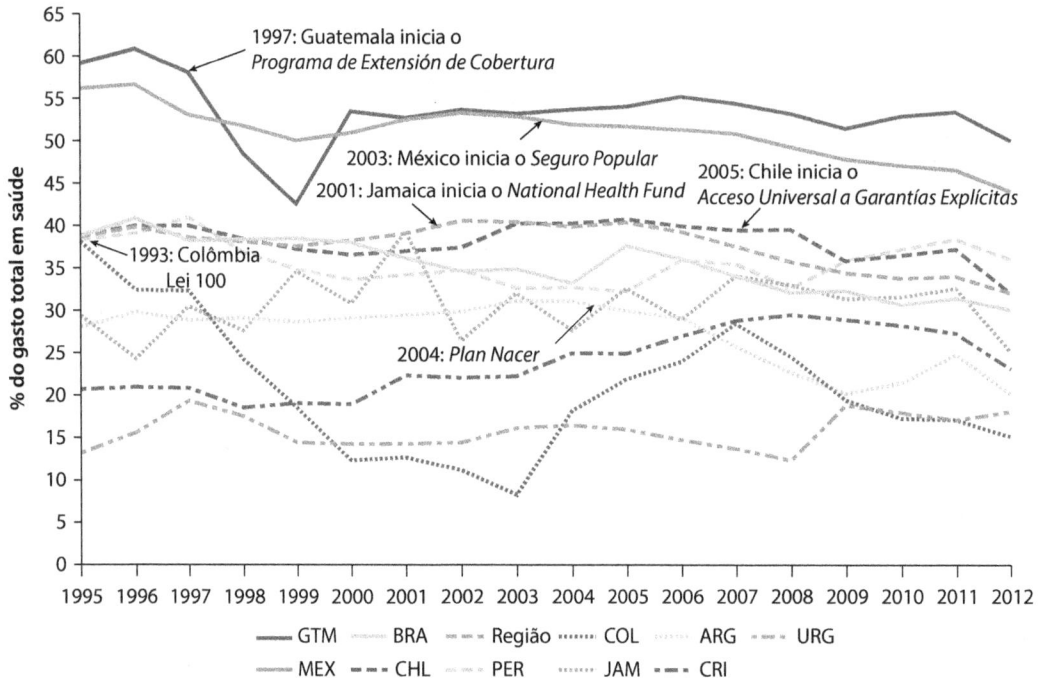

1997: Guatemala inicia o
Programa de Extensión de Cobertura

2003: México inicia o *Seguro Popular*
2001: Jamaica inicia o *National Health Fund*
2005: Chile inicia o
Acceso Universal a Garantías Explícitas

1993: Colômbia
Lei 100

2004: *Plan Nacer*

Legend: GTM — BRA — Região — COL — ARG — URG — MEX — CHL — PER — JAM — CRI

Fonte: Banco de dados dos Indicadores do Desenvolvimento Mundial do Banco Mundial 2012.

As transições demográfica e epidemiológica e suas implicações para a cobertura universal de saúde

O envelhecimento da população e taxas de fertilidade mais baixas têm mudado drasticamente a pirâmide populacional em todos os países da ALC. O envelhecimento da população tem contribuído também para as mudanças epidemiológicas observadas na região, que passou de uma alta prevalência e mortalidade devido a doenças infecciosas no começo do século XX a uma alta prevalência e mortalidade por causa de doenças não transmissíveis (DNT) do final do século XX até o presente.

Durante os últimos 50 anos, a população na ALC tem crescido, mas também envelhecido. A população da região é agora quase o dobro do que era nos anos 1970, e populações cada vez mais idosas acarretam novos desafios, tais como o aumento de doenças crônicas (Marinho *et al.* 2013). Durante este período, a proporção da população maior de 60 anos aumentou mais de cinco vezes, e deverá quadruplicar até 2040. Por outro lado, a taxa de fertilidade caiu em quase todas as partes, reduzindo a proporção de crianças na população e aumentado a de pessoas idosas. A expectativa de vida na região aumentou em 15 anos durante o período entre 1960 e 2012, com grandes variações entre os países: a expectativa de vida na Guatemala é pouco acima de setenta anos, enquanto na Costa Rica é um pouco abaixo de 80 anos de idade (ver figura 2.11).

Figura 2.11 Expectativa e de vida nos países do estudo e média regional, 1960–2012

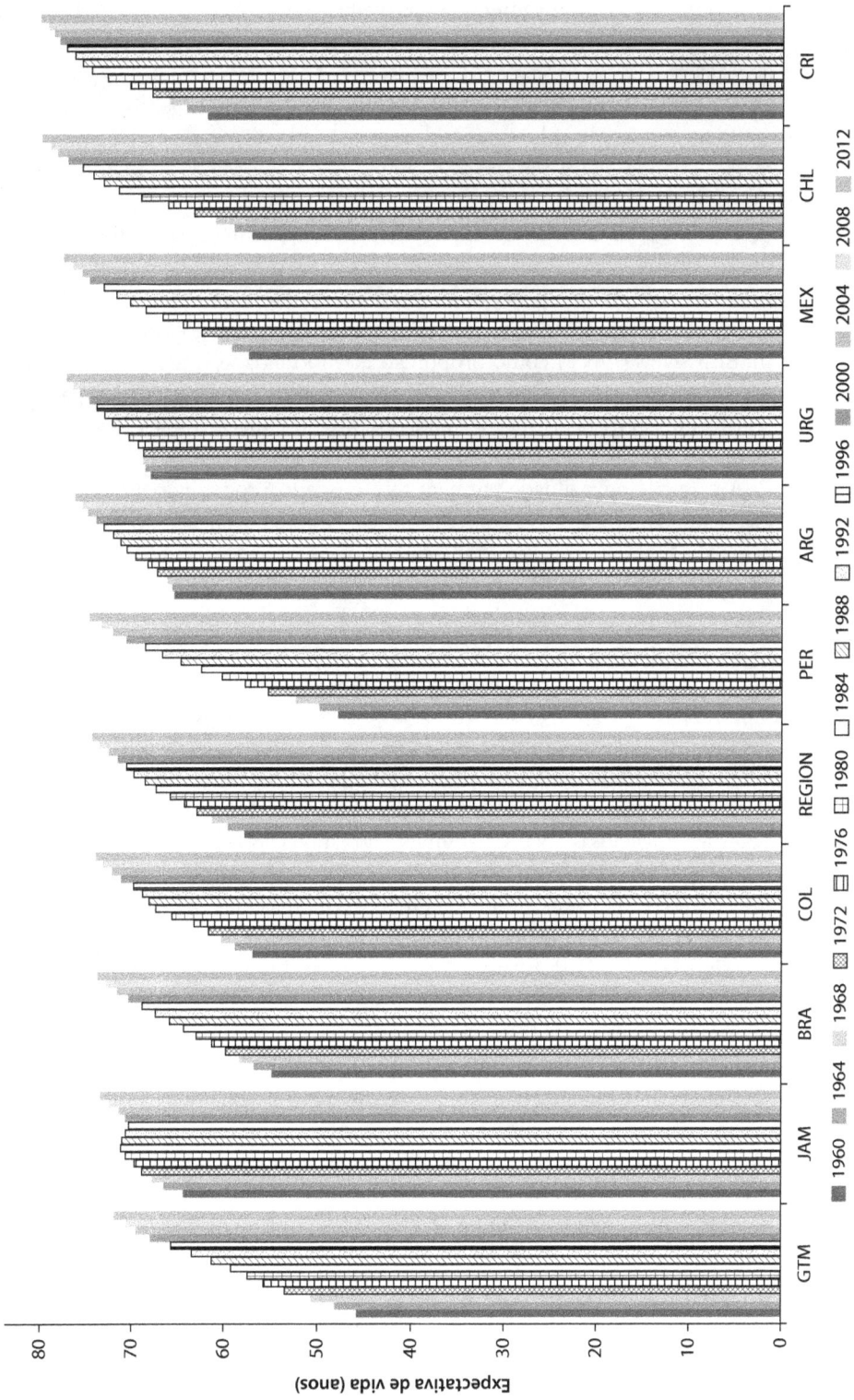

Legenda: ■ 1960 ■ 1964 ■ 1968 ■ 1972 ▦ 1976 ■ 1980 □ 1984 ▨ 1988 □ 1992 ⊞ 1996 ■ 2000 ■ 2004 ■ 2008 ■ 2012

Eixo vertical: Expectativa de vida (anos) — 0, 10, 20, 30, 40, 50, 60, 70, 80

Eixo horizontal: GTM, JAM, BRA, COL, REGION, PER, ARG, URG, MEX, CHL, CRI

Fonte: Banco de Dados 2012 dos Indicadores do Desenvolvimento Mundial do Banco Mundial 2012.

Os países encontram-se em diferentes etapas de transição demográfica. Alguns têm populações relativamente mais velhas (Argentina e Uruguai), enquanto outros têm perfis mais jovens (Guatemala e Peru), mas com taxas de fertilidade decrescentes. A tendência em todos os países é de crescimento da população de idosos, como se pode observar na figura 2.12. Melhorias gerais na renda, meio ambiente, estilos de vida e avanços médicos aumentaram a expectativa de vida na região, criando assim uma maior demanda de atenção médica de longo prazo (Marinho *et al.* 2013).

Embora as melhorias na expectativa de vida tenham ocorrido com relativa uniformidade, a transição epidemiológica se deu em diferentes momentos nos países. Populações em processo de envelhecimento, mudanças nos estilos de vida e fatores de risco modificáveis estão dando maior protagonismo às doenças não transmissíveis (DNT) como proporção da mortalidade, que representaram 78%, ou 4,5 milhões de mortes em 2007. No entanto, em 2010 alguns países ainda registravam altas taxas de mortalidade entre populações mais jovens (Marinho *et al.* 2013).

A carga de mortalidade também tem mudado, produzindo ao menos três etapas distintas na transição epidemiológica. A etapa avançada apresenta uma alta carga de DNT e relativamente poucos casos de doenças infecciosas, como no Uruguai, onde as DNT representaram 79% dos falecimentos. A etapa intermediária revela uma situação dual entre DNT e doenças infecciosas, e ocorre em países nos quais a mortalidade por DNT aumentou substancialmente nos anos oitenta e noventa. Um exemplo seria o México, onde em meados da década de 1950, a porcentagem de doenças infecciosas era cerca de 61%, enquanto a proporção de DNT era muito baixa (22%). Hoje, a proporção de doenças infecciosas sofreu redução de 80% e as DNT aumentaram rapidamente em torno de 75%. Por fim, a etapa inicial mostra poucos casos de DNT e uma alta proporção de doenças infecciosas. Na Guatemala, no ano 1980, a proporção de doenças infecciosas era alta (55%) em relação às DNT (31%). Sem dúvida, as doenças infecciosas vêm diminuindo na Guatemala, mas não tão rapidamente como nos países da ALC que estão mais avançados em sua transição epidemiológica (Marinho *et al.* 2013). Exemplos de cada uma destas etapas podem ser observadas na figura 2.13.

Alguns países na ALC, como a Guatemala e o México, ainda estão nas etapas inicial e intermediária da transição epidemiológica (OMS 2014). A Guatemala diferencia-se drasticamente dos outros nove países estudados, principalmente no que se refere ao percentual de mortes por problemas cardiovasculares (16% abaixo da média regional) e por doenças transmissíveis (19% acima da média regional), com o percentual mais alto de mortes por lesões (18%). Isto é de se esperar em um país que ainda se encontra na primeira etapa da transição (ver figura 2.13). Os 10 países também diferem muito em termos da proporção de doenças transmissíveis e mortes por lesões: mais de 50% dos falecimentos na Guatemala enquadram-se nessas duas categorias, enquanto que na Argentina e na Costa Rica menos de 20% dos falecimentos se devem a doenças transmissíveis e lesões.

Figura 2.12 Variação na estrutura etária da população, 1950–2040

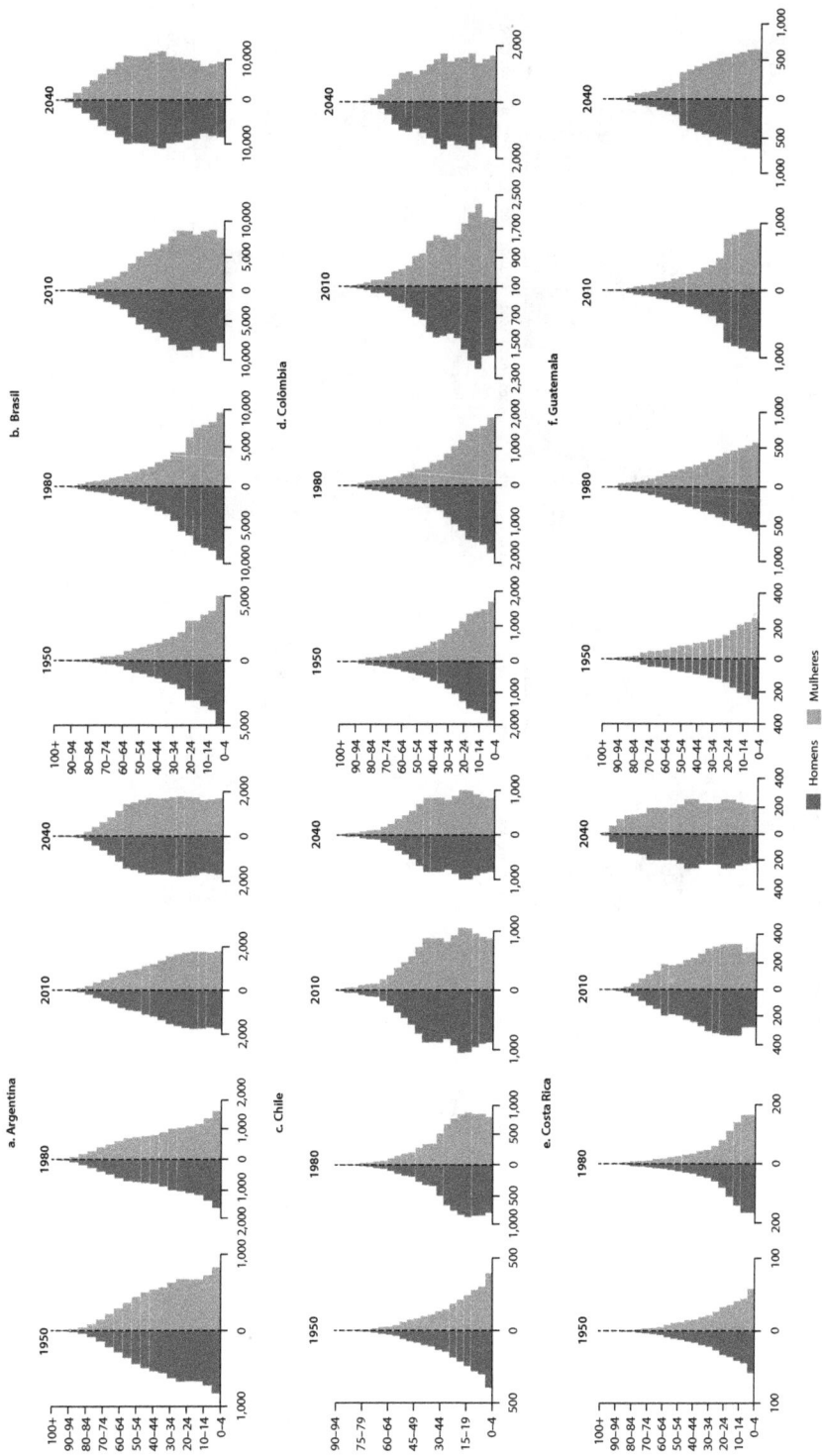

a. Argentina

b. Brasil

c. Chile

d. Colômbia

e. Costa Rica

f. Guatemala

Homens Mulheres

figura continua na página seguinte

Figura 2.12 Variação na estrutura etária da população, 1950–2040 *(continuação)*

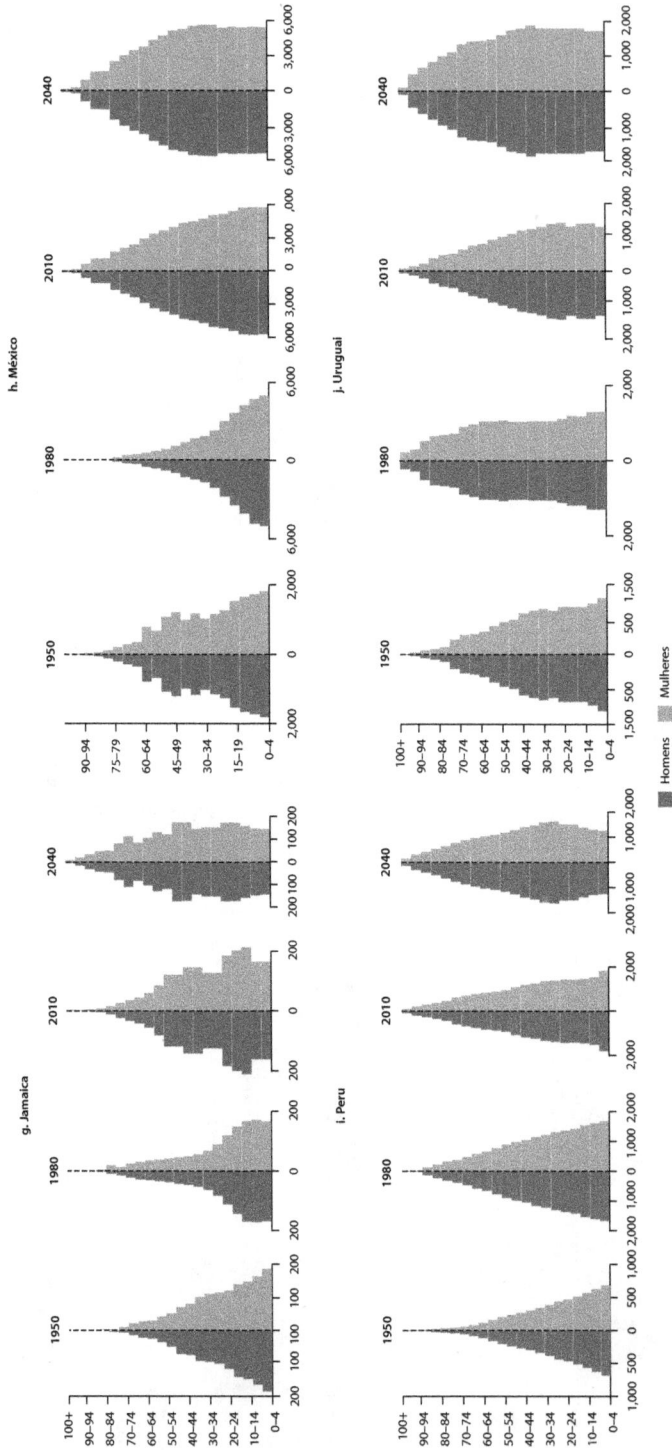

g. Jamaica

h. México

i. Peru

j. Uruguai

Homens   Mulheres

Fonte: Banco de Dados 2012 dos Indicadores do Desenvolvimento Mundial do Banco Mundial.

Figura 2.13 Transições epidemiológicas na América Latina por causas de morte, 1995–2009 (ou ano mais próximo)

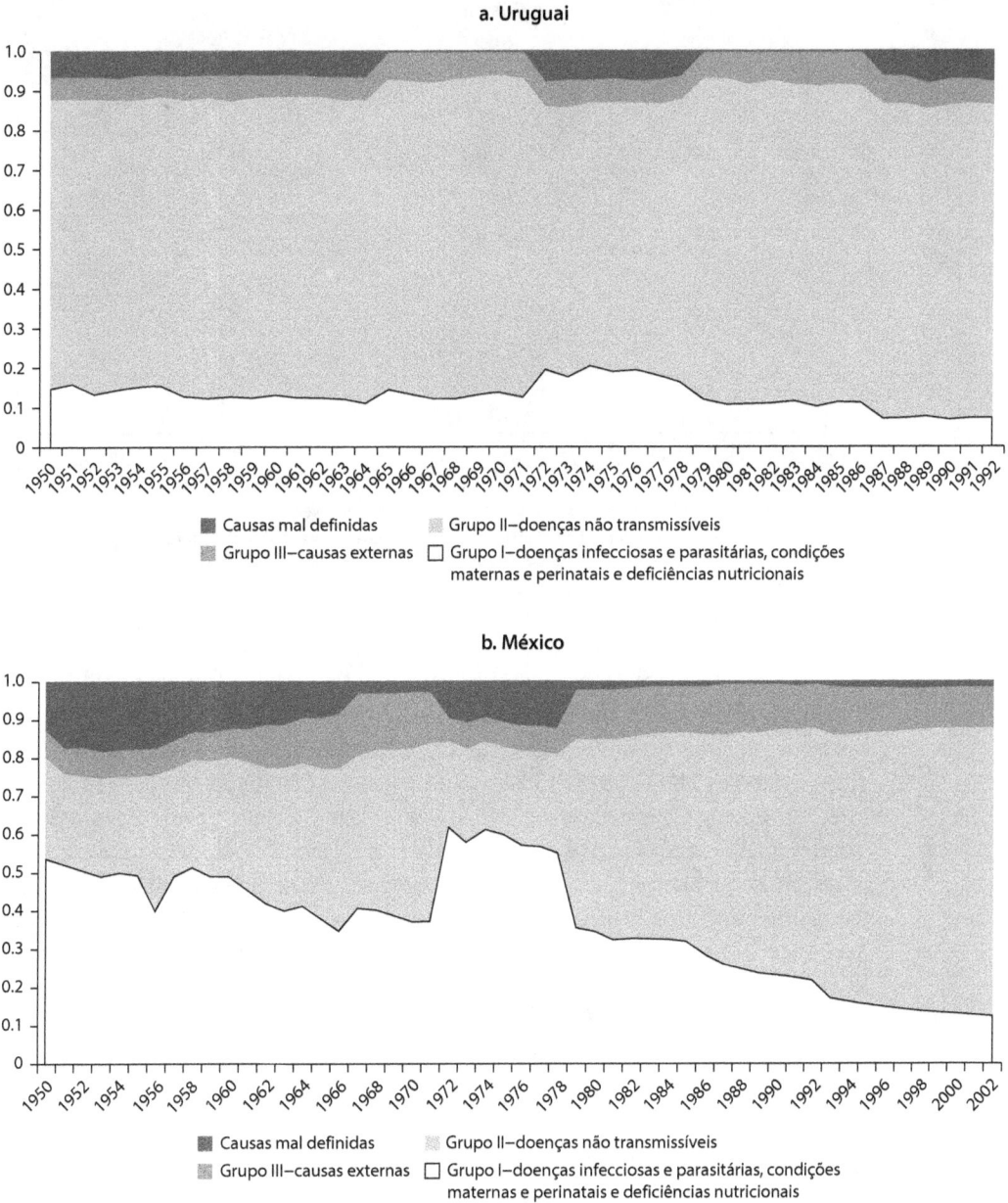

a. Uruguai

Causas mal definidas · Grupo II–doenças não transmissíveis
Grupo III–causas externas · Grupo I–doenças infecciosas e parasitárias, condições maternas e perinatais e deficiências nutricionais

b. México

Causas mal definidas · Grupo II–doenças não transmissíveis
Grupo III–causas externas · Grupo I–doenças infecciosas e parasitárias, condições maternas e perinatais e deficiências nutricionais

figura continua na página seguinte

Figura 2.13 **Transições epidemiológicas na América Latina por causas de morte, 1995-2009 (ou ano mais próximo)** *(continuação)*

c. Guatemala

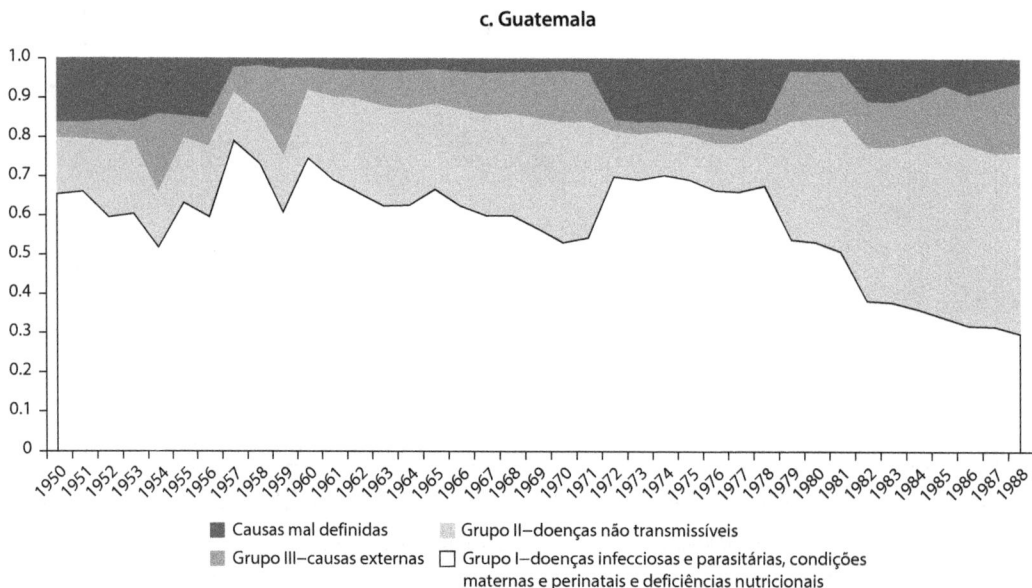

- ■ Causas mal definidas
- ■ Grupo III–causas externas
- ▨ Grupo II–doenças não transmissíveis
- ☐ Grupo I–doenças infecciosas e parasitárias, condições maternas e perinatais e deficiências nutricionais

Com uma população em processo de envelhecimento, há uma maior necessidade de tratar doenças não transmissíveis. A necessidade de fornecer cuidados de saúde aos idosos não é uma novidade, mas seu elevado número exercerá pressão sobre os sistemas de saúde existentes. As consequências econômicas e de saúde impostas pelas DNTs são onerosas tanto para os indivíduos como para os sistemas. As doenças cardiovasculares e o câncer são as duas principais causas de mortes na ALC (ver figura 2.14). Além disso, a região também tem uma das mais altas taxas de diabetes do mundo. O aumento dessa doença está relacionado parcialmente com a urbanização e com mudanças no estilo de vida. A urbanização e as mudanças nos meios de transporte terrestre levaram a um maior número de lesões durante os últimos 40 anos. Ferimentos como causa de morte estabilizaram-se na região na primeira década do século (Bonilla-Chacín 2014).

Um quarto das mortes por DNT ocorrem em pessoas com menos de 60 anos de idade (Le Gales-Camus e Epping-Jorda 2005), o que torna a prevenção de doenças algo de primeira importância, juntamente com o monitoramento de fatores de risco, o diagnóstico precoce e o tratamento para todos os segmentos da população. Uma maneira de reduzir os fatores de risco intermediários e as taxas de morte por DNT é por meio de políticas fortes, como as iniciativas contra o tabagismo que países como o Uruguai usaram para reduzir o número de fumantes e os problemas de saúde relacionados ao fumo (Godinho 2013).

No longo prazo, os países enfrentarão desafios para sustentar os programas voltados para a consecução da cobertura universal de saúde, em particular devido à transição epidemiológica e envelhecimento das populações. A necessidade de capitalizar o dividendo demográfico enquanto a população ainda é jovem será

Figura 2.14 Principais causas de morte na América Latina e no Caribe (padronizadas por idade), 2008
Percentual

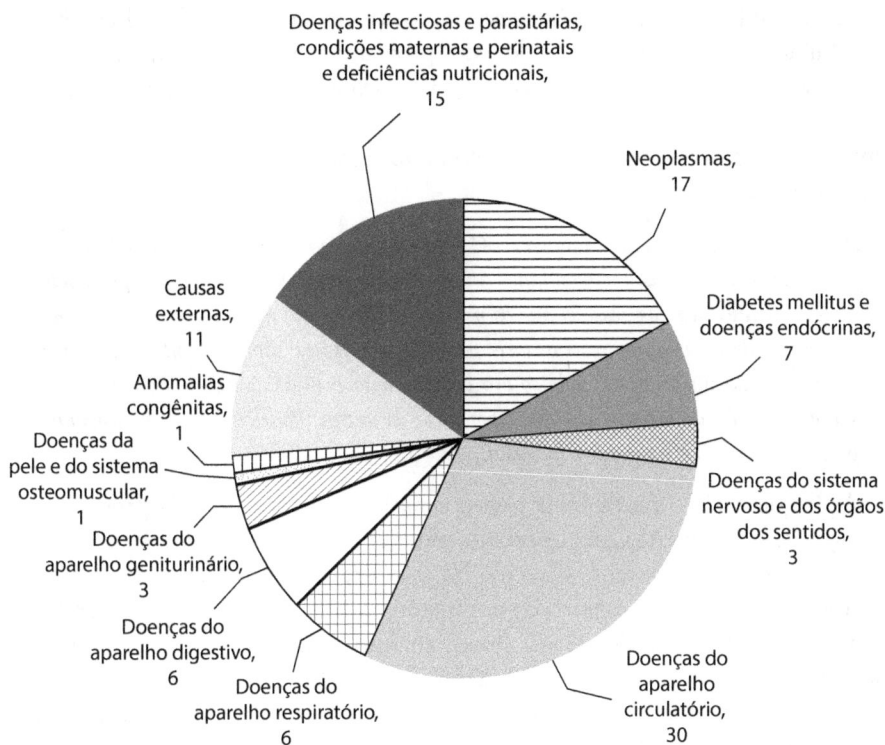

Doenças infecciosas e parasitárias, condições maternas e perinatais e deficiências nutricionais, 15

Neoplasmas, 17

Diabetes mellitus e doenças endócrinas, 7

Causas externas, 11

Anomalias congênitas, 1

Doenças da pele e do sistema osteomuscular, 1

Doenças do aparelho geniturinário, 3

Doenças do sistema nervoso e dos órgãos dos sentidos, 3

Doenças do aparelho digestivo, 6

Doenças do aparelho respiratório, 6

Doenças do aparelho circulatório, 30

Fonte: Bonilla-Chacín 2014.

ainda mais crítica em países como o Brasil, onde se espera que a população maior de 65 anos de idade dobre nos próximos 20 anos. Esta transição teve lugar nos países desenvolvidos num período de um século. O envelhecimento não saudável causará uma significativa pressão econômica e social, e comprimirá o tempo disponível para a tomada de ações efetivas.

Alguns países enfrentam a carga paradoxal da desnutrição e obesidade, que estão relacionadas com uma série de mudanças, como a transição nutricional, demográfica e epidemiológica que ocorrem nos países (Shrimpton e Rokx 2012). Três de cada quatro países do mundo com o mais alto percentual de mães acima do peso e crianças malnutridas encontram-se nos países da região da ALC: Guatemala (13% das famílias), Bolívia (11%) e Nicarágua (10%) (Garret e Ruel 2003). Muitas vezes, há um vínculo entre estas condições, dado que crianças malnutridas têm um risco maior de sofrer de hipertensão, doenças cardiovasculares e diabetes (Bonilla-Chacín 2014), assim como uma menor probabilidade de terminar a escola e ter êxito econômico futuramente (Shrimpton e Rokx 2012).

De fato, a ALC enfrenta desafios tanto de países de baixa como de alta renda. Ainda que tenha havido melhorias nos cuidados maternos e infantil, a região como um todo não cumprirá com o Objetivo de Desenvolvimento do Milênio relacionada com a redução da taxa de mortalidade materna (ODM5). A região também terá de lidar simultaneamente com doenças infecciosas e não infecciosas, necessitando de sistemas capazes de oferecer cuidados tanto preventivos como curativos. Muitos desafios advêm desta mudança epidemiológica e incluem a sustentabilidade dos sistemas de saúde e dos programas sociais e sua correspondente capacidade de responder a uma população cada vez maior e com mais demandas.

Prestação de serviços de saúde e sua evolução rumo à universalidade

A prestação de serviços de saúde na ALC tem mudado com o passar do tempo de forma a atender às exigências e necessidades da população. Esses serviços vêm se expandindo e agora alcançam mais pessoas que os necessitem. Enquanto no século XIX as organizações filantrópicas eram responsáveis por prestar serviços, especialmente aos pobres, o aumento do investimento público e o compromisso político têm permitido a expansão e prestação de serviços de saúde por meio de outros modelos, incluindo sistemas/programas públicos e previdência social.

A fim de avaliar a influência que o cenário político exerce na prestação de serviços de saúde na ALC, é importante entender como este cenário mudou com o passar do tempo. Durante o século XIX, as organizações filantrópicas prestavam serviços de saúde à maioria da população na ALC (Canal 1984; Flisser 2009; Landivar 2004; Tovar 2001). O financiamento para estes serviços, prestados principalmente por hospitais, era organizado por entidades religiosas nacionais. Nos municípios, os serviços de saúde eram fornecidos pela sociedade civil e organizações filantrópicas. Na primeira metade do século passado, a maioria dos países da região estabeleceu ministérios de saúde (MdS) com mandato para assumir o controle da prestação dos serviços de saúde que antes eram de responsabilidade de provedores tradicionais – ou seja, organizações filantrópicas privadas – e melhorar o acesso aos serviços básicos. Em geral, também passaram a responsáveis por certificar as profissões médicas, licenciar medicamentos para o mercado nacional e estabelecer diretrizes de higiene pública, incluindo normas para água potável e saneamento (que, em muitos países, era um departamento do MdS). Em alguns casos, as instalações de saúde das organizações filantrópicas foram incorporadas ao setor público (nos níveis nacional, estadual ou municipal), ou reguladas pelos MdS e subsidiadas com recursos públicos. Estes prestadores filantrópicos tinham o mandato de prestar serviços de saúde a toda a população.

O progresso mais notável nos resultados de saúde das populações ocorreu em meados do século XX, a partir de investimentos do setor público em infraestrutura de água potável e saneamento, controle de vetores, vacinas, promoção da saúde e expansão dos centros educativos para médicos, enfermeiras e outros profissionais da saúde. Durante a primeira metade do século XX, a OPAS e seu predecessor, a Secretaria de Saúde para as Américas, tiveram um papel chave no controle de vetores e doenças transmissíveis. Já na segunda metade, as intervenções de saúde pública expandiram-se e passaram a incluir vacinas, água potável e saneamento. Depois da Declaração da Alma Ata em 1978, muitos governos concentraram-se em programas para expandir os serviços de saúde primários em áreas rurais e remotas pouco habitadas. Com frequência, a maneira de expandir acesso a serviços básicos foi o treinamento dos profissionais de saúde para servirem em áreas rurais. Na medida em que cresceram o alcance e a sofisticação das tecnologias e serviços de saúde, exacerbaram-se as desigualdades existentes, devido em parte à má distribuição dos recursos humanos, que permaneceram altamente concentrados nos centros urbanos (Cetrangolo *et al.* 2006).

Também na primeira metade do século passado, fundaram-se as instituições de seguro social, baseados no modelo alemão de seguro de saúde obrigatório baseado no emprego. Estas instituições, conhecidas genericamente como sistemas de previdência social, também ofereciam aposentadoria e tipicamente cobriam os empregados do setor público. Elas se expandiram rapidamente, passando a cobrir trabalhadores em outros setores formais, incluindo grandes empresas estatais e empresas privadas financiadas pelo setor público (normalmente indústrias extrativas, ferroviárias e elétricas). As instituições de previdência forneciam serviços caros, que incluíam diagnóstico especializado e cuidados curativos. Geralmente, estas instituições tinham uma rede nacional de instalações de saúde, com uma concentração de serviços especializados em grandes áreas urbanas, onde a rede do MdS abrangia uma ampla gama de instalações, incluindo tanto hospitais como centros de saúde básicos nas áreas rurais. Com isso, era possível observar nos centros urbanos uma ineficiente duplicação de serviços hospitalares de alta complexidade (Cetrangolo *et al.* 2006).

A expansão do ingresso de pessoas no sistema previdenciário varia muito em toda a região. Vários países que contam com setor público de grande escala ou os que passaram por um processo de industrialização precoce – ou seja a Argentina, Brasil, Chile, México e Uruguai – viram uma expansão estável da cobertura de trabalhadores do setor industrial e funcionários administrativos, assim como de seus familiares. Em alguns países, como Costa Rica e Panamá, a cobertura aumentou não por causa da sua expansão ao setor formal, mas pela inclusão de familiares do empregado ou acordos progressivos com trabalhadores dos setores agrícolas ou de serviços. Já em outros países, a expansão da cobertura da previdência social foi mínima (por exemplo, Colômbia, Guatemala, Equador e Peru) (Rofman 2005).

Nos últimos anos, os latino-americanos vêm exigindo sistemas de saúde mais adequados às suas necessidades, obrigando o governo de seus países a explorar reformas para avançar rumo à cobertura universal de saúde. Os esforços para melhorar a adequação do sistema incluem o desenvolvimento de diretrizes e padrões médicos claros que vinculam recursos aos incentivos aos prestadores, assim como a introdução de sistemas de informação que melhoram a tomada de decisões estratégicas. As experiências na implantação destas políticas em 10 países – Argentina, Brasil, Chile, Colômbia, Costa Rica, Guatemala, Jamaica, México, Peru e Uruguai – são analisadas neste estudo. A tabela 2.2 apresenta estas experiências, que serão detalhadas no seguinte capítulo.

Rumo a uma cobertura universal de saúde e equidade na América Latina e no Caribe
http://dx.doi.org/10.1596/978-1-4648-0920-0

Tabela 2.2 Políticas e programas para avançar rumo à cobertura universal de saúde na América Latina e Caribe

País	Reforma	Ano
Argentina	*Plan Nacer*	2004
	Plan Sumar	2012
Brasil	Sistema Único de Saúde (SUS)	1988
	Expansão do Programa de Saúde da Família (PSF)	1998
Chile	FONASA	1981
	Acceso Universal a Garantías Explícitas en Salud (AUGE)	2005
Colômbia	*Sistema General de Seguridad Social en Salud*	1993
Costa Rica	Sistema especial para indigentes	1984
	Transferência dos serviços de saúde do MdS à CCSS	1993
	Inscrição obrigatória de pessoas autônomas	2006
Guatemala	*Programa de Extensión de Cobertura* (PEC)	1997
Jamaica	*National Health Fund* (NHF)	2003
	Abolição de cobranças aos usuários	2008
México	*Sistema de Protección Social en Salud / Seguro Popular*	2003
Peru	Seguro Materno-Infantil	1999
	Seguro Integral de Salud (SIS)	2002
	Aseguramiento Universal en Salud (AUS)	2009
Uruguai	FONASA	2007
	Sistema Nacional Integrado de Salud (SNIS)	2007

Como a região se compara em relação ao contexto global?

Nas últimas décadas, muitos países de baixa e média renda na ALC têm adotado políticas para avançar rumo à cobertura universal de saúde. Como vimos em seções anteriores, estes movimentos estavam estreitamente vinculados a reformas sociais mais amplas e também acompanhados por um processo de democratização, assim como um período de crescimento econômico sustentado e mais equitativo. As reformas rumo à cobertura universal de saúde também se traduziram em mudanças no financiamento da saúde e, na maioria dos casos, aumentaram os gastos públicos com saúde. Para entender melhor este progresso numa perspectiva global, compararemos os países da ALC com outros países. Os resultados mostram em que setores os países da ALC estão atrasados e onde se destacam, considerando seu perfil demográfico e nível de desenvolvimento.

Este exercício compara os resultados projetados para todos os 187 países para os quais há dados disponíveis referentes a 2012. Os resultados utilizados na análise, que avaliam as condições de saúde e proteção financeira, foram incluídos em um modelo de regressão juntamente com variáveis demográficas e econômicas.[4] Com essa abordagem, é possível comparar os países quanto a seu desempenho efetivo e também esperado.[5]

Embora todos os países com dados disponíveis tenham sido utilizados para produzir os níveis esperados, apenas alguns serão utilizados para fins de comparação nas tabelas que se seguem. *Os resultados* comparam os dez países selecionados da ALC com um grupo aleatório de países da OCDE, os quatro "países C" (Chile, China, Costa Rica e Cuba) e outros países semelhantes (ver tabela 2.3).[6]

Nos modelos, a maioria dos dez países estudados tem um gasto total com saúde (GTS) per capita abaixo dos níveis esperados. A exceção é a Argentina, cujo GTS per capita é mais alto do que o esperado. No entanto, vale a pena mencionar que, de todos os países usados neste exercício, a Argentina tem um dos valores esperados mais baixos. Além disso, os GTS per capita nos países estudados são significativamente mais baixos que nos países da OCDE. Os Estados Unidos, por exemplo, têm um GTS que é três vezes maior que seu nível esperado. Embora os gastos efetivos dos países da ALC variem de US$ 350 a US$ 1.750, mais alto do que de outras regiões, os gastos nos países da OCDE variam entre US$ 1.750 e US$ 9.000 (figura 2.15).

Tabela 2.3 Países analisados

Dez Países Selecionados na ALC	Países da OCDE (Selecionados aleatoriamente)	Outros Países (Selecionados aleatoriamente)
Argentina, Brasil, Chile, Colômbia, Costa Rica, Guatemala, Jamaica, México, Peru, Uruguai	Austrália, Áustria, Bélgica, Canada, Dinamarca, Estônia, France, Alemanha, Hungria, Israel, Japão, Coréia, Nova Zelândia, Suécia, Turquia, Estados Unidos	Bolívia, China, Cuba, República Dominicana, Haiti, Índia, Federação Russa, África do Sul, Tailândia

Figura 2.15 Gasto total em saúde per capita em PPA, valores efetivos e esperados

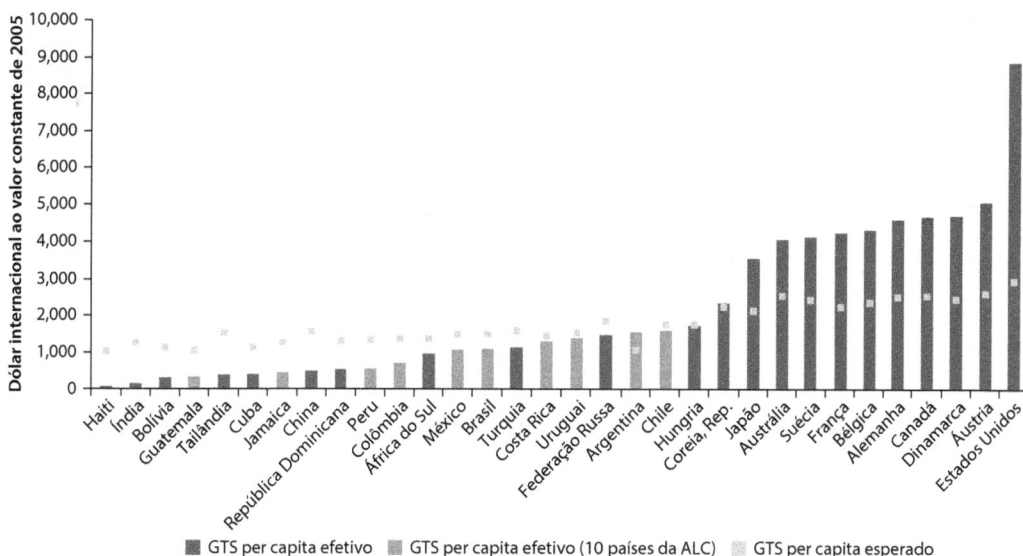

Fonte: Cálculos do Banco Mundial com dados do Banco de Dados 2012 dos Indicadores do Desenvolvimento Mundial 2012.
Nota: ALC = América Latina e Caribe; PPA = Paridade do poder aquisitivo; GTS = Gasto total em saúde.

Os gastos públicos com saúde como porcentagem dos gastos públicos em geral é a variável com a maior variabilidade entre os dez países da ALC. Com exceção da Jamaica e do Brasil, todos os países da ALC apresentam valores efetivos mais altos que os esperados. Em termos relativos, a Costa Rica, Argentina e Uruguai são os países que mais investem em saúde como proporção de seu gasto público. Os outros países ficam no meio e estão alinhados com vários países da OCDE. Os gastos esperados dos governos com saúde como porcentagem do gasto público total são de 10% a 13% para quase todos os países (figura 2.16).

Em geral, os dez países da ALC têm níveis altos de gastos diretos, comparados com a maioria dos países da OCDE selecionados, com exceção da República da Coreia. Porém, como mostra a figura 2.17, o gasto direto como porcentagem do GTS na Argentina, Brasil, Colômbia, Costa Rica, Jamaica e Uruguai é mais baixo do que o esperado, considerando as condições econômicas e demográficas. No Chile, Guatemala, México e Peru, gasta-se mais do que o esperado com desembolso direto. Se uma proporção significativa do GTS de um país é financiada por desembolso direto, mais pessoas enfrentam o risco de terem gastos catastróficos e podem preferir prescindir de atendimento de saúde. Gastos diretos mais baixos reduzem este problema e podem levar a uma população mais saudável.

Como já se indicou acima, a maioria dos países estudados têm gastos públicos com saúde como porcentagem dos gastos públicos totais mais altos do que os esperados. Ao compararmos ao PIB, metade dos dez países têm gastos públicos com saúde como porcentagem do PIB mais altos do que o esperado (ver figura 2.18).

Figura 2.16 Gasto público com saúde como proporção do gasto geral do governo, valores efetivos e esperados

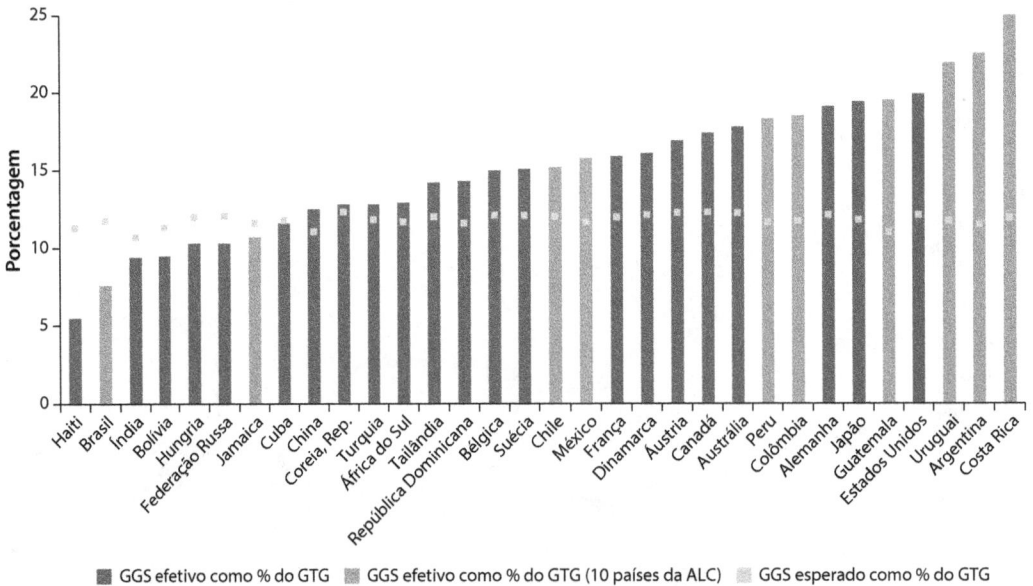

■ GGS efetivo como % do GTG   ■ GGS efetivo como % do GTG (10 países da ALC)   ■ GGS esperado como % do GTG

Fonte: Cálculos do Banco Mundial com dados do banco de dados dos Indicadores do Desenvolvimento Mundial 2012.
Nota: GGS = Gasto do governo em saúde; GTG = Gasto total do governo; ALC = América Latina e Caribe.

Figura 2.17 Gastos diretos das famílias em saúde como proporção do gasto total em saúde, valores efetivos e esperados

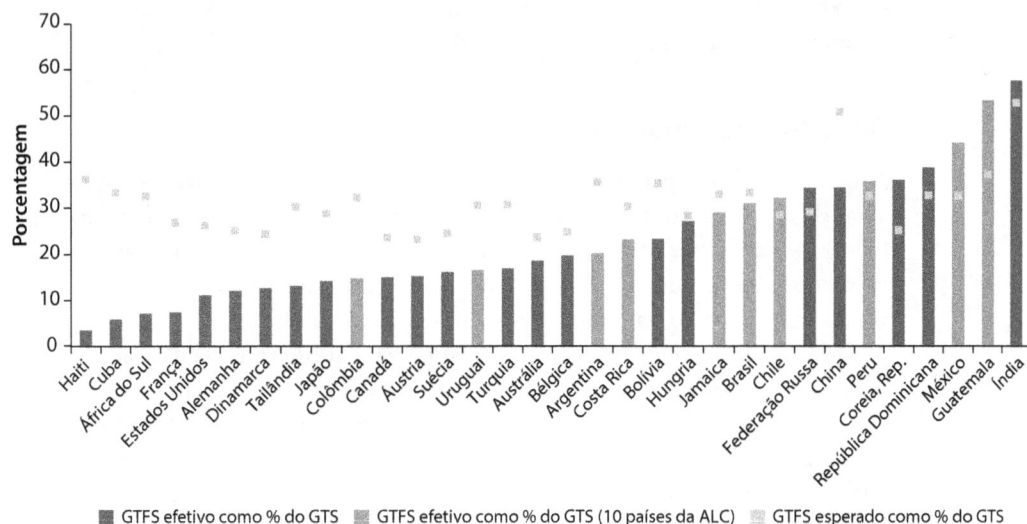

Legenda: ■ GTFS efetivo como % do GTS   ▨ GTFS efetivo como % do GTS (10 países da ALC)   ░ GTFS esperado como % do GTS

Fonte: Cálculos do Banco Mundial com dados do banco de dados dos Indicadores do Desenvolvimento Mundial 2012.
Nota: ALC = América Latina e Caribe; GDFS = Gasto direto das famílias em saúde; GTS = Gasto total em saúde.

Figura 2.18 Gasto públicos com saúde como proporção do produto interno bruto (PIB), valores efetivos e esperados

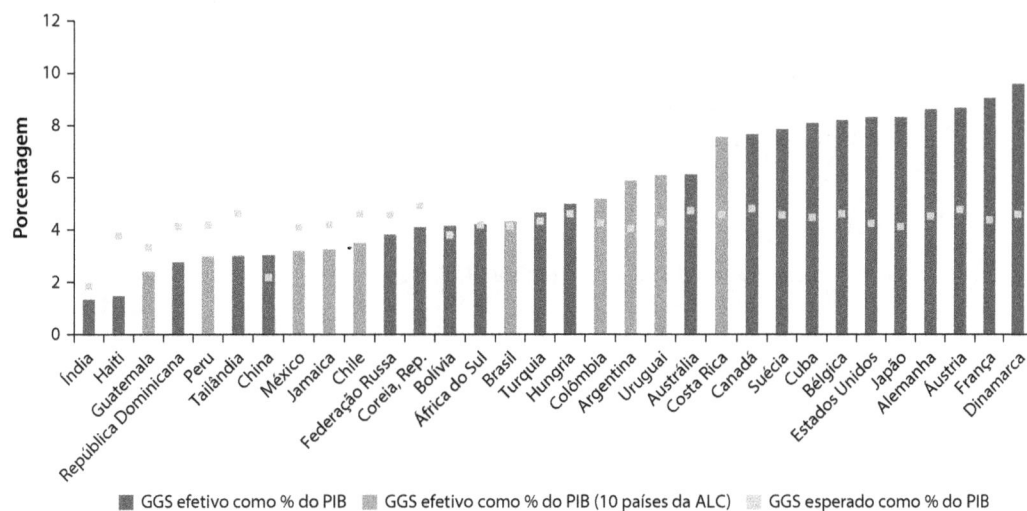

Legenda: ■ GGS efetivo como % do PIB   ▨ GGS efetivo como % do PIB (10 países da ALC)   ░ GGS esperado como % do PIB

Fonte: Cálculos do Banco Mundial com dados do banco de dados dos Indicadores do Desenvolvimento Mundial 2012.
Nota: GGS = Gasto do governo em saúde; PIB = Produto interno bruto; ALC = América Latina e Caribe.

A Argentina, Brasil, Colômbia, Costa Rica e Uruguai têm gastos públicos com saúde maiores do que o esperado. A Costa Rica é o país que mais se aproxima da porcentagem efetivamente gasta pelos países da OCDE. Além disso, a figura 2.18 também mostra que o gasto público esperado como porcentagem do PIB situa-se em aproximadamente 4% para quase todos os países.

Embora os países da ALC estejam atrasados com relação à OCDE em quase todas as medidas, seu desempenho é melhor do que os valores esperados. Tal êxito pode estar relacionado ao menos em parte às políticas e aos programas para promover a cobertura universal de saúde nos dez países estudados.

Olhando para o futuro na ALC

A democratização, acompanhada por um crescimento sustentado e equitativo, além de amplas reformas sociais, tem melhorado as condições de vida e aumentado a demanda por melhores cuidados de saúde. Neste contexto, a saúde surgiu como um direito humano fundamental e a cobertura universal de saúde, por sua vez, como um meio para fazer deste direito uma realidade.

O exercício demonstra que os dez países estudados em geral não alcançam os níveis de melhor desempenho dos países da OCDE, mas situam-se à frente da maioria dos países menos desenvolvidos. Os países da ALC também mostram uma tendência a ter melhor desempenho do que o esperado, o que pode ser em parte atribuído a políticas públicas sólidas e aumentos nos gastos públicos em saúde. A região também continua a apresentar melhoria melhoras nas condições de saúde e fortalecimento da economia. No entanto, apesar do progresso alcançado, a desigualdade continua a ser alta. Para combatê-la, os países devem manter a estabilidade macroeconômica e adaptar-se às mudanças demográficas, que aumentam a demanda de cobertura de saúde mais abrangente. A região deve encontrar a maneira de expandir o espaço fiscal para a saúde. É quase certo que o crescimento populacional continuará a ser lento, e a população continuará a envelhecer. Esta tendência representa um desafio para a região, que deverá encontrar formas criativas de expandir a proteção fiscal e a cobertura dos cuidados de saúde de maneira sustentável, para poder lidar simultaneamente com DNT e doenças infecciosas.

Notas

1. O termo "gasto do governo com saúde" é a terminologia oficial usada pela *National Health Accounts* (Contas Nacionais de Saúde). Esta variável inclui fundos de receitas gerais e fundos do seguro social em saúde. Às vezes, esta variável também é referida como "gasto público em saúde". Neste relatório, as duas expressões poderão ser utilizadas de maneira intercambiável.

2. Os chefes de estado dos países africanos aprovaram a Declaração de Abuja sobre HIV/AIDS, tuberculose, malária e outras doenças infecciosas (OEA 2001). Nesta Declaração se estabelece como meta um gasto em saúde de 15% do gasto total do governo.

3. Gastos totais em saúde (GTS) incluem gastos públicos em saúde mais os gastos privados. Os gastos privados podem, por sua vez, ser divididos em desembolsos diretos e outros gastos privados em saúde.

4. Realizaram-se várias regressões utilizando o GTS per capita, gasto do governo com saúde como porcentagem dos gastos totais do governo, desembolsos diretos como porcentagem do GTS, taxa de mortalidade materna, expectativa de vida, mortalidade infantil e taxas de mortalidade como variáveis dependentes. Controlamos por nível

de desenvolvimento e características demográficas, usando o PIB, o tamanho da população e a relação de dependência como variáveis independentes. Derivou-se um valor único para cada variável, utilizando dados de 2012. Com base nos controles, pode-se calcular valores esperados para cada país, que foram comparados com os valores efetivos, podendo-se, assim, verificar se o desempenho do país é compatível, encontra-se acima ou abaixo do valor esperado.

5. As variáveis de comparação foram escolhidas para representar um amplo espectro, desde gastos do governo com saúde, gastos privados em saúde (indicados parcialmente por desembolsos diretos em saúde) e resultados mensuráveis em saúde. Estes indicadores também contêm um conjunto completo de dados para os países em questão, gerando vários resultados relevantes.

6. Os países "4C" foram utilizados pela Comissão Lancet, que revisou o tema dos investimentos em saúde por ocasião do vigésimo aniversário do Relatório sobre o Desenvolvimento Mundial de 1993, como referência por terem atingindo níveis de saúde elevados em 2011, apesar terem sido classificados como países de renda média-baixa duas décadas antes (Jamison *et al.* 2013).

Referências

Anderson, T. P. 1988. *Politics in Central America: Guatemala, El Salvador, Honduras, and Nicaragua*. Westport, CT: Greenwood Publishing Group.

Bhutta, Zulfiqar A. 2004. *Maternal and Child Health in Pakistan: Challenges and Opportunities*. New York: Oxford University Press.

Bonilla-Chacín, María Eugenia, ed. 2014. *Promoting Healthy Living in Latin America and the Caribbean: Governance of Multisectoral Activities to Prevent Risk Factors for Noncommunicable Diseases*. Washington, DC: World Bank.

Carrión, Diego. 2001. "Democracy and Social Participation in Latin American Cities." *Development in Practice* 11 (2–3): 208–17.

Catoggio, Maria Soledad. 2014. "The Last Military Dictatorship in Argentina (1976–1983): The Mechanism of State Terrorism." Online Encyclopedia of Mass Violence. http://www.massviolence.org/IMG/pdf/AB_Case_Study_The_last_military_dictatorship_in_Argentina.pdf.

Cavagnero, E., B. Daelmans, N. Gupta, R. Scherpbier, and A. Shankar. 2008. "Assessment of the Health System and Policy Environment as a Critical Complement to Tracking Intervention Coverage for Maternal, Newborn, and Child Health." *The Lancet* 371: 1284–93.

Cepeda, Manuel José. 2004. "Judicial Activism in a Violent Context: The Origin, Role, and Impact of the Colombian Constitutional Court." *Washington University Global Studies Law Review* 3: 529–700.

Cetrangolo, O., G. Cruces, E. Fajnzlber, and M. Hopenhayn. 2006. *Shaping the Future of Social Protection: Access, Financing and Solidarity*. Montevideo, Uruguay: Economic Commission for Latin America and the Caribbean.

Conaghan, C. M., and R. Espinal. 1990. "Unlikely Transitions to Uncertain Regimes? Democracy without Compromise in the Dominican Republic and Ecuador." *Journal of Latin American Studies* 22 (3): 553–74.

Cord, L., L. Lucchetti, and C. Rodriquez-Castelan. 2013. *Shifting Gears to Accelerate Shared Prosperity in Latin America and Caribbean*. Washington, DC: World Bank.

Dangl, Benjamin. 2007. *The Price of Fire: Resource Wars and Social Movements in Bolivia.* AK Press.

De la Torre, A., and E. L. Yeyati. 2013. *Latin America and the Caribbean as Tailwinds Recede: In Search of Higher Growth.* Washington, DC: World Bank.

Doumerc, E. 2003. *Caribbean Civilisation: The English-Speaking Caribbean Since Independence.* Toulouse: Presses Universitaires du Mirail.

Draaisma, J., and N. Zamecnik. 2014. *Can LAC Afford Opportunities for All: The Distributional Impact of Fiscal Policy in LAC.* Washington, DC: World Bank.

Ferreira, F. H. G., J. Messina, J. Rigolini, L. F. López-Calva, M. A. Lugo, and R. Vakis. 2013. *Economic Mobility and the Rise of the Latin American Middle Class.* Washington, DC: World Bank.

Fiszbein, Ariel, Norbert Rudiger Schady, and Francisco H. G. Ferreira. 2009. *Conditional Cash Transfer: Reducing Present and Future Poverty.* Washington, DC: World Bank.

Flisser, Ana. 2009. "La medicina en México hacia el siglo XX." *Gaceta Médica de México* 145 (4): 353–356.

Garret, J., and M. Ruel. 2003. "Stunted Child–Overweight Mother Pairs: An Emerging Policy Concern." FCND Discussion Paper 148, IFPRI, Washington, DC.

Godinho, J. 2013. *Latin America: Making Sure Anti-Tobacco Efforts Don't Go Up in Smoke.* Washington, DC: World Bank. http://blogs.worldbank.org/latinamerica/latin-america-making-sure-anti-tobacco-efforts-don-t-go-smoke.

Grosh, M., A. Fruttero, and M. L. Oliveri. 2014. "The Role of Social Protection in the Crisis in Latin America and the Caribbean." In *Understanding the Poverty Impact of the Global Financial Crisis in Latin America and the Caribbean LCR Regional Study,* edited by M. Grosh, M. Bussolo, and S. Freije. Washington, DC: World Bank.

Harding, R. C. 2006. *The History of Panama.* Greenwood Publishing Group.

Huntington, Samuel P. 1991. *The Third Wave: Democratization in the Late Twentieth Century.* Norman: University of Oklahoma Press.

IMF (International Monetary Fund). 2013. *Regional Economic Outlook 2013: Western Hemisphere: Time to Rebuild Policy Space.* Washington, DC: IMF. http://www.imf.org/external/pubs/ft/reo/2013/whd/eng/pdf/wreo0513.pdf.

Iunes R., L. Cubillos-Turriago, and M. L. Escobar. 2012. "Universal Health Coverage and Litigation in Latin America." *En Breve* 178, World Bank, Washington, DC.

Jamison, Dean T., Lawrence H. Summers, George Alleyne, Kenneth J. Arrow, Seth Berkley, Agnes Binagwaho, Flávia Bustreo, David Evans, Richard G. A. Feachem, Julio Frenk, Gargee Ghosh, Sue J. Goldie, Yan Guo, Sanjeev Gupta, Richard Horton, Margaret E. Kruk, Adel Mahmoud, Linah K. Mohohlo, Mthuli Ncube, Ariel Pablos-Mendez, K. Srinath Reddy, Helen Saxenian, Agnes Soucat, Karen H. Ulltveit-Moe, and Gavin Yamey. 2013. "Global Health 2035: A World Converging within a Generation." *The Lancet* 382 (9908): 1898–955.

Kolb, G. L. 1974. *Democracy and Dictatorship in Venezuela, 1945–1958.* Connecticut College Monograph 10. Hamden, CT: Archon.

Lambert, P. 2000. "A Decade of Electoral Democracy: Continuity, Change and Crisis in Paraguay." *Bulletin of Latin American Research* 19 (3): 379–96.

Landivar, Jacinto. 2004. *Historia de la medicina.* Universidad de Cuenca, Facultad de Ciencias Médicas, Escuela de Medicina, Cuenca, Ecuador.

Le Gales-Camus, C., and J. Epping-Jorda. 2005. *Preventing Chronic Diseases: A Vital Investment*. Geneva: World Health Organization.

Maeda, Akiko. 2014. *Universal Health Coverage for Inclusive and Sustainable Development—A Synthesis of 11 Country Case Studies*. Washington, DC: World Bank.

Mainwaring, S., and A. Pérez-Liñan. 2005. "Latin American Democratization since 1978: Democratic Transitions, Breakdowns, and Erosions." In *The Third Wave of Democratization in Latin America: Advances and Setbacks*, edited by F. Hagopian and S. Mainwaring. New York: Cambridge University Press.

Marinho, F., V. Gawryszewski, P. Soliz, and A. Gerger. 2013. *Region of the Americas: Changes and Challenges*. Washington, DC: Pan American Health Organization.

Miranda Canal, Néstor. 1984. "Apuntes para la historia de la medicina en Colombia." *Ciencia, Tecnología y Desarrollo* 3 (12).

OAU (Organization of African Unity). 2001. "Abuja Declaration on HIV/AIDS, Tuberculosis, and Other Related Infectious Diseases." African Summit on HIV/AIDS, Tuberculosis, and Other Related Infectious Diseases, Abuja, Nigeria, April 24–27. OAU/SPS/Abuja/3. http://www.un.org/ga/aids/pdf/abuja_declaration.pdf.

Omran, Abdel R. 1998. "The Epidemiologic Transition Theory Revisited Thirty Years Later." *World Health Statistics Quarterly* 51: 99–119.

PAHO (Pan American Health Organization). 2010. "Health and Human Rights." Concept Paper 50/12, 50th Directing Council, PAHO, Washington, DC.

———. 2014. "Strategy for Universal Access to Health and Universal Health Coverage." Document CD53/5, Rev 2, 53rd Directing Council, PAHO, Washington, DC.

Pogrebinschi, Thamy. 2013. "The Pragmatic Turn of Democracy in Latin America." Paper presented at the American Political Science Association Annual Meeting, Chicago, IL, August 29 to September 1.

Przeworski, Adam, ed. 2000. *Democracy and Development: Political Institutions and Well-Being in the World, 1950–1990*. Vol. 3. New York: Cambridge University Press.

Ravallion, M. 2013. *The Idea of Antipoverty Policy*. Cambridge, MA: National Bureau of Economic Research.

Rofman, Rafael. 2005. "Social Security Coverage in Latin America." Social Protection Unit and Human Development Network, World Bank, Washington, DC.

Rutgers, W., and S. Rollins. 1998. "Dutch Caribbean Literature." *Callaloo* 21 (3): 542–55.

Sáenz, María del Rocío, Juan Luis Bermúdez, and Mónica Acosta. 2010. "Universal Coverage in a Middle Income Country: Costa Rica." Background Paper, World Health Organization, Geneva.

Schiller, N. G. 2005. "Long-Distance Nationalism." In *Encyclopedia of Diasporas: Immigrant and Refugee Cultures Around the World. Part II*, edited by Melvin Ember, Carol R. Ember, and Ian Skoggard, 570–80. New York: Springer.

Shrimpton, Roger, and Claudia Rokx. 2012. *The Double Burden of Malnutrition: A Review of Global Evidence*. Washington, DC: World Bank.

Singh, Chaitram. 2008. "Re-democratization in Guyana and Suriname: Critical Comparisons." *European Review of Latin American and Caribbean Studies* 84 (April): 71–85.

Skidmore, Thomas E. 2009. *Brazil: Five Centuries of Change*. New York: Oxford University Press.

Sondrol, Paul C. 1992. "1984 Revisited? A Re-Examination of Uruguay's Military Dictatorship." *Bulletin of Latin American Research* 11 (2): 187–203.

The Economist. 2013. "The Latinobarómetro Poll. Listen to Me: A Slightly Brighter Picture for Democracy, But Not for Liberal Freedoms." http://www.economist.com/news/am ericas/21588886-slightly-brighter-picture-democracy-not-liberal-freedoms-listen-me.

Tobar, Federico. 2001. *Breve historia de la prestación del servicio de salud en Argentina.* Buenos Aires: Ediciones Isalud.

United Nations. 1949. *Yearbook of the United Nations, 1948–49.* New York: United Nations.

———. 1976. "International Covenant on Economic, Social and Cultural Rights." Office of the High Commissioner for Human Rights. http://www.ohchr.org/EN /ProfessionalInterest/Pages/CESCR.aspx.

———. n.d. United Nations Treaties Collection Database (accessed November 11, 2014), https://treaties.un.org/pages/viewdetails.aspx?chapter=4&lang=en&mtdsg_no=iv -3&src=treaty#EndDec.

Valenzuela, Julio Samuel, and Arturo Valenzuela, eds. 1986. *Military Rule in Chile: Dictatorship and Oppositions.* Johns Hopkins University Press.

WHO (World Health Organization). 1946. *Constitution.* Geneva: WHO.

———. 2010. *The World Health Report 2010: Health System Financing—The Path to Universal Coverage.* Geneva: WHO.

———. 2014. Noncommunicable Diseases (NCD) Country Profiles. Geneva: WHO. http://www.who.int/nmh/countries/en/.

World Bank. 2011. "LAC's Decade: Ending or Beginning?" Presentation by the LAC Chief Economist, World Bank, Washington, DC, October 20.

———. 2012. *World Development Indicators.* Washington, DC: World Bank.

World Policy Forum. 2014. "Does the Constitution Guarantee Citizens the Right to Health?" http://worldpolicyforum.org/global-maps/do-citizens-have-a-specific -right-to-health/.

Yamin, A. E., and O. Parra-Vera. 2009. "How Do Courts Set Health Policy? The Case of the Colombian Constitutional Court." *PLoS Med* 6 (2). http://www.ncbi.nlm.nih.gov /pmc/articles/PMC2642877/pdf/pmed.1000032.pdf.

Youngers, C. 2000. *Peru: Democracy & Dictatorship.* Interhemispheric Resource Center.

Zuniga, J. M., S. P. Marks, and L. O. Gostin, eds. 2013. *Advancing the Human Right to Health.* New York: Oxford University Press.

CAPÍTULO 3

Políticas de cobertura universal de saúde na América Latina e Caribe

Tania Dmytraczenko, Fernando Montenegro Torres e Adam M. Aten

Resumo

Durante as últimas décadas, governos de toda a América Latina e Caribe (ALC) têm fortalecido o desempenho de seus sistemas de saúde ao desenvolverem novas políticas e intervenções voltadas para realizar a visão de uma cobertura universal de saúde. Os governos concentraram-se em reduzir a fragmentação dos mecanismos de financiamento e organização dos sistemas de saúde, harmonizar o âmbito e a qualidade dos serviços entre os subsistemas, alavancar o financiamento público para o setor de forma mais abrangente e integral, e em criar incentivos que promovam melhores condições de saúde e proteção financeira. As políticas de saúde têm enfatizado tornar explícito o direito a benefícios, estabelecendo garantias e instituindo incentivos do lado da oferta para melhorar a qualidade do atendimento e reduzir as barreiras geográficas de acesso. Outros aspectos abordados dizem respeito à melhoria dos mecanismos de governança e à prestação de contas à sociedade. Este capítulo analisa essas mudanças e identifica as principais tendências nas políticas rumo à cobertura universal de saúde na região, cujos países possuem sistemas de saúde diversos e enfrentam diferentes desafios.

Introdução

Como abordado no capítulo anterior, nas últimas duas décadas a região da ALC experimentou mudanças rápidas em seus perfis demográfico e epidemiológico, usufruindo ao mesmo tempo de um período de estabilidade e expansão econômica. A consolidação dos direitos democráticos provocou o aumento da demanda por serviços de saúde e facilitou a adoção de políticas sociais progressivas dirigidas à melhoria do bem-estar da população. À medida que se satisfaziam cada vez mais as necessidades mais elementares da população – evidenciadas pela melhoria na expectativa de vida e renda, e pelo surgimento de uma classe média em expansão – as sociedades passaram a canalizar sua influência política para exigir melhorias no acesso aos serviços de saúde de alta qualidade e uma maior prestação de contas por parte do setor público. Nos últimos anos, os formuladores de política têm se esforçado para responder a estas demandas, implementando um novo conjunto de reformas em saúde inclusivas que objetivam ampliar a cobertura de serviços de saúde acessível e com melhor qualidade para todos que deles necessitem.

A busca em avançar rumo à cobertura universal de saúde tem sido o eixo das reformas adotadas na ALC, conduzindo a formulação de políticas destinadas a responder às rápidas mudanças nas necessidades das populações e seus perfis epidemiológicos (Baeza e Packard 2006). Isso pode ser observado nas reformas introduzidas no Chile que criaram o *Fondo Nacional de Salud* (FONASA) em 1981 e o plano de *Acceso Universal a Garantías Explícitas* en Salud (AUGE) em 2005; o regime especial na Costa Rica para cobrir também aos indigentes em 1984 e, já em meados da década de noventa, a integração da atenção básica do Ministério de Saúde ao sistema de seguro social de saúde; o Sistema Único de Saúde (SUS) no Brasil em 1988, incluindo sua iniciativa principal nesta direção, o Programa Saúde da Família, ampliado no fim da década de noventa; o *Sistema General de Seguridad Social en Salud* na Colômbia, mediante a adoção da Lei n° 100 em 1993; o *Plan de Seguro Materno Infantil* no Peru em 1999, que em 2002 foi incorporado ao *Seguro Integral de Salud* (SIS); o *Sistema de Protección Social en Salud* (SPSS), que inclui o *Seguro Popular* como seu principal eixo, no México em 2003; o *Plan Nacer* em 2004 e sua versão expandida, o *Plan Sumar*, em 2012, na Argentina; e o *Sistema Nacional Integrado de Salud* (SNIS) no Uruguai em 2007. Mesmo não representando a totalidade das iniciativas, estes exemplos incluem as principais reformas para promover a cobertura universal de saúde.

Apesar dos vínculos históricos em comum e desafios econômicos similares que enfrentam, os países da ALC têm adotado diferentes formas para concretizar efetivamente a cobertura universal de serviços de saúde. Vários países implementaram importantes reformas abrangendo tanto o subsistema de seguro social de saúde, financiado por impostos vinculados à folha de pagamento e que cobria principalmente pessoas empregadas no setor formal, como também o subsistema financiado pelas receitas decorrentes da carga tributária global, através do orçamento do ministério de saúde, que em teoria deveria cobrir toda a população. No entanto, esse subsistema mostrou-se com frequência subfinanciado e ineficiente em cumprir o seu mandato, passando na prática a ser utilizado primordialmente pelos mais pobres. Outros países optaram por reformas que se concentraram em um sistema único.

A diversidade de experiências na região demonstra que não existe apenas uma metodologia para alcançar a cobertura universal em saúde e que perguntas se um país atingiu ou não esta meta ou se está no caminho "certo" para atingi-la não podem ser respondidas de forma dicotômica ou simplista. A busca pela cobertura universal de saúde consiste na pactuação de contratos sociais em que cada país estabelece acordos institucionais e instrumentos políticos próprios para executar suas reformas nesse sentido. Além disso, os formuladores de política enfrentam desafios específicos em cada país e devem concentrar esforços para melhorar a oferta de serviços de saúde à população com base nesses limites e de acordo com os recursos disponíveis. Mais ainda, a cobertura universal de saúde não é um alvo estático. As políticas públicas devem ser atualizadas continuamente na medida em que ocorram mudanças socioeconômicas, epidemiológicas e demográficas, bem como inovações na medição da saúde pública, cuidados médicos e tecnologias de diagnóstico que ampliem as possiblidades de respostas às necessidades de serviços de saúde e às demandas das populações. De fato, tanto a Assembleia Mundial da Saúde (58.33) como a Resolução CD53/5 da OPAS salientaram que os estados membros devem planejar estrategicamente suas intervenções, sugerindo que alcançar a cobertura universal de saúde deve ser considerada mais um percurso do que um destino (OPAS 2014; OMS 2005).

Não obstante, algumas trajetórias comuns aparecem entre as principais políticas que foram implementadas rumo à cobertura universal de saúde nas últimas décadas na região. Como parte deste estudo, produziram-se documentos de referência sob a Série Cobertura Universal em Saúde (UNICO, Banco Mundial) para dez países da ALC: Argentina, Brasil, Chile, Colômbia, Costa Rica, Guatemala, Jamaica, México, Peru e Uruguai. Durante a elaboração dos documentos da série UNICO, foi aplicado um protocolo estruturado de revisão das políticas implementadas quanto às suas capacidades de: (1) administrar o pacote de benefícios; (2) administrar a inclusão dos pobres e grupos vulneráveis; (3) melhorar a eficiência na prestação de cuidados de saúde; (4) enfrentar os desafios da atenção primária e (5) ajustar os mecanismos de financiamento para o melhor alinhamento dos incentivos. Os estudos de caso permitiram, dessa forma, uma revisão ampla das políticas dirigidas à ampliação da cobertura efetiva das populações pobres e vulneráveis. Este capítulo tem como base os estudos realizados para apresentar uma análise abrangente das principais políticas formuladas com vistas à expansão da cobertura universal em saúde na região e oferece uma síntese das lições aprendidas neste processo, com o intuito de fornecer subsídios técnicos e operacionais aos demais países com os mesmos objetivos. É importante ressaltar, entretanto, que as reformas implementadas foram moldadas pelas singularidades de cada país e, dessa forma, generalizamos, quando possível as constatações, destacando também considerações específicas dos países.

Um modelo conceitual das políticas em direção à cobertura universal de saúde na região

A consecução da cobertura universal de saúde é objetivo de longa data das reformas de saúde na ALC, sendo que, até recentemente, boa parte do debate se concentrou com mais intensidade no financiamento, particularmente em comparações entre os méritos do sistema de seguro social financiado diretamente pelos descontos em folha de pagamento (modelo Bismarck) e do que é financiado pelas receitas de impostos globais (modelo Beveridge), assim como comparações entre um esquema único de financiamento ou múltiplos. Reconhece-se, entretanto, que esta dicotomia é uma caracterização muito superficial da agenda de reforma. "O que realmente importa na busca pela cobertura universal é garantir que toda a população tenha acesso a serviços aceitáveis (conforme definido pela sociedade) e proteção financeira" (Baeza e Packard 29006, 137). Transferir pessoas de um esquema de cobertura de risco para outro pode não ser suficiente ou necessário para atingir esta meta. De fato, tem-se implementado um conjunto muito mais amplo de políticas na região, com o objetivo de amenizar as barreiras financeiras que comprometem o acesso e expandir de forma equitativa o atendimento de saúde à população, em particular aos pobres ou em risco empobrecimento devido aos gastos com cuidados de saúde.

O modelo proposto por Busse, Schreyögg e Gericke (2007) – que aparece no Relatório Mundial de Saúde de 2008 e numa versão levemente modificada também no Relatório de 2010 – é útil para analisar a variedade de reformas voltadas para a cobertura universal de saúde na ALC. Este sistema é conhecido coloquialmente como "cubo da OMS" e propõe que a mudança em direção à cobertura universal deve ocorrer em três dimensões principais: cobertura da população, cobertura de benefícios e financiamento.[1] O cubo da OMS pode ser aplicado independentemente da estrutura do sistema de saúde do país, do modelo de atendimento ou dos mecanismos de financiamento.

Cobertura da população

Esta dimensão é comumente conhecida como amplitude da cobertura e está relacionada com a expansão da cobertura a segmentos populacionais que antes não tinham cobertura. Na ALC, os ministérios de saúde ostensivamente cobriam toda a população, mas as políticas para realizar a cobertura universal de saúde tornaram explícito o direito à saúde e asseguraram seu cumprimento com financiamento. A elegibilidade a estes direitos pode ser universal ou estar restrita a certos grupos da população. Pode ou não exigir que os beneficiários se inscrevam, e tal inscrição pode ser obrigatória ou voluntária.

Cobertura de benefícios

Também conhecida como profundidade de cobertura, esta dimensão descreve o pacote de serviços ou benefícios que a população tem direito. Para determinar as necessidades de cuidados em saúde, geralmente se institui um processo formal que considera a demanda, as expectativas e os recursos que a sociedade está disposta e é capaz de alocar com cuidados de saúde. Alguns países têm benefícios abertos que não especificam o que está e o que não está coberto, enquanto outros têm adotado listas, positivas ou negativas, que enumeram as intervenções que estão incluídas ou excluídas. O âmbito também pode variar consideravelmente em relação à quantidade de doenças e quadro a serem tratados, assim como a complexidade do cuidado fornecido.

Financiamento

Esta dimensão se refere à proteção financeira que o Estado oferece, isto é, até que ponto os domicílios podem usar os serviços que necessitem sem passar por dificuldades financeiras por conta de gastos diretos das famílias em saúde. Porém, ponderamos que esta perspectiva é restrita demais, tendo em vista que tanto o volume de recursos destinados ao setor de saúde, como também a eficiência com que se utilizam tais recursos, têm impacto na capacidade de cumprir os objetivos da cobertura universal de saúde. Portanto, a discussão a seguir aprofunda esta dimensão ao considerar três subfunções do financiamento, a saber: (1) mobilizar recursos para gerar receitas suficientes e sustentáveis; (2) reunir fundos para garantir que o risco financeiro associado com o acesso à saúde seja compartilhado; e (3) adquirir serviços eficientes e equitativos (Carrin, James e Evans 2005; Kutzin 2001).

Ainda que o cubo da OMS seja uma estrutura útil para revisar o progresso rumo à cobertura universal de saúde, ele não é um modelo para a análise do desempenho de sistemas de saúde. Este relatório não oferece uma avaliação abrangente de políticas e programas para fortalecer os sistemas de saúde, o qual reconhecemos como uma limitação do mesmo.

Revisão comparativa das políticas para promover a cobertura universal de saúde na ALC

As reformas que estão sendo executadas na região para alcançar a cobertura universal de saúde abrangem um amplo conjunto de políticas e intervenções dirigidas a expandir o acesso aos serviços de cuidados de saúde ao mesmo tempo em que protegem individualmente as pessoas de dificuldades financeiras. Analisamos as experiências da Argentina, Brasil, Chile, Colômbia, Costa Rica, Guatemala, Jamaica, México, Peru e Uruguai sob a ótica de como as reformas abordam a cobertura da população, a cobertura dos benefícios e o financiamento do sistema. A Figura 3.1 mostra um cronograma das principais reformas analisadas neste capítulo. Embora não seja um estudo completo das reformas relacionadas com a cobertura universal de saúde na região, as políticas aqui descritas são emblemáticas das mudanças positivas que estão ocorrendo em outras partes também.

Como já vimos no capítulo anterior, as reformas para promover a cobertura universal de saúde na ALC ocorreram em um contexto econômico, político e jurídico que moldou as políticas implementadas no setor de saúde. Alguns dos principais acontecimentos da época aparecem na parte inferior da figura 3.1. Além disso, vale a pena frisar que as reformas tiveram que lidar com aspectos frágeis específicos dentro dos sistemas de saúde já existentes. Embora cada país na região da ALC tenha suas particularidades, em conjunto também compartilham uma história comum na evolução das políticas de saúde durante o século passado, que criou dois subsistemas separados e desiguais, em função do emprego e estrato socioeconômico dos indivíduos. Havia um subsistema de seguro social de saúde em que o acesso era restrito aos membros contribuintes e suas famílias, e outro que era financiado por impostos por meio do ministério de saúde, para o benefício aparente de toda a população, mas que na prática servia principalmente as pessoas que não tinha cobertura de seguro de saúde social (Atun *et al.* 2015; Cotlear *et al.* 2014; Kurowski e Walker 2010; Ribe, Robalino e Walker 2010).[2] As reformas para a consecução da cobertura universal de saúde têm tentado diferentes abordagens com o propósito de reduzir esta segmentação. O Brasil e a Costa Rica optaram por um sistema integrado, ainda que utilizem modelos diferentes. A Costa Rica estendeu gradualmente sua cobertura sob um único esquema de

Figura 3.1 Marco temporal rumo à cobertura universal de saúde na América Latina e Caribe

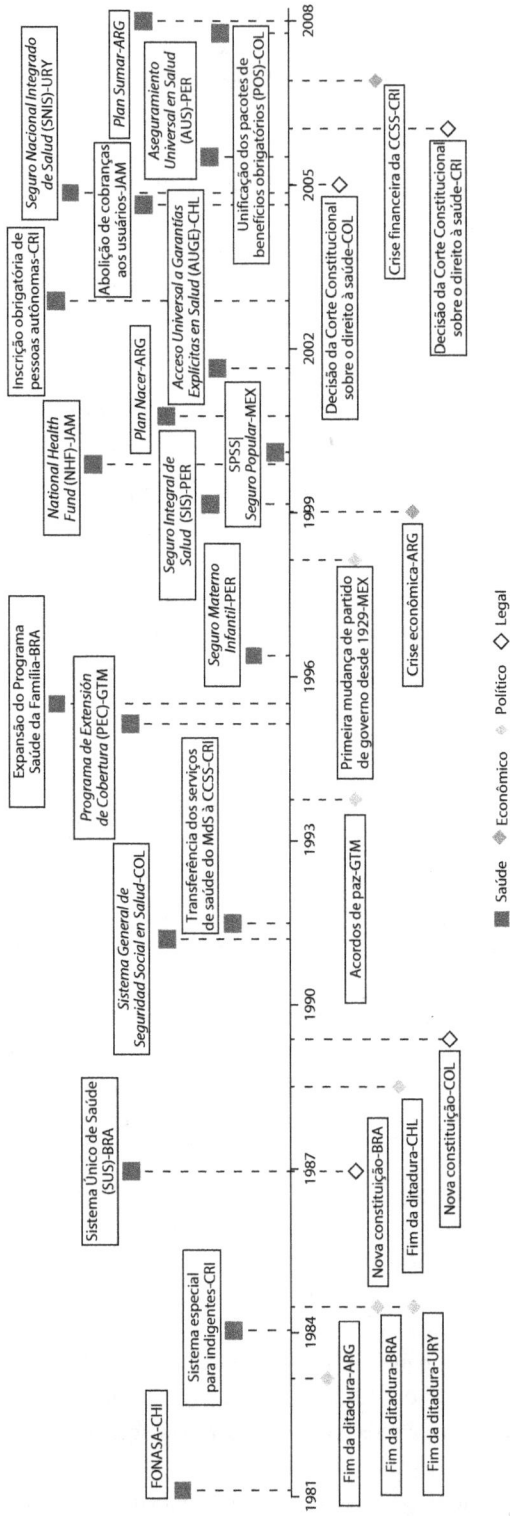

FONASA-CHI

Sistema especial para indigentes-CRI

Sistema Único de Saúde (SUS)-BRA

Sistema General de Seguridad Social en Salud-COL

Programa de Extensión de Cobertura (PEC)-GTM

Expansão do Programa Saúde da Família-BRA

Transferência dos serviços de saúde do MdS à CCSS-CRI

Inscrição obrigatória de pessoas autónomas-CRI

Seguro Nacional Integrado de Salud (SNIS)-URY

Abolição de cobranças aos usuários-JAM

Plan Sumar-ARG

Aseguramiento Universal en Salud (AUS)-PER

Unificação dos pacotes de benefícios obrigatórios (POS)-COL

National Health Fund (NHF)-JAM

Plan Nacer-ARG

Acceso Universal a Garantías Explícitas en Salud (AUGE)-CHL

Seguro Integral de Salud (SIS)-PER

SPSS/ Seguro Popular-MEX

Seguro Materno Infantil-PER

Fim da ditadura-ARG

Nova constituição-BRA

Fim da ditadura-CHL

Fim da ditadura-URY

Nova constituição-COL

Acordos de paz-GTM

Primeira mudança de partido de governo desde 1929-MEX

Crise econômica-ARG

Decisão da Corte Constitucional sobre o direito à saúde-COL

Crise financeira da CCSS-CRI

Decisão da Corte Constitucional sobre o direito à saúde-CRI

1981   1984   1987   1990   1993   1996   1999   2002   2005   2008

■ Saúde   ◆ Econômico   ◆ Político   ◇ Legal

seguro social de saúde, a *Caja Costarricense de Seguro Social* (CCSS), usualmente referida apenas como *la Caja*, e financiada principalmente por contribuições da folha de pagamento. Já o Brasil criou o SUS, que substituiu o sistema de seguro social de saúde anterior e é financiado por fundos nacionais e subnacionais, que, por sua vez, são financiados pela receita fiscal em níveis ditados pela constituição (Couttolenc e Dmytraczenko 2013). A maioria dos países analisados neste trabalho escolheram uma trajetória rumo à cobertura universal de saúde criando e expandindo um seguro subsidiado, ao mesmo tempo em que mantinham um sistema pluralista no qual esquemas contributivos coexistiam em paralelo com esquemas que faziam uso de receitas fiscais para assim subsidiar a inscrição dos pobres. A este arranjo chamamos de sistemas semi-integrados. As pessoas que não estão ainda formalmente asseguradas por um desses esquemas podem ter acesso aos serviços fornecidos pelo Ministério de Saúde, da mesma maneira que toda a população. O Chile, Colômbia e Uruguai têm avançado em igualar os pacotes de benefícios nos diferentes subsistemas. No Uruguai, o SNIS oferece um único pacote de benefícios tanto para beneficiários do esquema subsidiado como para os do esquema contributivo. Entretanto, em todos os países persiste uma diferença no financiamento por beneficiário entre os subsistemas, e os beneficiários subsidiados acabam por obter acesso principalmente ou mesmo exclusivamente nas instalações públicas[3]. As reformas na Argentina, México e Peru não abordaram diretamente os sistemas contributivos, mas criaram esquemas subsidiados cuja meta é reduzir as disparidades entre os dois. Um terceiro grupo de países estabeleceu sistemas segmentados que mantêm o seguro social de saúde financiado por contribuições da folha de pagamento, com esforços de suplementação dos serviços oferecidos pelos ministérios de saúde de forma que não se estabeleça um esquema de seguro exclusivamente para os pobres. Um exemplo disso é a Guatemala, cujas reformas incluem contratar a fornecedores privados para dar assistência de saúde nas regiões em que a rede de saúde pública não chega. A tabela 3.1 resume as principais características dos sistemas de saúde nos países da ALC analisados neste trabalho e ressalta a fragmentação pertinente no financiamento e na prestação de serviços.

A figura 3.2 mostra a cobertura relativa dos diversos esquemas de saúde. Em vários países, algumas pessoas são cobertas por mais de um sistema, o que leva a taxas de cobertura geral superiores a 100%.[4] Tal situação é mais notável no Brasil, onde aproximadamente um quarto da população, principalmente os empregados no setor formal, tem um seguro privado. Isso significa que, embora o SUS tenha suplantado o esquema de seguro social de saúde financiado pela folha de pagamento, o país não superou a segmentação, que persiste mediante o seguro privado oferecido como um benefício adicional do emprego. Mais ainda, esta prática é, na verdade, incentivada por meio de deduções de impostos. Isto indica uma limitação nas categorias utilizadas na figura 3.2. A distinção entre esquemas contributivos e subsidiados não é absoluta. As contribuições do empregador e/ou do empregado podem ser dedutíveis dos impostos, como é o caso do seguro privado no Brasil, ou os esquemas contributivos podem receber subsídios diretos, como nos casos da CCSS e do *Instituto Mexicano de Seguridad Social*. Além disso, uma

Tabela 3.1 Principais características do financiamento e da prestação de serviços dos sistemas de saúde

País	Nível de segmentação	Principal fonte de recursos	Principal rede de prestação de serviços
Brasil	Integrado	SUS – recursos fiscais	Estabelecimentos públicos ou privados financiados pelo SUS
Costa Rica	Integrado	Seguro contributivo (CCSS) – taxas sobre a folha de pagamento e recursos fiscais (subsídios para grupos vulneráveis)	Estabelecimentos próprios da CCSS
Chile	Semi-integrado avançado	Seguro contributivo (ISAPRES) – taxas sobre a folha de pagamento e prêmios voluntários; Seguro subsidiado (FONASA) – taxas sobre a folha de pagamento e recursos fiscais (subsídios para grupos vulneráveis)	Estabelecimentos privados (ISAPRES e membros contribuintes do FONASA) e estabelecimentos públicos (membros subsidiados e contribuintes do FONASA)
Colômbia	Semi-integrado avançado	Seguro contributivo (Régimen Contributivo) – taxas sobre a folha de pagamento; Seguro subsidiado (Régimen Subsidiado) – recursos fiscais e subsídios cruzados do seguro contributivo	Estabelecimento privados (Régimen Contributivo); Estabelecimentos públicos (Régimen Subsidiado)
Uruguai	Semi-integrado avançado	Seguro contributivo (FONASA) – taxas sobre a folha de pagamento; subsídios para grupos vulneráveis geridos separadamente – recursos fiscais	Estabelecimentos privados sem fins lucrativos (IAMC); estabelecimentos públicos (ASSE)
Argentina	Semi-integrado	Seguro contributivo (Obras Sociales) – taxas sobre a folha de pagamento; seguro subsidiado (Plan Nacer/Plan Sumar) – recursos fiscais	Estabelecimentos próprios do seguro contributivo; estabelecimentos do Ministério da Saúde (Plan Nacer / Plan Sumar)
México	Semi-integrado	Seguro contributivo (IMSS, ISSSTE) – taxas sobre a folha de pagamento; seguro subsidiado (SPSS - Seguro Popular) – recursos fiscais	Estabelecimentos próprios do seguro contributivo; estabelecimentos do Ministério da Saúde (SPSS - Seguro Popular)
Peru	Semi-integrado	Seguro contributivo (EsSalud) – taxas sobre a folha de pagamento; seguro subsidiado (SIS) – recursos fiscais	Estabelecimentos próprios do seguro contributivo; estabelecimentos do Ministério da Saúde (SIS)
Guatemala	Segmentado	Seguro contributivo (IGSS) – taxas sobre a folha de pagamento;	Estabelecimentos próprios do seguro contributivo; estabelecimentos do Ministério da Saúde e estabelecimentos de organizações não-governamentais com contratos públicos

Fontes: Brasil—Couttolenc and Dmytraczenko 2013; Gragnolati, Lindelow, and Couttolenc 2013; Costa Rica—Montenegro 2013, Cercone and others 2010; Chile—Bitran 2013; Paraje and Vasquez 2012; Colômbia—Montenegro and Bernal-Acevedo 2013; Uruguai—Aran and Laca 2011; Banco Mundial 2012a; Argentina—Cortez and Romero 2013; Bello and Mecerril-Montekio 2011; México—Bonilla-Chacin and Aguilera 2013, Gomez Dantes and others 2011, Scott and Diaz 2013; Peru—Francke 2013; Alcalde-Rabanal, Lazo-Gonzalez, and Nigenda 2011; Guatemala—Lao Pena 2013; Becerril-Montekio and Lopez-Davila 2011.

vez que as contribuições são com frequência baseadas na renda e não em custos atuariais, os fundos dos seguros ocasionalmente apresentam déficits e terminam beneficiados por planos de salvamento financiados pelos impostos (Ribe, Robalino e Walker 2010). Da mesma forma, os esquemas subsidiados podem ser financiados parcialmente pelas contribuições. Por exemplo, na Colômbia existem subsídios cruzados do regime contributivo ao regime subsidiado do *Sistema General de Seguridad Social en Salud*; também no Chile, onde o FONASA e formado por quatro fundos, e os membros fazem contribuições e recebem subsídios

Figura 3.2 Cobertura populacional por tipo de esquema, 2000–10 (ou ano mais próximo)

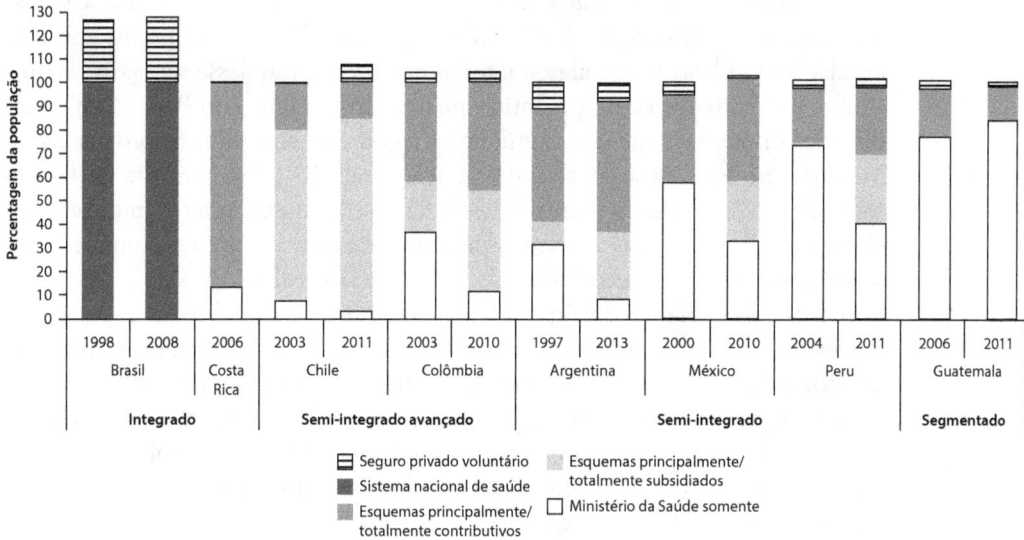

Fontes: Estimativas do estudo baseadas em Argentina—ECV 1997; SUMAR Memorias 1997; PAMI Memorias 2012; EPH 2013; ENGH 2013; Brasil—PNAD 1998, 2008; Chile—CASEN 2003, 2011; Colômbia—ECV 2003, 2010; Costa Rica—ENSA 2006; Guatemala—ENCOVI 2006, 2011; México—ENIGH 2000, 2010; Peru—ENAHO 2004, 2011.
Nota: Dados sobre seguro privado voluntário no Chile não é comparável entre os períodos porque a CASEN 2003 não coletava dados deste indicador. Uruguai não está incluído porque os autores não tiveram acesso aos dados desta pesquisa.

em diferentes graus, dependendo da sua capacidade de pagamento, com os membros mais pobres recebendo subsídio completo. O *Seguro Popular* (México) e o SIS (Peru) estão disponíveis para toda a população, e só os que podem precisam contribuir. Porém na prática há relativamente poucos membros que contribuem. Um aspecto que distingue os esquemas subsidiados e o SUS brasileiro de um ministério de saúde tradicional é que o primeiro tem um financiamento definido, geralmente com base per capita ou como parte das receitas estipuladas por lei, enquanto o nível de financiamento para o segundo é determinado pelo processo de planejamento do orçamento do governo.

Cobertura populacional

Os países da ALC têm executado diversos modelos para expandir a cobertura de saúde da população. Alguns optaram por programas dirigidos a grupos específicos da população, enquanto outros escolheram programas que são de natureza universal. Mas em todos os casos, as reformas dos sistemas de saúde têm priorizado o uso de subsídios públicos para cobrir grupos vulneráveis. A maioria das reformas dos cuidados em saúde requerem a inscrição explícita dos beneficiários, seja de forma obrigatória ou voluntária.

Algumas das reformas para impulsionar a cobertura universal de saúde foram desenhadas para serem universais, e seu arcabouço legal reformulou serviços para toda a população, como aconteceu no Brasil, Chile, Colômbia, Costa Rica e Uruguai. Outros programas são de âmbito mais restrito e enfatizam condições de saúde especificas ou subgrupos da população, como é o caso da Jamaica, onde o *National Health Fund* (NHF) subsidia pacientes com as doenças não transmissíveis mais comuns (mais tarde, o governo aboliu taxas aos usuários das instalações públicas, o que afetou a todos que faziam uso desse serviço). Os programas na Guatemala e na Argentina, pelo menos no início do *Plan Nacer*, eram dirigidos principalmente para a mulheres e crianças, enquanto os programas no México e no Peru buscam alcançar aqueles que não têm cobertura do seguro social de saúde e tendem a ser pobres. A tabela 3.2 mostra um resumo das principais características das reformas para impulsionar a cobertura universal de saúde nos países estudados, incluindo os beneficiários alvo.

Independentemente do âmbito dos programas voltados para a cobertura universal de saúde, as reformas tendem a definir direitos explícitos por meio do arcabouço legal e regulatório. Estes programas diferem dos ministérios de saúde tradicionais que, como mencionado acima, em teoria cobrem toda a população. A maior parte dos programas de expansão de cobertura com frequência requerem a inscrição formal e individual dos beneficiários (ver a tabela 3.2). Da mesma forma, seja como tenha sido desenhado ou pela maneira como são

Tabela 3.2   Principais características da população coberta em reformas selecionadas para avançar com a cobertura universal de saúde

País	Programas/políticas para avançar com a cobertura universal de saúde	População alvo	Inscrição
Argentina	*Plan Nacer/Plan Sumar*	Mães e crianças não cobertas pelo seguro contributivo / mulheres menores de 65 anos, adolescentes e crianças	Voluntária
Brasil	Sistema Único de Saúde (SUS) / Programa Saúde da Família	Toda a população	Sem inscrição
Chile	FONASA / *Acceso Universal a Garantías Explícitas* (AUGE)	Toda a população	Obrigatório
Colômbia	*Sistema General de Seguridad Social en Salud / Régimen subsidiado*	Toda a população através do *Régimen Subsidiado* gerido separadamente e *Régimen Contributivo*	Obrigatório
Costa Rica	*Caja Costarricense de Seguro Social* (CCSS) / expansão da população coberta e integração da atenção primária	Toda a população	Obrigatório
Guatemala	*Programa de Extensión de Cobertura* (PEC)	População de áreas rurais e de baixa densidade	Sem inscrição
Jamaica	*National Health Fund* (NHF)	Indivíduos diagnosticados com doenças crônicas	Voluntária
México	*Sistema de Protección Social en Salud* (SPSS) / *Seguro Popular*	Não cobertos pelo seguro contributivo	Voluntária
Peru	*Seguro Integral de Salud* (SIS)	Não cobertos pelo seguro contributivo	Voluntária
Uruguai	*Sistema Nacional Integrado de Salud* (SNIS)	Toda a população através do fundo contributivo (FONASA) e fundos fiscais geridos separadamente para grupos vulneráveis	Obrigatória

Fontes: Argentina—Cortez and Romero 2013; Brasil—Couttolenc and Dmytraczenko 2013; Chile—Bitran 2013; Colômbia—Montenegro and Bernal-Acevedo 2013; Costa Rica—Montenegro 2013; Guatemala—Lao Pena 2013; Jamaica—Chao 2013; México—Bonilla-Chacin and Aguilera 2013; Peru—Francke 2013; Uruguai—Aran and Laca 2011; Banco Mundial 2012a.

executados, a maioria dos programas colocam ênfase particular na inclusão dos pobres. Por exemplo, o SUS no Brasil é de natureza explicitamente universal e não exige uma inscrição formal e individual, no entanto, o Programa Saúde da Família, seu programa mais emblemático, começou como um projeto piloto na região mais pobre do país e na medida em que ganhava escala, priorizou as comunidades mais pobres e rurais (Couttolenc e Dmytraczenko 2013). Também na Costa Rica, um programa único de seguro social de saúde gradualmente absorveu trabalhadores do setor informal e grupos vulneráveis, e as reformas na prestação dos serviços em meados dos anos 1990 incorporaram formalmente a infraestrutura de atenção primária do Ministério de Saúde, que servia principalmente aos pobres, sob a estrutura comum integrada verticalmente da instituição de seguro social de saúde (Montenegro 2013).[5] O *Seguro Popular* do México era voltado às pessoas que não tinham seguro sob os esquemas existentes de seguro social de saúde e que se encontravam principalmente na base da distribuição de renda (Bonilla-Chacín e Aguilera 2013). No Chile, o FONASA agora cobre 82% da população, e os beneficiários são de todo o espectro de renda. Os pobres estão cobertos quase que exclusivamente sob este esquema (o capítulo 4 aprofunda mais esse tema).

Estes programas exemplificam a natureza evolutiva das reformas implementadas para avançar rumo à cobertura universal de saúde, que expandem a esfera de beneficiários por meio de vários mecanismos. Às vezes, isso é feito gradualmente inscrevendo a população elegível dentro de um programa já existente, como foi o caso do Chile, Colômbia, Costa Rica e México. Em outros, modificaram-se os programas. Por exemplo, na Argentina o *Plan Sumar* baseou-se no já existente *Plan Nacer* ao estender a elegibilidade para incluir também adolescentes e mulheres até a idade de 65 anos. No Peru, o SIS foi precedido por dois programas de seguro mais restritos e que eram para mães, crianças pequenas e de idade escolar.

As políticas para impulsionar a cobertura universal de saúde também aproveitaram os sistemas de saúde que já estavam em operação. Em alguns países, as reformas têm aumentado a cobertura da população ao reduzir ou eliminar a segmentação em todos os subsistemas financiados pela folha de pagamento e pelos impostos, como no caso da Costa Rica e do Brasil, onde existe um sistema único integrado que cobre toda a população (ou a maior parte dela). O Chile e a Colômbia reduziram suas populações não asseguradas mediante inscrições em um dos dois subsistemas, mas os subsídios cruzados e a equalização dos benefícios entre ambos (pela criação do plano AUGE no Chile e uma decisão da Corte Constitucional na Colômbia) contribuíram para atingir níveis bastante avançados de integração. O Uruguai também equalizou os benefícios entre os subsistemas, embora em termos gerais os grupos contributivos e subsidiados tenham acesso a prestadores diferentes. Além disso, não há um subsídio cruzado das contribuições feitas pela folha de pagamento. Estes aspectos serão abordados nas seções sobre a cobertura de benefícios e financiamento que seguem mais abaixo. Em comparação, as reformas na Argentina, no México e no Peru expandiram o subsistema subsidiado sem envolver os regimes contributivos.

Cobertura dos benefícios

Todas as reformas analisadas neste trabalho explicitaram o direito da população à saúde, e a maioria dos países optou por definir uma lista positiva de benefícios ao invés de oferecer listas abertas. Os países que têm sistemas integrados ou se encontram em estágios mais avançados de integração tendem a oferecer benefícios integrais que cobrem desde cuidados primários aos de alta complexidade. As reformas em todos os países colocam ênfase particular no fortalecimento dos cuidados primários. Chile, Colômbia e Uruguai têm lidado com o difícil assunto de igualar os benefícios em todos os subsistemas.

A maioria dos países na região tem adotado políticas baseadas em direitos e que tratam de definir um conjunto de benefícios aos quais a população tem direito. Alguns países, incluindo o Brasil, Colômbia e Costa Rica, têm benefícios abertos – ou seja, as intervenções específicas cobertas não são identificadas. A maioria dos países oferecem pacotes mais restritos, se bem que seu alcance varie consideravelmente (ver a tabela 3.3). No Chile e Uruguai, a lista de serviços é integral e inclui cuidados preventivos, curativos, reabilitadores e paliativos em todos os níveis da rede de prestadores de serviços.

Tabela 3.3 Principais características dos benefícios nas reformas selecionadas para promover a cobertura universal de saúde

País	Programas/políticas para promover a UHC	Benefícios cobertos	Prestação de serviços
Argentina	*Plan Nacer/Plan Sumar*	Lista positiva Cuidado primário para mulheres grávidas, crianças e adolescentes, mais algumas intervenções especializadas e de alta complexidade (por exemplo, gravidez de alto risco, cuidados neonatais)	Instalações do Ministério de Saúde nos níveis federal e estadual.
Brasil	Sistema Único de Saúde (SUS)/Programa Saúde da Família	Aberto Benefícios integrais desde cuidados primários aos de alta complexidade	Instalações do Ministério da Saúde aos níveis federal, estadual e municipal, mais instalações privadas contratadas com financiamento público.
Chile	FONASA/*Acceso Universal a Garantías Explícitas en Salud* (AUGE)	Lista positiva Benefícios integrais desde cuidados primários aos de alta complexidade com garantias explícitas de qualidade e teto no copagamento para 80 condições que aplicam tanto aos beneficiários do FONASA como do ISAPRES.	Instalações privadas e do Ministério da Saúde, embora membros do FONASA sem capacidade de pagamento (isto é, isentos de copagamentos) têm acesso principalmente às instalações publicas.
Colômbia	*Sistema General de Seguridad Social en Salud / Regime Subsidiado*	Aberto, com poucas exclusões. Benefícios integrais desde cuidados primários aos de alta complexidade com benefícios iguais para o *Regime Subsidiado* e o *Regime Contributivo* (*Plan Obligatorio de Salud – POS*)	Instalações privadas e do Ministério da Saúde, embora os beneficiados do *Regime Subsidiado* tenham acesso principalmente às instalações publicas.

Segue na página seguinte

Tabela 3.3 Principais características dos benefícios nas reformas selecionadas para promover a cobertura universal de saúde *(continuação)*

País	Programas/políticas para promover a UHC	Benefícios cobertos	Prestação de serviços
Costa Rica	*Caja Costarricense de Seguro Social* (CCSS)/ expansão da população coberta e inclusão dos cuidados primários	Aberto, com receituário para medicamentos. Benefícios integrais desde cuidados primários aos de alta complexidade	Instalações da CCSS
Guatemala	*Programa de Extensión de Cobertura* (PEC)	Lista positiva Intervenções básicas e cuidados primários	Organizações não governamentais contratadas e financiadas com fundos públicos.
Jamaica	*National Health Fund* (NHF)	Lista positiva Medicamentos receitados para 15 condições crônicas	Farmácias públicas ou privadas acreditadas.
México	*Sistema de Protección Social en Salud* (SPSS)/ *Seguro Popular*	Lista positiva O *Catalogo Universal de Servicios* de Salud (CAUSES) cobre 284 intervenções de cuidados primários e secundários e medicamentos associados O *Fondo de Protección contra Gastos Catastróficos* cobre 57 intervenções de alta complexidade	Principalmente provedores do Ministério da Saúde aos níveis federal e estadual.
Peru	*Seguro Integral de Salud* (SIS)	Lista positiva O *Plan Esencial de Aseguramiento en Salud* (PEAS) do SIS Gratuito, cobre 140 condições, incluindo cuidados maternos e neonatais, algumas condições obstétricas, canceres, doenças transmissíveis e urgências, assim como algumas doenças não transmissíveis e condições crônicas. Há três pacotes adicionais, com prêmios diferenciados, que cobrem intervenções de mais alto custo	Instalações do Ministério da Saúde nos níveis central e regional; a participação de prestadores não vinculados ao MS é limitada porque os valores pagos pelo SIS não cobrem o custo total da intervenção.
Uruguai	*Sistema Nacional Integrado de Salud* (SNIS)	Lista positiva Benefícios integrados com um único *Plan Integral de Atención a la Salud* (PIAS) para toda a população e que cobre atenção preventiva, curativa, reabilitadora e paliativa.	Estabelecimentos sem fins lucrativos (IAMC); estabelecimentos privados e públicas descentralizados (ASSE) para membros do FONASA; ASSE para grupos vulneráveis subsidiados.

Fontes: Argentina—Cortez and Romero 2013, portal na Internet do *Plan Sumar:* http://Figura.msal.gov.ar/vamosacrecer/index.php?option=com_content&view=category&layout=blog&id=340&Itemid=290; Brasil—Gragnolati, Lindelow, and Couttolenc 2013; Chile—Bitran 2013; Paraje and Vasquez 2012, portal na Internet do AUGE 80: http://web.minsal.cl/AUGE_introduccion; Colômbia—Montenegro and Bernal-Acevedo 2013; Costa Rica—Montenegro 2013; Guatemala—Lao Pena 2013; Jamaica—Chao 2013, portal na Internet do NHF: http://Figura.nhf.org.jm; México—Bonilla-Chacin and Aguilera 2013; Scott and Diaz 2013; Peru—Francke 2013, portal na Internet do SIS: http://Figura.sis.gob.pe/Portal/index.html; Uruguai—Banco Mundial 2012a; Ministerio de Salud Publica.

O *Seguro Popular* do México e o SIS do Peru também cobrem um conjunto grande de doenças, mas principalmente para os cuidados oferecidos nos níveis primário e secundário, com poucas exceções. No México (e também no Uruguai), por exemplo, um fundo separado financia os cuidados de alta complexidade para doenças pouco comuns, mas de alto custo e que podem colocar as famílias em risco de empobrecimento. Em outros lugares, os pacotes são dirigidos a prioridades específicas de saúde. Por exemplo, na Jamaica os benefícios do NHF se limitam a subsídios de medicamentos para doenças não transmissíveis, e aboliram-se as tarifas aos usuários nas instalações públicas. Ambas as políticas executadas na Jamaica tratam o problema de elevados gastos diretos em saúde. O *Programa de Extensión de Cobertura* (PEC) da Guatemala contrata organizações não governamentais para prover intervenções de cuidados primários gratuitos, com forte ênfase nos serviços de cuidados maternos e infantis. De maneira similar, o *Plan Sumar* na Argentina cobre serviços maternos e infantis, mas que também se estendem a adolescentes e mulheres com menos de 65 anos de idade, e inclui alguns cuidados especializados e de alta complexidade, em particular para os neonatos (por exemplo, bebês que nascem com cardiopatia congênita ou pneumonia), partos e desordens nutricionais.

Com a exceção do NHF da Jamaica, os pacotes de benefícios em geral oferecem ao menos cuidados ambulatoriais, particularmente cuidados primários. De fato, fortalecer os cuidados primários foi o objetivo de todos os programas na região, mesmo nos países com reformas mais amplas e benefícios integrais. Ou seja, a ênfase nos cuidados primários não foi só uma questão de incluir serviços aos pacotes de benefícios; em muitos casos também representou uma reorientação do modelo de atenção em direção à promoção, prevenção e extensão comunitária. A Costa Rica transferiu a propriedade das instalações de cuidados primários do Ministério de Saúde para a CCSS, integrando assim ainda mais a rede de prestação de serviços e oferecendo um maior acesso a tratamento mais eficiente e seguro de gestão de doenças crônicas aos antes não segurados, reduzindo desta maneira o uso de serviços de atendimento hospitalar e de emergência por este grupo (Cercone *et. al.* 2010). Sob o Programa Saúde da Família, a iniciativa emblemática das reformas brasileiras para impulsionar a cobertura universal de saúde, equipes de saúde multidisciplinares são responsáveis por prestar cuidados primários nas instalações do Ministério de Saúde e nas comunidades dentro da sua área de captação, e servir como ponto de entrada ao SUS (Couttolenc e Dmytraczenko 2013). O *Plan Integral de Atención en Salud* (PIAS) do SNIS uruguaio reorienta o modelo de assistência focado em serviços curativos para um modelo de cuidados integrais que elimina ou reduz em grande medida a coparticipação no controle da diabetes, hipertensão, intervenções em saúde materna e serviços preventivos para crianças e adolescentes (Sollazo e Berterretche 2011; Banco Mundial 2012a).

Com já se mencionou, os programas e pacotes de benefícios foram evoluindo ao longo do tempo se adaptando cada vez mais às características epidemiológicas do país. O SIS no Peru inclui o *Plan Esencial de Aseguramiento en Salud* (PEAS), um pacote extensivo de cuidados primários com alguns serviços especializados para tratar doenças não transmissíveis e condições crônicas. O SIS foi uma consolidação de dois esquemas já existentes, com coberturas mais focalizadas – um para crianças em idade escolar e outro para mães e crianças pequenas – que ofereciam benefícios mais limitados. (Francke 2013). O *Plan Nacer* foi expandido e agora se chama *Plan Sumar*, ampliando benefícios antes restritos a cuidados em saúde materna e infantil. O plano AUGE, no Chile, também foi definido como um pacote essencial, a ser coberto pelos dois subsistemas de seguro social de saúde, e começou com vinte e cinco quadros de saúde prioritárias em 2005, sendo expandido para a sessenta e nove em 2010 e oitenta em 2014 (Bitran 2013; http://web.minsal.cl/AUGE_introduccion). Da mesma forma, o pacote do *Seguro Popular* foi estendido ao longo do tempo, passando de 78 intervenções até chegar às 284 que têm atualmente. Contudo, muitas vezes essas expansões ocasionaram também revisões de políticas, porque os países da região geralmente não têm arranjos institucionalizados – ou se os tem são muito deficientes – para revisar e modificar sistematicamente as doenças e os serviços incluídos nos pacotes de benefícios, ou avaliar a adoção de novas tecnologias para fornecer os benefícios existentes.

Embora a elaboração de uma reforma baseada na explicitação do direito signifique uma importante mudança nas políticas de saúde, traduzir benefícios *de jure* em serviços *de facto* frequentemente requerem a instituição de uma série de políticas, regras e regulamentos que regem o financiamento e a prestação desses serviços. O fato de ser um direito não significa necessariamente que os serviços estejam disponíveis, nem tampouco se converte em maior utilização ou melhoria na qualidade. Este tema será abordado nos capítulos seguintes.

Em termos gerais, as reformas para impulsionar a cobertura universal de saúde na ALC não têm descartado as estruturas já existentes, mas as têm adaptado aos novos desafios. Na maioria dos casos, os mesmos prestadores que ofertam serviços aos segmentos pobres da população durante o período anterior às reformas, normalmente prestadores dos ministérios de saúde, continuam fazendo, mas sob acordos modificados. Ainda que serviços não inclusos nos pacotes de benefícios dos novos esquemas continuem a ser financiados e oferecidos de maneira tradicional, novos modelos de gestão são introduzidos e colocam o paciente no centro da atenção, criando incentivos para a provisão de resultados mensuráveis. Em muitos casos, isto impõe a necessidade de estabelecer contratos formais entre os financiadores e os prestadores dos serviços de saúde. Por exemplo, no Uruguai a reforma que criou o FONASA em 2007 também possibilitou a seus beneficiários escolher um prestador público que deveria estabelecer um contrato de gestão com um agente fornecedor e receber do FONASA pagamentos baseados em capitação. Na Colômbia, as reformas incluíram dispositivos para que os prestadores públicos pudessem estabelecer contratos com seguradoras privadas e públicas. Entretanto, na maioria dos países (incluindo a Colômbia e Uruguai), os beneficiários dos esquemas contributivos continuam tendo acesso ao setor privado e/ou os prestadores do próprio seguro social de saúde. Por outro lado, os beneficiários dos sistemas subsidiados acessam somente ou principalmente aos prestadores públicos. Persistem deficiências em termos de acesso equitativo a serviços de qualidade, devido às enormes diferenças entre os serviços fornecidos sob os distintos subsistemas.

Alguns países estão tentando resolver essas questões ao igualar os benefícios ou estabelecer normas de qualidade de serviço que seriam aplicáveis em todos os subsistemas de saúde social. A decisão histórica T-760/2008 emitida pela

Corte Constitucional da Colômbia determinou a unificação dos pacotes de benefícios obrigatórios cobertos sob os subsistemas contributivo e subsidiado (*Plan Obligatorio de Salud* – POS), e os regulamentos posteriores operacionalizaram a decisão ao estender gradualmente o POS do sistema contributivo a diferentes grupos etários até que em 2012 chegou a cobrir todos os beneficiários do sistema subsidiado (Tsai 2010, *Comisión de Regulación en Salud* Acordos 04/2009, 011/2010, 027/2011 e 032/2012). Nos casos da reforma do plano AUGE no Chile e do SNIS no Uruguai, ambos criaram um único pacote de benefícios explícitos. Também especificaram os tratamentos cobertos, estabeleceram normas de qualidade para sua prestação e instituíram garantias para os aspectos da cobertura efetiva, como por exemplo, os prazos máximos de espera, que tratava de remediar uma das deficiências mais bem conhecidas do sistema público. O Brasil tem feito o mesmo, mas numa escala muito menor, ao definir os prazos máximos de espera para pacientes do SUS receberem tratamento depois de um diagnóstico de câncer.[6] O México tem monitorado a cobertura efetiva, uma medição da probabilidade que uma pessoa realmente chegue a obter ganhos em saúde ao receber as intervenções necessárias (Lozano *et al.* 2006), mas as reformas executadas até agora têm-se concentrado em melhorar a qualidade do subsistema público, em vez de igualar os benefícios em todos os subsistemas. De maneira similar, o SIS no Peru instituiu protocolos, auditorias de qualidade e garantias explícitas sob o PEAS para serviços que são oferecidos principalmente, mas não exclusivamente em instalações públicas.

Financiamento

O financiamento público da saúde tem aumentado com financiamento de programas dirigidos à promoção da cobertura universal de saúde, oriundos principalmente dos impostos gerais e com frequência reservados especificamente para a saúde. Alguns países optaram por um só esquema que cobre toda a população, enquanto outros têm instituído esquemas diferentes que aumentam a diversidade dos riscos e reduzem as disparidades dos benefícios e gasto per capita entre os grupos. Outros ainda tentam reduzir estas disparidades ao reformar apenas o subsistema subsidiado por fundos públicos por meio de mudanças na maneira como os recursos são mobilizados, alocados e/ou usados para pagar aos fornecedores. Embora poucos países tenham separado completamente as funções de financiamento e oferta dos serviços, todos adotaram métodos de pagamento nos quais os recursos acompanham os pacientes e dessa maneira, ao contrário dos orçamentos baseados em séries históricas dos gastos, promovem a eficiência na oferta de intervenções custo-efetivas. No entanto, o grau em que estes mecanismos substituem o financiamento pelas séries históricas varia consideravelmente. As reformas também ampliam a proteção financeira ao eliminar taxas aos usuários ou estabelecerem tetos à coparticipação nos pagamentos, até mesmo em alguns casos para intervenções de alto custo.

Ao seguir a estrutura de fluxo de recursos do sistema de contas da saúde (OCDE 2000; OMS 2003) e o modelo de financiamento da saúde proposto por Kutzin (2001), examinamos alguns aspectos das reformas relacionadas com a mobilização de recursos, os esquemas de agrupamento e mecanismos para aquisição de serviços ou pagamento e gestão dos prestadores. Um aspecto importante ao avaliar se as reformas têm tido um impacto na mobilização de recursos é determinar se aumentou o nível da receita pública para o setor de saúde (Kutzin 2008). O aumento das rendas também incentiva a demanda por uma melhoria no acesso aos cuidados de saúde, que tipicamente se traduz em um aumento do gasto público em saúde ou uma redução da proporção que é financiada por gastos diretos das famílias (Savedoff *et al.* 2012; Schieber e Maeda 1999). A ALC não é uma exceção. Como já se frisou no capítulo anterior, a região em geral experimentou um crescimento estável nas duas últimas décadas, exceto pelas quedas associadas com a crise financeira. O aumento da renda e dos programas sociais tiraram milhões de pessoas da pobreza e aumentaram o tamanho da classe média. Durante a década passada, o financiamento público para a saúde como proporção do produto interno bruto (PIB) aumentou em todos os dez países (Banco Mundial 2012b), embora só a Costa Rica e Uruguai tenham superado o limiar de 6% proposto pela Organização Pan-Americana de Saúde (OPAS 2014, 94). O gasto público em saúde representa mais de 15% do total dos gastos dos governos na média dos países de alta-renda da Organização para a Cooperação e o Desenvolvimento Econômico (OCDE), exceto no Brasil (7,6%) e na Jamaica (10,7%). Isso causa certa preocupação, pois sugere que alguns países podem estar alcançando o seu limite máximo de sua capacidade de capturar uma proporção maior do orçamento para o setor, especialmente nos países onde a saúde já absorve próximo a 25% ou mais das receitas públicas,[7] como é o caso da Argentina (22,5%), Uruguai (25,2%) e Costa Rica (27,7%).

Recursos públicos estão sendo usados para financiar programas para impulsionar a cobertura universal de saúde, seja através de subsídios elevados ou mesmo inteiramente financiados com receitas do governo. Ao definir valores por beneficiário a serem financiados com recursos do orçamento, estabelecer alocações mínimas de recursos para a saúde, atrelar impostos para a saúde ou destinar impostos da folha de pagamento ou outros impostos, várias reformas conseguiram insular receitas públicas para a saúde com o objetivo de financiar ampliações da cobertura e priorizar os não têm capacidade de pagamento (tabela 3.4). Algumas das reformas procuraram também reduzir a quantia dos gastos diretos em saúde ao eliminar ou colocar limites máximos às taxas dos usuários e copagamentos, ou então criar fundos especiais para financiar cuidados de alto custo e baixa frequência mas que podem levar famílias afetadas à pobreza (por exemplo, o *Fondo de Protección contra Gastos Catastróficos,* no México, e o *Fondo de Recursos Nacionales,* no Uruguai). A constituição de 1988 do Brasil eliminou as tarifas dos usuários para serviços com financiamento público e descentralizou a administração dos serviços de cuidados à saúde; anos mais tarde, uma emenda constitucional codificou as proporções das receitas públicas a serem atribuídas para saúde em cada nível de governo (Couttolenc e Dmytraczenko 2013). No México, o *Sistema de Protección Social en Salud* (SPSS), que lançou o *Seguro Popular,* aumentou a estabilidade no financiamento público ao definir por estatuto a contribuição social por família, que está ligada a um salário mínimo

Tabela 3.4 Principais características do financiamento em reformas selecionadas para avançar na cobertura universal de saúde

País	Programas/políticas para avançar com a cobertura universal de saúde	Mobilização de recursos	Agrupamentos	Compra	Custo-efetividade e proteção financeira
Argentina	Plan Nacer / Plan Sumar	Montante definido por beneficiário financiado por impostos gerais	Programa do Ministério da Saúde pago pelo orçamento geral para as províncias e das províncias para os prestadores	Pagamento por capitação definido atuarialmente, ajustado por desempenho (para transferências do nível nacional para as províncias) e pagamento por serviço das províncias para os prestadores	Priorização de intervenções custo-efetiva em atenção primária Aumento do financiamento público para reduzir a disparidade no gasto por beneficiário entre o seguro social de saúde e o subsistema público
Brasil	Sistema Único de Saúde (SUS)/ Programa Saúde da Família (PSF)	Gastos mínimos financiados por impostos gerais (percentuais de receita definidos constitucionalmente nos níveis federal, estadual e municipal)	Fundos de saúde em cada nível de governo (federal, estadual e municipal) Fundos nacionais são usados para pagar prestadores federais e são transferidos para fundos estaduais e municipais para pagar prestadores nestes níveis	SUS: um misto de financiamento por orçamento, capitação, pagamento baseado em desempenho, pagamento por caso e pagamento por serviço PSF (e outros programas prioritários): capitação e pagamentos baseados em desempenho (para transferências do nível federal para fundos estaduais e municipais)	Priorização de intervenções custo-efetiva em atenção primária Aumento do financiamento público Eliminação de taxas de utilização sobre usuários
Chile	FONASA / Acceso Universal a Garantías Explícitas (AUGE)	Contribuições sobre a folha de pagamento e um subsídio financiado por impostos gerais para aqueles sem capacidade de pagamento	FONASA recolhe contribuições e subsídios e paga prestadores públicos e privados	Capitação ajustada por idade e nível socioeconômico do município, com algum pagamento por serviço para prestadores em cuidados primários municipais Orçamentos históricos, pagamento por serviço e pagamento prospectivo para hospitais públicos Pagamento por serviço e pagamento por caso para prestadores privados Copagamento apenas dos membros contribuintes do FONASA	Priorização de intervenções custo-efetiva Melhora na referencia e contra-referência entre os níveis de cuidado para as condições do AUGE Estabelecimento de tetos de franquia para condições AUGE

Segue na página seguinte

Tabela 3.4 Principais características do financiamento em reformas selecionadas para avançar na cobertura universal de saúde *(continuação)*

País	Programas/políticas para avançar com a cobertura universal de saúde	Mobilização de recursos	Agrupamentos	Compra	Custo-efetividade e proteção financeira
Colômbia	*Sistema General de Seguridad Social en Salud / Régimen Subsidiado*	Valor por beneficiário financiado por impostos gerais e contribuições específicas nos níveis nacional, estadual e municipal, somadas a subsídios cruzados financiados por contribuições específicas sobre a folha de pagamento	Subsídios cruzados de taxas sobre a folha de pagamento e fundos nacional e municipal são agrupados ao nível municipal para pagar planos de saúde para beneficiários do *Régimen Subsidiado* e pagar prestadores por serviços fora do pacote de benefícios	Pagamentos por capitação para os planos de saúde do *Régimen Subsidiado* Planos de saúde podem escolher o método de pagamento ao prestador e utilizar diferentes formas ao mesmo tempo Pagamentos por capitação para hospitais públicos	Aumento do financiamento público
Costa Rica	*Caja Costarricense de Seguro Social* (CCSS) / expansão da população coberta e integração da atenção primária	Taxas sobre a folha de pagamento e valor definido por beneficiário financiado através de contribuições específicas (sobre artigos de luxo, álcool, refrigerantes e importados) para aqueles sem capacidade de pagamento	Fundo único gerido pela CCSS usado para pagar prestadores próprios	Estabelecimentos próprios da CCSS pagos através de orçamentos históricos globais	Priorização de intervenções custo-efetivas em atenção primária
Guatemala	*Programa de Extensión de Cobertura* (PEC)	Impostos gerais através do orçamento	Programa do Ministério da Saúde pago do orçamento geral	Pagamentos por capitação para organizações não governamentais contratadas	Priorização de intervenções custo-efetivas em atenção primária Ausência de tarifas aos usuários nos prestadores contratados (ou estabelecimentos públicos)
Jamaica	*National Health Fund* (NHF)	Taxação sobre tabaco, taxas sobre a folha de pagamento e taxação especial sobre consumo (álcool, petróleo e veículos automotores)	NHF	Financiamento para um Fundo para a Promoção da Saúde e Fundo para Suporte à Saúde (desenvolvimento de infraestrutura)	Priorização da promoção de estilos de vida saudáveis custo-efetivos e medicamentos para o manejo de doenças crônicas

Segue na página seguinte

Tabela 3.4 Principais características do financiamento em reformas selecionadas para avançar na cobertura universal de saúde *(continuação)*

País	Programas/políticas para avançar com a cobertura universal de saúde	Mobilização de recursos	Agrupamentos	Compra	Custo-efetividade e proteção financeira
México	*Sistema de Protección Social en Salud* (SPSS) / *Seguro Popular*	Valor definido por beneficiário, ligado ao salário mínimo e financiado por impostos gerais (federal e estaduais e, em teoria, contribuições de famílias com capacidade de pagamento)	Contribuições federais para o Seguro Popular são agrupadas ao nível federal e transferidas aos estados, que podem usar estes fundos mais contribuições dos estados para pagar prestadores estaduais	Pagamento por capitação definido atuarialmente (para transferência do nível federal aos estados) Financiamento por orçamento histórico para os serviços CAUSES Pagamento por serviço para os benefícios cobertos pelo *Fondo de Protección contra Gastos Catastróficos*	Priorização de intervenções custo-efetivas Aumento do financiamento público e redução da desigualdade no gasto por beneficiário entre os subsistemas contribuintes e subsidiado e entre os estados Eliminação de tarifas aos usuários
Peru	*Seguro Integral de Salud* (SIS)	Impostos gerais através do orçamento e, em teoria, prêmios dos membros com capacidade de pagamento	SIS é uma entidade autônoma com alocação orçamentária direta do Ministério das Finanças	Prestadores têm maior flexibilidade no uso dos fundos do SIS comparado ao orçamento do Ministério da Saúde	Eliminação de tarifas aos usuários para os serviços PEAS
Uruguai	*Sistema Nacional Integrado de Salud* (SNIS)	Taxas sobre a folha de pagamento e valores definidos por beneficiário financiados através dos impostos gerais para aqueles sem capacidade de pagamento	Contribuições sobre a folha de pagamento agrupadas no FONASA e usadas para pagar seguradoras públicas e privadas; financiamento do orçamento geral é usado para pagar prestadores públicos para aqueles sem capacidade de pagamento O *Fondo Nacional de Recursos* (FNR) agrupa fundos para financiar intervenções de alta complexidade e/ou alto custo	Prestadores públicos e privados contratados pagos por capitação ajustada por risco (sexo e idade), somado a um pagamento por desempenho Pagamento por serviço para os benefícios cobertos pelo FNR	Redução dos copagamentos para as intervenções priorizadas custo-efetivas e eliminação do copagamento nos estabelecimentos públicos (ASSE) Aumento do financiamento público e redução na diferença no gasto por beneficiário entre o seguro social de saúde e o subsistema público

(coluna "Compra" também: Pagamento por serviço para remédios aprovados (cobre 45% a 75% do preço de varejo) *— coluna "Custo-efetividade e proteção financeira":* Redução do desembolso direto para medicamentos Política separada para eliminar tarifas aos usuários em estabelecimentos públicos*)*

Fontes: Argentina—Cortez and Romero 2013; Brasil—Couttolenc and Bernal-Acevedo 2013; Costa Rica—Montenegro 2013; Guatemala—Lao Pena 2013; Jamaica—Chao 2013; México—Bonilla-Chacin and Aguilera 2013; Peru—Francke 2013; Uruguai—Aran and Laca 2011; Banco Mundial 2012a.

indexado à inflação e que deve ser financiado pelo governo federal e pelos estados (Bonilla-Chacín e Aguilera 2013). Ao substituir os orçamentos baseados em séries históricas por prêmios baseados em cálculos atuariais para determinar as transferências que devem ser feitas pelos estados, a reforma também reduziu as disparidades nos gastos federais entre os estados e eliminou as taxas aos usuários nos estabelecimentos públicos. A Argentina criou um sistema de capitação baseado em cálculos atuariais e uma valoração por risco que é pago às províncias como adicionais às séries históricas orçamentárias (Cortez e Romero 2013). A Colômbia aumentou o financiamento público para o *Régimen Subsidiado* e, junto com a Costa Rica, teve a proporção mais alta de gasto público nos gastos totais em saúde entre os países estudados (Banco Mundial 2012b). O *Régimen Subsidiado* é financiado por um imposto solidário nas folhas de pagamento do setor formal, assim como transferências fiscais legalmente definidas tanto para o nível nacional como locais. A Costa Rica financia as pessoas não contribuintes inscritas na CCSS mediante a tributação de artigos de luxo, álcool, refrigerantes e importações (Montenegro 2013). Também o NHF na Jamaica é financiado por impostos sobre o álcool, petróleo e veículos. O plano AUGE no Chile foi acompanhado por um aumento substancial em gastos públicos para o FONASA que foram financiados mediante a cobrança geral de impostos, especificamente um aumento de 1 ponto percentual no imposto de valor agregado e outras fontes (Bitran 2013). Mesmo nos países em que as reformas não aumentaram muito o nível geral de financiamento (como na Argentina), nem se criaram mecanismos de mobilização de recursos específicos (como na Guatemala e no Peru), se alavancaram fundos existentes para melhorar o acesso a serviços para populações marginalizadas. Contudo, o financiamento do PEC na Guatemala, em grande parte garantido pelo orçamento público, é altamente volátil e sujeito às idas e vindas do apoio político que possa existir (Lao Pena 2013). No Peru, o SIS não recebeu dotação orçamentária significativa, nem tampouco melhorou o financiamento público (Francke 2013).

Como discutido anteriormente, há muito a região da ALC vem sendo caracterizada por sistemas de saúde fragmentados, em que um subsistema público financiado pelos impostos coexiste com um seguro social de saúde financiado pelos impostos à folha de pagamento, bem como um subsistema privado financiado principalmente por pagamentos diretos feitos pelo usuário e, em alguns países, um mercado não desprezível de planos privados de saúde. As experiências em vários países da OCDE sugerem que os esquemas de agrupamento podem reduzir esta segmentação e promover a equidade e a eficiência na gestão dos fundos de saúde. Estes esquemas permitem o lançamento de subsídios cruzados dos ricos para os pobres e distribui o risco entre os segmentos mais novos e mais velhos da população, assim como entre pessoas saudáveis e doentes.

O Brasil optou por um sistema de saúde nacional financiado pelas receitas fiscais que substituiu um seguro social de saúde contributivo. Um quarto da população tem seguro privado de saúde, obtido principalmente como benefício adicional oferecido em certos empregos e subsidiado por isenções de impostos (figura 3.2). A eliminação do subsistema financiado pela folha de pagamento coloca o Brasil como caso especial. Alocações obrigatórias dos impostos gerais são transferidas aos fundos em níveis nacional, estadual e municipal, e são utilizadas para transferências intergovernamentais e para pagar prestadores em cada nível de gestão do sistema.

Com exceção do Brasil e do Caribe, o seguro social de saúde financiado por contribuições obrigatórias pagas por empregados e empregadores continua predominante na região. Com o tempo, a Costa Rica, que já tem um sistema integrado como o brasileiro, expandiu a cobertura para além dos trabalhadores do setor formal, usando subsídios públicos para incentivar a adesão de trabalhadores autônomos (o Estado paga pouco mais da metade da contribuição total do indivíduo) e para financiar plenamente a adesão da parcela da população que procura os serviços, mas que não pode pagar por eles. Os subsídios representam aproximadamente a quarta parte do total do financiamento, e se juntam às contribuições da folha de pagamento à CCSS para financiar uma rede própria de prestadores (Cercone *et al.* 2010). Em 2007, o Uruguai criou o FONASA, um só fundo que unifica as contribuições obrigatórias da folha de pagamento dos funcionários públicos, dos trabalhadores no setor privado e dos aposentados. Ainda que pela reforma almeje-se a ampliação da cobertura para toda a população, por ora a maioria das pessoas sem capacidade de pagamento é financiada pelo orçamento geral, como é o caso da Costa Rica (Sollazzo e Berterrechte 2011).

O Chile e a Colômbia mantiveram sistemas financiados pela folha de pagamento, mas tomaram providências importantes para reduzir a segmentação ao criar um esquema separado financiado principalmente por receitas fiscais e contribuições sobre folha de pagamento, o que permite que a cobertura seja ampliada significativamente para alcançar também os que antes não eram captados sob o seguro social de saúde, aumentando dessa maneira a diversificação de risco no agrupamento (ver figura 3.2). No Chile, o FONASA cobre 80% da população. Em 2011, 58% de seus fundos eram financiados pelas receitas fiscais e o resto por contribuições sobre a folha de pagamento feitas por aqueles com capacidade de pagar. Também existe a opção de utilizar as contribuições obrigatórias para comprar planos privados de saúde (*Instituciones de Salud Previsional* – ISAPRES), que cobre principalmente os ricos, saudáveis e jovens (ou seja, a "nata" da população de baixo risco). Além disso, os inscritos têm a opção de pagar prêmios voluntários por coberturas adicionais. Não existe um subsídio cruzado formal entre os dois subsistemas, todavia membros das ISAPRES ocasionalmente regressam ao sistema público para o tratamento de doenças catastróficas.[8] Por outro lado, na Colômbia os impostos cobrados sobre a folha de pagamento são agrupados em um só fundo, reservando-se uma parte para subsidiar a população sem condições de pagar. Esta população está coberta sob o *Régimen Subsidiado*, que é financiado principalmente por impostos gerais recolhidos pelo governo federal e em menor medida pelos municípios. Os subsídios cruzados dos membros contribuintes representam aproximadamente um terço do financiamento total do *Régimen Subsidiado* (Montenegro 2013). No Chile, o FONASA também é uma seguradora e utiliza seus fundos para pagar prestadores, enquanto que na Colômbia os fundos são transferidos para os planos de saúde (*Empresas Promotoras de Salud*, EPS), que por sua vez se encarregam de pagar os prestadores. Em ambos países, assim como no Uruguai, os serviços financiados pelos sistemas subsidiados são fornecidos principalmente por meio da rede de prestadores públicos. Também como já mencionado, reformas recentes como o plano AUGE no Chile, o PIAS no Uruguai e os regulamentações que operacionalizaram a decisão constitucional da corte T-760 na Colômbia, procuram igualar os pacotes de benefícios e reduzir as disparidades na qualidade dos cuidados de saúde disponíveis aos beneficiários dos dois subsistemas. As reformas também reduziram as desigualdades no financiamento. Na Colômbia, os pagamentos de capitação são agora quase os mesmos nos dois sistemas (Montenegro e Bernal-Acevedo 2013). No Uruguai, a diferença no gasto per capita entre os prestadores públicos que atendem principalmente a população subsidiada (ASSE) e os prestadores que atendem os membros contribuintes do FONASA (IAMC) foi reduzido de 1:1.8 em 2007 a 1:1.3 em 2010, por meio de um aumento no financiamento público (Banco Mundial 2012a).

A maioria das reformas para promover a cobertura universal de saúde têm acarretado mudanças na contratação e pagamento dos prestadores e nos mecanismos de gestão, ensejando diversos esquemas diferentes. Existe um amplo reconhecimento de que os orçamentos baseados no histórico dos gastos e uma deficiente prestação de contas por parte dos prestadores contribuíram para um mau desempenho nos sistemas de saúde quanto à sua capacidade de apresentar respostas às mudanças no atendimento e novas demandas. Uma tendência na região é a introdução de mecanismos de controle por desempenho ou mesmo o uso de contratos de gestão, com entidades tanto públicas como privadas. Alguns poucos países, sobretudo o Chile e a Colômbia e recentemente o Uruguai, introduziram modelos de competição gerencial, em que as contribuições ao seguro social de saúde podem ser utilizadas para financiar planos de saúde de seguradoras públicas ou privadas que, por sua vez, compram serviços dos prestadores públicos ou privados. As seguradoras privadas contratam quase que exclusivamente de prestadores privados, ou seja, há uma completa separação das funções de comprador e prestador, ao menos nos subsistemas não subsidiados (ISAPRES no Chile, o *Régimen Contributivo* na Colômbia, FONASA no Uruguai). Uma variedade de métodos é usada para pagar os prestadores, sejam eles públicos ou privados, geralmente envolvendo uma combinação de capitação, pagamento por serviço e pagamentos baseados no caso, dependendo do nível de cuidado. Contudo, na maioria dos casos, a rede prestadora de serviços pública que serve principalmente à parcela subsidiada do sistema continua sendo financiada em parte através do histórico dos orçamentos, ainda que em níveis muito inferiores aos apresentados antes das reformas.

Para melhorar a eficácia e a prestação de contas, mesmo os países que não separaram formalmente as funções de financiamento e prestação dos serviços acabaram modificando os mecanismos de alocação de recursos no setor público ao instituir incentivos financeiros e não financeiros aos prestadores públicos. Ao transferir os fundos federais ao nível subnacional com base em pagamentos per capita atuarialmente definidos, a Argentina e o México geram incentivos para a identificação, adesão e monitoramento dos beneficiários. Tanto a Argentina como o Brasil criaram um sistema segundo o qual as pactuações que definem as metas de desempenho determinam a transferência de fundos aos governos subnacionais e/ou prestadores. No Brasil, as transferências não estão condicionadas ao cumprimento de metas, mas na Argentina 40% da transferência depende de resultados obtidos em indicadores, e os pagamentos por serviço aos prestadores são incentivo para que façam uma busca ativa da população em sua área de adscrição para a oferta de intervenções prioritárias. Na Guatemala, o PEC introduziu contratos de financiamento baseado em resultados com organizações não governamentais para prestar serviços financiados com fundos públicos. Cada vez mais, os países estão incentivando melhorias na qualidade – por exemplo, o *Plan Sumar* na Argentina e, recentemente no Brasil, o Programa Nacional de Melhoria do Acesso e da Qualidade da Atenção Básica, inaugurado em 2011.

As reformas dirigidas a atingir a cobertura universal de saúde nestes países também forneceram uma maior autonomia no uso dos fundos públicos. Por exemplo, na Argentina sob o *Plan Sumar*, as unidades de saúde podem investir parte dos recursos públicos para financiar prioridades definidas a nível local. Em uma minoria destas unidades, é ainda possível que uma parcela de pagamentos baseados em desempenho seja utilizada para pagar incentivos ao seu pessoal. O SIS no Peru também oferece uma maior flexibilidade para administrar fundos do orçamento regular do ministério de saúde, embora não haja tanta flexibilidade como havia nos fundos derivados de taxas aos usuários (Francke 2013). É importante salientar que em muitos países as mudanças introduzidas na alocação dos recursos financeiros se referem a valores marginais e são paralelas aos mecanismos orçamentários tradicionais – ou seja, muitos prestadores ainda dependem do financiamento via orçamento para grande parte das suas despesas, como é o caso da Argentina, Brasil, Guatemala, Jamaica, México e Peru.

Lições aprendidas das políticas e dos programas para impulsionar a cobertura universal de saúde

As políticas e os programas para impulsionar a cobertura universal de saúde na ALC expandiram a cobertura nas três dimensões do cubo da OMS, preenchendo-o de alguma maneira em maior ou menor medida. Ainda que cada país tenha seguido rumos próprios, temas comuns ganham destaque sobre como os países equilibraram as tensões surgidas ao tomarem decisões para priorizar as dimensões da cobertura universal de saúde num ambiente de recursos escassos.

Utilizando financiamento público para alcançar os pobres
Embora boa parte do debate sobre as reformas no setor saúde nas décadas de 1980 e 1990 na ALC tenha se concentrado em reduzir a segmentação do financiamento ao expandir ou criar um só agrupamento, virtual ou *de facto*, outro aspecto central das reformas foi o estabelecimento de mecanismos para alcançar aos pobres. Esta ênfase no setor menos favorecido da população é mais aparente ainda no recente ciclo de reformas. Independentemente das escolhas dos países sobre a adoção de um sistema nacional de saúde financiado pela

renda geral, um seguro social de saúde financiado pelos impostos à folha de pagamento ou uma mistura dos dois, alcançar os pobres requer um compromisso para poder mobilizar os subsídios públicos. Em todos os países estudados, os esquemas que almejaram expandir a cobertura para os pobres foram principalmente financiados pelas receitas gerais. Alguns países estabeleceram níveis mínimos de impostos e gasto em saúde, enquanto outros atrelaram à saúde impostos sobre bens de luxo ou álcool e tabaco. Alguns poucos países valeram-se de subsídios cruzados do subsistema contributivo para o sistema subsidiado.

A maioria dos países aumentou o financiamento público para os cuidados de saúde em termos absolutos, como proporção do PIB e como proporção das despesas totais em saúde. Cabe destacar que embora a proporção de gastos diretos em geral tenha se reduzido, em termos absolutos este tipo de despesa aumentou. A medida em que as famílias na região se beneficiam de rendas maiores, seu consumo por bens e serviços aumenta e cuidados em saúde parece não ser uma exceção, o que não chega a ser um problema desde que essas famílias não estejam passando por dificuldades financeiras para ter acesso aos serviços de saúde que necessitam. Ainda que nem todas as reformas tivessem como objetivo explícito ampliar a proteção financeira, isto acabou sendo o resultado em muitos países. Este aspecto é tratado em maior detalhe no capítulo seguinte.

Definir (ou não definir) o pacote de benefícios

Nas décadas dos oitenta e noventa na ALC, fez-se um esforço considerável na definição de pacotes de benefícios com intervenções custo-efetivas. Nosso trabalho revela que houve um enfoque bastante pragmático nesse tema nos países estudados. Alguns definem um pacote detalhado de benefícios, enquanto outros adotam um algo mais próximo ao dos países da OCDE, onde se define uma lista positiva em termos amplos, como no caso de Israel e Nova Zelândia, que se concentram na adoção de novas tecnologias nas margens. Uma vez definidos, os pacotes podem ser amplos ou limitados; quando limitados, normalmente se concentram em serviços ambulatoriais, cuidados primários e com frequência começam com serviços para mães e crianças. No entanto, em pelo menos um país, a Jamaica, o programa de subsídios cobre medicamentos para condições que representam a maior parte da carga de doenças.

Os pacotes não são estáticos e tendem a ampliar-se ao longo do tempo para assim cobrir tratamentos e serviços mais complexos que beneficiam grupos maiores da população e respondem às mudanças demográficas e às condições epidemiológicas do país. Embora não tenhamos aprofundado em como se tomam as decisões sobre o que vai ou não vai ser coberto, aparentemente estas decisões se baseiam em uma combinação de fatores como disponibilidade de recursos financeiros, considerações técnicas com relação à efetividade do serviço e custos, nível de demanda pública e opções normativas, assim como a pressão que possam exercer as partes interessadas. O que está claro é que a ausência de processos explícitos e transparentes para determinar a expansão dos benefícios e a adoção de novas tecnologias pode ter implicações importantes e levar a resultados não ótimos. A judicialização do direito a cuidados de saúde para todos na ALC pode ter o efeito adverso de aumentar a desigualdade no acesso, se os mais ricos estiverem em melhores condições para valerem-se de processos legais que obriguem o Estado a prestar os serviços que eles necessitem ou desejem (Iunes, Cubillos-Turriago e Escobar 2012).

Pagamentos e gestão dos prestadores

Poucos países conseguiram lidar a desafiante tarefa de separar por completo as funções de comprador e provedor de serviços, por meio da qual fundos públicos seriam utilizados para comprar serviços de um prestador, seja ele público ou privado, que oferecesse a melhor combinação entre qualidade e preço. Ao realizar a compra, assim como ao definir o pacote de benefícios, a maioria dos países seguiu um rumo bastante pragmático. Em grande medida, os serviços financiados com fundos públicos continuam a ser fornecidos por prestadores também públicos, e em muitos países estes são pagos principalmente por meio do orçamento do governo. No entanto, a maneira como os prestadores são pagos ou geridos tem mudado. Alguns países passaram a pagar os prestadores por capitação (frequentemente com monitoramento de intervenções prioritárias), enquanto outros construíram mecanismos em cima das transferências regulares de orçamento para incentivar resultados, seja com capitação por adscrição de beneficiários ou pagamento por serviço. Os países que têm sistemas descentralizados também utilizam transferências federais baseadas na adscrição de beneficiários, metas de cobertura entre outras metas também dirigidas a reduzir as desigualdades no financiamento ao nível subnacional e promover programas prioritários. Em alguns casos, os fundos transferidos são substanciais, mas nem sempre. Em geral, as reformas aumentaram a autonomia dos prestadores de gerir fundos para programas de expansão de cobertura e melhoraram a prestação de contas ao estabelecer contratos que definem papéis, responsabilidades e resultados esperados.

Priorizando a atenção primária

Muitos países deram prioridade à atenção primária como uma forma de melhorar o acesso dos pobres que não recebiam serviços básicos e ao mesmo tempo conter custos em saúde (a atenção primária é geralmente custo-efetiva ao ajudar a prevenir doenças e condições que mais adiante podem tornar-se mais caras de tratar). Muitos países começaram concentrando-se em serviços maternos e infantis, mas logo expandindo para a prevenção de doenças não-transmissíveis e serviços mais especializados. No entanto, a falta de integração dos diferentes níveis das redes de cuidado de saúde torna-se um empecilho para a prestação de cuidados efetivos. Alguns países têm implementado regulações e políticas para ampliar e fortalecer as redes integradas, embora os esforços em muitos casos ainda sejam incipientes (por exemplo, no Brasil, Colômbia, Costa Rica e Uruguai). Estas iniciativas frequentemente levam a inovações nos sistemas de informação clínica digital e eletrônica (por exemplo eSaúde) que de maneira sistemática coleta, integra e troca informação eletronicamente ao longo do *continuum* do cuidado, facilitando o processo de referência e contra referência. Por exemplo, os registros médicos eletrônicos permitem aos pacientes que idealmente entrem no sistema no nível primário de saúde, sejam acompanhados à medida que acessem cuidados especializados secundários ou terciários e requeiram serviços de diagnósticos não disponíveis em níveis mais baixos. Pesquisas recentes sugerem que a maioria dos países da região estão implementando ou pretendem implementar políticas ou planos de eSaúde (OSILAC 2007; OMS 2006). Por vezes, isto inclui um componente de telesaúde, que envolve a prestação de serviços de saúde utilizando-se tecnologias de informação e comunicação. Alguns países se valem destes programas para contornar restrições de recursos humanos em áreas remotas ou de baixa densidade e também melhorar a qualidade dos cuidados de saúde oferecidos ao nível primário.

Equalizando os subsistemas

A persistência de um sistema de dois estratos (ministérios de saúde financiados por impostos gerais e seguro social de saúde financiado pela folha de pagamento) significa que continuam existindo consideráveis desigualdades no pronto acesso a serviços com qualidade. Os países que já se encontram nos estágios mais avançados da reforma – ou seja, aqueles que têm conseguido altos níveis de cobertura geral – estão começando a executar políticas para harmonizar os benefícios nos diferentes subsistemas, inclusive através da instituição de garantias explícitas. Esta trajetória nas reformas parece indicar que os países tendem primeiro a melhorar o acesso e a qualidade disponível para grandes segmentos da população, incluindo os grupos pobres e vulneráveis e, em seguida, atacar o problema mais difícil que é reduzir as desigualdades nos benefícios disponíveis aos diferentes segmentos da população.

Notas

1. Embora o cubo da OMS não inclua explicitamente qualidade como uma dimensão, consideramos este aspecto essencial a cobertura universal de saúde. Discutimos o ponto até certa medida neste capítulo tratando do tema da cobertura dos benefícios e o capítulo cinco apresenta uma discussão mais aprofundada sobre o tema.

2. Em geral, os países do Caribe não compartilham a mesma história de seguro social de saúde baseado no emprego e, portanto, estas observações sobre segmentação não se aplicam à Jamaica.

3. O termo público refere-se às instalações do ministério de saúde nos níveis nacional e subnacional. Isso exclui instalações que pertencem ao sistema do seguro social de saúde, mesmo que em alguns países tais instalações sejam entidades públicas. A distinção é que o acesso a estas últimas é com frequência restrito aos beneficiários do sistema, enquanto que o acesso às instalações do Ministério é irrestrito.

4. Não se deve fazer inferências sobre mudanças na cobertura de seguro privado no Chile, pois o levantamento de 2003 não coletou dados sobre este indicador.

5. A integração vertical refere-se ao financiamento e à prestação de serviços pela mesma instituição.

6. O assunto do tempo de espera é discutido com mais profundidade no capítulo 5.

7. Só dois países da OCDE ultrapassam esta marca: Nova Zelândia (20,3%) e Suíça (20,6%).

8. Embora não esteja bem documentado, sabe-se que a migração de serviços privados a serviços públicos também ocorre em outros países da região.

Referências

Alcalde-Rabanal, Jacqueline Elizabeth, Oswaldo Lazo-González, and Gustavo Nigenda. 2011. "Sistema de salud de Perú." *Salud Pública de México* 53 (Suppl. 2): 243–54.

Aran, D., and H. Laca. 2011. "Sistema de salud de Uruguay." *Salud Pública de México* 53 (Suppl. 2): 197–207.

Atun, Rifat, Luiz Odorico Monteiro de Andrade, Gisele Almeida, Daniel Cotlear, Tania. Dmytraczenko, Patricia Frenz, Patrícia Garcia, Octavio Gómez-Dantés, Felicia M. Knaul, Carles Muntaner, Juliana Braga de Paula, Felix Rígoli, Pastor Castell-Florit Serrate, and Adam Wagstaff. 2015. "Health-System Reform and Universal Health Coverage in Latin America." Series on Universal Health Coverage in Latin America. *The Lancet* 385: 1230–47.

Baeza, C., and T. Packard. 2006. *Beyond Survival: Protecting Households from Health Shocks in Latin America*. Washington, DC: World Bank.

Becerril-Montekio, Víctor, and Luis López-Dávila. 2011. "Sistema de salud de Guatemala." *Salud Pública de México* 53 (Suppl. 2): 243–54.

Belló, Mariana, and Víctor M. Mecerril-Montekio. 2011. "Sistema de salud de Argentina." *Salud Pública de México* 53: s96–109.

Bitran, Ricardo. 2013. *Explicit Health Guarantees for Chileans: The AUGE Benefits Packages*. UNICO Study Series 21, World Bank, Washington, DC.

Bonilla-Chacín, Maria Eugenia, and Nelly Aguilera. 2013. "The Mexican Social Protection System in Health." UNICO Study Series 1, World Bank, Washington, DC.

Borda, O. 2001. "Comentarios sobre la diversidad de los movimientos sociales." In *Movimientos sociales, Estado y democracia en Colombia*, edited by M. Archila and M. Pardo. Bogota: Universidad Nacional de Colombia.

Busse R., J. Schreyögg, and C. Gericke. 2007. "Analyzing Changes in Health Financing Arrangements in High-Income Countries: A Comprehensive Framework Approach." HNP Discussion Paper, World Bank, Washington, DC.

Carrin G., C. James, and D.B. Evans. 2005. "Achieving Universal Health Coverage: Developing the Health Financing System." Technical Briefs for Policy-Makers, Number 1, WHO/EIP/HSF/PB/05.01, World Health Organization, Geneva.

Cercone, J., E. Pinder, J. P. Jimenez, and R. Briceno. 2010. "Impact of Health Insurance on Access, Use and Health Status in Costa Rica." In *The Impact of Health Insurance in Low- and Middle-Income Countries*, edited by Maria-Luisa Escobar, Charles C. Griffin, and R. Paul Shaw. Washington, DC: Brookings Institution Press.

Chao, Shiyan. 2013. "Jamaica's Effort in Improving Universal Access within Fiscal Constraints." UNICO Study Series 6, World Bank, Washington, DC.

Cortez, Rafael, and Daniela Romero. 2013. "Increasing Utilization of Health Care Services among the Uninsured Population: The Plan Nacer Program." UNICO Study Series 12, World Bank, Washington, DC.

Cotlear, Daniel, Octavio Gómez-Dantés, Felicia Knaul, Rifat Atun, Ivana C. H. C. Barreto, Oscar Cetrángolo, Marcos Cueto, Pedro Francke, Patricia Frenz, Ramiro Guerrero,

Rafael Lozano, Robert Marten, and Rocío Sáenz. 2015. "Overcoming Social Segregation in Health Care in Latin America." Series on Universal Health Coverage in Latin America 2. *The Lancet* 385: 1248–59.

Couttolenc, Bernard, and Tania Dmytraczenko. 2013. "Brazil's Primary Care Strategy." UNICO Study Series 2, World Bank, Washington, DC.

Francke, Pedro. 2013. "Peru's Comprehensive Health Insurance and New Challenges for Universal Coverage." UNICO Study Series 11, World Bank, Washington, DC.

Gómez Dantés, O., S. Sesma, V. M. Becerril, F. M. Knaul, H. Arreola, and J. Frenk. 2011. "The Health System of Mexico." *Salud Pública de México* 53 (Suppl. 2): s220–32.

Gragnolati, Michele, Magnus Lindelow, and Bernard Couttolenc. 2013. *Twenty Years of Health System Reform in Brazil: An Assessment of the Sistema Único de Saúde.* Washington, DC: World Bank.

Iunes R., L. Cubillos-Turriago, and M. L. Escobar. 2012. "Universal Health Coverage and Litigation in Latin America." *En Breve* 178, World Bank, Washington, DC.

Kurowski, Christoph, and Ian Walker. 2010. "Financing for Universal Health Coverage in Latin America and the Caribbean." Background paper, Human Development Department, Latin America and the Caribbean Region, World Bank, Washington, DC.

Kutzin, Joseph. 2001. "A Descriptive Framework for Country-Level Analysis of Health Care Financing Arrangements." *Health Policy* 56: 171–204. http://www.equinetafrica .org/bibl/docs/KUTequity01022007.pdf.

———. 2008. "Health Financing Policy: A Guide for Decision-Makers." Health Financing Policy Paper, Regional Office for Europe of the World Health Organization, Barcelona.

Lao Pena, Christine. 2013. "Improving Access to Health Care Services through the Expansion of Coverage Program (PEC): The Case of Guatemala." UNICO Study Series 19, World Bank, Washington, DC.

Lozano, R., P. Soliz, E. Gakidou, J. Abbot-Klafter, D. M. Feehan, C. Vidal, J. P. Ortiz, and C. J. Murray. 2006. "Benchmarking of Performance of Mexican States with Effective Coverage." *The Lancet* 368: 1729–41.

Ministerio de Salud Pública. *La Construcción del Sistema Nacional Integrado de Salud 2005–2009.* http://www.psico.edu.uy/sites/default/files/cursos/nas_la_construccion.pdf.

Montenegro Torres, Fernando. 2013. "Costa Rica Case Study: Primary Health Care Achievements and Challenges with the Framework of the Social Health Insurance." UNICO Study Series 14, World Bank, Washington, DC.

Montenegro Torres, Fernando, and Oscar Bernal-Acevedo. 2013. "The Subsidized Regime of Colombia's National Health Insurance System." UNICO Study Series 15, World Bank, Washington, DC.

OECD (Organisation for Economic Co-operation and Development). 2000. *A System of Health Accounts.* Paris: OECD.

OSILAC (Observatory for the Information Society in Latin America and the Caribbean). 2007. *Monitoring eLAC2007: Progress and Current State of Development of Latin American and Caribbean Information Societies.* Santiago, Chile: United Nations.

PAHO (Pan American Health Organization). 2014. "Strategy and Plan of Action on eHealth." 51st Directing Council, 63rd Session of the Regional Committee, CD51/13 (Eng.), PAHO, Washington, DC.

Paraje, Guillermo, and Felipe Vásquez. 2012. "Toward Universal Health Coverage: The Case of Chile." World Bank, Washington, DC.

Ribe, Helena, David A. Robalino, and Ian Walker. 2010. *Achieving Effective Social Protection for All in Latin America and the Caribbean: From Right to Reality*. Washington, DC: World Bank.

Savedoff, William, David de Ferranti, Amy L. Smith, and Victoria Fan. 2012. "Political and Economic Aspects of the Transition to Universal Health Coverage." *The Lancet* 380: 924–32.

Schieber, George, and Akiko Maeda. 1999. "Health Care Financing and Delivery in Developing Countries." *Health Affairs* 18 (3): 193–205.

Scott, Ewan, and Karl Theodore. 2013. "Measuring and Explaining Health and Health Care Inequalities in Jamaica, 2004 and 2007." *Pan American Journal of Public Health* 33 (2): 116–21.

Scott, John, and Beatriz Yadira Diaz. 2013. "Health Inequalities in Mexico: 2000–2010." World Bank, Washington, DC.

Sollazzo, Ana, and Rosario Berterretche. 2011. "El Sistema Nacional Integrado de Salud en Uruguay y los desafíos para la Atención Primaria." *Ciência & Saúde-Coletiva* 16 (6): 2829–40.

Tsai, Thomas C. 2010. "Second Chance for Health Reform in Colombia." *The Lancet* 375: 109–10.

WHO (World Health Organization). 2003. *Guide to Producing National Health Accounts: with Special Applications for Low-Income and Middle-Income Countries*. Geneva: WHO.

———. 2005. "Sustainable Health Financing, Universal Coverage and Social Health Insurance." Resolution WHA58.33, Fifty-eighth World Health Assembly, Geneva, May 16–25.

———. 2006. *Building Foundations for eHealth: Progress of Member States: Report of the Global Observatory for eHealth*. Geneva: WHO.

———. 2010. *The World Health Report 2010: Health System Financing—The Path to Universal Coverage*. Geneva: WHO.

World Bank. 2012a. "Republic of Uruguay Integrated National Health System Analysis of the Governability of the SNIS Benefit Plan (PIAS)." Report 80084-UY, World Bank, Washington, DC.

———. 2012b. "World Development Indicators." http://data.worldbank.org/data-catalog /world-development-indicators.

CAPÍTULO 4

O progresso rumo à cobertura universal de saúde na América Latina e no Caribe: resultados, utilização e proteção financeira

Tania Dmytraczenko, Gisele Almeida, Heitor Werneck,
James A. Cercone, Yadira Díaz, Daniel Maceira, Silvia Molina,
Guillermo Paraje, Fernando Ruiz, Flávia Mori Sarti, Ewan Scott,
John Scott, e Martín Valdivia

Resumo

A região tem apresentado um progresso considerável ao implementar esquemas destinados à expansão da Cobertura Universal de Saúde nos últimos 25 anos. Durante o mesmo período têm sido identificadas melhorias mensuráveis na equidade. Os gradientes socioeconômicos estão claramente presentes no estado de saúde, com os pobres tendo claramente piores condições de saúde do que os ricos, ainda que estas desigualdades se mostrem menos acentuadas nos estágios iniciais da vida. Os países alcançaram altos níveis de cobertura de serviços de saúde materna e infantil e, embora tenham reduzido a desigualdade, sua utilização permanece favorável aos ricos. A cobertura de intervenções de doenças não transmissíveis não é tão alta quanto os serviços de saúde materna e infantil, e a utilização dos serviços também privilegia os mais ricos, ainda que estas desigualdades continuem a se estreitar. Os serviços de atenção primária estão em geral distribuídos mais equitativamente em todas as faixas de renda do que a atenção especializada. A prevalência de doenças não transmissíveis não tem diminuído como o esperado considerando a queda da mortalidade em todas as faixas de renda. Maior acesso aos serviços, e consequentemente a diagnósticos, entre indivíduos mais ricos, podem estar ocultando as diferenças na prevalência real entre os grupos nas diferentes faixas de renda. Gastos catastróficas em saúde têm diminuído na maioria dos países, embora o cenário sobre a equidade seja menos claro devido a limitações nas medições.

Introdução

No capítulo anterior vimos diversos caminhos que os países da América Latina e do Caribe têm tomado rumo à cobertura universal de saúde (cobertura universal de saúde). Neste capítulo tentaremos medir o progresso que estes países fizeram em suas trajetórias. Vários estudos avaliaram as reformas na saúde em países específicos (Bitrán, Muñoz e Prieto 2010; Cercone *et al.* 2010; Giedion e Uribe 2009; Gragnolati, Lindelow e Couttolenc 2013). Este capítulo complementa esta literatura ao aplicar métricas comuns para avaliar o progresso em direção à cobertura universal de saúde em todos os países estudados, comparando-os ainda a outros países comprometidos com esforços similares.

Porém, primeiramente devemos identificar medidas quantificáveis e relevantes para avaliar a ampla variabilidade das reformas propostas para avançar rumo à cobertura universal de saúde nos países da América Latina e Caribe. Essas ferramentas de avaliação devem também captar dados específicos de qualquer um destes países, cujas reformas foram desenhadas para resolver determinados desafios nacionais. Contamos com definições propostas da cobertura universal de saúde para identificar indicadores que meçam o progresso ao longo das três dimensões do cubo da Organização Mundial da Saúde (OMS). Estes indicadores podem ser derivados de fontes de dados existentes e disponíveis durante vários períodos de, pelo menos, um subconjunto de países. Em seguida, investigamos as mudanças ao longo das dimensões da cobertura universal de saúde entre grupos socioeconômicos durante um período que abrange as políticas e programas descritos no capítulo anterior. Queremos ver se estão ocorrendo melhorias em todas as faixas de renda. A análise baseia-se em trabalhos anteriores sobre desigualdades relativas à renda termos de condições de saúde e utilização de cuidados de saúde em seis países da América Latina e Caribe (Almeida e Sarti 2013). A análise dos dados originais foi realizada em 9 entre 10 países, cujas políticas de saúde foram revisadas no capítulo anterior.[1] Ampliamos aqui a discussão para incluir outros países da região quando os dados de comparação estivam disponíveis.

Vale a pena destacar que este estudo não tenta estabelecer causalidade entre as reformas e as mudanças observadas. Outros estudos já fizeram isto e as principais descobertas foram resumidas por Giedson, Alfonso e Diaz (2013).

Amplitude da cobertura

Durante a década passada, a maioria dos países viu uma rápida expansão da cobertura da população, principalmente mediante o aumento dos esquemas de seguros subsidiados por impostos dirigidos aos pobres e com serviços geralmente oferecidos pela rede de prestadores públicos. Quando lançados, estes esquemas beneficiaram prioritariamente os mais pobres. Com o aumento da cobertura populacional, a inscrição no esquema subsidiado começou a ficar distribuída mais equitativamente em todas as faixas de renda enquanto os esquemas baseados na cobertura das pessoas empregadas inclinaram-se ainda mais para os mais ricos.

A amplitude é uma da dimensão da cobertura universal de saúde e refere-se à proporção da população coberta por um esquema que compartilha recursos permitindo que os beneficiários acessem serviços de saúde sem incorrer em dificuldades financeiras (OCDE 2004; OMS 2008, 2010). A cobertura obtida por estes esquemas é elevada na região. Alguns países chegam mesmo a alcançar níveis equivalentes aos dos países OCDE (OCDE 2011; figura 4.1). Embora os níveis de cobertura se relacionem fortemente com a renda, existem casos peculiares: por exemplo, a cobertura da população da Colômbia é consideravelmente maior que a do Peru, embora os dois países tenham uma renda per capita parecida, ajustadas às diferenças no poder de compra.

Como discutido no capítulo anterior, os países da região têm implementado diversos modelos de cobertura. A Costa Rica escolheu expandir a cobertura de um único esquema de seguro social de saúde essencialmente contributivo, a *Caja Costarricense de Seguro Social* (CCSS). O Brasil criou um sistema nacional de saúde, o Sistema Único de Saúde (SUS), que substituiu o modelo de seguro social de saúde anterior. A maioria dos países – Argentina, Chile, Colômbia, México, Peru e Uruguai – escolheram manter esquemas contributivos financiados prioritariamente por impostos sobre os salários e ao mesmo tempo criar separadamente esquemas subsidiados a partir de receitas fiscais gerais para dar cobertura aos pobres. Nesse grupo, o Chile, Colômbia e Uruguai alcançaram um alto nível de integração entre os dois subsistemas. Por sua vez, a Guatemala e Jamaica buscaram suplementar o orçamento dos serviços financiados pelo Ministério da Saúde ao invés de criarem esquemas específicos para cobertura

Figura 4.1 Cobertura da população por esquemas com financiamento protegido e PIB per capita (PPA - em dólar internacional ao valor corrente, 2013)

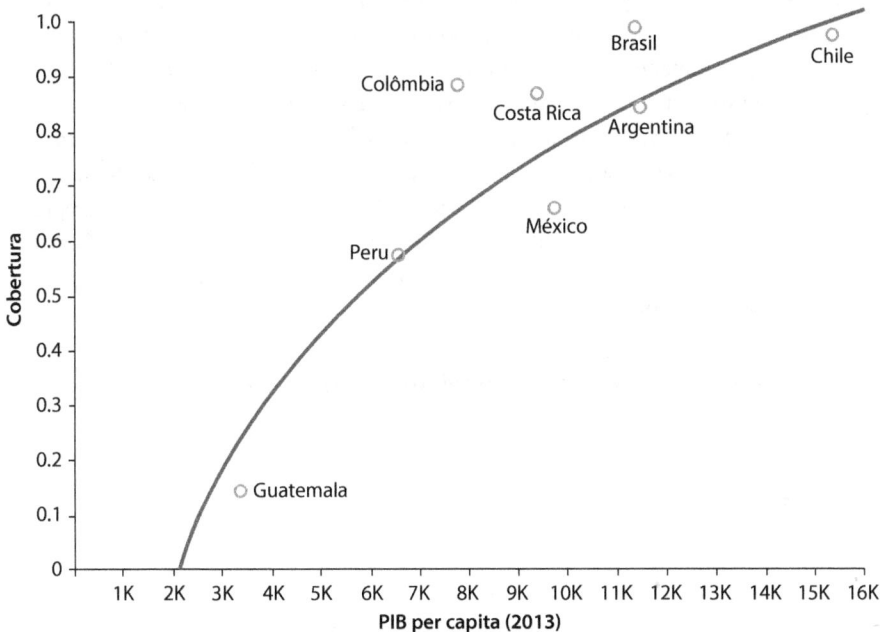

Fontes: Indicadores do Desenvolvimento Mundial e estimativas dos estudos baseados nas seguintes fontes: Argentina – ECV 1997; SUMAR Memorias 1997; PAMI Memorias 2012, EPH 2013, ENGH 2013; Brasil – PNAD 2008; Chile – CASEN 2011; Colômbia – ECV 2010; Costa Rica – ENSA 2006; Guatemala – ENCOVI 2011; México – ENIGH 2010; Peru – ENAHO 2011. *Nota:* O Financiamento protegido refere-se ao nível legal mínimo fixado para ser gasto em saúde, atrelando impostos especificamente para a saúde, ou reservando impostos sobre os salários ou outras contribuições para a saúde. PIB = Produto Interno Bruto.

Rumo a uma cobertura universal de saúde e equidade na América Latina e no Caribe
http://dx.doi.org/10.1596/978-1-4648-0920-0

dos pobres. Na Guatemala, isto significou contratar prestadores privados para oferecer serviços em áreas que não são alcançadas pela rede pública. Já na Jamaica, as taxas sobre os usuários no ponto de utilização foram eliminadas e foi criado um fundo com impostos diretamente atrelados para o seu financiamento para assim subsidiar medicamentos para paciente com doenças não transmissíveis (DNT).

Com exceção do Brasil e Jamaica, o seguro voluntário privado permaneceu baixo e fortemente favorável aos ricos. Praticamente não houve mudanças na proporção da população com este tipo de cobertura (um ou dois pontos percentuais para mais ou para menos), embora o declínio no México e o aumento na Jamaica tenham sido mais expressivos. O crescimento do seguro privado no Brasil ocorreu inteiramente entre os 40% de menor renda, e a proliferação das apólices de prêmios baixos levou a um aperto na regulação para eliminar as apólices de baixa qualidade (quadro 4.1).

Quadro 4.1 Cobertura do seguro privado de saúde no Brasil, 1998–2008

No Brasil, a cobertura do seguro privado voluntário[a] decresceu levemente (cerca de 1,7%) de 1998 a 2008, mas com uma notável diferença entre as faixas de renda (figura B4.1.1). Embora a cobertura do seguro privado esteja positivamente correlacionada com a renda, a participação da população inscrita nos planos privados nos dois quintis de maior renda está diminuindo (uma queda de 5,3% entre 1998 e 2008), enquanto o oposto é observado para os 40% de menor renda (um aumento de 23,3%). O seguro de saúde privado e voluntário no Brasil, particularmente entre os adultos,[b] é obtido principalmente como benefício adicional no emprego (quase três quartos das apólices em 2008 foram baseadas no emprego, segundo os dados da Agência Nacional de Saúde Suplementar); mudanças na cobertura privada são atribuídas em grande medida a mudanças no mercado de trabalho. A drástica diminuição do desemprego, de 12,4% em 2003 para 7,9% em 2008, e o crescimento da proporção do emprego formal de 39,7% para 44% no mesmo período, beneficiou particularmente os mais pobres que eram sobre-representados entre os trabalhadores informais.

Figura B4.1.1 Cobertura do seguro médico privado por quintil

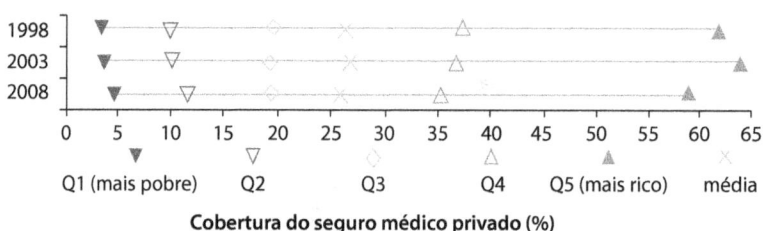

Cobertura do seguro médico privado (%)

Fontes: PNAD 1998, 2003 e 2008.
a. Esta análise exclui planos exclusivamente odontológicos.
b. Esta análise reflete a situação da população adulta. A cobertura do seguro médico privado incluindo crianças é ligeiramente menor, 24% comparado a 26% para a população adulta em 2008.

A adesão ao seguro social de saúde aumentou firmemente na década passada. Na Costa Rica assim como em países com sistemas semi-integrados – um regime subsidiado e um subsistema contributivo composto por um ou mais esquemas – em geral, a cobertura está distribuída mais ou menos equitativamente entre as faixas de renda.[2] Isto pode ser ilustrado pela curva de concentração que representa graficamente a distribuição de uma variável em relação à distribuição dos indivíduos ordenados por uma medida de padrão de vida, neste caso, a renda (Wagstaff *et al.* 2011). Na figura 4.2, a distribuição da cobertura total do seguro de saúde (esquemas contributivos mais subsidiados) praticamente se superpõe à linha de igualdade, o que significa que a distribuição da variável analisada não tem correlação com a medida de padrão de vida; isto é mais evidente em países com um alto nível de cobertura como o Chile e a Colômbia. Esta igualdade é alcançada pela expansão mais veloz do regime subsidiado, que essencialmente se

Figura 4.2 Distribuição da cobertura de seguros sociais de saúde por grupos de renda

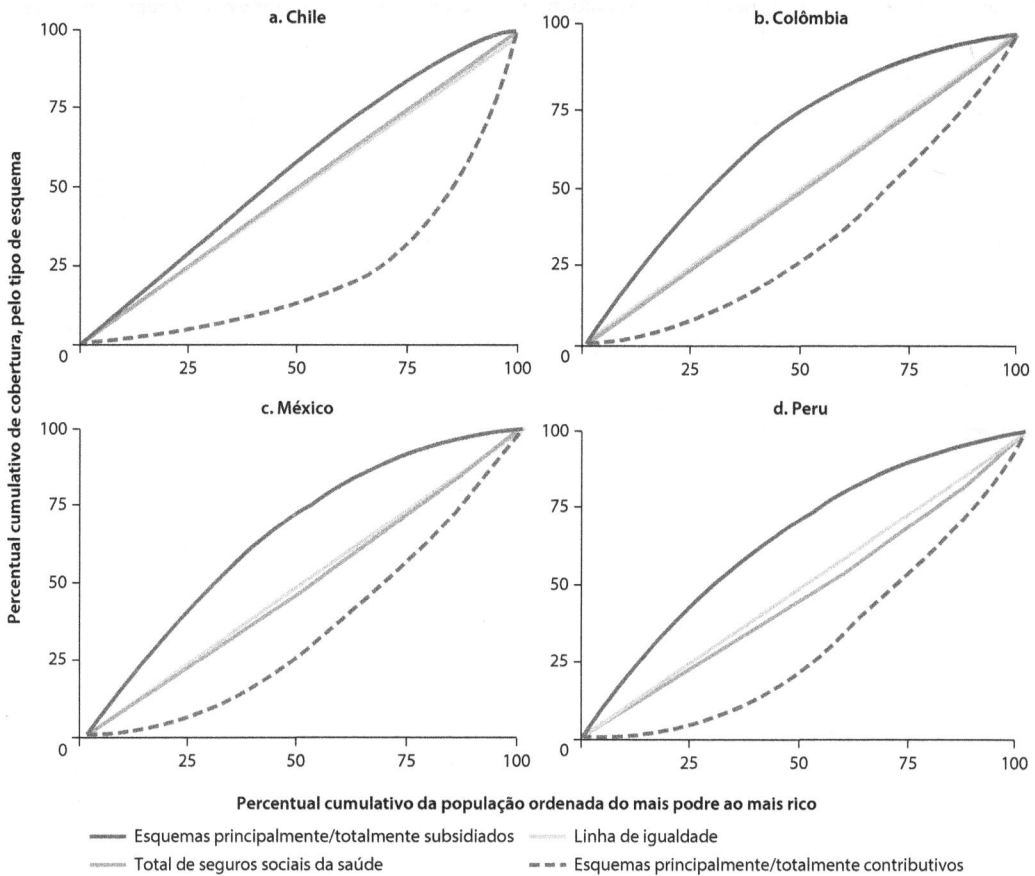

Fontes: Estimativas do estudo baseadas em: Chile – CASEN 2011; Colômbia – ECV 2010; México – ENIGH 2010; Peru – ENAHO 2011.
Nota: Subsidiados: Chile – FONASA; Colômbia – Régimen Subsidiado; México – *Seguro Popular*; Peru – Sistema Integral de Salud. Contributivo: Chile – ISAPRES; Colômbia – Régimen Contributivo; México – IMSS, ISSSTE, PEMEX. O total dos seguros sociais de saúde é a soma dos regimes subsidiados e contributivos.

Rumo a uma cobertura universal de saúde e equidade na América Latina e no Caribe
http://dx.doi.org/10.1596/978-1-4648-0920-0

concentra nos pobres (isto é, a curva de concentração situa-se acima da linha de igualdade) e contrabalança o subsistema contributivo, cujos inscritos tendem a compreender os que têm melhores condições financeiras.

Um padrão interessante emerge na inscrição nos dois esquemas à medida que os esquemas de seguro social de saúde se expandem dentro e entre os países. Nos níveis mais baixos de cobertura geral (por exemplo, Peru em 24%-57%), o regime subsidiado cresceu concentrando-se entre os pobres porque abrange a maioria dos pobres e não segurados. O índice de concentração (medida síntese derivada da curva de concentração, podendo variar entre 1 e -1, sendo positivo quando a variável de interesse se concentra entre os ricos, e negativo quando o oposto ocorre) negativo e em aumento (em valor absoluto) reflete isto (figura 4.3). No Peru e no México, os regimes contributivos também se tornaram menos concentrados nos ricos graças ao crescimento das inscrições da classe média.

Figura 4.3 A tendência da concentração dos subsistemas de seguro social de saúde entre grupos de renda, por níveis de cobertura

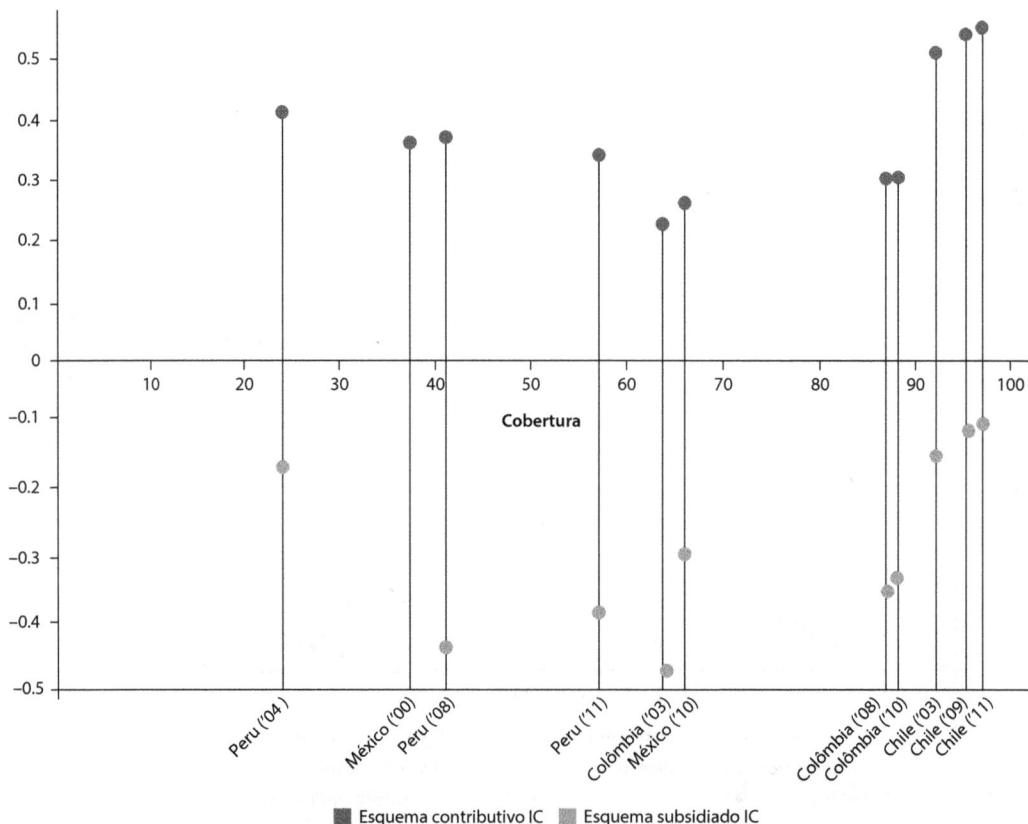

Esquema contributivo IC   Esquema subsidiado IC

Fontes: Estimativas tomadas do Chile – CASEN 2003,2009 e 2011; Colômbia – ECV 2003, 2008 e 2010; México – ENIGH 2000 e 2010; Peru – ENAHO 2004, 2008 e 2011.
Nota: IC = Índice de concentração.

Entretanto, em países com altos níveis de cobertura total, como a Colômbia (64%-88%) e o Chile (92%-97%), está ocorrendo a expansão do crescimento na maioria dos regimes subsidiados. Conforme as inscrições da classe média aumentam nestes regimes subsidiados, eles vão se tornando cada vez menos concentrados entre os pobres. Como ilustrado na figura 4.4, o regime subsidiado expande-se, em parte, por causa da migração dos mais favorecidos do subsistema contributivo a este. Por sua vez, o subsistema contributivo compreende concentrações cada vez maiores de ricos a partir de certo nível de cobertura geral. No Chile, onde foi alcançada cobertura de seguro quase universal, a proporção da

Figura 4.4 Distribuição da população (por quintil) entre os subsistemas de seguros de saúde

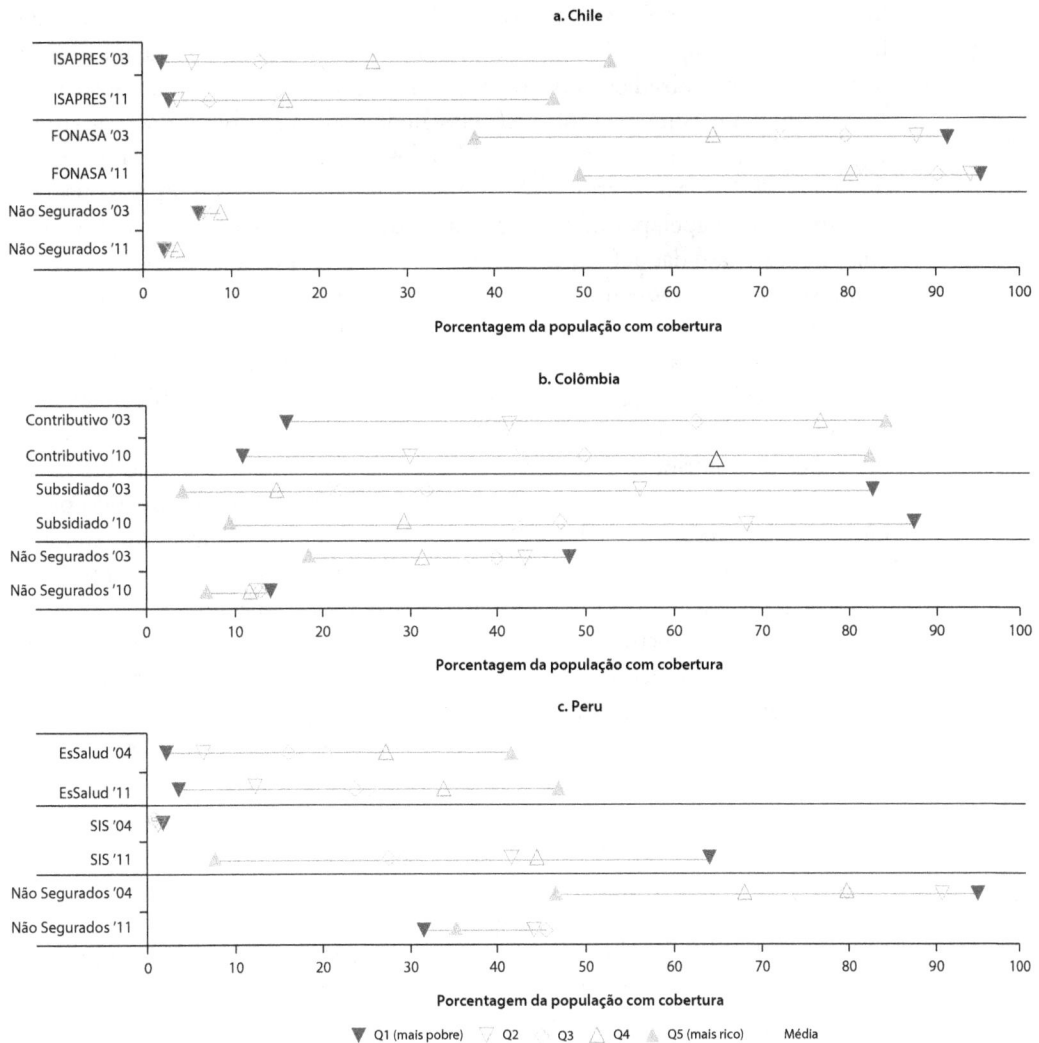

Fontes: Estimativas tomadas do Chile – *CASEN 2003 e 2011*; Colômbia – *ECV 2003 e 2010*; Peru – *ENAHO 2004 e 2011*.
Nota: Não segurados referem-se aos que não estão inscritos em um esquema de seguros formal, mas que podem ter acesso ao sistema público de saúde.

Rumo a uma cobertura universal de saúde e equidade na América Latina e no Caribe
http://dx.doi.org/10.1596/978-1-4648-0920-0

população e o número de pessoas inscritas no esquema contributivo chegou a declinar no período estudado. Conforme a população não assegurada diminui, as sobre-representações dos pobres neste grupo também diminui; no Chile, a situação é o contrário: 4% da população nos dois quintis de maior renda estão sem seguro, comparado com 2% nos demais três quintis.

Estas amplas categorias – segurados/não segurados, contributivo/subsidiado – ocultam uma realidade muito mais sutil. Por exemplo, os regimes subsidiados no México e no Peru, em teoria, permitem que prêmios sejam recolhidos dos que podem pagar, embora na prática isto não esteja ocorrendo. No Chile, mais de um terço do orçamento do regime subsidiado é financiado por contribuições dos afiliados. Da mesma forma, em vários países, os regimes contributivos são até certo ponto subsidiados. Isto acontece na Costa Rica, onde a cobertura da CCSS foi expandida aos pobres e às populações vulneráveis por meio de subsídios financiados por impostos. Também é o caso do México, onde os esquemas contributivos recebem subsídios públicos. Mesmo em países onde algumas pessoas não pertencem a um esquema específico, elas ainda podem receber serviços gratuitos em instalações públicas se forem considerados pobres. Mesmo antes das reformas dos anos 1990, os Ministérios da Saúde na maioria dos países eram responsáveis, pelo menos no papel, por oferecer cuidados de saúde à população. Este foi particularmente o caso daqueles que não estavam cobertos por um seguro baseado no emprego ou outro esquema de seguro ou dos que não podiam pagar assistência privada. E, até hoje, os Ministérios da Saúde continuam a prestar cuidados de saúde aos chamados não segurados. Por exemplo, na Guatemala e no Peru ainda existe uma cobertura substancial por seus Ministérios da Saúde, 70% e 58% respectivamente (ver tabela 5.1 em OPAS 2012). Mesmo os que são segurados sob um esquema contributivo ou privado regressam a hospitais de ensino terciários, que geralmente são instalações públicas financiadas por impostos, quando precisam de assistência altamente especializada e cara. Então na prática, o que mudou?

Esta discussão aponta para as limitações da definição da cobertura universal de saúde de acordo com quem tem direito a determinados programas ou que benefícios as pessoas recebem em teoria. Nas próximas sessões, investigaremos mais profundamente as dimensões da cobertura universal de saúde ao observar: o âmbito (serviços abrangidos) e a profundidade da cobertura (a proporção dos custos diretos efetivamente cobertos; OMS 2008, 2010). Avaliaremos a utilização dos serviços e suas implicações financeiras para além dos direitos *de jure*. Também examinaremos os progressos em saúde e os resultados em todos os grupos populacionais.

Ao longo da análise, cabe perguntar se há ganhos em todos os segmentos populacionais. Este esforço nos leva além das médias da população medida – tal como acontece no monitoramento dos Objetivos de Desenvolvimento do Milênio – para medir como os benefícios são distribuídos entre a população. Nossos métodos para medir as desigualdades na saúde são resumidos nos quadros 4.2 e 4.3. Para comparações entre os países, elegemos usar grupos socioeconômicos medidos por renda ou consumo. Em casos excepcionais, quando os dados da renda e do consumo estiverem indisponíveis, utilizamos um índice de riqueza. Esta é apenas uma das dimensões da equidade. Dependendo do contexto

Quadro 4.2 Resumo da metodologia

Para a análise da cobertura da população e dos serviços e proteção financeira ao longo do tempo, foram examinadas 56 pesquisas domiciliares com representação nacional em nove países: Argentina, Brasil, Chile, Colômbia, Costa Rica, Guatemala, Jamaica, México e Peru (ver tabela 4.2). Além disso, foram incluídos dados da Pesquisa Nacional Sobre Demografia e Saúde (DHS) apresentados nos Relatório de Dados de Equidade em Saúde e Proteção Financeira (Banco Mundial 2012), acrescentando assim variáveis para os países da ALC (América Latina e Caribe) com dados para o período de tempo em estudo (Bolívia, Haiti e República Dominicana).

Para medir o progresso nas três dimensões da cobertura universal de saúde e em resultados de saúde, a mudança no tempo é analisada pela distribuição da população, usando o mesmo conjunto de perguntas para múltiplas variáveis, que são investigadas em dois ou mais pontos no tempo. Dada a heterogeneidade das informações levantadas em todos os países da América Latina e Caribe em termos de tipo, frequência e coleta de dados, é uma tarefa difícil avaliar a cobertura do serviço e proteções financeiras entre os países. Para enfrentar este desafio e garantir resultados confiáveis, tivemos o cuidado de rever e selecionar variáveis que permitissem comparação entre as pesquisas. Também foram empregadas técnicas para ajustar o período de tempo a que se referia a pergunta das pesquisas, além de normalizar as variáveis dicotômicas para os países em estudo.

Nossa metodologia expande e complementa técnicas previamente utilizadas para medir a desigualdade na cobertura de serviços para adultos em países selecionados da ALC (Almeida e Sarti 2013) e está plenamente descrita em O'Donnell e Wagstaff (2008) e Wagstaff *et al.* (2011). O Anexo A fornece mais detalhes sobre a metodologia. Foi utilizado o software ADePT para assegurar a comparabilidade. As comparações de saúde e variáveis utilizadas em dois ou mais países são importantes para a avaliação das políticas públicas relacionadas com a cobertura universal de saúde e seu impacto na equidade. No entanto, diferentes populações e grupos populacionais podem ter diferenças justificáveis em resultados de saúde e utilização de serviços, por exemplo, os idosos têm mais problemas de saúde do que os adolescentes e, portanto, usam com maior frequência os serviços de saúde. Por isso, é necessário padronizar as características responsáveis por variações justificáveis na saúde e na utilização de assistência médica. A idade e o sexo foram utilizados na padronização da maioria das variáveis, com exceção de resultados e serviços pediátricos, maternais e reprodutivos. Além da idade e sexo, as variáveis de utilização de saúde exigem uma padronização das variáveis que descrevem as necessidades porque se espera que os que têm maiores necessidades de saúde utilizem serviços com maior frequência. Para medir as desigualdades, o método requer que se faça a comparação da distribuição observada com a que seria esperada em função da necessidade de saúde. A necessidade de saúde é estimada por medidas de estado de saúde, tais como a autopercepção do estado de saúde (SAA), condições crônicas, limitações físicas e/ou dificuldade com as atividades diárias, quando disponíveis. Os nossos cálculos baseiam-se no método de padronização indireta que é preferível à padronização direta por ser mais precisa para a análise de dados em nível individual e por corrigir a distribuição real da variável de interesse. Isto é feito mediante a comparação da distribuição real com a distribuição que seria observada se os indivíduos tivessem as suas próprias características, mas com os

quadro continua próxima página

Quadro 4.2 Resumo da metodologia *(continuação)*

mesmos efeitos médios das características da variável de interesse como toda a população (Wagstaff *et al.* 2011).

> Para a análise, foram utilizadas medidas que descrevem a desigualdade entre grupos populacionais e entre as categorias extremas. Seus resultados têm características distintas e podem sugerir ações diferentes. As medidas utilizadas incluem índices de concentração, curvas de concentração e distribuições por quintil em suas formas absoluta e relativa (ver quadro 4.3).

Quadro 4.3 Medidas de desigualdade

Medidas	Descrição
Distribuições por quintil	Distribuição da população por uma medida de padrão de vida (renda, consumo ou riqueza) em cinco grupos de 20%, ordenados dos mais pobres (Q1) aos mais ricos (Q5).
	Razão de taxas (Q5 / Q1) é uma medida relativa da desigualdade socioeconômica entre dois extremos, calculada como o valor médio da variável de interesse para os 20% da população com os mais altos padrões de vida (Q5) dividido pela média do valor da mesma variável para os 20% da população com os menores níveis de vida (Q1).
	Diferença de taxa (Q5-Q1) é uma medida absoluta da desigualdade socioeconômica entre dois extremos, calculada como a média da variável de interesse para os 20% da população com os mais altos padrões de vida (Q5) menos a média da variável de interesse para os 20% da população com os menores níveis de vida (Q1).
Curva de concentração	A curva de concentração é uma medida de desigualdade por toda a distribuição da população que projeta a proporção cumulativa da variável de interesse contra a população cumulativa, ordenada por posição socioeconômica (renda, consumo ou riqueza) ou qualquer outra variável que permita ordená-la.
Índice de concentração	O índice de concentração (IC) é uma medida síntese da informação contida na curva de concentração, calculada com o dobro da área entre a curva de concentração e a linha de igualdade. O seu valor varia entre -1 e 1 e é igual a zero quando não há desigualdade. Por convenção, quando a variável de interesse está desproporcionalmente concentrada entre os pobres (os ricos) o valor do IC é negativo (positivo) e quanto maior a desigualdade, maior o IC em termos absolutos. O IC mede a desigualdade relativa, ou seja, a fração cumulativa da variável de interesse. O IC absoluto é obtido multiplicando o IC pela média da população da variável de interesse; ele mede o montante acumulado da variável ou interesse.
Índice de iniquidade horizontal	O índice de iniquidade horizontal (IH) é o índice de concentração padronizado por necessidade, calculado como a diferença entre o índice de concentração da utilização de cuidados de saúde observada e esperada.

do país, para fins de políticas, poderia ser relevante analisar as variações em todo o território nacional, grupos étnicos, gênero, educação ou outros fatores determinantes sociais de saúde. Todos estes devem ser analisados para construir uma imagem abrangente sobre equidade na região (CSDH 2008).

Além disso, argumentamos que uma medida abrangente da cobertura universal de saúde deve compreender áreas como saúde pública e atenção primária, componentes essenciais das políticas de saúde. Como destacado no capítulo anterior, um traço comum entre as reformas na região tem sido uma atenção renovada nas intervenções em saúde pública, visando reduzir a probabilidade das pessoas ficarem doentes, e atenção primária, incluindo serviços preventivos. Nossas medidas de padrão de vida usam classificações para indivíduos e domicílios. A promoção da saúde e intervenções para a prevenção de doenças são geralmente baseadas na população. Por isso, é mais difícil analisar as desigualdades no acesso do que nos serviços pessoais acessados por indivíduos específicos. Propomos, ao invés disso, avaliar mudanças nos comportamentos de risco e nos estilos de vida que tenham impacto direto na saúde e possam ser modificados por meio de políticas de saúde e outras intervenções.

Finalmente, percebemos que os países da região se encontram em diferentes estágios de transições demográficas e epidemiológicas. Tentamos avaliar o progresso ao medir indicadores relevantes para os diferentes estágios do curso de vida e que se relacionam com várias condições de saúde, particularmente com a saúde materna e neonatal, desordens nutricionais, além das doenças transmissíveis e não transmissíveis (tabela 4.1).

Resultados de saúde, fatores de risco e utilização de serviços entre os diferentes segmentos da população

Os primeiros anos de vida

As taxas de mortalidade infantil caíram significativamente, como também as desigualdades entre os grupos de riqueza, embora as taxas permaneçam mais altas entre os pobres. A utilização dos serviços de saúde infantil aumentou, mas ainda é, em geral, concentrada entre os ricos, apesar das desigualdades estarem diminuindo. A prevalência das doenças, concentrada entre os pobres, não se comportou como o esperado, dada a queda na mortalidade. Um melhor acesso aos serviços e consequentemente ao diagnóstico entre os indivíduos mais ricos podem estar ocultando as mudanças na prevalência real.

Tabela 4.1 Indicadores de acordo com a relevância nos estágios de vida

	Primeiros anos de vida	Juventude a meia-idade	Meia-idade em diante
Resultado	Taxa de mortalidade (0 – 5) Infecções respiratórias agudas (IRA) Diarreia Desnutrição crônica	Violência do parceiro íntimo (mulheres) Acidentes de trânsito e lesões	Estado de saúde autoavaliado Asma Depressão Diabetes Doenças Cardíacas
Fator de risco		Consumo de álcool Uso de tabaco (mulheres)	Hipertensão diagnosticada Obesidade
Utilização	Imunização completa Tratamento médico de IRA Tratamento da diarreia (reidratação oral)	Prevalência de uso de anticoncepcional Cuidado pré-natal Parto assistido por profissional habilitado Diagnóstico de câncer do colo do útero	Diagnóstico do câncer de mama
		Visita preventiva Visita curativa Visita ambulatorial Internação hospitalar	
Proteção financeira		Despesas catastróficas de saúde Empobrecimento	

Rumo a uma cobertura universal de saúde e equidade na América Latina e no Caribe
http://dx.doi.org/10.1596/978-1-4648-0920-0

Tabela 4.2 Pesquisas analisadas

País	Pesquisa	Ano
Argentina	Pesquisa Nacional de Fatores de Risco (ENFR)	2005 e 2009
	Pesquisa Nacional de Utilização e Gastos (ENUG)	2003, 2005 e 2010
	Pesquisa Nacional de Gastos Domiciliares (ENGH)	1997 e 2005
Brasil	Pesquisa Nacional de Amostra de Domicílios (PNAD)	1998, 2003 e 2008
	Pesquisa Nacional de Demografia e Saúde da Criança e da Mulher (PNDS)	1996 e 2006
	Pesquisa de Orçamento Familiar (POF)	2003 e 2008
Chile	Pesquisa Nac.de Caracterização Socioeconômica (CASEN)	2003, 2009, e 2011
	Pesquisa Nacional de Saúde (ENS)	2009
	Pesquisa Nac. de Saúde e Qualidade de Vida (ENCAVI)	2006
	Pesquisa de Satisfação e Gastos de Saúde (ESGS)	2006
Colômbia	Pesquisa de Qualidade de Vida (ECV)	2003, 2008, e 2010
	Pesquisa Nacional de Demografia e Saúde (ENDS)	1995, 2000, 2005, e 2010
	Pesquisa Nacional de Nutrição (ENSIN)	2005 e 2010
	Pesquisa Nacional de Saúde (ENS)	2007
Costa Rica	Pesquisa Nac. de Saúde Sexual e Reprodutiva (ENSSR)	1999
	Pesquisa Nacional de Nutrição (ENN)	2008
	Pesquisa Nacional de Saúde (ENSA)	2006
	Pesquisa Nacional de Renda e Gastos (ENIG)	2004 e 2013
Guatemala	Pesquisa Nacional de Saúde Materno-Infantil (ENSMI)	1995, 1998, 2002, e 2008-2009
	Pesquisa Nacional de Condições de Vida (ENCOVI)	2006 e 2011
Jamaica	Pesquisa das Condições de Vida na Jamaica (JSLC)	2004, 2007, e 2009
México	Pesquisa Nacional de Saúde (ENSA)	2000
	Pesquisa Nacional de Saúde e Nutrição (ENSANUT)	2006 e 2012
	Pesquisa Nacional de Renda e Gastos (ENIGH)	2000, 2006, e 2010
Peru	Pesquisa Nacional Sobre Demografia e Saúde (DHS)	1996, 2000, e 2004-08
	Pesquisa Doméstica Nacional (ENAHO)	2004, 2008 e 2012

Nota: Para completar os resultados da DHS–Equity Datasheet, analisamos o DHS do Haiti 2012. Também estimamos o indicador de prevalência de uso de anticoncepcional para todos os países da ALC, utilizando a definição da OMS (http://apps .who.int/gho/indicatorregistry).

Desde 1990, a região teve melhorias substanciais nos seus índices de mortalidade infantil; em 2012, já havia quase alcançado a meta do ODM de reduzir a taxa de mortalidade entre crianças menores de 5 anos em dois terços de 1990 a 2015 (figura 4.5). O progresso na América Latina para este ODM ultrapassou o da maioria das outras regiões (Liu *et al.* 2012; UNICEF *et al.* 2013). Foram observadas melhorias em quase todos os países (as poucas exceções são provavelmente devido à qualidade dos dados), embora tenha havido variações relevantes pela região. Os declínios mais fortes tiveram lugar no Brasil, Peru, Uruguai e El Salvador – dos quais todos cumpriram as metas do ODM antes do previsto; entretanto, o progresso no Caribe, está atrasado.

Figura 4.5 Taxas de mortalidade em menores de 5 anos, 1995–2012

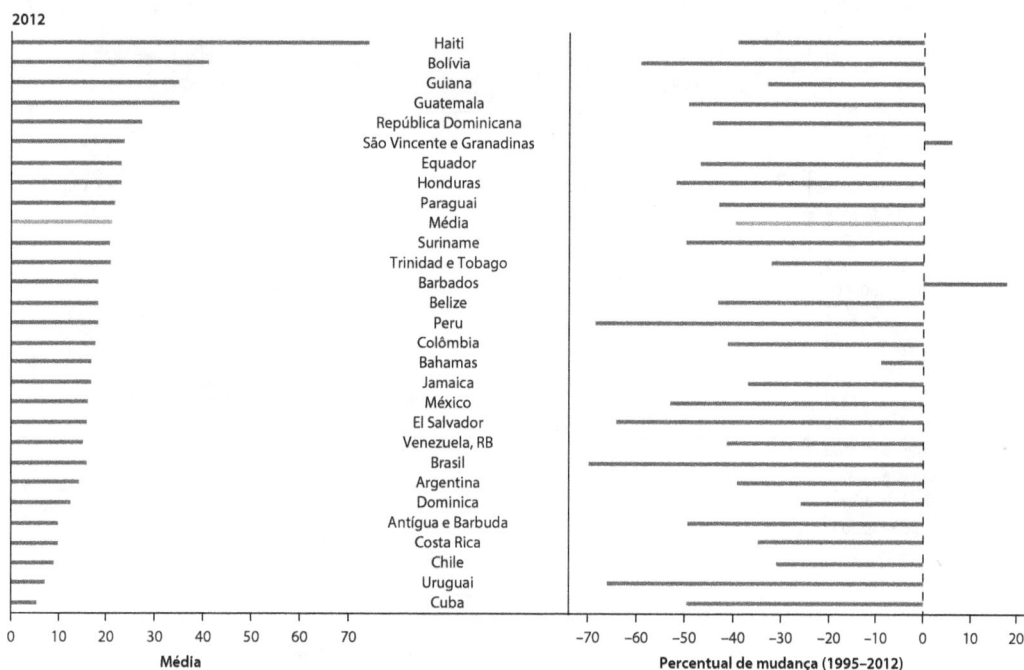

Fonte: UNICEF *et al.* 2013.

Embora as tendências gerais na mortalidade infantil sejam inequivocamente positivas, o cenário é mais variado quando se trata de diferenças nas taxas de mortalidade entre os grupos de riqueza. Hoje em dia, as crianças, independente da distribuição socioeconômica em que se encontrem, tem uma menor probabilidade de morrer do que tinham em 1995, e a diferença entre os mais pobres e os mais ricos reduziu-se em todos os países estudados (figura 4.6). Ainda assim, as crianças mais pobres morrem em índices muito mais altos do que as ricas da mesma idade; a probabilidade das crianças morrerem antes dos cinco anos, no quintil mais pobre, é entre 1,5 e 6 vezes mais alta que as na faixa superior da riqueza. Quer seja medida como a relação simples da taxa de mortalidade no maior e menor quintil ou pelo índice de concentração que explica a distribuição da mortalidade por toda a população, a desigualdade relativa é maior na Guatemala e na Bolívia. Além disso, na Guatemala houve aumento na desigualdade relativa entre 1998 e 2002, o que indica que a queda na taxa de mortalidade infantil nacional foi impulsionada principalmente por melhorias entre os ricos. A Colômbia tem a menor taxa de mortalidade e a distribuição mais equitativa entre os países estudados.

Os dados sobre a mortalidade desagregada por condição socioeconômica são escassos. Este é o caso da América Latina mais do que em outras partes do mundo em desenvolvimento porque os sistemas de dados estatísticos vitais – que geralmente não coletam informações sobre os padrões de vida – estão substituindo

Figura 4.6 Taxas de mortalidade entre menores de 5 anos: médias e distribuições por quintis, 1995–2012 (ou ano mais próximo)

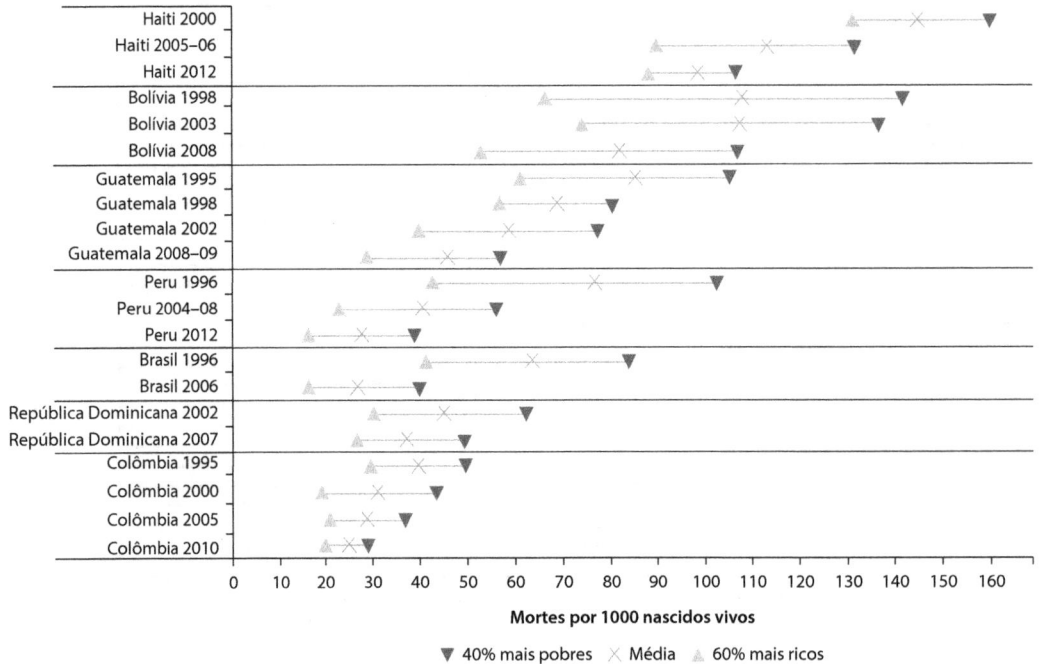

Fonte: DHS–Equity Datasheet, exceto para as estimativas do estudo baseadas em Brasil – PNDS 2006; Guatemala – ENSMI 1998, 2002 e 2008-2009; Haiti – DHS 2012; Peru – DHS 2012.
Nota: Nesta análise se utilizaram quintis por riqueza.

pesquisas ocasionais como a fonte de dados de mortalidade. A análise da equidade é viável quando os sistemas estatísticos vitais registram informações de maneira confiável e com precisão no local sobre a residência (Gonzalez *et al.* 2009). Mas este ainda não é o caso da maioria dos países da América Latina e Caribe, onde os sistemas ainda precisam melhorar. Uma análise das taxas de mortalidade infantil por lugar de residência no México, por exemplo, mostra uma forte correlação entre marginalidade e mortalidade infantil, assim como uma grande diferença (de até dez vezes) nas taxas entre as localidades mais ricas e as mais pobres (figura 4.7).

Doenças da infância

Melhorias na saúde das crianças podem ser atribuídas, em grande parte, à uma redução da carga de doenças associadas à diarreia, infecções respiratórias, meningite e outras doenças infecciosas. Em 1995, estas doenças eram a que mais contribuíam para a perda de vida saudável de crianças menores de cinco anos, respondendo por 41% dos anos de vida ajustados por incapacidade (DALY) na América Latina e Caribe (ALC). Uma década e meia depois, a proporção caiu para 21% (IHME 2010). As reduções de morte por pneumonia, sarampo e

Figura 4.7 Municípios ordenados por taxa de mortalidade infantil e índice de marginalidade—México, 2005

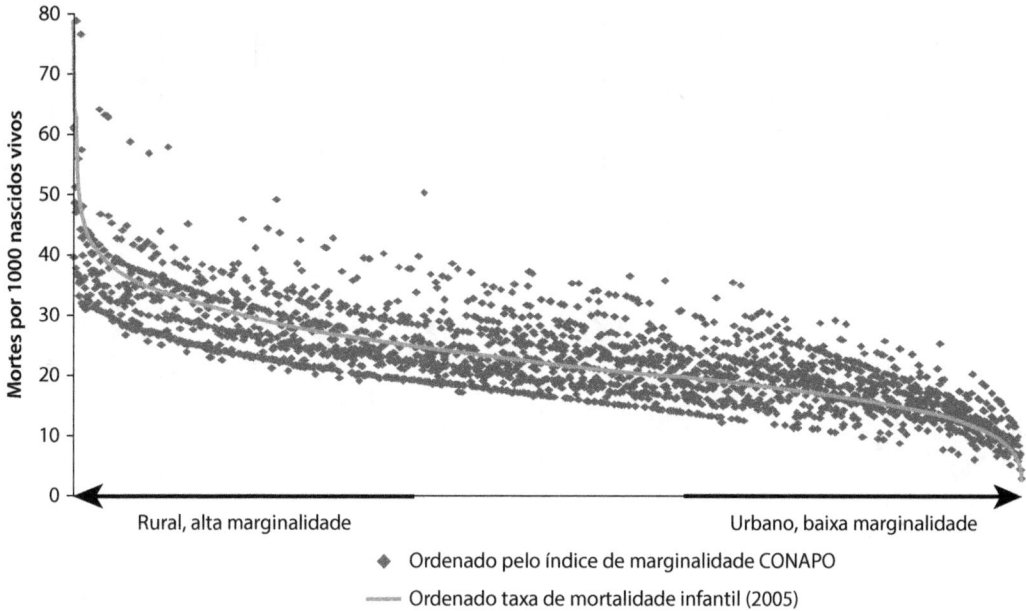

Rural, alta marginalidade   Urbano, baixa marginalidade

◆ Ordenado pelo índice de marginalidade CONAPO

—— Ordenado taxa de mortalidade infantil (2005)

Fonte: Elaborado por John Scott baseado na base de dados Taxa de Mortalidade Infantil Municipal do CONAPO para 2005 (http://www.conapo .gob.mx/es/ CONAPO/Estimacion_de_la_mortalidad_infantil_para_Mexico_las_entidades_federativas_y_los_municipios_2005) e o Índice de Marginalidade para Municípios do CONAPO (CONAPO 2011).

diarreia, foram as que mais contribuíram para diminuição da carga global de doenças em crianças menores de 5 anos. Entre 2000 e 2010, a taxa anual que decresceu mais rapidamente em mortalidade específica nas Américas decorreu da redução da mortalidade neonatal devido a diarreia, tétano e pneumonia. Resultados similares foram observados por causa da redução dos casos de diarreia, meningite, AIDS e pneumonia em crianças menores de cinco anos (Liu *et al.* 2012). No início deste período de 10 anos, a diarreia e a pneumonia representavam a maior carga de doenças. Com a grande queda na mortalidade por diarreia, a pneumonia passou a ser a principal causa de morte em crianças menores de cinco anos (Rudan *et al.* 2008). A figura 4.8 mostra a incidência de diarreia e infecções respiratórias agudas no grupo etário de menores de cinco anos, por quintis socioeconômicos. Uma vez que estas doenças são bastante comuns, não é necessário que a amostra seja ampla nas pesquisas populacionais para coletar dados dissociados por estratos socioeconômicos (comparando, por exemplo, com meningite ou AIDS). A prevalência de infecções respiratórias agudas diminuiu em todos os países, exceto no Haiti (e na República Dominicana, onde o aumento foi marginal) entre 2005 e 2012. Com a queda na mortalidade devido a esta doença, era de se esperar uma queda similar na prevalência de diarreia. Isto, no entanto, não se refletiu nos dados, o que talvez se deva a um melhor acesso aos diagnósticos. Ao contrário das infecções respiratórias agudas, a diarreia não é necessariamente uma condição aguda e, portanto, pode não receber importância e passar despercebida.

Rumo a uma cobertura universal de saúde e equidade na América Latina e no Caribe
http://dx.doi.org/10.1596/978-1-4648-0920-0

Figura 4.8 Prevalência das doenças infantis: médias de distribuições por quintis, 1995–2012 (ou ano mais próximo)

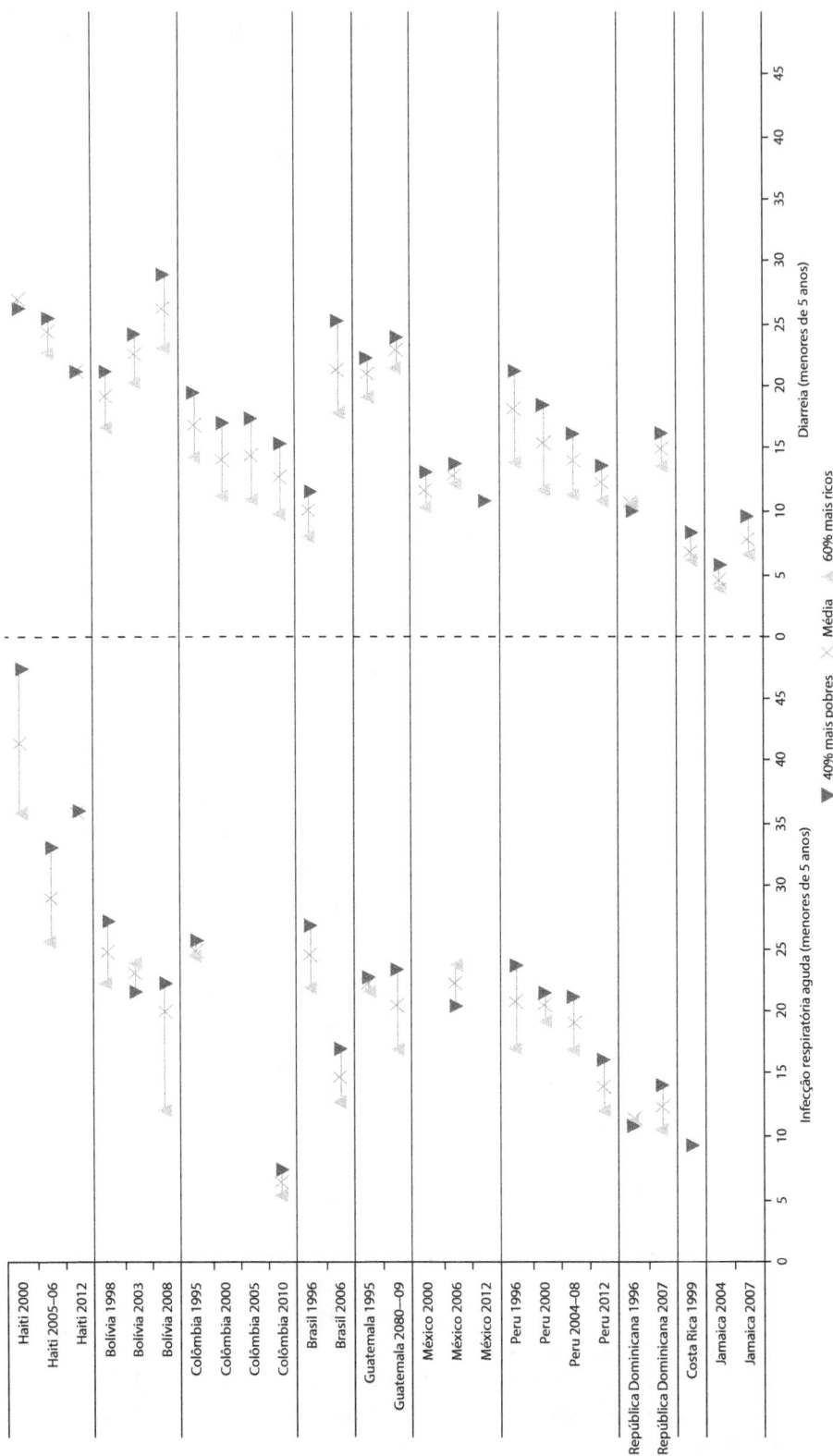

Fontes: DHS– Equity Datasheet, exceto para as estimativas do estudo baseadas em Brasil – PNDS 2006; Costa Rica – ENSSR 1999; Guatemala – ENSMI 2008-09; Haiti – DHS 2012; Jamaica – JSLC 2004 e 2007; México – ENSA 2000, ENSANUT 2006 e 2012; Peru – DHS 2012.

Nota: Nesta análise, foram utilizados quintis por riqueza excetuando nos casos da Jamaica e do México.

Esta discussão destaca um desafio referente aos dados de prevalência: é difícil separar a existência da condição de sua detecção. Mesmo que a condição seja mais prevalente entre os pobres, provavelmente são diagnosticados (e tratados) mais casos entre os de melhor condição econômica. Isto explica porque o gradiente de desigualdade não é tão severo para prevalência de doenças como é para a mortalidade. Ainda assim, os resultados mostrados na figura 4.8 evidenciam que em todos os casos, a diarreia é mais prevalente entre os pobres. A infecção respiratória aguda também é mais prevalente entre os pobres, exceto no México; independentemente da medida usada, a equidade piorou em todos os lugares, exceto no Haiti. Isto pode refletir as melhorias na equidade ao acesso aos cuidados, discutidos a seguir.

Serviços de saúde infantil

Imunização: Vacinar crianças contra a maioria das doenças da infância e prevenir e tratar a diarreia e a pneumonia (além da malária) foram os dois melhores investimentos na saúde baseados no custo evitado por DALY (Laxminarayan e Ashford 2008). A figura 4.9 apresenta dados na cobertura destes serviços desagregados por condição socioeconômica. Perceba as diferenças entre os três indicadores de intervenção de saúde. Há um protocolo claro para imunização básica e um objetivo conhecido: antes dos dois anos de idade todas as crianças devem receber pelo menos uma dose da vacina antituberculosa BCG, três doses da vacina da pólio, três doses da vacina difteria-tétano-pertussis (DTP3), e uma dose da vacina contra sarampo.[3] A reidratação oral também é um tratamento específico para reduzir a desidratação e as mortes por doenças diarreicas. Mas, diferente da vacinação, as doenças alvo não estão totalmente esclarecidas: nem todas as crianças com diarreia precisam de sais de reidratação oral ou uma solução de reidratação caseira. O indicador sobre a porcentagem de crianças que recebe tratamento médico para infecções respiratórias agudas tem um defeito ainda maior porque não indicam se as crianças receberam intervenções efetivas e especificas tais como antibióticos orais e antipiréticos, por exemplo, no caso de pneumonia leve. A cobertura bruta – porcentagem da população com necessidades de saúde (crianças com tosse e respiração rápida) que solicitam tratamento médico – é relatado, mas não descreve se as intervenções são altamente susceptíveis de produzir ganhos na saúde. Esta limitação é comum em muitas medidas de utilização. O conceito de cobertura efetiva (Shengelia *et al.* 2005) e outras métricas que medem a qualidade do serviço, são discutidos com mais detalhes no próximo capítulo.

Com exceção da Jamaica, as taxas de imunização aumentaram na região, embora os níveis permaneçam muito abaixo do objetivo de 100%, particularmente no Haiti e na República Dominicana (45% e 55% respectivamente).[4] Os maiores ganhos foram observados na Bolívia e na Guatemala, que começaram com níveis bastante baixos mas conseguiram igualar os países vizinhos. Embora as taxas de imunização sejam geralmente mais altas entre os mais ricos, alguns países, como a Bolívia, a Colômbia e o México, reduziram as desigualdades ao aumentar as taxas entre os pobres. A queda nas taxas de vacinação entre os muito ricos na Colômbia e no México é inquietante,[5] especialmente se por acaso estiver

Figura 4.9 Imunização completa, tratamento médico de infecções respiratórias agudas e tratamento de diarreia: médias e distribuições por quintil, 1995–2012 (ou ano mais próximo)

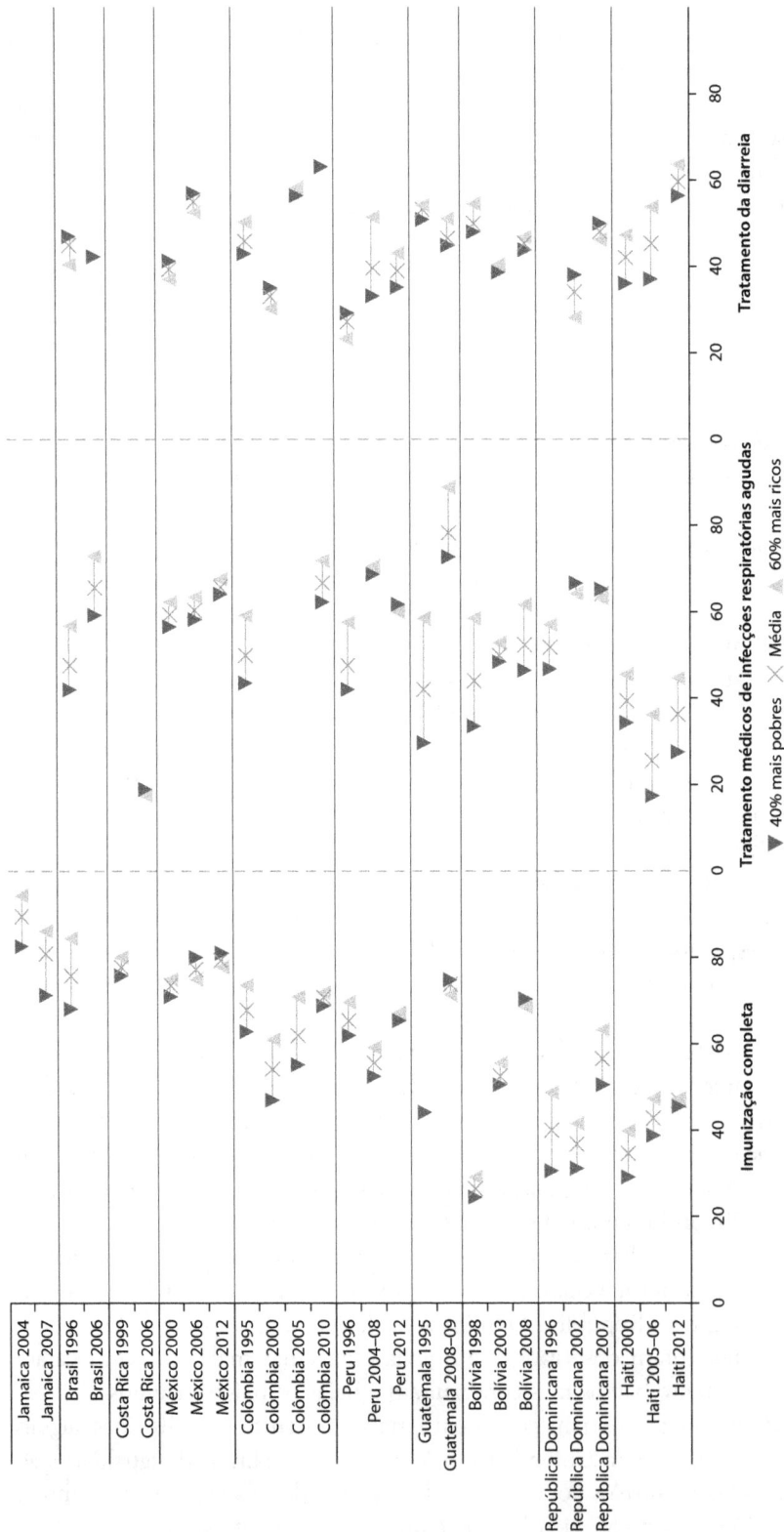

▼ 40% mais pobres   ✕ Média   ▲ 60% mais ricos

Fontes: DHS-Equity Datasheet, exceto para as estimativas do estudo baseadas em Brasil – PNDS 2006; Costa Rica—ENSSR 1999, Guatemala—ENSMI 2008–09; Haiti—DHS 2012; Jamaica—JSLC 2004 e 2007; México—ENSA 2000, ENSANUT 2006 e 2012; Peru—DHS 2012.

Note: Nesta análise se utilizaram quintis por riqueza, excetuando os casos da Jamaica e México.

demonstrando uma reação contra as vacinas, como as que são observadas na Europa e nos Estados Unidos e que levam a surtos de doenças (Omer *et al.* 2009). A desigualdade relativa tem diminuído, seja entre as distribuições totais ou entre os mais pobres e os mais ricos. A Jamaica é uma exceção: a distribuição tem piorado e a diferença entre as camadas inferiores e superiores da população tem crescido.

Tratamento de infecções respiratórias agudas: Os cuidados de saúde têm aumentado para infecções respiratórias agudas. A maioria dos países possui taxas acima de 60%, exceto o Haiti e Peru. As taxas no Haiti permanecem abaixo dos 40%, embora a média entre a população aumenta pouco a pouco. No Peru, os avanços feitos desde meados dos anos 1990 foram revertidos parcialmente. Embora as desigualdades tenham diminuído, os serviços em geral favorecem os ricos, seja medindo-se em termos relativos ou absolutos, entre os extremos socioeconômicos ou entre a distribuição de toda população.

Tratamento da diarreia: Uma imagem mais variada emerge com o tratamento da diarreia. Assim como a imunização e o tratamento de infecções respiratórias, as taxas de utilização (sais de reidratação oral e soluções caseiras) vêm aumentando, exceto na Bolívia e Guatemala. Comparando com os serviços prestados por profissionais de saúde, o uso de tratamentos de reidratação está concentrado entre os mais ricos em alguns países (Bolívia, Guatemala, Haiti e Peru), enquanto a situação é inversa no Brasil, República Dominicana e México. As desigualdades geralmente são pequenas, embora a Guatemala tenha tido um aumento considerável na taxa absoluta da diferença entre os mais pobres e os mais ricos na sociedade.

Melhorias na saúde infantil foram resultado de campanhas maciças de saúde pública e programas verticais para imunizações e reidratação oral, assim como outras intervenções como a monitoramento do crescimento e do aleitamento materno (Jimenez e Romero 2007; Richardson *et al.* 2010; Victora *et al.* 2011). Estes programas foram impulsionados nos anos 1980, mas gradativamente foram sendo substituídos por programas de fortalecimento de atenção primária nos anos 1990 e 2000, os quais também foram efetivos em melhorar os resultados de saúde das crianças, especialmente entre os segmentos mais pobres da sociedade (Macinko *et al.* 2006; Rasella, Aquino e Barreto 2010). Além de intervenções diretas de saúde, outros fatores conhecidos por contribuir para melhorar os resultados de saúde infantil incluem a educação, particularmente das mães (Gakidou *et al.* 2010) e saneamento (Fink, Günther e Hill 2011); a região realizou melhorias significativas nestes dois fatores. Fink e seus colegas contataram que o acesso a um melhor saneamento afetou não só a mortalidade, mas também a diarreia e desnutrição crônica leve ou severa. As deficiências nutricionais não estão entre os principais contribuintes na carga de doenças na região (representam aproximadamente 7% da carga global) e as taxas de desnutrição crônica são geralmente baixas. No entanto, alguns países, particularmente da América Central e região Andina, reportaram taxas relativamente altas de desnutrição crônica. Está claro na figura 4.10 que os resultados negativos estão forte e negativamente correlacionados com a

Figura 4.10 Desnutrição crônica: médias e distribuições por quintil, 1995–2010 (ou ano mais próximo)

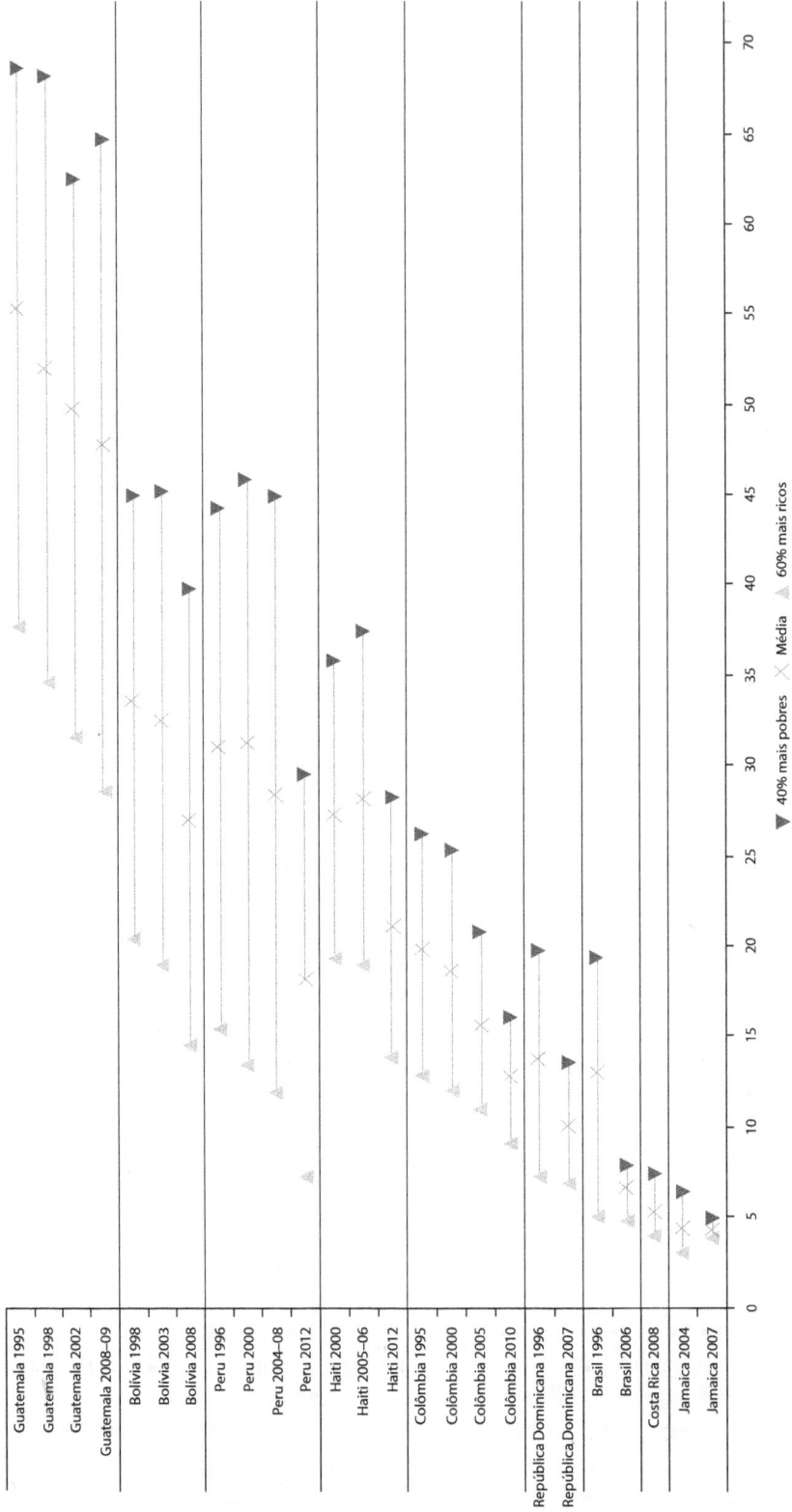

Fontes: DHS–Equity Datasheet, exceto para as estimativas do estudo baseadas em Brasil – PNDS 2006; Costa Rica — ENANU 2008; Guatemala — ENSMI 1998, 2002, e 2008–09; Haiti — DHS 2012; Jamaica — JSLC 2004 e 2007; Peru — DHS 2012.

Nota: Nesta análise, se utilizaram quintis por riqueza, excetuando a Jamaica

riqueza e que as desigualdades não têm diminuído uniformemente. De fato, as desigualdades permanecem altas precisamente em alguns dos países mais afetados pela desnutrição (Bolívia, Guatemala, Peru e Haiti), ao passo que os países que apresentaram grandes avanços nos níveis nacionais de desnutrição crônica (Brasil, Colômbia, República Dominicana) o fizeram ao reduzir a desnutrição entre os segmentos mais pobres de suas populações.

Como visto no capítulo 2, vários países da ALC expandiram seus serviços de proteção social, especificamente, programas que fazem transferências de renda a famílias pobres condicionadas ao uso dos serviços de educação e saúde (Brasil, Chile, Colômbia, Jamaica e México). A evidência é variada quanto ao impacto das transferências de renda condicionadas nos resultados da saúde infantil, mas há alguns resultados positivos. O programa mexicano *Oportunidades* demostrou uma redução na mortalidade infantil, uma redução na incidência de doenças e um aumento da estatura por idade em alguns grupos etários; o programa colombiano *Familias en Acción* também demostrou um impacto na estatura por idade em crianças menores de dois anos e reduziu a incidência de diarreia em áreas rurais. (Fiszbein, Schady e Ferreira 2009).

Da juventude à meia-idade

As pesquisas analisadas são instrumentos fracos para rastrear os resultados de saúde e fatores de risco associados com as principais causas de lesões e problemas de saúde entre os adultos jovens (violência, acidentes de trânsito, uso de álcool e tabaco), as exceções são as pesquisas de saúde reprodutiva, as quais mostram melhorias nos níveis de assistência e um uso equitativo dos serviços. As desigualdades são menores em serviços que são menos dependentes do bom funcionamento dos sistemas de saúde.

Adolescentes e adultos jovens são um grupo vulnerável na região. De fato, homens de 15 a 19 anos foram o único grupo em que a mortalidade aumentou (1%) de 1990 a 2010 (OPAS 2012); isto em uma região que houve um aumento de 6 anos nos resultados gerais de expectativa de vida no mesmo período (IHME e Banco Mundial 2013). Acidentes e lesões foram as principais causas de mortalidade no grupo entre 15-24 anos de idade, contabilizando 57% de todas as mortes, comparado com menos de 7% na população geral. Os homicídios representam 30% das mortes entre os adolescentes e adultos jovens, seguidos de acidentes de trânsito (18%). Complicações relacionadas com a gravidez são a terceira mais importante causa de morte de mulheres jovens (7%). Nesta seção, revisaremos as distribuições entre os grupos socioeconômicos de resultados de saúde e fatores de risco associados com as principais causas de morte entre os adultos jovens; sempre que possível, apresentaremos evidências relacionadas com os serviços de saúde.

Acidentes e lesões

Violência: A violência é comum na região, na qual estão 42 das 50 cidades com as maiores taxas de homicídio do mundo (*Seguridad, Justicia y Paz* 2013). A violência é frequente em áreas pobres e marginalizadas do centro urbano e concentrada na parte inferior do gradiente social, definida pela alfabetização adulta (OPAS 2012). Em comparação, a violência entre parceiros íntimos afeta os quintis médios de riqueza, onde as mulheres tendem a ter uma melhor educação e oportunidades de trabalho fora de casa do que as nos quintis mais baixos (figura 4.11); mulheres que desafiam os papeis de gênero tradicionais estão em maior risco de sofrer violência doméstica (Bott *et al.* 2012). A prevalência de violência entre parceiros íntimos nos últimos 12 meses é maior entre mulheres com idades entre 15 e 19 anos.

Acidentes de trânsito: As pesquisas sobre acidentes de trânsito nas regiões são tão heterogêneas que é difícil fazer comparações entre os países. Apenas pesquisas do México (2006, 2012) e da Jamaica perguntam se a lesão é resultado de um acidente de trânsito, e o índice de concentração só é estatisticamente significante no México (ver Anexo C), onde tanto os acidentes como lesões de trânsito estão mais concentrados entre os mais favorecidos (para acidentes: CI 2006 = 0.1546 e CI 2012 = 0.1001; lesões: CI 2000 = 0.1246). Acidentes no Brasil também estão relacionados positivamente com a renda (CI 2008 = 0.2027). As taxas de mortalidade ajustadas segundo a idade mostram, entretanto, que homens no espectro inferior do gradiente de alfabetização, tem um maior risco de morrer de acidentes de trânsito (OPAS 2012); uma possível explicação, mas que ainda carece de investigação adicional, é que a falta de acesso ao atendimento de emergência de qualidade pode contribuir para a alta mortalidade entre os pobres, mesmo que eles tenham menos acidentes de trânsito e sofram menos lesões. Em geral, as pesquisas analisadas não perguntam sobre o atendimento de emergência.

Fatores de risco
Consumo de álcool: Certos comportamentos, como o consumo de álcool, expõem os jovens a maior risco de lesões. Adolescentes que bebem e dirigem têm um risco ainda maior de estarem envolvidos em acidentes de trânsito do que adultos mais velhos, e a maioria dos acidentes automobilísticos relacionados com o álcool ocorrem com motoristas em idades entre 16-24 anos (Conselhos de Assuntos Científicos 1986; Mayhew *et al.* 1986). Globalmente, 9% de todas as mortes entre 15-29 anos estão relacionadas ao álcool, comparado com 4% na população geral (OMS 2011). A falta de padronização dificulta a comparação entre os países referentes a um dos principais fatores de risco de mortes prematuras e incapacidade na região — classificados em quarto lugar na região como um todo, mas em primeiro lugar na sub-região andina e em segundo lugar na América Central (IHME e Banco Mundial 2013). As pesquisas domiciliares analisadas para este estudo são uma fonte pobre neste tema. Há uma grande variação em como as questões são formuladas. Por exemplo, algumas pesquisas perguntam se o entrevistado "já consumiu álcool alguma vez" (Argentina, Costa Rica), "consumiu nos últimos 12 meses" (Costa Rica), tem algum parente que "consome em excesso" (Chile), ou quanto foi "consumido na última vez que bebeu" (Guatemala). Outra deficiência das pesquisas que analisamos é que captam o consumo de álcool em adultos maiores de 18 anos, deixando escapar adolescentes que estão

Figura 4.11 Gradiente da prevalência de violência entre parceiros íntimos nos últimos 12 meses, 2009 (ou ano mais próximo)

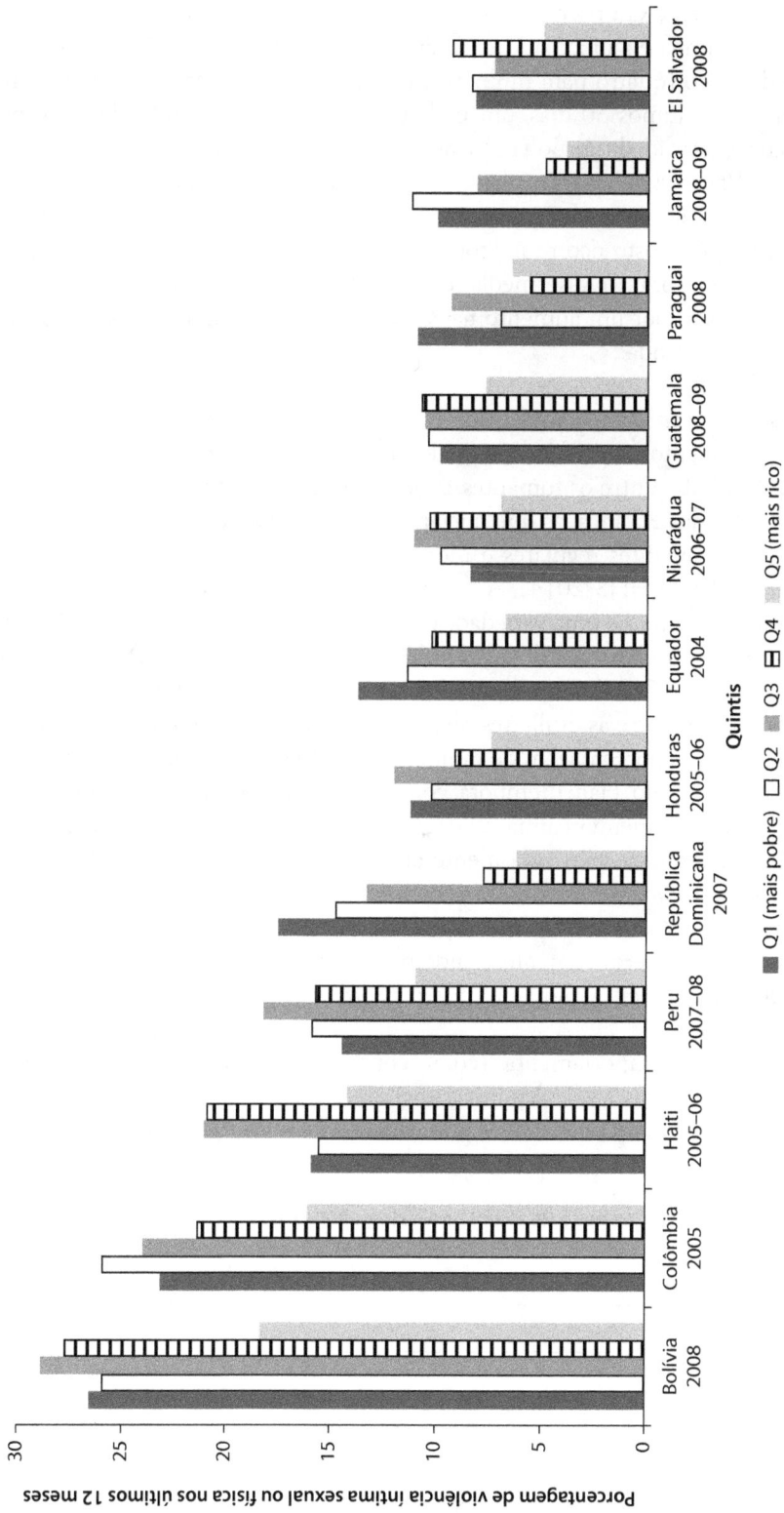

Porcentagem de violência íntima sexual ou física nos últimos 12 meses

Quintis

■ Q1 (mais pobre) □ Q2 ▨ Q3 ⊞ Q4 ▨ Q5 (mais rico)

Bolívia 2008 · Colômbia 2005 · Haiti 2005–06 · Peru 2007–08 · República Dominicana 2007 · Honduras 2005–06 · Equador 2004 · Nicarágua 2006–07 · Guatemala 2008–09 · Paraguai 2008 · Jamaica 2008–09 · El Salvador 2008

Fonte: Cálculos do Banco Mundial baseados nos dados de Bott et al. 2012.

particularmente em risco de acidentes e violência relacionados ao álcool. A pesquisa mexicana é a única que, a partir de 2006, define um limite padrão específico de cinco (quatro para mulheres) ou mais drinques consumidos em um dia durante os últimos 30 dias, um padrão de consumo que pode elevar os níveis de concentração de álcool no sangue a 0,08% ou mais (http://www.cdc.gov/alcohol/faqs.htm#heavyDrinking) (figura 4.12). Curiosamente, a mudança na formulação das perguntas, revelam que enquanto beber é mais prevalente entre os pobres, o oposto ocorre no consumo excessivo. A quantidade de bebida não varia muito para a classe média; o aumento das taxas entre 2006 e 2012 foi impulsionado por um aumento nas extremidades mais alta e mais baixa da distribuição de renda.

Consumo de tabaco: A juventude também é mais susceptível a certo tipo de comportamento, como fumar, o qual é um fator de risco para desenvolver DNTs na vida adulta. Entre os fumantes, 90% adquiriram o hábito antes dos 18 anos, e 98% antes dos 26 anos; os que iniciaram o hábito mais cedo são mais propensos a virarem fumantes regulares e menos propensos a deixar o hábito (Breslau e Peterson 1996; HHS 2014). A evidencia é suficiente para inferir uma relação causal entre fumar e uma variedade de DNT, incluindo câncer de pulmão, fígado, colorretal, entre outros, e doenças pulmonares obstrutivas, diabetes e artrite reumatoide (HHS 2014). As pesquisas que investigamos têm uma melhor cobertura do tabagismo entre as mulheres que entre os homens. A figura 4.13 mostra uma diminuição na porcentagem de mulheres que são fumantes atualmente na região (com exceção do Haiti), embora comparado com outras regiões, os países da ALC ainda apresentem uma alta taxa de mulheres fumantes (Bonilla-Chacín 2014); as taxas são particularmente altas nos países do Cone Sul. Uma similar tendência declinante é vista entre os homens, embora suas taxas de tabagismo sejam mais altas. A análise da equidade, entretanto, revela uma diferença de gênero: as mulheres fumantes tendem a ser ricas (exceto no Brasil, República Dominicana e Haiti), enquanto que o hábito de fumar é mais comum entre os homens pobres.

Quer seja comportamental (como consumo de álcool e tabaco) ou ambiental (como estradas e veículos inseguros), os fatores de risco precisam ser abordados com intervenções ao nível populacional que vão além do setor da saúde.

Figura 4.12 Consumo de álcool no México, 2000–2012

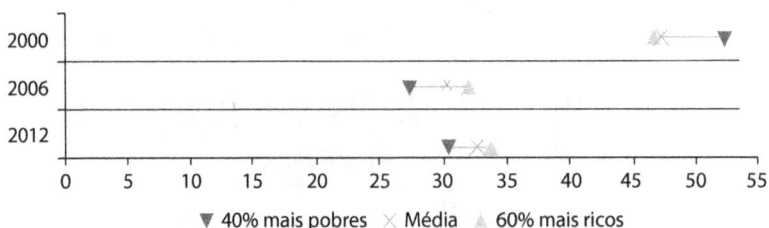

▼ 40% mais pobres ✕ Média ▲ 60% mais ricos

Fontes: Estimativas próprias baseadas em ENSA 2000, ENSANUT 2006 e 2012.

Figura 4.13 Consumo de cigarro em mulheres entre 15 e 49 anos: médias e distribuições por quintil, 2000–2012 (ou ano mais próximo)

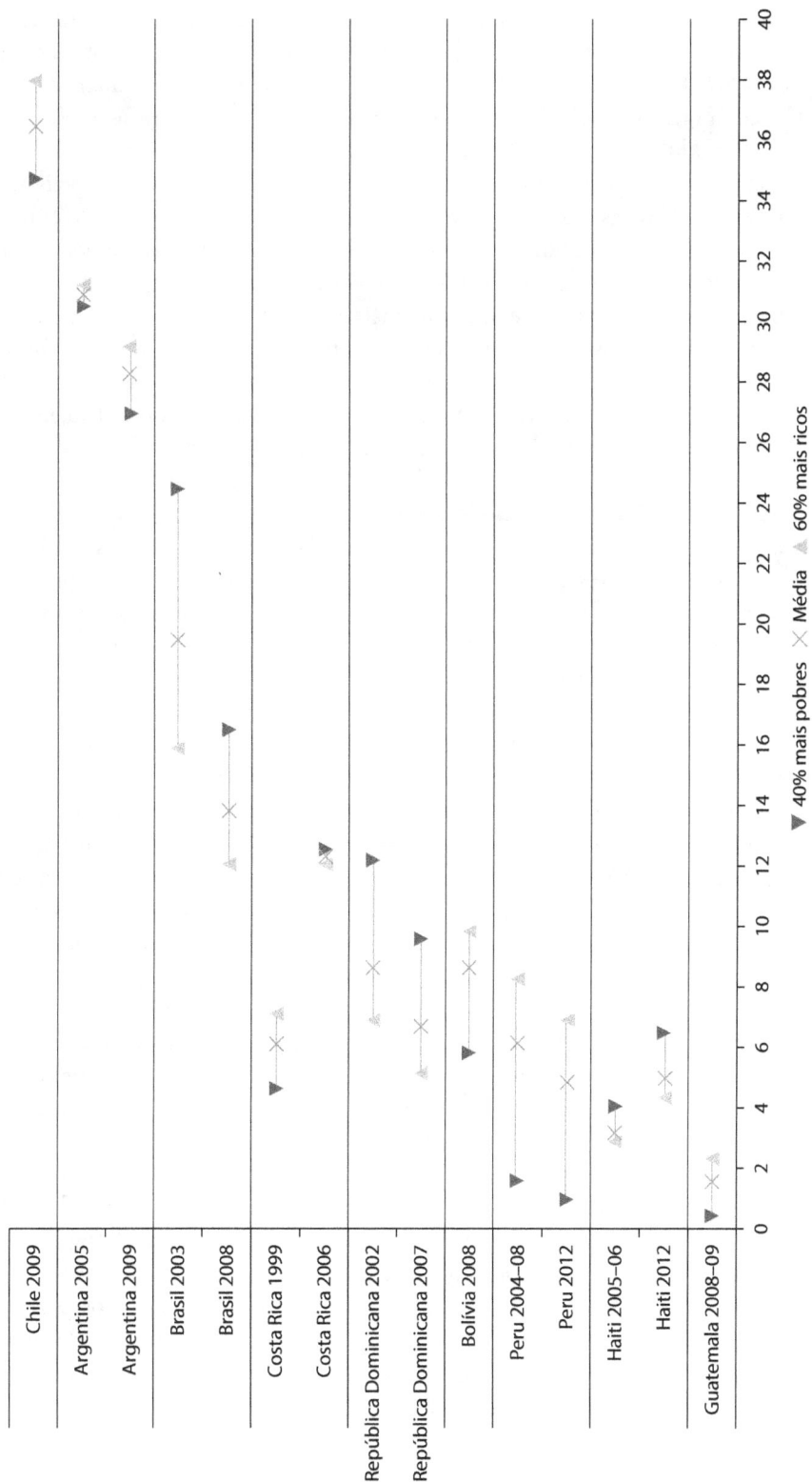

▼ 40% mais pobres ✕ Média ▲ 60% mais ricos

Fontes: DHS-Equity Datasheet, exceto para as estimativas do estudo baseadas em Argentina — ENFR 2005 e 2009; Brasil — WHS 2003, PNAD 2008; Chile — ENS 2009; Costa Rica — ENSSR 1999, ENSA 2006; Guatemala — ENSMI 2008–09; Haiti — ENS 2012; Peru — DHS 2012.

Nota: Nesta análise se utilizaram quintis por riqueza excetuando na Argentina e no Chile (quintis de renda). A faixa etária foi de mulheres entre 18 e 49 para o Brasil, Chile, e Costa Rica devido a faixa etária da amostra do levantamento populacional.

Estas intervenções incluem impostos, legislação, regulação e acesso a melhores informações (Jamison *et al.* 2013). Vários países da região implementaram medidas preventivas multissetoriais efetivas, particularmente para reduzir o uso do tabaco (Bonilla-Chacín 2014). O hábito de fumar tornou-se menos frequente entre os adultos, o que significa que estas políticas estão funcionando. Assim como com o consumo do álcool, as intervenções sobre o tabaco precisam ser dirigidas aos jovens e adultos jovens. É alarmante, por exemplo, que o consumo de cigarro entre adolescentes de 13 a 15 anos de idade tenha aumentado no Brasil e em seis países do Caribe, incluindo a Jamaica, entre 2008 e 2010 (Bonilla-Chacín 2014). Políticas que visam os mais jovens precisam ser monitoradas. As pesquisas que analisamos são instrumentos inadequados para rastrear resultados de saúde e fatores de risco entre os jovens, porque em geral as perguntas captam apenas respostas de maiores de 18 anos; pesquisas de saúde reprodutiva, na maioria das vezes, cobrem mulheres entre 15 a 49 anos de idade.

Serviços de saúde reprodutiva e materna

Como observado anteriormente, as complicações relacionadas com a gravidez são uma das três maiores causas de mortalidade e a maior causa clínica (excluindo lesões e acidentes) em mulheres nos grupos entre 15 e 34 anos, em todos os países da ALC. A mortalidade materna é, no entanto, um evento raro, sendo difícil avaliar diferenciais de mortalidade entre um gradiente de riqueza ou renda construídos com dados de inquéritos populacionais pelo fato de que seria necessária uma amostra muito grande. A análise da mortalidade materna por anos de escolaridade (uma medida de desigualdade social usada regularmente que se relaciona fortemente com a renda e pobreza e para a qual a informação geralmente está disponível nos atestados de óbito) revela uma forte associação negativa. Em 1990, o quintil populacional com menores níveis educacionais, representaram mais da metade das mortes maternas nas Américas. Esta parcela caiu 35% até 2010, mas ainda é três vezes maior que o número de mortes ocorridas nos grupos com maiores níveis de educação (OPAS 2012).

Prevalência anticoncepcional, cuidados pré-natais e parto: O uso de contraceptivos, cuidados pré-natais e partos por uma parteira qualificada são todos considerados melhores investimentos de intervenção para reduzir a carga de doenças associadas com a gravidez; também melhoram os resultados de saúde neonatal (Jamison *et al.* 2006). A região geralmente tem alcançado altos níveis de cobertura entre estes serviços, embora o Haiti, a Guatemala e a Bolívia – os países mais pobres estudados – fiquem para trás de seus países vizinhos mais ricos (figura 4.14). Embora ainda favoreça aos ricos, os serviços de saúde reprodutiva estão tornando-se mais equitativos. A Colômbia e o Peru tiveram os maiores ganhos, particularmente, em serviços maternos. É notável que mulheres na extremidade superior da distribuição de renda já tinham alcançado altos níveis de cobertura; o aumento nas médias nacionais foi alcançado ao expandir a cobertura aos 40% mais pobres da população. Também é notável que: as desigualdades sejam mais amplas nos casos de parto – um serviço hospitalar – do que para cuidados pré-natais, que são

Figura 4.14 **Serviços de saúde reprodutiva e materna: médias e distribuições por quintil, 1995–2012 (ou ano mais próximo)**

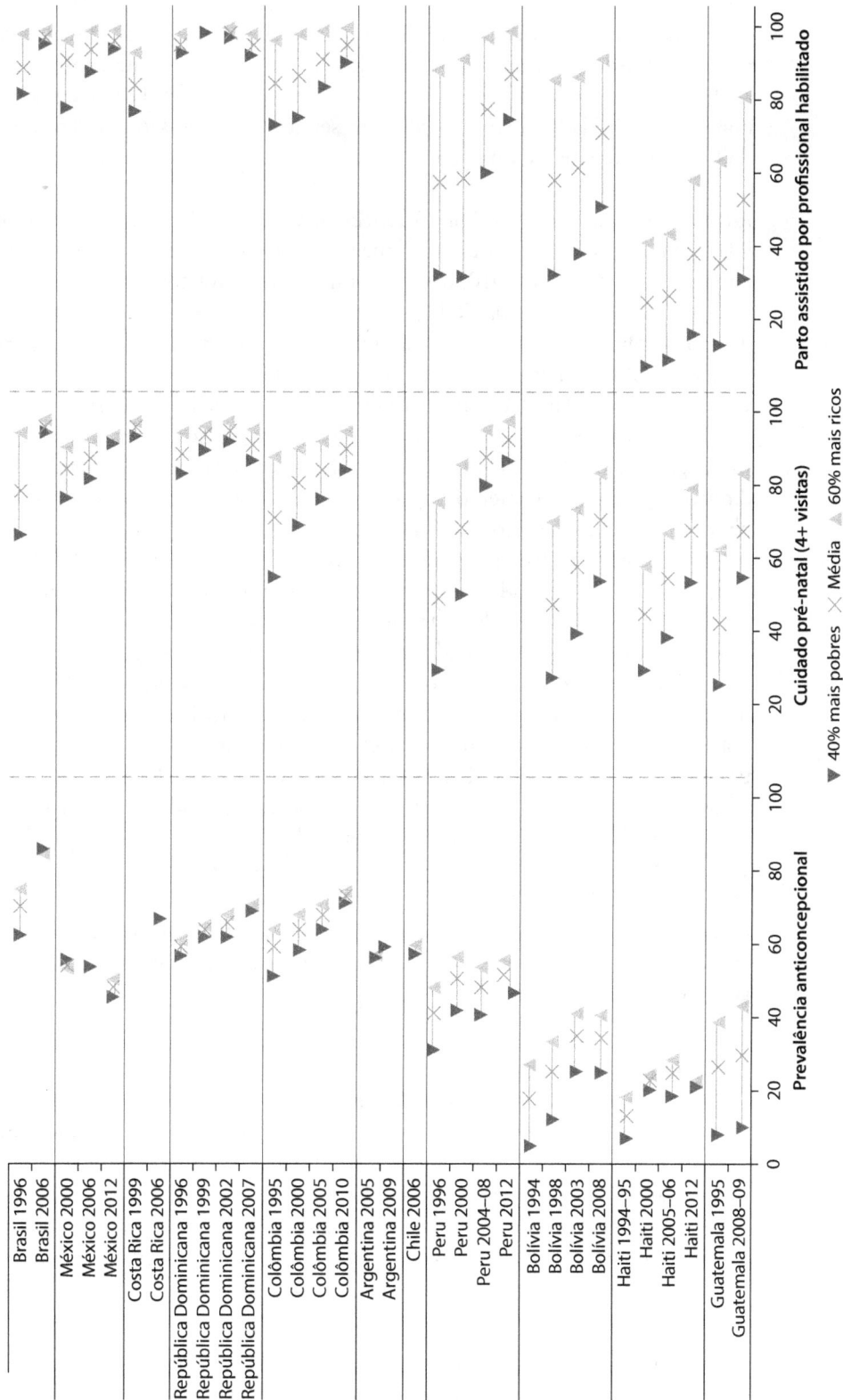

Prevalência anticoncepcional

Cuidado pré-natal (4+ visitas)

Parto assistido por profissional habilitado

▼ 40% mais pobres ✕ Média ▲ 60% mais ricos

Fontes: DHS – Equity Datasheet para cuidados pré-natais e parto assistido por profissional habilitado. Estimativas próprias de prevalência de uso de anticoncepcional e todas as variáveis para Argentina — ENFR 2005 e 2009; Brasil — PNDS 2006; Chile — ENCAVI 2006; Costa Rica — ENSSR 1999, ENSA 2006, Guatemala — ENSMI 2008–09; Haiti — DHS 2012; México — ENSA 2000, ENSANUT 2006 e 2012; Peru — DHS 2012.
Nota: Nesta análise se utilizaram quintis por riqueza excetuando na Argentina, Chile e México (quintis de renda).

111

especificamente um serviço ambulatorial. Por sua vez, existem desigualdades maiores no uso de cuidados pré-natais do que em métodos contraceptivos, onde as diferenças entre os subgrupos populacionais são menores. Em resumo, níveis maiores de equidade foram atingidos em serviços que não são tão dependentes do bom funcionamento do sistema de saúde.

Rastreamento do câncer cervical: O câncer cervical é a principal causa de mortalidade em mulheres de 15 anos ou mais. Matou 29.100 mulheres na América Latina e no Caribe em 2010, das quais um terço estava com idades entre 15 e 49 anos (Forouzanfar *et al.* 2011). Felizmente, tanto a probabilidade de morte devido ao câncer cervical como sua incidência diminuíram desde 1980; porém, Paraguai, Bolívia e Nicarágua ainda reportam alta incidência de câncer cervical. O teste Papanicolau feito regularmente ajuda a identificar lesões cervicais pré-cancerosas permitindo o tratamento de prevenção do câncer cervical e para os estágios iniciais do câncer cervical invasivo assintomático (USPSTF 2012). As diretrizes para o rastreamento do câncer cervical estão disponíveis em todos os países estudados. As diretrizes variam em idade e frequência, mas na maioria dos países a recomendação é para que todas as mulheres com idades entre 25 e 64 anos devam ser examinadas por meio da citologia do exame Papanicolau a cada três anos. Níveis médios de rastreamento do câncer cervical aumentaram em todos os oito países (não há dados disponíveis da Jamaica) (Figura 4.15). O rastreamento favorece aos pobres no México, porém aos ricos em outros lugares em diversos graus. O México também tem as maiores médias gerais e tem tido os maiores ganhos, embora todos os países estejam diminuindo a diferença do rastreamento do câncer cervical entre os pobres e os ricos. O México, Costa Rica e Chile têm maiores taxas de cobertura e menor desigualdade e são os países que tiveram quedas mais acentuadas na mortalidade por câncer cervical entre 1980 e 2010. Entretanto, os resultados devem ser interpretados com precaução, já que os números do México foram ajustados para contemplar um período de tempo menor a que se referia a pergunta no inquérito em relação a outros países, enquanto que os dados da Colômbia e Guatemala também se referem a um grupo etário mais jovem.

Da meia-idade em diante

Progressos no aumento da cobertura de serviços têm coincidido com um acesso maior e mais equitativo aos serviços de saúde entre os adultos, embora desigualdades socioeconômicas significantes permaneçam na maior parte dos serviços na maioria dos países. Um fato incômodo: níveis médios de DNT e seus fatores de risco têm aumentado consistentemente ao longo do tempo e em todos os países, fornecendo aos sistemas de saúde a oportunidade de concentrar esforços e recursos no diagnóstico oportuno e tratamento de DNTS e fatores de risco e no uso de campanhas na promoção da saúde e prevenção de doenças.

Os indicadores apresentados nesta seção medem as condições de saúde que são mais prevalentes nos adultos de meia-idade e nos idosos. Indicadores dos

Figura 4.15 Rastreamento do câncer cervical: médias e distribuições por quintil, 2000–2012 (ou ano mais próximo)

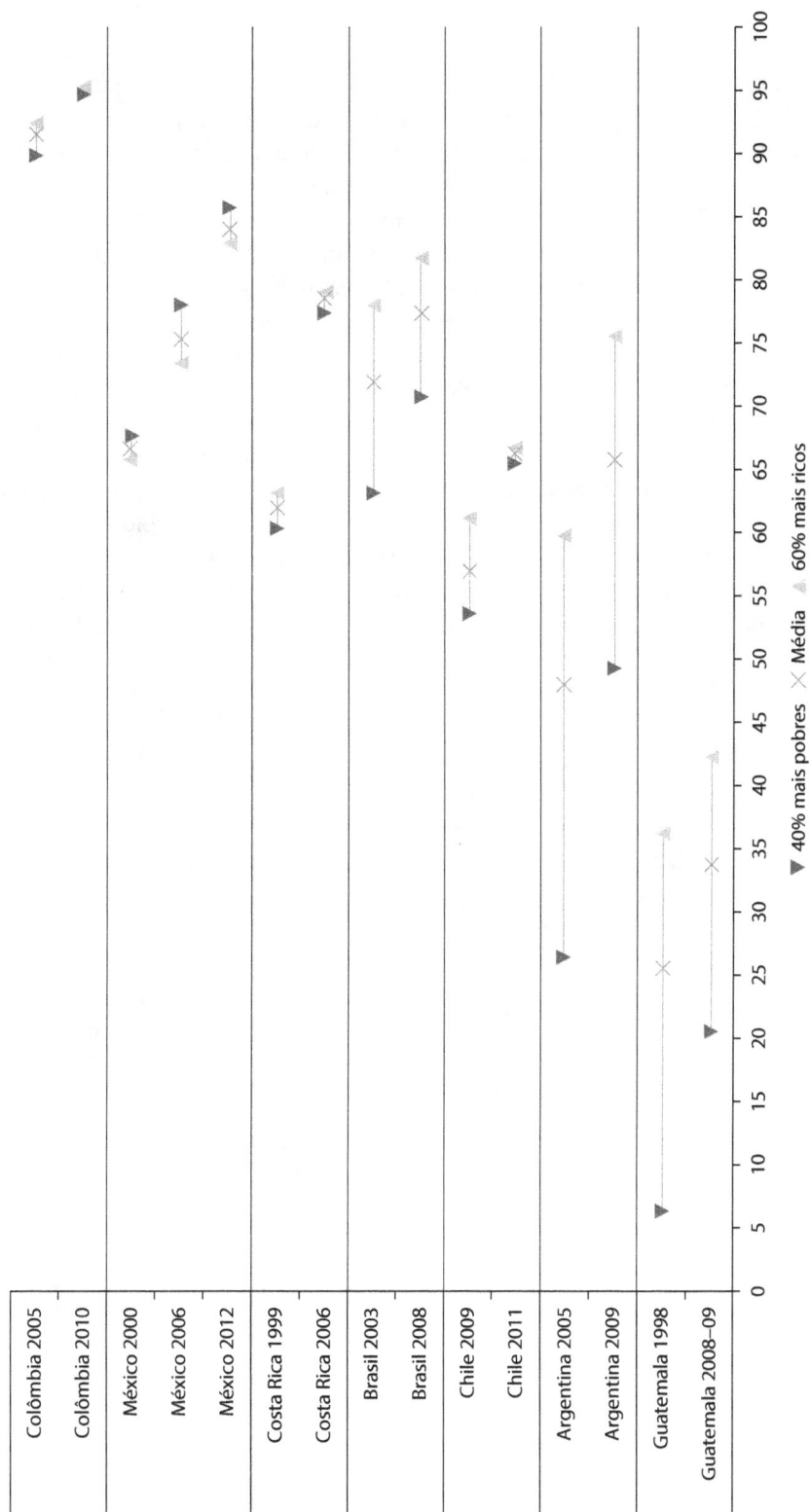

▼ 40% mais pobres   ✕ Média   ◢ 60% mais ricos

Fontes: Estimativas próprias baseadas em Argentina — ENFR 2005 e 2009; Brasil — PNAD 2003 e 2008; Chile — ENS 2009, CASEN 2011; Costa Rica — ENSSR 1999, ENSA 2006; Colômbia — ENDS 2005 e 2010; Guatemala — ENSMI 1998 e 2008–09; México — ENSA 2000, ENSANUT 2006 e 2012.

Nota: Proporção de mulheres com idades entre 18 e 69 que fizeram o exame Papanicolau nos últimos três anos, exceto para Brasil (25–69); México (20–69); Colômbia, Costa Rica e Guatemala (18–49).

113

resultados de saúde para estes grupos etários incluem a saúde autoavaliada (SAA), artrite, asma, diabetes e doenças cardíacas e seus fatores de risco – hipertensão e obesidade. Medidas da utilização dos serviços incluem mamografia e serviços ambulatoriais e hospitalares preventivos e curativos. As pesquisas utilizadas para a análise no âmbito deste estudo são heterogêneas para todos os grupos etários em todos os países; portanto, apenas indivíduos com 18 anos ou mais foram incluídos na análise das variáveis para a meia-idade em adiante. Não temos dados sobre indicadores específicos para os idosos, uma limitação considerando o perfil demográfico de envelhecimento na região. Além disso, fora o rastreamento do câncer de mama, as variáveis da utilização dos serviços que conseguimos medir com os dados disponíveis de pesquisas domiciliares podem não estar relacionados diretamente a uma condição específica de saúde. Nesse sentido, perdemos a cadeia lógica entre os serviços e os resultados que podemos estabelecer com os indicadores no caso das fases iniciais do curso de vida.

Medições de saúde envolvem naturalmente mais do que a expectativa de vida e a mortalidade. Incluem outras dimensões cruciais como morbidades (doenças/ lesões), limitações funcionais e físicas, e status e/ou percepções da própria saúde, entre outros. A SAA é um bom indicador de outros resultados de saúde e mor- talidade (Ider e Benyamini 1997; Mossey e Shapiro 1982), uma medida útil de saúde e desigualdade de saúde dentro dos países (Lora 2012) e uma medida das necessidades de saúde amplamente utilizadas em estudos de equidade (Almeida e Sarti 2013; O'Donnell e Wagstaff 2008; van Doorslaer e Masseria 2004; Wagstaff e van Doorslaer 2000). No entanto, as autoavaliações de saúde são sub- jetivas. Também têm uma relação fraca com as condições de saúde autorrelatadas, provavelmente devido a diferenças entre as culturas em valores e expectativas de saúde, que dificultam realizar comparações entre os países, especialmente para os países da América Latina (Lora 2012).

As autoavaliações negativas foram analisadas para a Argentina, Brasil, Chile, Colômbia, Costa Rica, Jamaica e México. Solicitou-se aos entrevistados realizar uma autoavaliação do seu estado de saúde usando respostas baseadas numa escala Likert (muito ruim, ruim, razoável, bom ou muito bom). Analisou-se a saúde daqueles que descreveram seu estado com uma resposta inferior a "bom", ou seja, "razoável, ruim ou muito ruim". Níveis médios para esta variável indicam que nos últimos anos relatados, aproximadamente 20% da população na Argentina e na Jamaica, 30% no Brasil, 25% na Colômbia e 36% no México descreveram estados de saúde "menos que bom".

Nossa expectativa é que os níveis médios de saúde autoavaliada como "menos que bom" diminuirá gradualmente na região ao longo do tempo. Quando com- parados os dados da linha base com os últimos dados disponíveis (figura 4.16), Argentina, Brasil e Colômbia mostraram um leve aumento nos níveis médios de saúde autoavaliada como "menos que bom" entre os que relataram uma piora do estado de saúde. Esta situação é oposta na Jamaica e no México. A distribuição dos quintis para esta variável mostra uma diferença enorme e persistente entre os estados reportados pelos ricos e pelos pobres, os dos quintis superiores relataram consideravelmente menos problemas com a saúde do que os dos quintis mais

Figura 4.16 Autoavaliação do estado de saúde "menos que bom": médias e distribuições por quintil, 2000–12 (ou ano mais próximo)

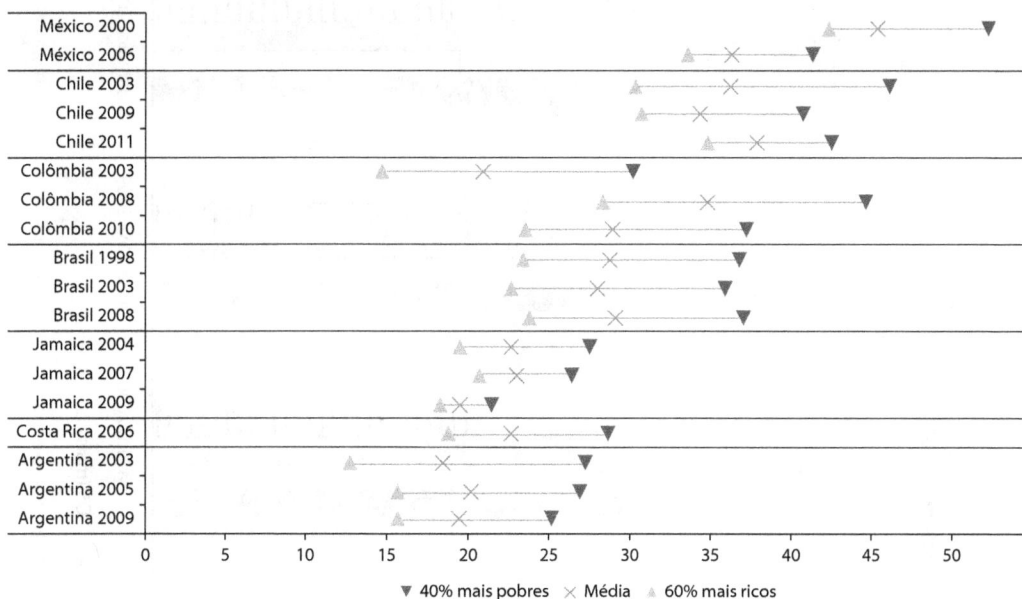

▼ 40% mais pobres × Média ▲ 60% mais ricos

Fontes: Estimativas próprias baseadas em Argentina — EUGSS 2003, ENFR 2005 e 2009; Brasil — PNAD 1998, 2003 e 2008; Chile — ENS 2009, CASEN 2003, 2009 e 2011; Costa Rica — ENSA 2006; Colômbia — ECV 2003, 2008 e 2010; Jamaica — JSLC 2004, 2007 e 2009; México — ENSA 2000, ENSANUT 2006.

pobres, isso em todos os países e em todas as idades. A Figura 4.17 mostra um gradiente social evidente nos estados de saúde autoavaliados "menos que bom" em todos os quintis.

Em termos de desigualdades em saúde autoavaliada em toda a distribuição, esta variável se concentra desproporcionalmente entre os pobres de todos os países, com mais pessoas pobres relatando piores estados de saúde que os ricos (no anexo C podemos observar os índices de concentração ou ICs). Ao longo do tempo, esta variável fica mais concentrada entre os pobres, tornando-se mais desigual na Argentina e no Brasil, mas menos concentrada nos pobres ou reduzindo a diferença no Chile, Colômbia e Jamaica. O México não mostra mudanças nesta variável ao longo do tempo. Os resultados são os mesmos seja pela medição do número ou da proporção das respostas SAA, embora a medida absoluta mostre menos desigualdade para todos os países. Todos os resultados são significativos estatisticamente.

Doenças crônicas

Desde o começo do século, houve um progresso considerável em termos de mortalidade e morbidade na América Latina, quando doenças transmissíveis eram responsáveis pela maioria das causas de morte. Atualmente, cerca de 48% da população nas Américas morrem de 10 causas principais: doenças cardíacas isquêmicas (9,21%), doença cerebrovascular (7,70%), diabetes mellitus (6,54%), influenza e pneumonia (4,54%), insuficiência cardíaca (3,56%), doenças

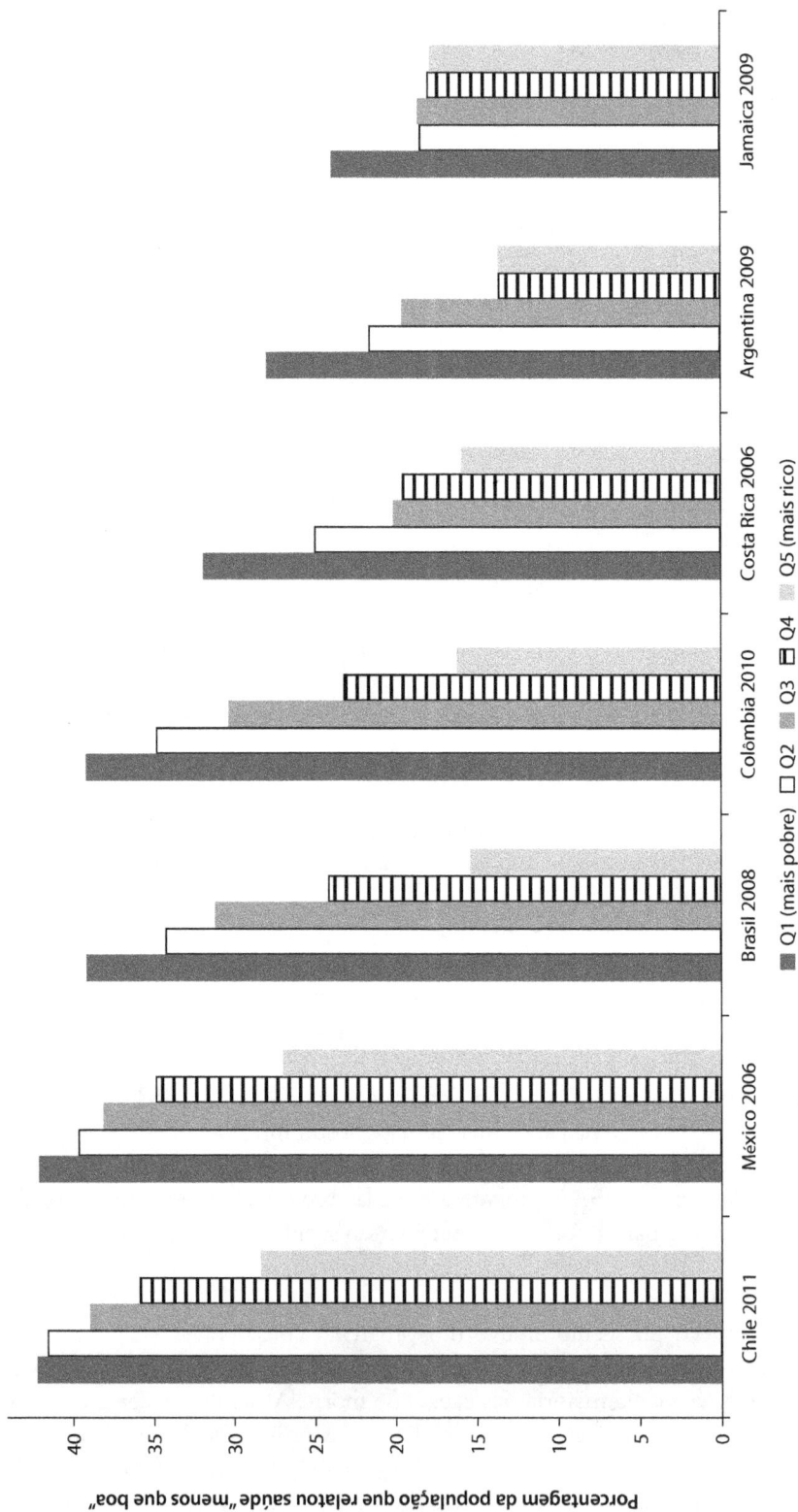

Figura 4.17 Gradiente da autoavaliação do estado de saúde "menos que bom", 2010 (ou ano mais próximo)

Porcentagem da população que relatou saúde "menos que boa"

Legenda: Q1 (mais pobre) □ Q2 ■ Q3 ⊞ Q4 □ Q5 (mais rico)

Chile 2011 · México 2006 · Brasil 2008 · Colômbia 2010 · Costa Rica 2006 · Argentina 2009 · Jamaica 2009

Fontes: Estimativas próprias baseadas em Argentina — ENFR 2009; Brasil — PNAD 2008; Chile — CASEN 2011; Colômbia — ENDS 2010; Costa Rica — ENSA 2006; Guatemala — ENSMI 1998; Jamaica — JSLC 2009; México — ENSANUT 2006.

116

hipertensivas (3,45%), assaltos resultando em homicídios (3,45%), doenças crônicas do trato respiratório inferior (3,30%), cirrose e outras doenças do fígado (3,06%) e acidentes de automóveis (3,02%). Sete das dez principais causas de morte pertencem ao grupo de doenças crônicas. Dados sobre a morbidade combinado com mortalidade e suas causas fornecem informações críticas aos tomadores de decisões para que possam apontar o objetivo dos serviços de saúde e tornar os sistemas de saúde mais efetivos, aumentando as probabilidades de reduzir mortes desnecessárias (OPAS 2012).

Neste estudo, a distribuição das doenças crônicas tem sido avaliada por diagnósticos médicos relatados de asma, depressão, diabetes e doenças cardíacas. Na informação analisada, captamos o que chamamos de "pseudo-prevalência" da DNT. As perguntas da pesquisa (que geralmente são formuladas, como por exemplo: "Você já foi diagnosticado [por um profissional médico ou de saúde] com alguma das seguintes doenças? A pesquisa não pergunta sobre tratamento. Estas questões não abrangem os que têm a doença, mas que ou não tiveram acesso ou não foram diagnosticados por um profissional de saúde. Poderia se esperar que campanhas efetivas de promoção da saúde e melhores serviços de assistência médica para condições crônicas reduzissem as taxas de prevalência para todas as condições relatadas. Entretanto, médias para todas as cinco condições crônicas aumentaram ao longo do tempo na maioria dos países. Estes resultados têm implicações importantes para os serviços de saúde em termos de ações preventivas e acesso aos cuidados de saúde para diagnósticos e tratamentos. Um objetivo importante para os sistemas de saúde é estimular a promoção da saúde e iniciativas para prevenir doenças crônicas, que são características essenciais da cobertura universal de saúde. Idealmente estariam disponíveis pesquisas com biomarcadores para as principais doenças crônicas, permitindo, dessa forma, distinguir a prevalência real de mudanças no acesso ao diagnóstico.

Os países para os quais existem dados sobre as quatro DNTs e que foram analisados incluem a Argentina, Brasil, Chile, Costa Rica, Jamaica e México. Diferentemente do que foi observado para o estado de saúde autoavaliado como "menos que bom", as DNTs nas pesquisas não mostram um gradiente socioeconômico claro entre os países (figura 4.18). Estes resultados são similares nas constatações na Colômbia onde as diferenças socioeconômicas – medidas pela educação – no tratamento da diabetes e da hipertensão e nas medidas dos fatores de risco para as DNTs (pressão arterial sistólica, glucose plasmática em jejum, índice de massa corporal e colesterol total) não mostram um gradiente socioeconômico claro para a maioria das medidas (Di Cesare *et al.* 2013). É interessante que as poucas exceções da figura 4.18 onde não existe um gradiente consistente – como no Chile e na Costa Rica, que são considerados de alto desempenho (Jamison *et al.* 2013) — a pseudo-prevalência se concentra entre os pobres. Uma explicação plausível é que, uma vez suspensas as barreiras ao acesso, revelam-se as desigualdades na verdadeira prevalência das DNTs.

Asma: De acordo com os estudos, a prevalência de asma na América Latina é, em média, tão alta quanto em países em via de desenvolvimento (apesar de uma

Figura 4.18 Asma, depressão, diabetes e doenças cardíacas diagnosticadas: médias e distribuições por quintil, 2000–2012 (ou ano mais próximo)

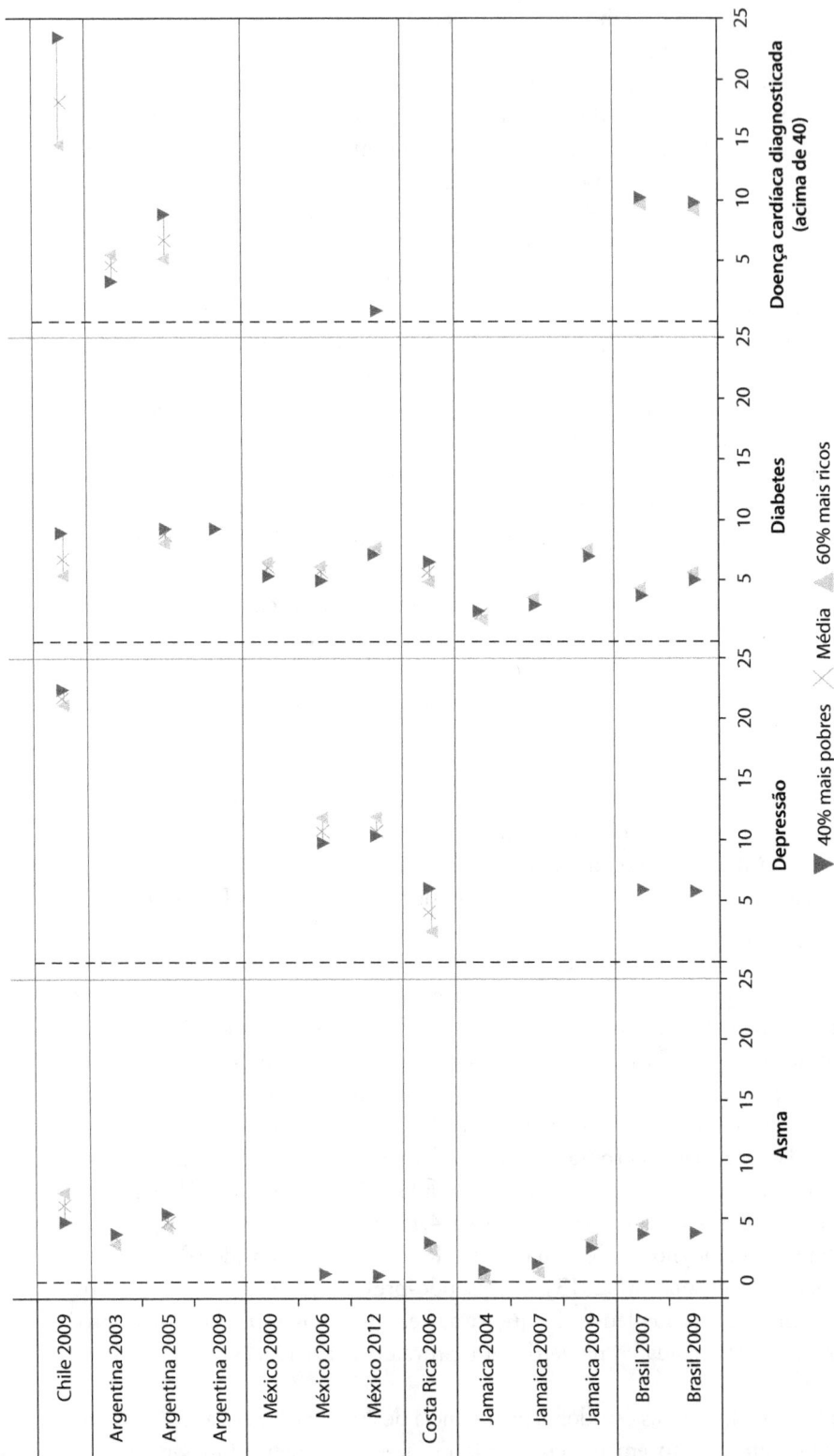

▼ 40% mais pobres   ✕ Média   ▲ 60% mais ricos

Asma   Depressão   Diabetes   Doença cardíaca diagnosticada (acima de 40)

Fontes: Estimativas próprias baseadas em Argentina — EUGSS 2003, ENFR 2005 e 2009; Brasil — PNAD 2003 e 2008; Chile — CASEN 2009; Costa Rica — ENSA 2006; Jamaica — JSLC 2004, 2007 e 2009; México — ENSA 2000, ENSANUT 2006 e 2012.

maior renda desta região). A asma também aumentou ao longo do tempo (Pearce *et al.* 2007) e está altamente associada com baixa renda e condições precárias de vida (Cooper *et al.* 2009; Costa *et al.* 2013). Além disso, o diagnóstico e o controle da asma ainda não são feitos para muitos dos pacientes na região, e os níveis atuais de cuidados ficam aquém das diretrizes internacionais (Neffen *et al.* 2005). As tendências atuais na prevalência da asma representam um desafio para os sistemas de saúde ao contribuir com altos níveis de hospitalizações que poderiam ser evitadas. Isto representa uma oportunidade de as políticas públicas abordarem o acesso desigual aos serviços de assistência médica e fatores determinantes sociais de saúde, que contribuem em grande medida como fatores de risco. O Chile tem as taxas médias mais altas de asma diagnosticado entre os seis países para quais se têm informações. Os níveis médios de asma aumentaram ao longo do tempo na Argentina e na Jamaica, enquanto observam-se ligeiras reduções no Brasil e no México.

Depressão: A depressão é a principal causa de incapacidade e o transtorno mental mais comum do mundo (Marcus *et al.* 2012). Afeta 5% da população adulta na ALC e é mais prevalente entre as mulheres que entre os homens. Apesar do potencial para um bom prognóstico, cerca de 60% a 65% dos que têm depressão não recebem nenhuma assistência médica, expondo-os a risco mais altos de cometer suicídio. Aproximadamente 63 mil pessoas nas Américas tiram a própria vida a cada ano por causa da depressão. As barreiras ao acesso a serviços médicos incluem a falta de profissionais da saúde treinados e a ausência de um serviço de diagnóstico e tratamento precoce, estigma social associado com transtornos mentais e financiamento inadequado para os serviços de saúde mental. Na ALC, a saúde mental recebe menos de 2% do orçamento da saúde (OPAS 2012). A depressão pode devastar o indivíduo e afetar negativamente o ambiente familiar e comunitário. Portanto, é importante providenciar cobertura de serviços para um diagnóstico precoce e para o tratamento da depressão e outros transtornos mentais. A eliminação da barreira ao acesso a serviços de saúde mental é um objetivo importante para políticas de saúde e melhorias no sistema. Nossos dados mostram que o Chile apresenta os maiores níveis de depressão diagnosticada entre os quatro países que relataram este transtorno, com taxas duas vezes maiores que a do México e três vezes maiores que a do Brasil. Ao longo do tempo, o Brasil mostrou uma ligeira diminuição, e o México um ligeiro aumento nas taxas médias de depressão diagnosticada na população. Não há diferenças entre os ricos e pobres no Brasil. No México, os ricos relataram mais depressão que os pobres, enquanto em outros lugares, o oposto ocorreu.

Diabetes: A diabetes é a principal causa de incapacidade e a terceira principal causa de morte nas Américas, representando 6,54% de todas as mortes. Em 2011, o número de pessoas com diabetes na América Latina e Caribe foi estimado em 25 milhões, contribuindo para uma das maiores taxas de diabetes do mundo. Aproximadamente, 4% das pessoas com diabetes não sabem que tem a doença, contribuindo para níveis altos de complicações crônicas e mortalidade prematura (OPAS 2012). Dados disponíveis sobre diabetes diagnosticada mostram a Argentina com as taxas mais altas (9,6%), seguida do México (9,0%), Jamaica (7,2%), Chile (6,8%), Costa Rica (5,5%) e Brasil (5,0%). Todos os países com dados para dois ou mais anos mostram um aumento nos níveis médios de diabetes ao longo do tempo, especialmente a Jamaica com um aumento de 4 pontos percentuais em cinco anos. Como com outras condições crônicas, a distribuição por quintil para diabetes diagnosticada não tem um gradiente socioeconômico bem definido. Estes resultados devem ser interpretados com precaução porque para a maioria dos casos os índices de concentração não são estatisticamente significantes (ver Anexo C).

Doenças cardíacas isquêmicas: As doenças cardíacas isquêmicas são o assassino número um na região da ALC para homens e mulheres, responsáveis por 9,21% das mortes. Mortes desnecessárias por condições cardíacas, especialmente por doença cardíaca isquêmica, podem ser evitadas por meio de ações preventivas (OPAS 2012). A figura 4.18 mostra que aproximadamente 6,5% da população na Argentina foi diagnosticada com alguma doença cardíaca, comparado com 7,5% no México, 9,5% no Brasil e 18% no Chile. Ao longo do tempo, os níveis médios de doenças cardíacas diagnosticadas mantiveram-se estáveis no Brasil, aumentaram em 1 ponto percentual no México e 2 pontos na Argentina. As distribuições por quintil de doenças cardíacas diagnosticadas não mostram gradientes socioeconômicos claros, exceto na Argentina e no Chile. Padrões de desigualdade para doença cardíaca nos quatro países estudados são desiguais. Os dados do Brasil e do México mostram poucas mudanças ao longo do tempo, e os índices de concentração estão bem próximos a zero, indicando pouca desigualdade na distribuição de doenças cardíacas na população. A Argentina teve um índice de concentração altamente em prol dos ricos em 2003, mas a direção da desigualdade foi revertida em 2005, embora isto não seja estatisticamente significante.

Existem fortes evidências na literatura, principalmente nos países desenvolvidos, sugerindo que os pobres e os com baixo nível de educação formal ou em grupos marginalizados e desfavorecidos tenham um maior risco de morrer devido a DNT quando comparados com outros grupos (Di Cesare *et al.* 2013). Evidências do Chile e do México comprovam essas informações (figura 4.19). Não obstante, os resultados para as quatro DNTs estudadas aqui sugerem que os grupos socioeconômicos mais pobres têm taxas similares de DNT aos grupos socioeconômicos mais altos, embora eles relatem um pior estado de saúde e tenham uma mortalidade mais alta para estas doenças. Como será discutido na próxima seção, o pouco acesso aos serviços de assistência médica para o diagnóstico e tratamento das DNTs entre os pobres pode contribuir para as diferenças nas prevalências relatadas. Compreender quais são as barreiras que os pobres encontram para um diagnóstico precoce e para o tratamento das DNTs, permitirá aos tomadores de decisão desenhar políticas e serviços de saúde que melhorem o acesso deste grupo.

Figura 4.19 Taxas para as principais causas de mortalidade, por nível de escolaridade, Chile e México, 2010 (ou ano mais próximo)

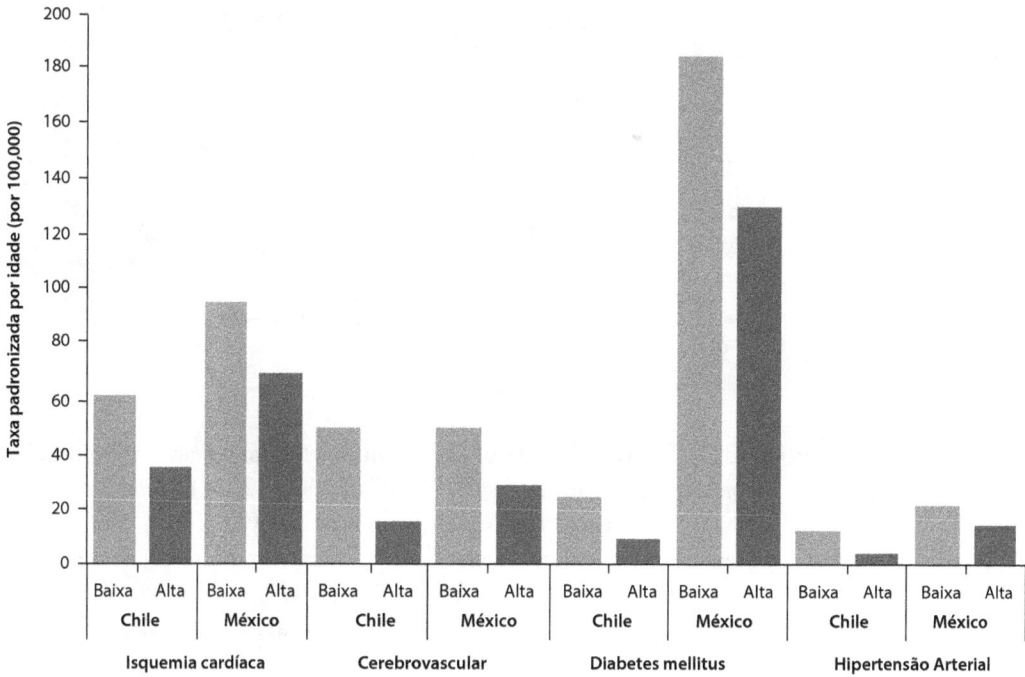

Fontes: Análise por T. Dmytraczenko, F. Marinho, L. Alencar, e G. Almeida dos Registros de Estatísticas Vitais. Chile — 2009; México — 2010.
Nota: Nível de Escolaridade: México — baixa = nenhuma escolaridade; alta = primaria e acima; Chile — baixa = secundária e inferior, alta = terciária e acima.

Fatores de risco

A maioria das DNTs estão associadas com comportamentos evitáveis como o tabagismo, sedentarismo, dieta pouco saudável e o consumo excessivo de álcool, que levam a fatores de risco tais como hipertensão arterial, sobrepeso/obesidade, hiperglicemia e hiperlipidemia. De acordo com a Organização Mundial da Saúde (OMS), o principal fator de risco para DNT é a pressão arterial elevada ou hipertensão (aos quais são atribuídas 13% das mortes totais no mundo), seguida pelo tabagismo (9%), aumento da glicose sanguínea (6%), sedentarismo (6%), e sobrepeso e obesidade (5%). Doenças cardíacas, AVC isquêmico e diabetes mellitus tipo 2 estão associados à obesidade e também a mortalidade é devida a essas condições.

Obesidade: Conforme a figura 4.20, os maiores níveis de obesidade entre os adultos são encontrados nas Américas (26%) comparado com todas as outras regiões da OMS. Esta taxa é maior entre as mulheres, 29%, que entre os homens, 23% (OMS 2011). Vários países da ALC implementaram intervenções multissetoriais baseadas na população para promover estilos de vida mais saudáveis. Na Argentina, foram assinados acordos com a indústria alimentícia que impõem regulações para controlar o sódio e gorduras trans em alimentos processados,

Figura 4.20 Prevalência de obesidade em adultos com 20 anos ou mais padronizada por idade, por região da OMS e grupos de renda do Banco Mundial, estimativas comparáveis, 2008

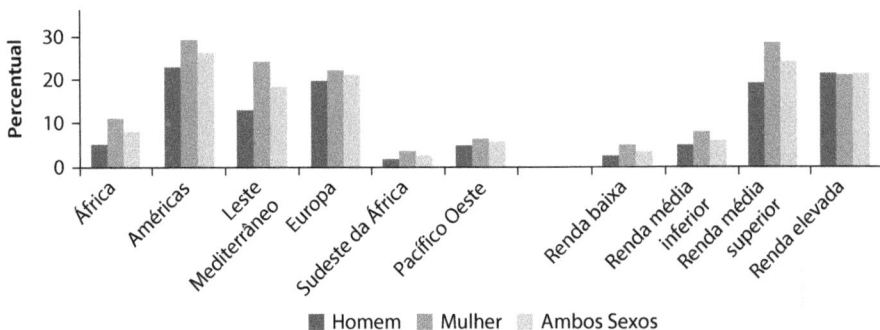

Fonte: OMS 2011.
Nota: Obesidade é definida como índice de massa corporal ≥30 kg/m2.

enquanto a cidade de Bogotá construiu academias de ginásticas ao ar livre e ciclovias para promover a atividade física (Bonilla-Chacín 2014). Programas que visam a população inteira são conhecidos por serem efetivos (Torres *et al.* 2013). Mas programas específicos para certas idades podem ser necessários para lidar com as consequências no longo prazo de condições como a obesidade. Por exemplo, evidências sugerem que crianças com sobrepeso até a idade de 5 anos são mais susceptíveis a serem obesas mais tarde quando adultos, apontando a importância de intervenções de saúde pública para as crianças (Cunningham, Kramer e Narayan 2014).

A Figura 4.21 mostra que as taxas médias de obesidade são similares para mulheres e homens na Argentina e na Colômbia; no Chile é substancialmente maior para mulheres que para homens. O Chile relata maiores taxas de obesidade entre ambos, homens e mulheres, enquanto o Haiti relata as taxas mais baixas de obesidade para a região da ALC. Um padrão interessante e preocupante é que, para todos os países com dados históricos, as taxas médias de obesidade tanto para homens como mulheres têm aumentado ao longo do tempo. O Brasil teve o maior aumento nas taxas de obesidade entre as mulheres, de 10% em 1996 para 21% em 2006. Exceto na Argentina, Chile e Colômbia em 2010, as mulheres nos 40% inferiores em relação à renda, estão menos propensas a serem obesas do que as nos outros grupos. A maioria dos países relatou menos desigualdade ao longo do tempo. Disparidades entre os pobres e os ricos, homens e mulheres, estão igualmente diminuindo em todos os países em termos absolutos e relativos. Exceções: desigualdade absoluta para obesidade permaneceu constante entre homens na Argentina e na Colômbia (ver Anexo C). Os dados devem ser vistos com a ressalva que a maioria das pesquisas analisadas levantaram informações de obesidade autoavaliada sem obter dados de IMC.

Hipertensão: A hipertensão é a sexta principal causa de morte nas Américas, sendo responsável por 3,45% de todas as mortes na região. Aproximadamente um em cada três adultos, nas Américas, tem hipertensão, o que aumenta os riscos

Figura 4.21 Hipertensão e obesidade diagnosticadas: médias e distribuições por quintil, 1995–2012 (ou ano mais próximo)

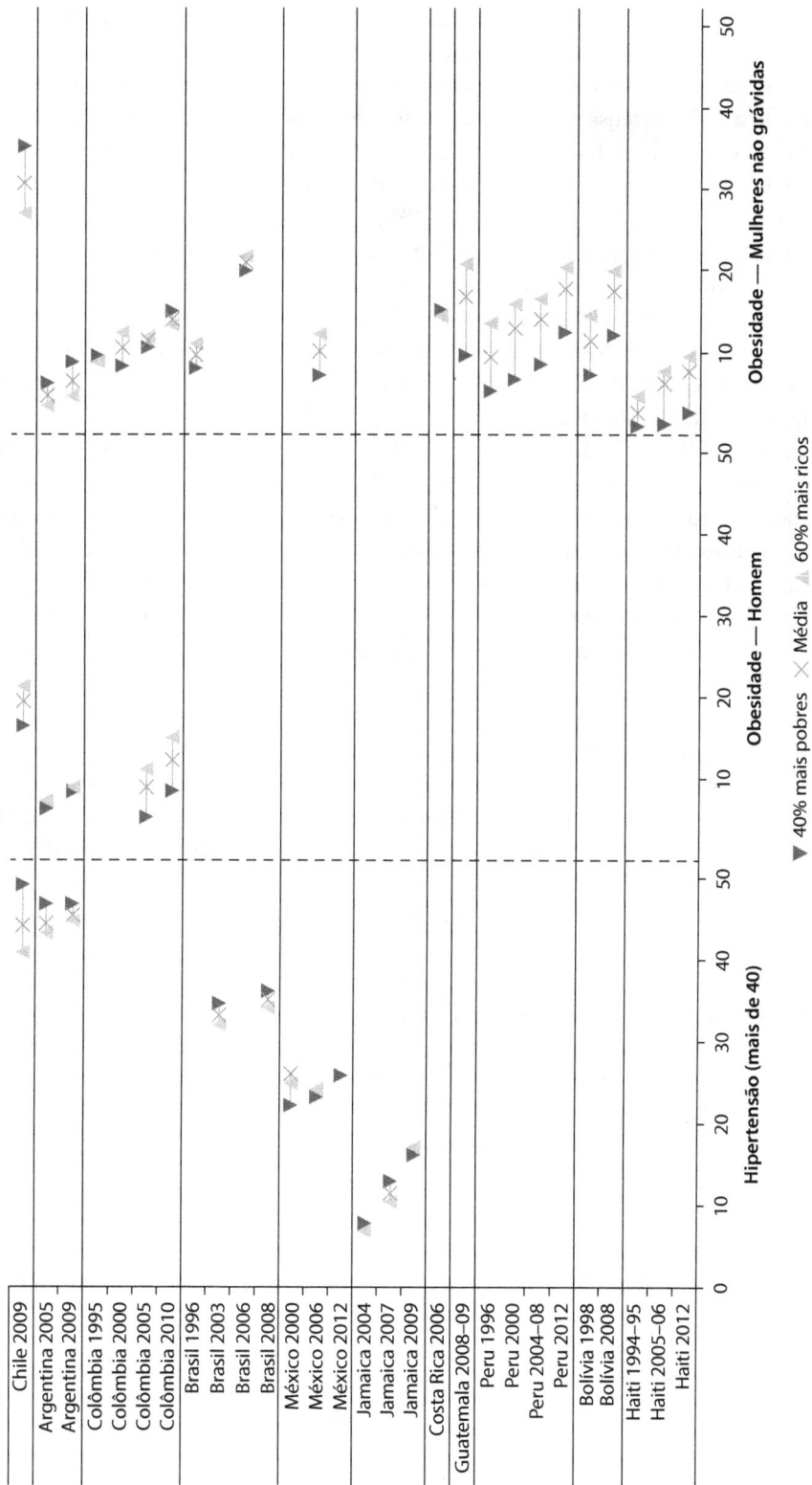

Fontes: DHS—Equity Datasheet, exceto para as estimativas do estudo baseadas em Argentina—ENFR 2005 e 2009; Brasil—PNDS 2006, PNAD 2003 e 2008; Chile—ENS 2009; Costa Rica—ENSA 2006; Guatemala—ENSMI 1998 e 2008–09; Jamaica—JSLC 2004, 2007, e 2009; México—ENSA 2000, ENSANUT 2006 e 2012.

de ataque cardíaco, acidente vascular cerebral e doenças renais (OPAS 2012). A hipertensão foi analisada na Argentina, Brasil, Chile, Jamaica e México. As questões das pesquisas para todos os países perguntavam sobre diagnóstico médico de hipertensão, exceto na Jamaica, onde os entrevistados não foram indagados se a condição foi diagnosticada por um profissional da saúde. Níveis médios de hipertensão para o último ano relatado são menores na Jamaica (15%), seguido do México (16%), Brasil (20%), Chile (29%), e Argentina (32%). As distribuições por quintil não mostram um gradiente claro, exceto para o Chile. Na Argentina, Brasil e Chile, os 20% mais ricos relataram menos hipertensão que os outros grupos de renda. Mas, geralmente, os índices de concentração para hipertensão em todos os países, exceto no Chile e na Jamaica em 2009, ou não são estatisticamente significantes ou são próximos a zero, indicando que não há desigualdade socioeconômica. A desigualdade reverteu a direção na Jamaica: dados de 2004 e 2007 mostram os 20% mais ricos relatando os menores níveis de hipertensão e, em 2009, este grupo relatou os maiores níveis para esta condição, devendo-se, talvez, a uma mudança nas perguntas da pesquisa, onde já não seria necessário que o entrevistado relatasse se a hipertensão foi diagnosticada por um profissional da saúde, como era o caso nas pesquisas anteriores. A hipertensão na Jamaica teve a maior alta, elevando de menos de 5% em 2004 a 15% em 2009. Esta anomalia destaca a necessidade de se formular as perguntas das pesquisas segundo as melhores práticas.

Os resultados descritos acima mostram uma tendência clara: a região está relatando um aumento esmagador na diabetes e nas doenças cardíacas e seus fatores de risco associados, obesidade e hipertensão, em todos os grupos de renda. Embora pouca ou nenhuma desigualdade seja evidente nas taxas de artrite, depressão, diabetes e hipertensão, nossas constatações mostram uma desigualdade clara concentrada nos ricos em termos de obesidade entre homens e mulheres, ainda que a diferença entre os ricos e os pobres venha diminuindo na maioria dos países. Este movimento mais recente está relacionado a um aumento mais acentuado da obesidade entre os grupos dos quintis mais pobres, quando comparado com o aumento nos grupos dos quintis mais ricos. A importância das intervenções de saúde pública e campanhas de promoção da saúde para resolverem estes resultados críticos não deve ser subestimada. Autoridades de saúde têm a oportunidade de reduzir as mortes e as doenças ao introduzirem políticas públicas e ao fornecerem cobertura universal e serviços que promovam estilos de vidas mais saudáveis, prevenindo doenças e fornecendo tratamento oportuno.

Uso dos serviços pelos adultos

Para atingir uma cobertura dos serviços eficaz, os sistemas de saúde que são universais devem garantir que todas as pessoas recebam serviços de saúde necessários de qualidade sem terem que enfrentar dificuldades financeiras. A avaliação de serviços de saúde necessários requer uma definição conceitual do que significa "necessário", sendo esse um exercício difícil e muitas vezes controverso. Uma revisão da literatura em busca de uma base comum para a definição de "necessário" revelou no mínimo quatro abordagens. Necessário pode ser determinado como (1) o uso de medidas objetivas e/ou subjetivas para a necessidade individual, como os estados da saúde autoavaliada e morbidade em relação a uma avaliação clínica atribuída por um profissional da saúde; (2) utilização de características de uma área como a base do necessário comparando-a com as necessidades de saúde individuais; (3) definição das necessidades dos grupos populacionais baseados na idade (abordagem ao longo da vida), gênero, raça/etnia, etc.; (4) definição do necessário como as capacidades individuais de beneficiar-se dos cuidados de saúde (Dixon et al. 2003).[6] Nosso raciocínio foi medir a utilização dos cuidados de saúde em termos de propósitos (serviços curativos e preventivos), tipo (especializada), e local (ambulatorial e hospitalar) baseadas nas necessidades individuais medidas por estado de saúde e morbidades existentes. Dados sobre coberturas dos serviços ainda são escassos na maioria dos países da América Latina e Caribe, mas há algumas informações disponíveis para algumas intervenções-chave e serviços, incluindo o rastreamento do câncer de mama e serviços ambulatoriais, hospitalares, preventivos, curativos e especializados.

O rastreamento do câncer de mama está relacionado diretamente com a redução da morbidade e mortalidade entre as mulheres, particularmente após os 50 anos. De acordo com as melhores práticas atuais, a mamografia é uma medida preventiva custo-efetiva, embora evidências controversas têm recentemente questionado seus benefícios para o diagnóstico precoce e redução da mortalidade específica para o câncer de mama para mulheres em certos grupos etários (Miller et al. 2014; Mukhtar, Yeates e Goldacre 2013; Tabár et al. 2011). Estes estudos reacenderam o debate sobre as diretrizes e recomendações públicas apropriadas para o rastreamento. O câncer de mama ainda é responsável por mais de 37 mil mortes anuais na região. A análise da mortalidade por câncer de mama ao longo do tempo, calculada com a média da variação percentual anual da taxa de mortalidade padronizada por idade, mostra um aumento nos níveis médios de mortalidade por câncer de mama na Colômbia, Costa Rica e México durante um período de aproximadamente 10 anos (2000 a cerca de 2010) e uma redução na Argentina, Brasil, Chile e Peru durante o mesmo período. Em 2010, a Argentina teve as maiores taxas de mortalidade de 20,3 por cem mil, mas ao longo do tempo o país reduziu a mortalidade atribuída ao câncer de mama, registrando uma mudança percentual anual de 1,27 de 2000 a 2010. Com uma taxa de 9,92 por cem mil, o México tem as menores taxas de mortalidade atribuídas ao câncer de mama, embora as mudanças percentuais durante o período de 2000-2010 mostram um incremento anual de 0,51 nas mortes (OPAS 2013).

Diretrizes para o rastreamento do câncer de mama estão disponíveis para todos os países estudados, exceto para a Guatemala e a Jamaica, embora variem em quando e com que frequência as mulheres devem realizar a mamografia. Nossa expectativa era que os países teriam níveis de cobertura mais elevados de mamografia ao longo do tempo, assim como uma distribuição mais justa entre os grupos de renda. De fato, os resultados mostram que os níveis médios de mamografia aumentaram na Argentina, Brasil, Colômbia e México (figura 4.22). Maiores níveis de mamografia para um período de três anos foram encontrados no México (81%) e Colômbia (80%), seguidos da Argentina (71%), Brasil (59%),

Figura 4.22   Rastreamento do câncer de mama: médias e distribuições por quintil, 2000–2012 (ou ano mais próximo)

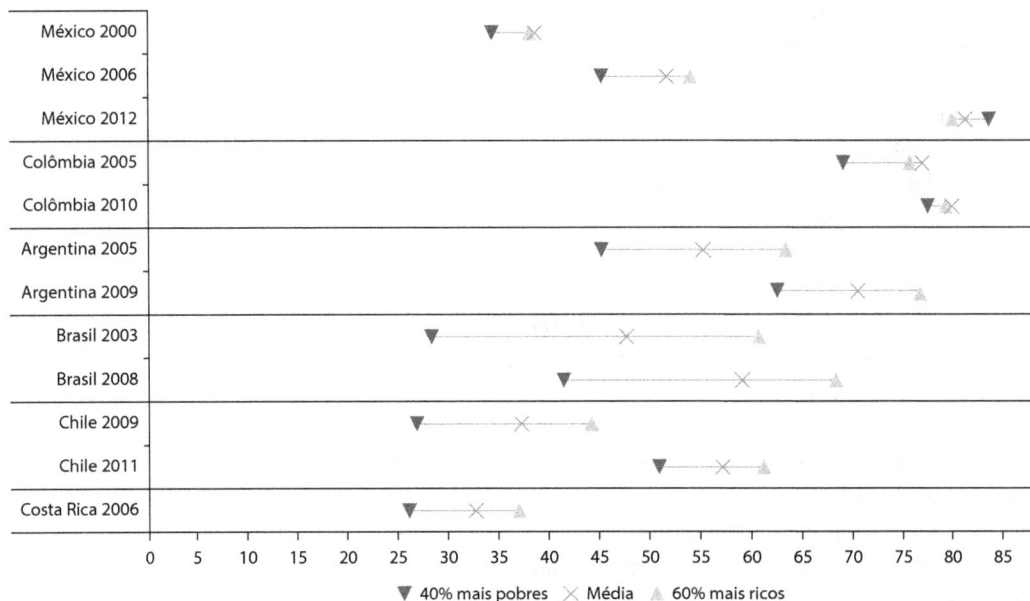

▼ 40% mais pobres   × Média   ▲ 60% mais ricos

Fontes: Estimativas próprias baseadas em Argentina — ENFR 2005 e 2009; Brasil — PNAD 2003 e 2008; Chile — ENS 2009; Colômbia — ENDS 2005 e 2010; Costa Rica — ENSA 2006; México — ENSA 2000, ENSANUT 2006 e 2012

Nota: Proporção de mulheres com idades entre 40 e 69 anos que fizeram a mamografia nos últimos três anos, exceto para a Colômbia (idades entre 40–49 anos). No México, os resultados foram ajustados porque a pesquisa apenas englobava um ano.

Chile (57%) e Costa Rica (33%). A figura 4.22 também mostra que os mais favorecidos têm uma melhor cobertura que os que estão entre os 40% inferiores da distribuição de renda, exceto no México, e todos os países melhoraram a equidade na utilização (ver os índices de concentração no Anexo C). Mais notável, o México tem obtido enormes ganhos ao melhorar o acesso dos pobres ao rastreamento do câncer de mama através do programa *Seguro Popular* (Knaul *et al.* 2012). O país alcançou um aumento considerável na cobertura geral para esta intervenção, assim como a passagem de uma distribuição concentrada entre os ricos em 2006 para uma concentrada entre os pobres em 2012. Em outros lugares, existe um gradiente social claro para a mamografia, mostrando maior uso em níveis de renda maiores (figura 4.23). Entretanto, os resultados da Colômbia e do México devem ser interpretados com precaução pelas razões já observadas na seção de rastreamento do câncer cervical.

Visitas preventivas: O uso de serviços preventivos de saúde é essencial para a prevenção de doenças, diagnóstico precoce, rastreamento de fatores de risco e orientações sobre estilos de vida mais saudáveis. Por isso, espera-se que todos os adultos tenham pelo menos uma visita de cuidados preventivos anualmente. Cinco países relataram visitas preventivas para um período de um mês (figura 4.24). Excetuando a Argentina (77%), os níveis na região estão bastante baixos: 21% no

Figura 4.23 Gradiente do rastreamento do câncer de mama, 2010 (ou ano mais próximo)

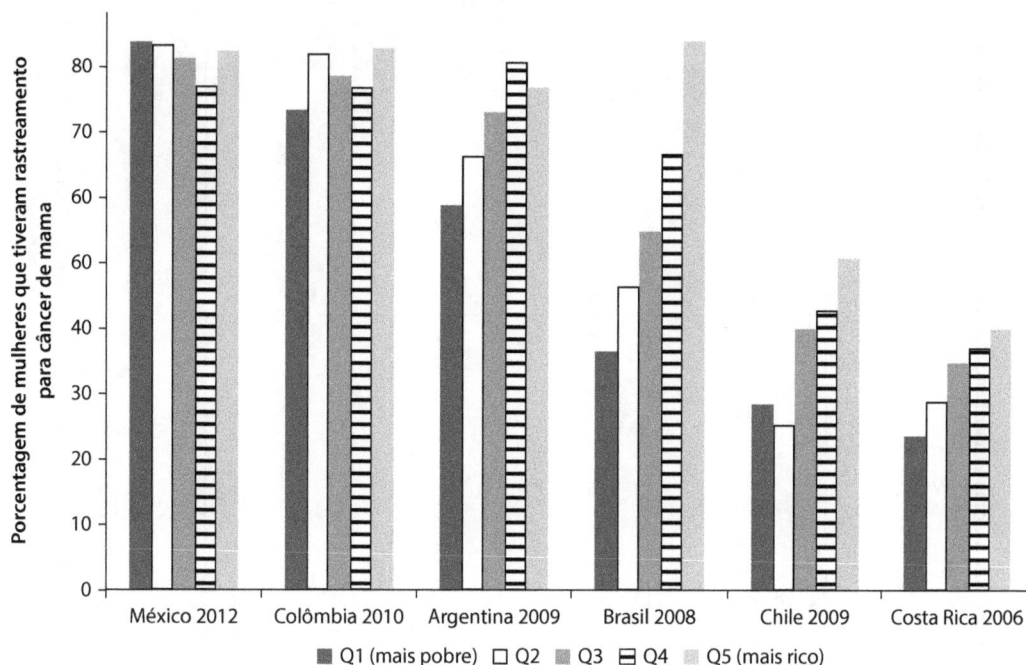

Q1 (mais pobre) Q2 Q3 Q4 Q5 (mais rico)

Fontes: Estimativas próprias baseadas em Argentina — ENFR 2009; Brasil — PNAD 2008; Chile — ENS 2009; Colômbia — ENDS 2010; Costa Rica — ENSA 2006; México — ENSANUT 2012
Nota: Os dados dos levantamentos foram normalizados para um período de três anos.

Chile, 20% no Brasil, 17% na Colômbia e 15% no Peru. Desigualdades acentuadas são evidentes nos países, com uma distribuição concentrada entre os ricos; o Brasil e a Colômbia têm índices de concentração de 0.10 e 0.15, respectivamente (ver Anexo C). Na Colômbia, a distribuição está ficando menos concentrada ao longo do tempo, enquanto que no Brasil os graus de desigualdade permanecem inalterados. As tendências gerais mostram um uso maior dos serviços de saúde preventivos e menos desigualdade entre os grupos populacionais na maioria dos países estudados.

As distribuições por quintil no Chile e no Peru têm gradiente socioeconômico contrário ao observado em todos os outros países (figura 4.25). Nestes dois países, o uso dos serviços preventivos diminui com o aumento da renda, embora a distribuição tenha pouca variação no Peru. No Brasil e na Colômbia, a relação entre a utilização e a renda é uniformemente positiva e, como notado acima, o grau de desigualdade é maior. Na Argentina, os níveis médios de serviços preventivos são similares entre os extremos socioeconômicos (quintis 1 e 5), mas são maiores para todos os outros grupos.

Visitas curativas: Em comparação com as visitas preventivas – que são para manter a saúde e prevenir doenças na ausência de sintomas – os cuidados curativos tratam e diagnosticam lesões ou doenças, seja em ambientes ambulatorial

Figura 4.24 Utilização dos serviços de saúde ambulatoriais, hospitalares, curativos e preventivos: médias e distribuições por quintil, 2000–2012 (ou ano mais próximo)

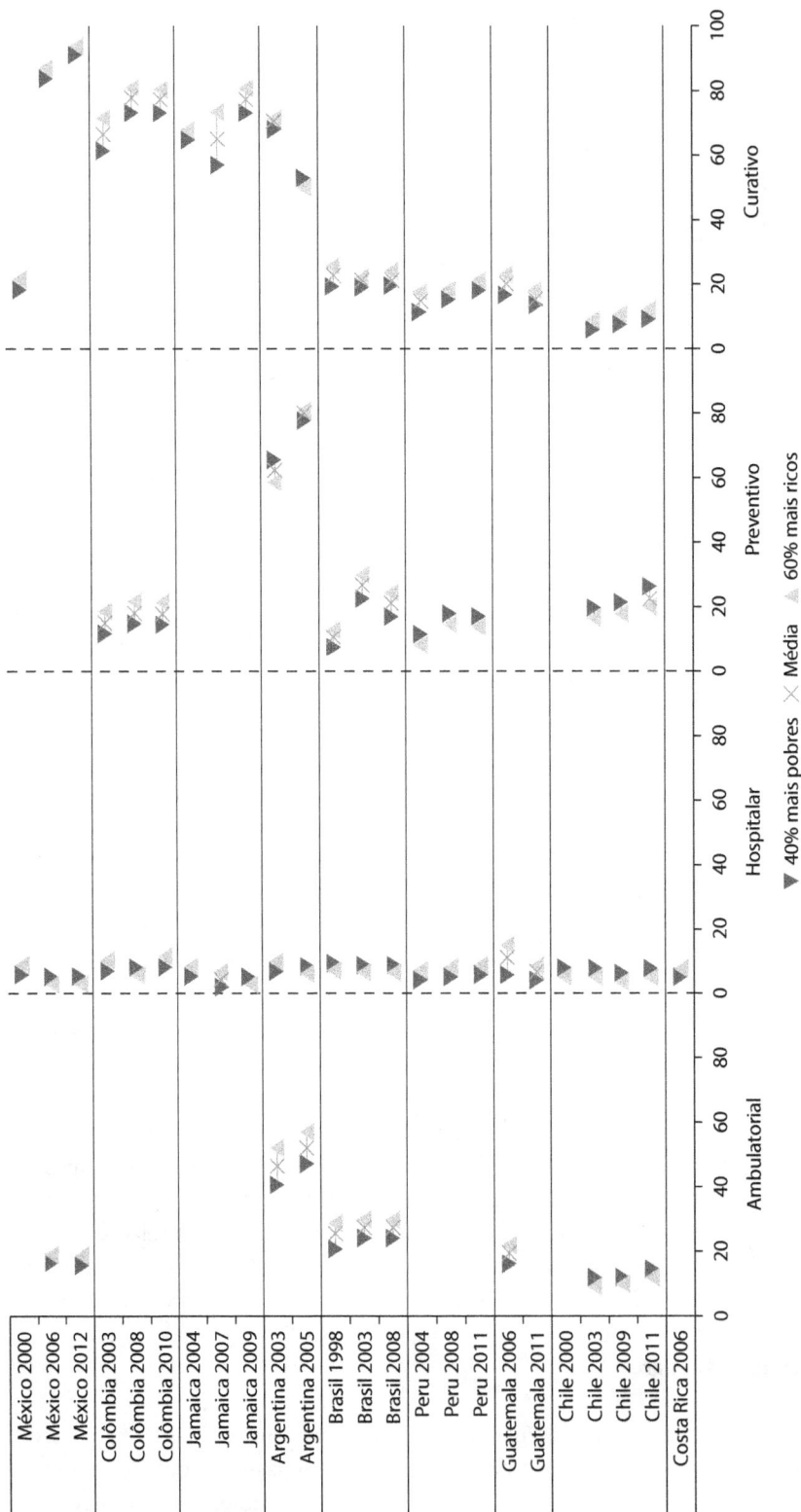

México 2000
México 2006
México 2012
Colômbia 2003
Colômbia 2008
Colômbia 2010
Jamaica 2004
Jamaica 2007
Jamaica 2009
Argentina 2003
Argentina 2005
Brasil 1998
Brasil 2003
Brasil 2008
Peru 2004
Peru 2008
Peru 2011
Guatemala 2006
Guatemala 2011
Chile 2000
Chile 2003
Chile 2009
Chile 2011
Costa Rica 2006

Ambulatorial   Hospitalar   Preventivo   Curativo

▼ 40% mais pobres   ✕ Média   ◢ 60% mais ricos

Fontes: Estimativas próprias baseadas em Argentina — EUGSS 2003 e 2005; Brasil — PNAD 1998, 2003 e 2008; Chile — CASEN 2000, 2003, 2009 e 2011; Colômbia — ECV 2003, 2008 e 2010; Costa Rica—ENSA 2006; Jamaica—JSLC 2004, 2007 e 2009; Guatemala — ENCOVI 2006 e 2011; México — ENSA 2000, ENSANUT 2006 e 2012; Peru — ENAHO 2004, 2008 e 2011.

Nota: Para o Chile, consultas médicas foram utilizadas como substituto de consultas ambulatórias.

Figura 4.25 Gradiente em visitas preventivas, 2010 (ou ano mais próximo)

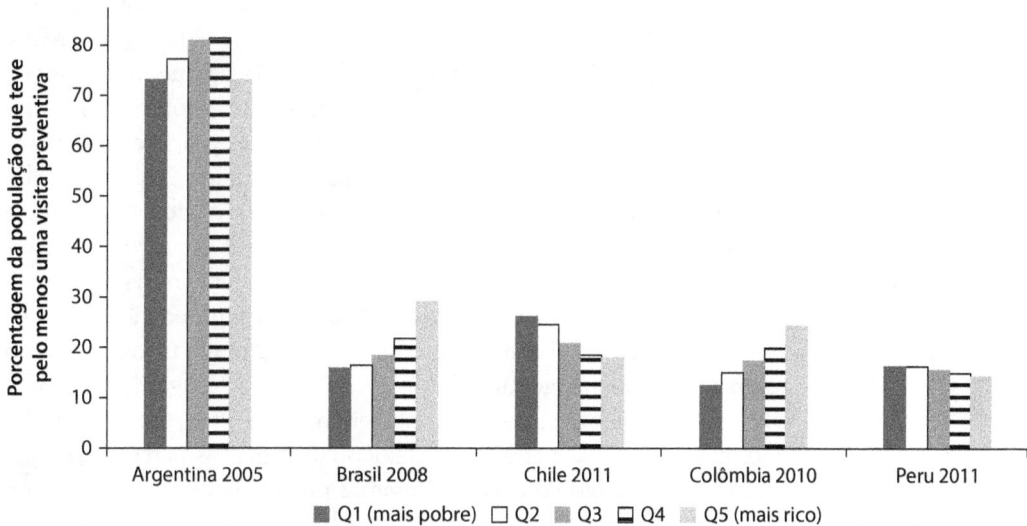

Fontes: Estimativas próprias baseadas em Argentina — EUGSS 2005; Brasil — PNAD 2008; Chile — CASEN 2011; Colômbia — ECV 2010; Peru — ENAHO 2011.
Nota: Os dados da pesquisa foram normalizados para um período de 3 meses.

ou hospitalar. As questões das pesquisas para cuidados curativos são precedidas por questões sobre a existência de uma lesão ou doença que requeira assistência médica; portanto as respostas sobre a utilização dos serviços são restritas aos que relataram um problema de saúde específico ou lesão. Níveis de visitas curativas por mês são relatados no México (86%), Jamaica (78%) e Colômbia (78%), seguido pela Argentina (53%), Brasil (21%), Peru (19%), Guatemala (15%) e Chile (9%). Dadas as mesmas necessidades, os ricos usam mais serviços curativos em todos os países estudados, embora a diferença entre os ricos e os pobres venha diminuindo. A exceção é a Colômbia, onde os índices de desigualdade permaneceram constantes ao longo do tempo.

Embora seja razoável esperar que todos os indivíduos doentes ou lesionados recebam assistência (cobertura de 100% para os serviços necessários), é discutível pressupor que mais cuidados curativos seja melhor, particularmente quando não somos capazes de diferenciar entre os serviços ambulatoriais e hospitalares. Os dados de pesquisa disponíveis não são suficientemente detalhados para que possamos distinguir melhorias no acesso aos serviços hospitalares para os que necessitam e que poderiam ter sido atendidos no nível de atenção primário, evitando hospitalizações desnecessárias. Sem maior informação para discernir as razões dos aumentos ou diminuições nesta variável, a intepretação torna-se restrita. Estas limitações serão discutidas no próximo capítulo.

Serviços ambulatoriais e hospitalares: Serviços ambulatoriais e hospitalares referem-se ao lugar onde os serviços foram recebidos e os níveis de serviço dentro da rede de prestação de serviços de saúde. Serviços clínicos ou ambulatoriais podem incluir serviços curativos, preventivos, especializados ou primários de saúde, entre outros. Estes serviços podem ser prestados por médicos ou outro profissional de saúde. Os serviços hospitalares envolvem atendimento que exige, pelo menos, uma noite de internação. Em geral, a proporção da população que utiliza os serviços de saúde ambulatoriais é baixa: 51% na Argentina, 27% no Brasil, 16% no México, 15% na Guatemala, e 14% no Chile. Embora estas proporções tenham aumentado em 7 pontos percentuais na Argentina, 3 no Chile e 2 no Brasil, elas diminuíram em 4 pontos percentuais na Guatemala e 1 no México. Assim como os serviços curativos e preventivos, os serviços ambulatoriais estão concentrados entre os ricos em todos os países, embora as desigualdades tenham diminuído ao longo do tempo. Comparado com serviços ambulatoriais, a proporção da população que recebe serviços hospitalares em todos os países é muito menor, variando de 4% na Jamaica a 8% na Argentina, Brasil e Colômbia; ao longo do tempo, os níveis de hospitalização permaneceram estáveis na Argentina, Brasil, Chile e Colômbia; diminuíram na Jamaica e no México em 2 pontos percentuais e na Guatemala em 4 pontos. No Peru, aumentaram 2 pontos percentuais. A maioria dos serviços hospitalares são distribuídos igualmente entre os ricos e os pobres ou mostram uma desigualdade leve a favor dos ricos. A Guatemala e a Jamaica são as duas únicas exceções, com uma desigualdade em prol dos ricos maior do que na maioria dos países. Assim como com os serviços curativos, é discutível pressupor que mais/menos serviços ambulatoriais e hospitalares são melhores/piores. Menos hospitalizações que podem ser evitadas e mais serviços ambulatoriais para prevenção primária e serviços necessários são metas desejáveis; mas os dados das pesquisas disponíveis não se prestam a este tipo de análise. Estes problemas serão discutidos em mais detalhes no próximo capítulo.

Proteção financeira entre os grupos de renda

A maioria dos países da região teve uma diminuição estatisticamente significativa nas despesas catastróficas. Existem grandes variações nesta medida, e a associação com a renda ou cobertura é fraca. Sem exceções entre os países, os medicamentos são um fardo mais pesado para os pobres que para os ricos, embora a diferença esteja diminuindo. Em termos relativos, poucas famílias estão caindo na pobreza devido aos gastos com saúde, mas, ainda assim, milhões de pessoas não estão sendo protegidas das dificuldades financeiras.

A população que paga um alto valor do próprio bolso por serviços de saúde no local da prestação dos serviços estão em maior risco de incorrer em grandes gastos e sofrer choques financeiros devido a doenças, do que os indivíduos cujos serviços de saúde são financiados através de recursos agrupados pré-pagos. Uma métrica comum usada para avaliar a vulnerabilidade aos choques de saúde é a porcentagem de famílias que incorrem em despesas de saúde catastróficas, definidas como os gastos diretos em saúde que superam um determinado limite de consumo das famílias (Wagstaff e van Doorslaer 2003; Xu *et al.* 2003).

A Figura 4.26 apresenta resultados das análises usando 25% do consumo não-alimentar como o limite acima do qual os gastos diretos das famílias em saúde são considerados catastróficos. Despesas de saúde catastróficas variam amplamente nos países estudados, sendo 1% na Costa Rica e mais de 21% no Chile. Como podemos esperar, países mais ricos (Brasil e México) têm baixos níveis de gastos catastróficos (abaixo de 5%), países de renda média como a Colômbia e Peru ficam na faixa média (5-10%), e países com baixa renda como a Guatemala, na faixa alta (acima de 10%). A associação com a renda, entretanto, é baixa. Talvez mais surpreendente ainda seja o fato de as despesas catastróficas não se relacionarem de maneira forte com a cobertura. As despesas catastróficas são mais baixas no Peru do que poderíamos esperar, dado sua baixa renda e cobertura comparada com outros países e é extremamente alta no Chile, um país com quase cobertura universal da população e contando com a maior renda per capita na América Latina. Na primeira década do milênio, a maioria dos países na região experimentou uma baixa estatisticamente significativa nas despesas catastróficas; o Brasil e o Peru foram as exceções, mas o aumento foi marginal (um ponto percentual ou menos).

Xu *et al.* (2003), em um estudo com 59 países sobre despesas catastróficas em saúde em um limite de 40% da capacidade de pagamento,[7] encontraram uma correlação positiva entre a proporção de domicílios que incorrem em despesas catastróficas e a quantidade do total de gastos em saúde financiados diretamente. Também encontraram uma variabilidade substancial entre os países

Figura 4.26 Incidência de despesas catastróficas em saúde, 2004–10 (ou ano mais próximo)

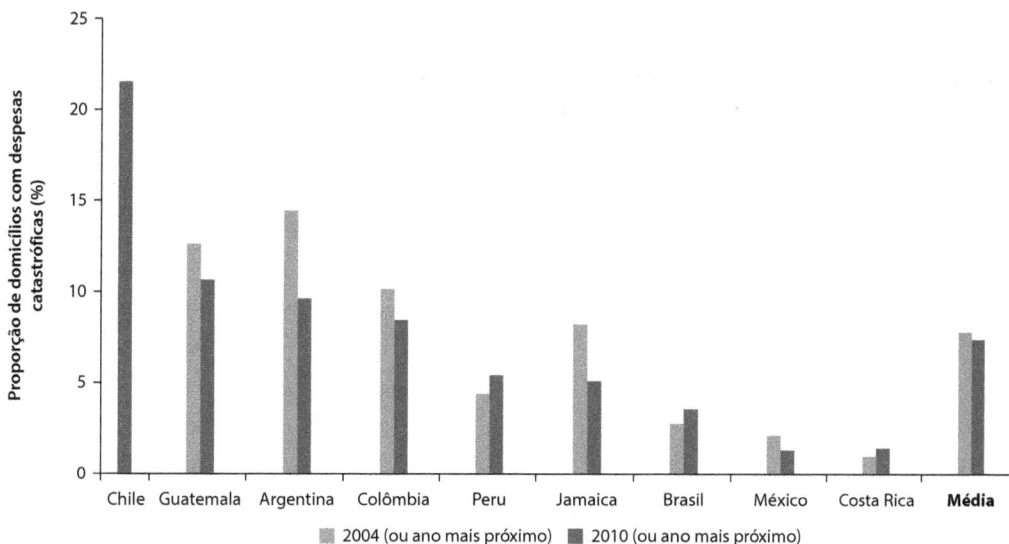

Fontes: Estimativas próprias baseadas em Argentina — ENGH 1997 e 2005; Brasil — POF 2002-03 e 2009-09; Chile — ESGS 2006; Colômbia — ECV, 2008 e 2010; Costa Rica — ENIG 2004 e 2013; Guatemala — ENCOVI 2006 e 2011; Jamaica — JSLC 2007 e 2009; México — ENIGH 2000 e 2010; Peru — ENAHO 2004 e 2008.
Nota: Diferenças na média entre períodos de tempos são consideradas significativas ao atingirem 1%, exceto na Colômbia (não significativa). Despesas catastróficas em saúde definida como 25% do limite de consumo não-alimentar.

Rumo a uma cobertura universal de saúde e equidade na América Latina e no Caribe
http://dx.doi.org/10.1596/978-1-4648-0920-0

em cada nível. De meados a finais dos anos 1990, os países latino-americanos (por exemplo, Argentina, Brasil, Colômbia, Paraguai e Peru) mostraram ter relativamente altas taxas de despesas catastróficas (figura 4.27). Nas décadas seguintes, as taxas diminuíram substancialmente, mais notavelmente no Brasil, México e Peru; em outros países, as mudanças nas despesas catastróficas, foram marginais. Embora a tendência geral aponte para que menos domicílios incorram em despesas catastróficas, estes dados ocultam algumas variações dentro do período. Na Jamaica, por exemplo, a proporção superou 4% em 2004 antes de cair a 2,5% em 2009. No Brasil, as taxas foram levemente maiores em 2008 (0,9%) que em 2003 (0,6%); ambas mudanças foram estatisticamente significantes.

Consoantes aos resultados anteriores de Xu *et al.*, despesas catastróficas correlacionam-se positivamente com a porcentagem de gastos diretos das famílias em gastos totais em saúde. A Colômbia é um caso isolado. Suas despesas catastróficas são relativamente altas (4,6%) dada a proporção total de despesas financiadas através de pagamentos do próprio bolso (17%, que está dentre os mais baixos numa região onde os gastos diretos das famílias representaram 32% do total de financiamentos em saúde, na média de 2012). Embora os gastos diretos das famílias em saúde tenham aumentado em termos absoluto nos países estudados (ver capítulo 1), como proporção do financiamento total, diminuíram ou permaneceram inalterados em todos os países, menos na Costa Rica, onde houve um aumento de 1 ponto percentual na porcentagem do gasto direto das famílias no gasto total em saúde.

Dados comparáveis na composição de gastos diretos das famílias em saúde estavam disponíveis para cinco dos nove países estudados. Em todos os outros casos, exceto na Colômbia, os medicamentos representaram o maior item de

Figura 4.27 Proporção de famílias com despesas catastróficas *versus* proporção de gastos diretos das famílias em saúde como proporção do gasto total em saúde

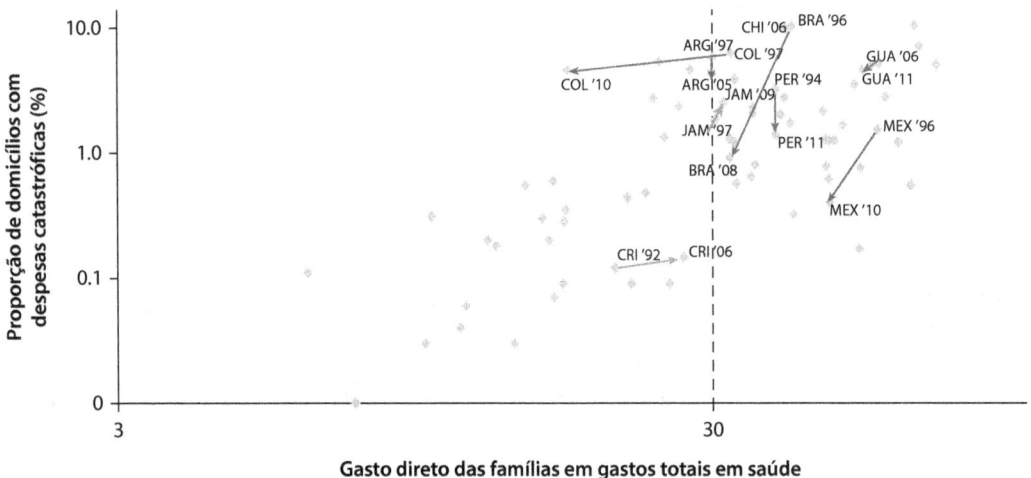

Fontes: Knaul *et al.* 2012; Xu *et al.* 2003.
Nota: Despesas catastróficas em saúde definidas como 40% do limite da capacidade de pagamento do domicílio.

despesa, absorvendo 45% das despesas do próprio bolso na média e tanto quanto três quartos dos gastos das famílias no Brasil, um aumento de até 10 pontos percentuais se comparado com a pesquisa do ano anterior. Em comparação, uma mudança de magnitude similar, mas na direção oposta, foi observada no Peru. Não houve mudanças na Colômbia ou no México. Sem exceções, os medicamentos são um fardo mais pesado para os pobres que para os ricos, porque eles consomem uma maior proporção do orçamento de saúde das famílias pobres; entretanto a diferença está diminuindo em todos os países. A Jamaica não foi incluída neste grupo porque não havia dados disponíveis para uma comparação.

No entanto, é interessante observar o caso da Jamaica mais de perto, dado que o governo vem implementando desde de 2003 dois programas de subsídios de medicamentos: o *National Health Fund* (NHF) e o *Jamaica Drugs for the Elderly Program* (JADEP). Embora houvesse pouco movimento (uma queda de 1,7 ponto percentual) na proporção total das despesas diretas em medicamentos, houve importantes mudanças distributivas. O peso de gastos em medicamentos experimentou uma redução principalmente nos três últimos quintis, contudo, mais para as classes média e média-baixa (quintis dois e três) do que para os mais pobres.

Serviços ambulatoriais são o segundo maior item de despesa, mas, em comparação com os medicamentos, representam uma porcentagem maior dos gastos das famílias mais ricas, embora a diferença também esteja diminuindo (exceto no México e no Peru, onde ocorreram poucas mudanças). Serviços hospitalares tendem a absorver uma proporção mais modesta dos gastos diretos das famílias em saúde (menos de 10%), exceto na Colômbia e no México, onde a porcentagem é de 30%-37% e 18%-27%, respectivamente. No caso do México, a distribuição entre os grupos de renda é razoavelmente uniforme; na Colômbia está concentrada entre os ricos. A porcentagem de distribuição de despesas familiares com serviços laboratoriais e de diagnóstico mostrou pouca mudança. Esta última constatação é surpreendente tendo em conta a crescente carga das DNT; testes de diagnósticos são importantes na detecção e gestão dessas condições.

Isto ilustra algumas das deficiências da análise das despesas, dado que depende dos relatórios de despesas reais e, portanto, não nos dizem nada sobre os itens em que as famílias não gastaram dinheiro. Os pobres podem estar renunciando a serviços de diagnósticos necessários, por não poderem pagá-los. De fato, sabemos das seções anteriores que os pobres têm uma defasagem em relação aos ricos na utilização de serviços-chave de diagnóstico como o rastreamento do câncer cervical e de mama. Os dados sobre os gastos diretos das famílias em saúde não conseguem captar isto, porque não se realiza nenhuma compra, portanto não aparece como uma despesa familiar. Igualmente, pouco se percebe sobre os tipos dos bens e serviços de saúde adquiridos. Estes foram opcionais, necessários ou mesmo eficazes? Além disso, uma redução das barreiras financeiras, muitas vezes uma característica de programas para avançar rumo à cobertura universal de saúde, podem resultar em mais aquisições de serviços relacionados com a saúde devido à demanda latente. Por estas razões, é difícil interpretar dados da incidência de gastos catastróficos entre as distribuições de renda. Idealmente, precisaríamos de mais informação detalhada sobre a origem destes gastos, particularmente se são opcionais ou não.

A figura 4.28 mostra o índice de concentração para gastos catastróficos, assim como mudanças ao longo do tempo, quando disponíveis. Na maioria dos países, as despesas catastróficas prejudicam menos os ricos, mas nem sempre. No Brasil, Colômbia, Guatemala e Jamaica, estes gastos estão concentrados entre os pobres, embora em menor escala na Colômbia, onde as desigualdades estão diminuindo. As desigualdades, quando medidas pela distribuição na população inteira, estão aumentando em vários países, independentemente se os gastos catastróficos se concentrem mais entre os ricos ou entre os pobres; em todos os casos as diferenças são significativas estatisticamente.

Os formuladores de políticas podem estar particularmente interessados em saber se os pobres estão sendo desproporcionalmente sobrecarregados com os gastos em saúde. As Figuras 4.29 e 4.30 mostram, respectivamente, a incidência de despesas catastróficas em saúde entre os 40% mais pobres da população, comparando com a incidência nos 60% mais ricos, e a escala de empobrecimento devido aos gastos em saúde. O empobrecimento é medido como a diferença entre o que a taxa de pobreza teria sido se os domicílios não efetuassem gastos diretos em saúde comparado com a taxa de pobreza de fato observada. Em todos

Figura 4.28 Índice de concentração para despesas catastróficas em saúde, 2004–2010 (ou ano mais próximo)

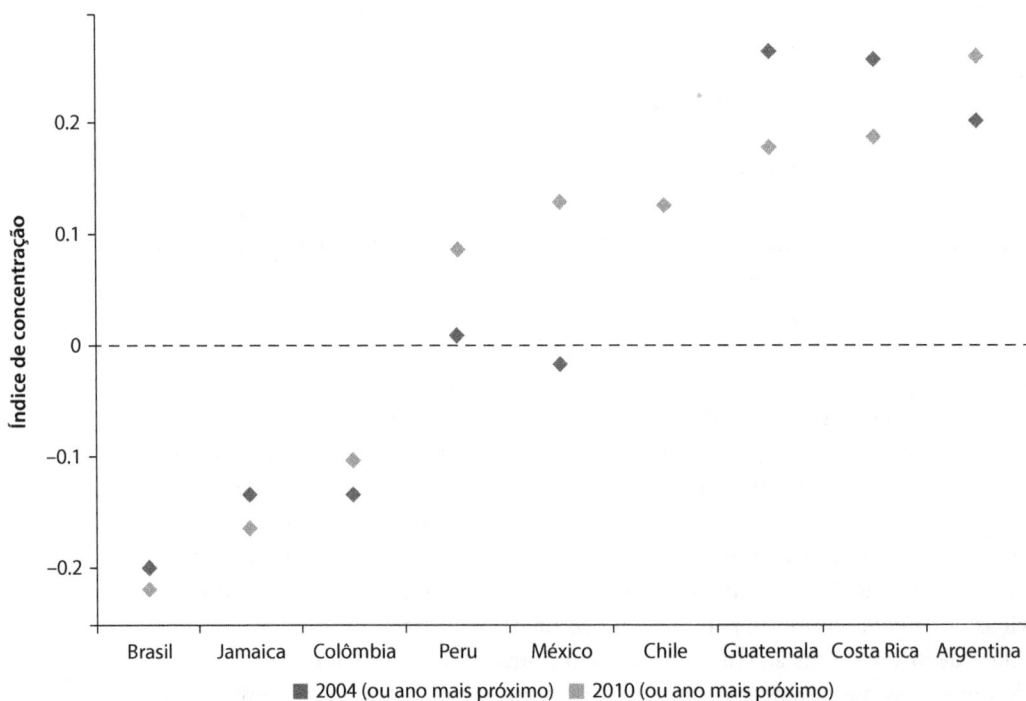

■ 2004 (ou ano mais próximo)   ▓ 2010 (ou ano mais próximo)

Fontes: Estimativas próprias baseadas em Argentina — ENGH 1997 e 2005; Brasil — POF 2002-03 e 2009-09; Chile — ESGS 2006; Colômbia — ECV, 2008 e 2010; Costa Rica — ENIG 2004 e 2013; Guatemala — ENCOVI 2006 e 2011; Jamaica — JSLC 2007 e 2009; México — ENIGH 2000 e 2010; Peru — ENAHO 2004 e 2008.
Nota: O índice de concentração é em prol dos pobres quando abaixo de zero e em prol dos ricos quando acima de zero. Despesas catastróficas em saúde definidas como 25% do limite do consumo não-alimentar.

Rumo a uma cobertura universal de saúde e equidade na América Latina e no Caribe
http://dx.doi.org/10.1596/978-1-4648-0920-0

Figura 4.29 Incidência de despesas catastróficas em saúde entre os 40% mais pobres da população, 2000–10 (ou ano mais próximo)

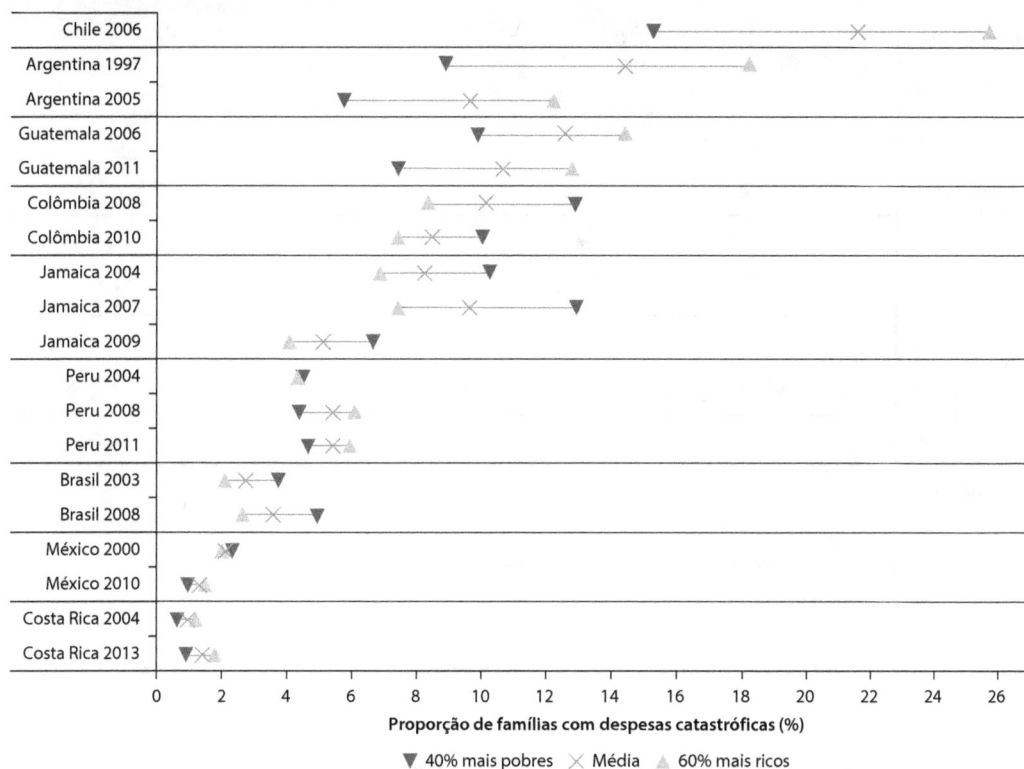

Proporção de famílias com despesas catastróficas (%)

▼ 40% mais pobres   ✕ Média   ▲ 60% mais ricos

Fontes: Estimativas próprias baseadas em Argentina — ENGH 1997 e 2005; Brasil — POF 2002-03 e 2009-09; Chile — ESGS 2006; Colômbia — ECV, 2008 e 2010; Costa Rica — ENIG 2004 e 2013; Guatemala — ENCOVI 2006 e 2011; Jamaica — JSLC 2007 e 2009; México — ENIGH 2000 e 2010; Peru — ENAHO 2004 e 2008.
Nota: Despesas catastróficas em saúde definidas como 25% do limite do consumo não-alimentar.

os países, os gastos catastróficos para os 40% menos favorecidos e para a população geral moveram-se em conjunto, a maioria declinando ao longo do tempo, com exceção do Brasil e Peru, onde como mencionado acima, houve um ligeiro aumento. A taxa de pobreza atribuída aos gastos em saúde é menor na Costa Rica, Argentina e México, onde também diminuiu, e maior no Peru e na Jamaica. A diferença vem diminuindo na Colômbia e na Guatemala, mas aumentando no Brasil e no Peru.

Acompanhando o progresso através de medidas síntese

Os dados apresentados na seção anterior não respondem diretamente a questão de se há ou não uma conexão casual entre os programas implementados e as mudanças ocorridas nos resultados de saúde, utilização dos serviços ou proteção financeira. Várias avaliações abrangentes foram realizadas na região que estabelecem que as reformas de saúde tiveram um impacto positivo (Dow e Schmeer 2003; Frenz *et al.* 2013; Gertler, Martinez e Celhay 2011; Macinko *et al.* 2006;

Figura 4.30 Empobrecimento atribuído a gastos diretos das famílias em saúde, 2000–2010 (ou ano mais próximo)

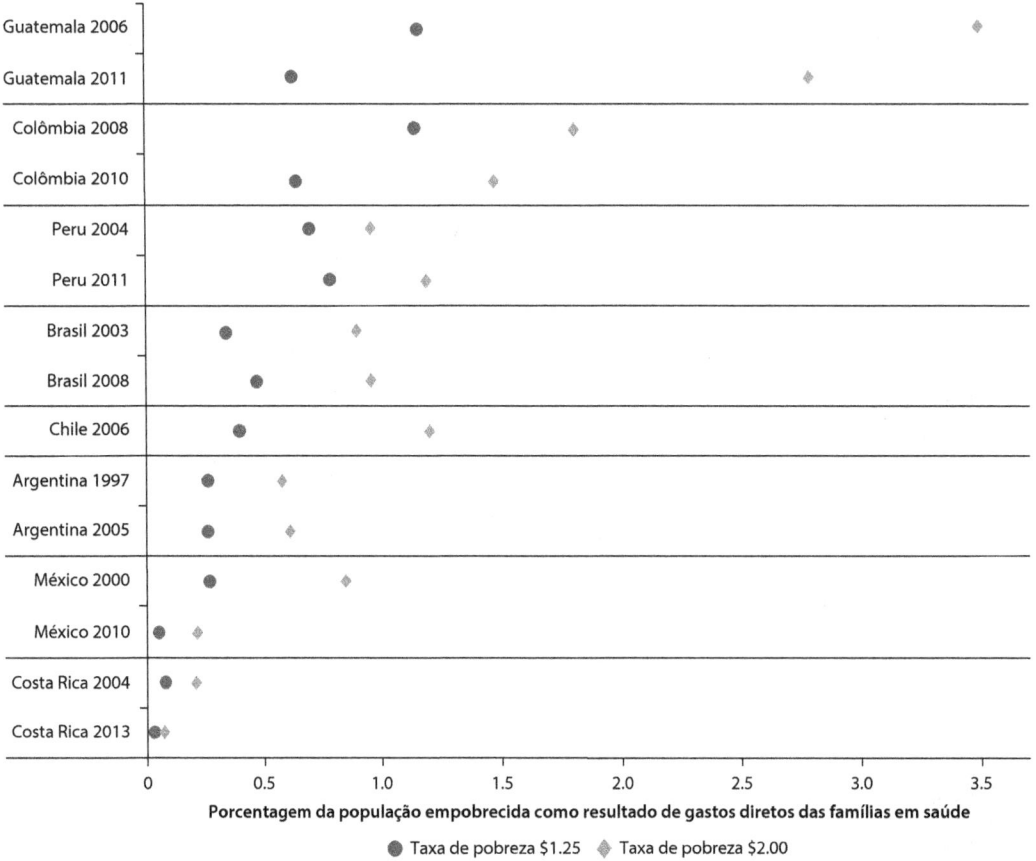

Porcentagem da população empobrecida como resultado de gastos diretos das famílias em saúde

● Taxa de pobreza $1.25   ◆ Taxa de pobreza $2.00

Fontes: Estimativas próprias baseadas em Argentina — ENGH 1997 e 2005; Brasil—POF 2002-03 e 2009-09; Chile — ESGS 2006; Colômbia — ECV, 2008 e 2010; Costa Rica — ENIG 2004 e 2013; Guatemala — ENCOVI 2006 e 2011; Jamaica—JSLC 2007 e 2009; México — ENIGH 2000 e 2010; Peru — ENAHO 2004 e 2008.

Rasella, Aquino e Barreto 2010). Giedion, Alfonso e Díaz (2013) conduziram uma revisão da literatura do impacto dos esquemas da cobertura universal nos países em desenvolvimento e concluíram que a robustez da evidência varia dependendo do resultado medido. A evidência é mais forte no que se refere ao impacto positivo do acesso aos cuidados de saúde. Além disso, os estudos indicaram que este impacto é heterogêneo, com benefícios acumulados principalmente em grupos socioeconômicos em pior situação. Isto sugere que o acompanhamento da equidade na utilização dos serviços de saúde, pode ser uma boa medida representativa do progresso em direção à cobertura universal de saúde em todos os países.

Os dados de utilização de serviços analisados em detalhe nas sessões anteriores foram compilados abaixo, de maneira a permitir aos países avaliar seu progresso no aumento do nível e da distribuição da cobertura dos serviços ao longo do tempo em relação aos outros países da região. O quadro marcado em verde delimita o trecho em que tanto os níveis da utilização do serviço estão acima da média regional quanto a desigualdade relativa entre os grupos de renda é menor do que a média regional. Os serviços foram agrupados em duas grandes categorias. A primeira inclui serviços de saúde reprodutiva, materna, neonatal e infantil que resultaram ser efetivos em relação a custo em prevenir mortes maternas e infantis (Jamison *et al.* 2006, 2013); estes são serviços relacionados aos ODM. O segundo grupo inclui serviços para a população em geral e algumas intervenções de DNT. Todos os indicadores de prestação de serviços selecionados têm a característica de que é melhor mais que menos destes serviços e são delimitados para estarem entre 0 e 100% e a cobertura desejável é 100%.

A região tem geralmente altos níveis de intervenções relacionadas aos ODM, particularmente serviços de saúde materno para os quais a cobertura dos serviços se aproxima de 100% (Figura 4.31). Além disso, com poucas exceções, a tendência é que os países estão no caminho certo, com maiores níveis de cobertura e de utilização menos concentrada em favor dos ricos ao longo do tempo. A cobertura é particularmente equitativa para programas de saúde

Figura 4.31 Acompanhamento do progresso quanto ao nível e distribuição dos serviços relacionados aos ODM, 1995–2010 (ou ano mais próximo)

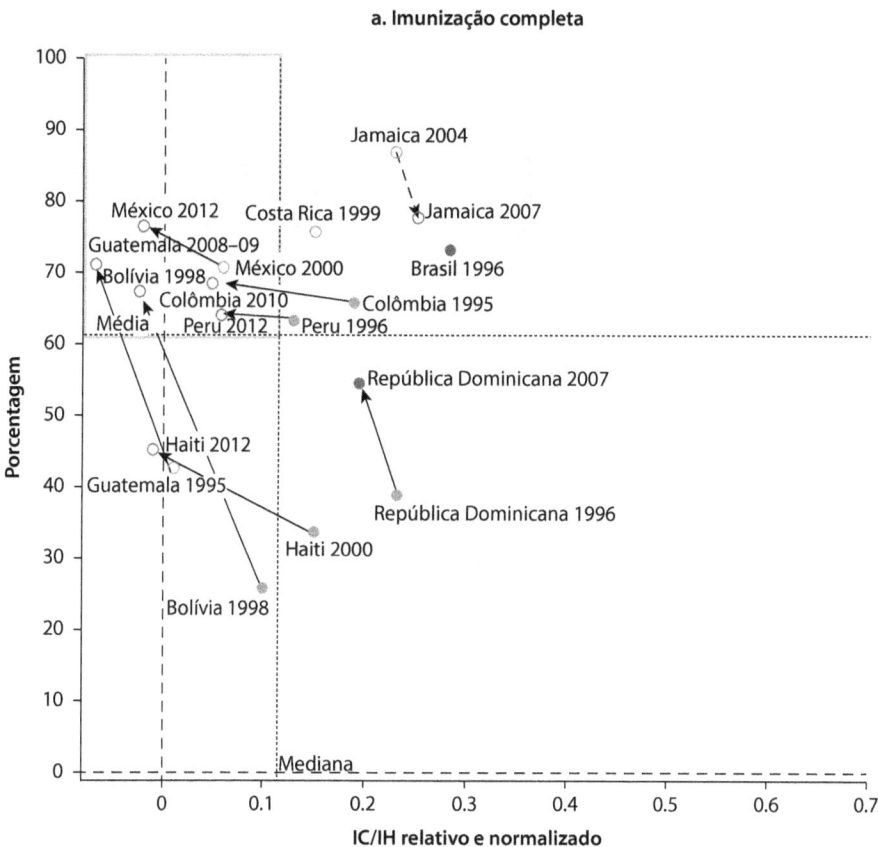

a. Imunização completa

figura continua na página seguinte

Rumo a uma cobertura universal de saúde e equidade na América Latina e no Caribe
http://dx.doi.org/10.1596/978-1-4648-0920-0

Figura 4.31 Acompanhamento do progresso quanto ao nível e distribuição dos serviços relacionados aos ODM, 1995–2010 (ou ano mais próximo) *(continuação)*

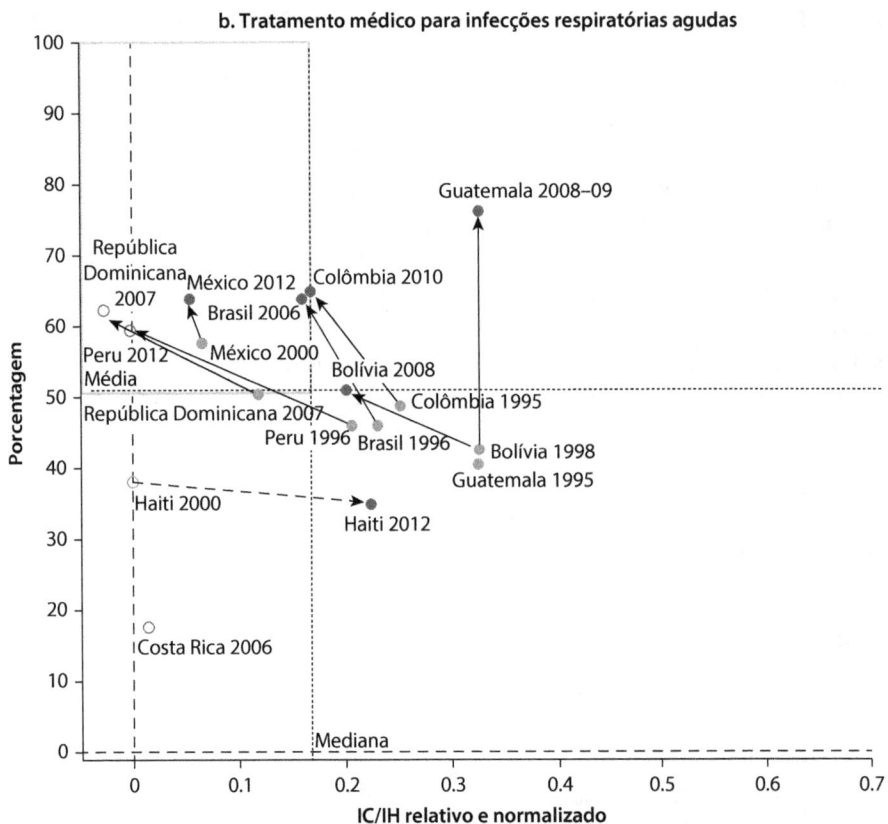

b. Tratamento médico para infecções respiratórias agudas

figura continua na página seguinte

Figura 4.31 Acompanhamento do progresso quanto ao nível e distribuição dos serviços relacionados aos ODM, 1995–2010 (ou ano mais próximo) *(continuação)*

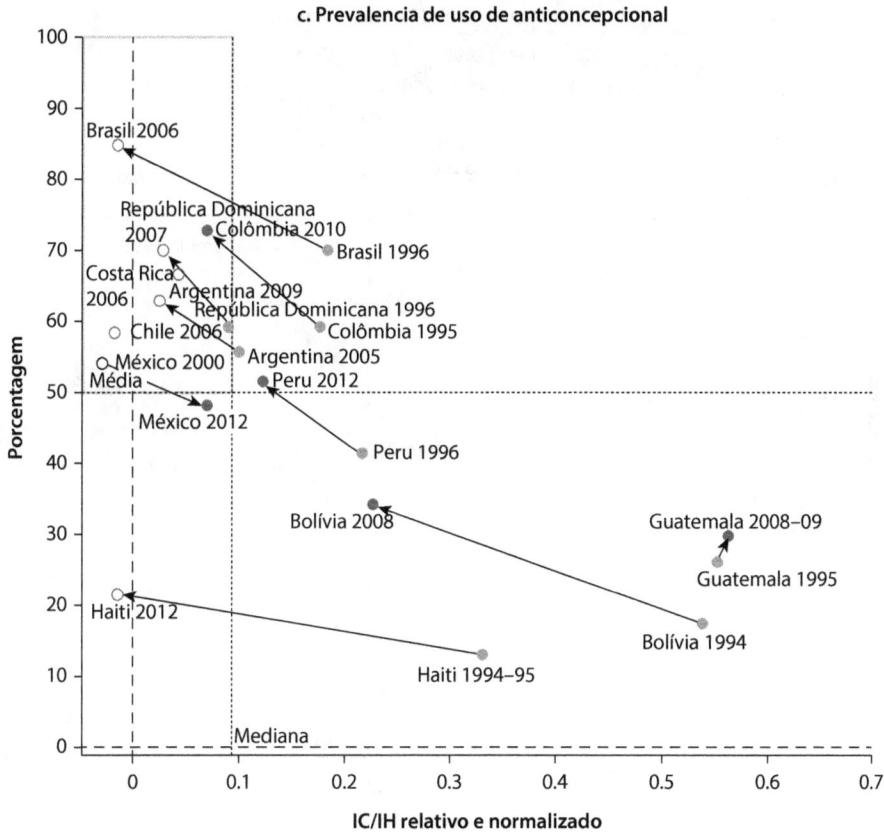

c. Prevalencia de uso de anticoncepcional

Eixo Y: Porcentagem (0–100)
Eixo X: IC/IH relativo e normalizado (0–0.7)

Brasil 2006, República Dominicana 2007, Colômbia 2010, Brasil 1996, Costa Rica 2006, Argentina 2009, República Dominicana 1996, Chile 2006, Colômbia 1995, México 2000, Argentina 2005, Média, Peru 2012, México 2012, Peru 1996, Bolívia 2008, Guatemala 2008–09, Guatemala 1995, Haiti 2012, Bolívia 1994, Haiti 1994–95, Mediana

figura continua na página seguinte

Rumo a uma cobertura universal de saúde e equidade na América Latina e no Caribe
http://dx.doi.org/10.1596/978-1-4648-0920-0

Figura 4.31 Acompanhamento do progresso quanto ao nível e distribuição dos serviços relacionados aos ODM, 1995–2010 (ou ano mais próximo) *(continuação)*

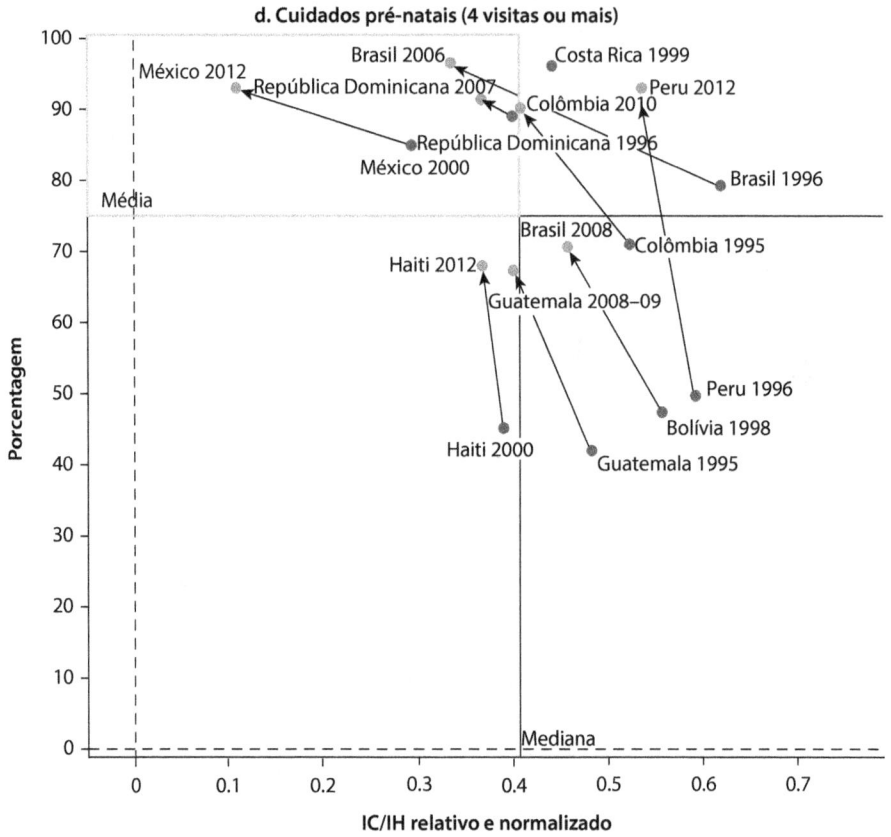

d. Cuidados pré-natais (4 visitas ou mais)

figura continua na página seguinte

Figura 4.31 Acompanhamento do progresso quanto ao nível e distribuição dos serviços relacionados aos ODM, 1995–2010 (ou ano mais próximo) *(continuação)*

e. Atendimento a partos por pessoal de saúde

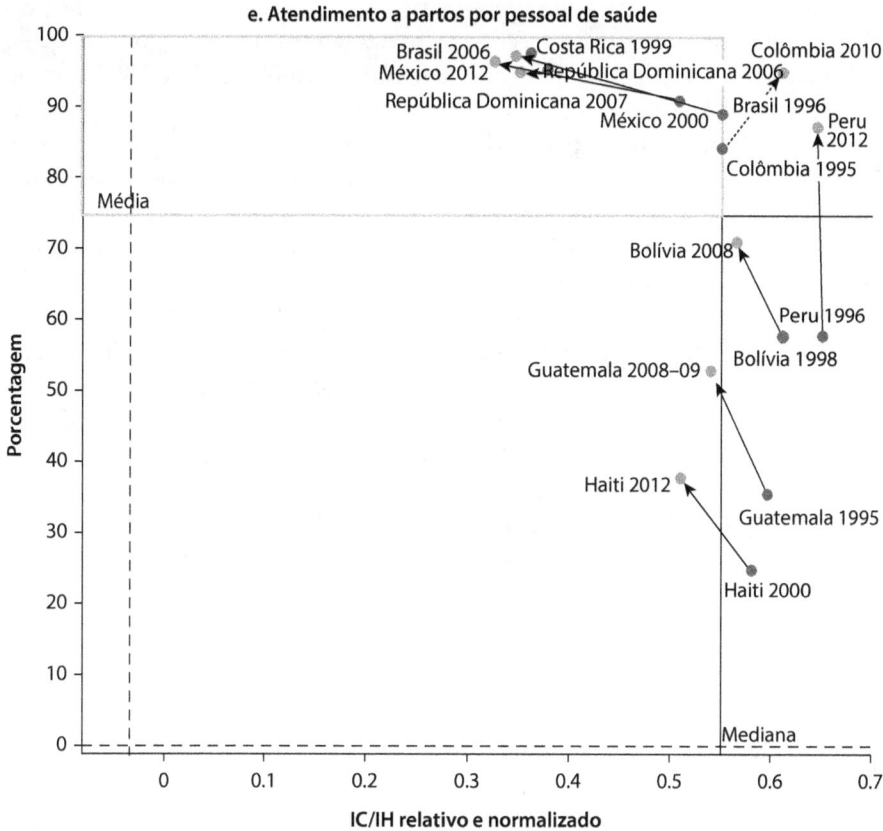

Nota: O quadrante a noroeste refere-se a médias altas, baixa desigualdade; o quadrante a nordeste refere-se a médias altas, alta desigualdade; o quadrante a sudoeste refere-se a média baixa, baixa desigualdade; e o quadrante a sudeste refere-se a média baixa, alta desigualdade. Os pontos representam IC/IH estatisticamente significantes a 5%. Os círculos representam IC/IH que não são significantes estatisticamente neste nível. Azul representa o ano mais antigo da pesquisa, enquanto laranja representa o ano mais recente ou um só ano de pesquisa. IC/IH = índice de concentração/índice de iniquidade horizontal.

públicos tais como o planejamento familiar e a imunização; muitos países alcançaram uma igualdade quase completa na prevalência anticoncepcional. Deve-se notar que as taxas de imunização obtidas de pesquisas baseadas na população são invariavelmente mais baixas que os resultados relatados usando dados administrativos, os quais proporcionam cifras de cobertura para a região como um todo entre 93%-96%, dependendo da vacina (OPAS 2013).

Entretanto, a posição relativa dos países, é geralmente mantida. O Peru é uma exceção no sentido de que os números de 2004-2008 o colocam abaixo da média e mostram um declínio na cobertura de imunização. Serviços de atenção primária, como tratamento médico de infecções respiratórias agudas e cuidado prénatal, são mais concentrados entre os ricos que programas de saúde pública, mas menos do que partos atendidos por profissionais, que normalmente são realizados em hospitais. O Brasil, a República Dominicana e o México têm um bom nível e distribuição da cobertura entre estes serviços primários. Seria interessante comparar seu desempenho ao de outros países da ALC que foram usados pela Comissão Lancet – que revisou o caso de investimentos em saúde por ocasião do 20° aniversário do Relatório sobre o Desenvolvimento Mundial de 1993 – como uma referência por alcançar altos níveis no estado de saúde em 2011, apesar de serem classificados como países de renda média-baixa duas décadas antes. (Jamison *et al.* 2013). Entretanto, surpreendentemente, nem o Chile nem a Costa Rica tem dados de tendência em pesquisas para variáveis de saúde materna e infantil. Pesquisas demográficas de saúde são geralmente a fonte para esta informação, e países em desenvolvimento geralmente recebem suporte financeiro e assistência técnica para implementação através da Agência dos Estados Unidos para o Desenvolvimento Internacional. O Chile e a Costa Rica não se beneficiaram deste apoio, talvez precisamente por causa de seus altos níveis de conquistas em saúde e desenvolvimento humano em geral.

Sem exceções, os países na região estão progredindo em direção a uma maior cobertura de visitas preventivas e rastreamento do câncer cervical e de mama (figura 4.32). Mas a cobertura para intervenções de DNTs são consideravelmente menores que aquelas para serviços de saúde reprodutivos, maternos e infantis. A cobertura de visitas preventivas é particularmente baixa. Com poucas exceções, estes serviços são mais utilizados pelos ricos que pelos pobres, embora as desigualdades estejam diminuindo. Serviços prestados em um ambiente de cuidados primários, como visitas preventivas gerais e rastreamento do câncer cervical, são menos concentradas entre os ricos do que a mamografia, a qual requer assistência especializada e equipamentos de imagem. Em comparação, a citologia Papanicolau é uma intervenção de baixo custo, fazendo com que a baixa cobertura em alguns países seja algo surpreendente.

Os indicadores revisados aqui estão muito voltados para intervenções preventivas, confirmando outras constatações em termos da revisão de indicadores que revelaram haver uma escassez de bons indicadores para tratamento e cobertura para países em desenvolvimento (OMS e Banco Mundial 2014). Isto é particularmente visível nos serviços relacionados com o tratamento e controle de doenças não transmissíveis, que é uma falha fundamental à luz da crescente carga associada a esta categoria de doenças. A complexidade do pacote essencial com as melhores intervenções clínicas para o controle de doenças não transmissíveis colocam em questão se as pesquisas populacionais são um instrumento apropriado para rastrear o progresso na prestação destes serviços. Por exemplo, é bastante simples determinar com uma entrevista domiciliar se uma mulher grávida teve o parto realizado por um profissional capacitado ou se uma criança recebeu o ciclo completo de vacinação (embora como discutido anteriormente, os resultados podem ainda diferenciar-se dos dados administrativos). Por outro lado, as intervenções no pacote essencial da OMS para doença cardíaca isquêmica, por exemplo, incluem aconselhamento e uso de diversos medicamentos para pessoas que tiveram um ataque cardíaco ou estão em alto risco ($\geq 30\%$) de um evento cardiovascular nos próximos 10 anos, e tratamento de ataques

Figura 4.32 Acompanhamento do progresso quanto ao nível e distribuição de serviços de DNT, 1995–2010 (ou ano mais próximo)

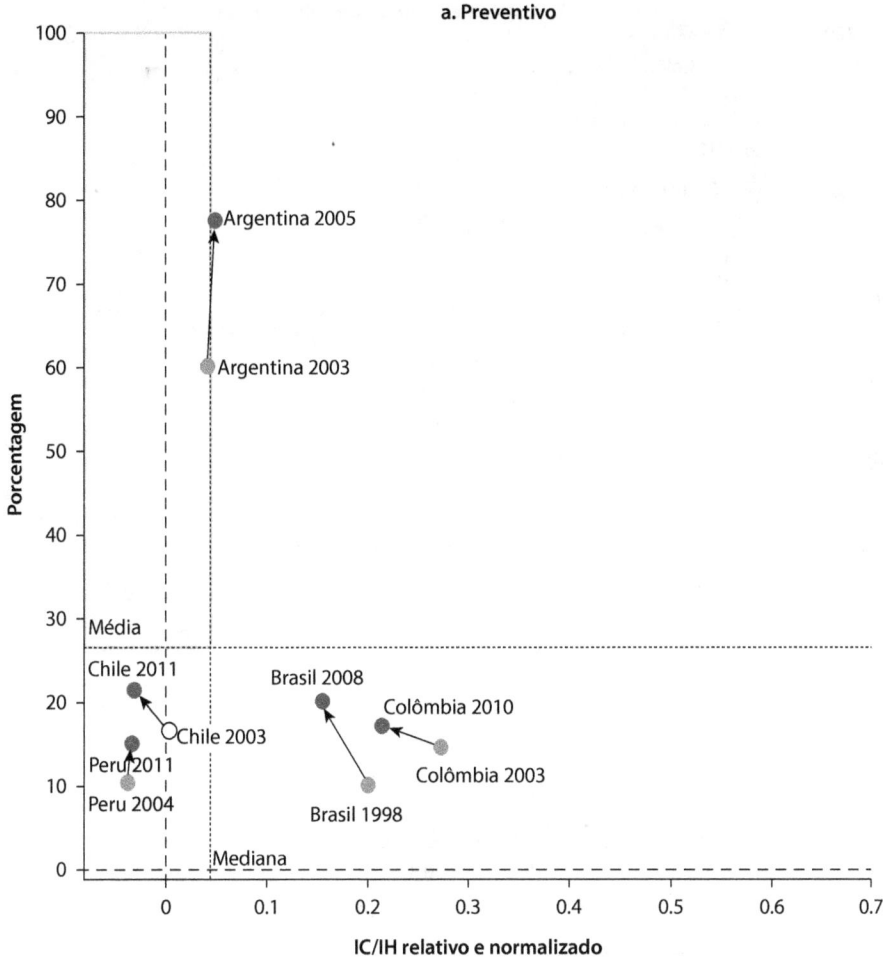

a. Preventivo

figura continua na página seguinte

Rumo a uma cobertura universal de saúde e equidade na América Latina e no Caribe
http://dx.doi.org/10.1596/978-1-4648-0920-0

Figura 4.32 Acompanhamento do progresso quanto ao nível e distribuição de serviços de DNT, 1995–2010 (ou ano mais próximo) *(continuação)*

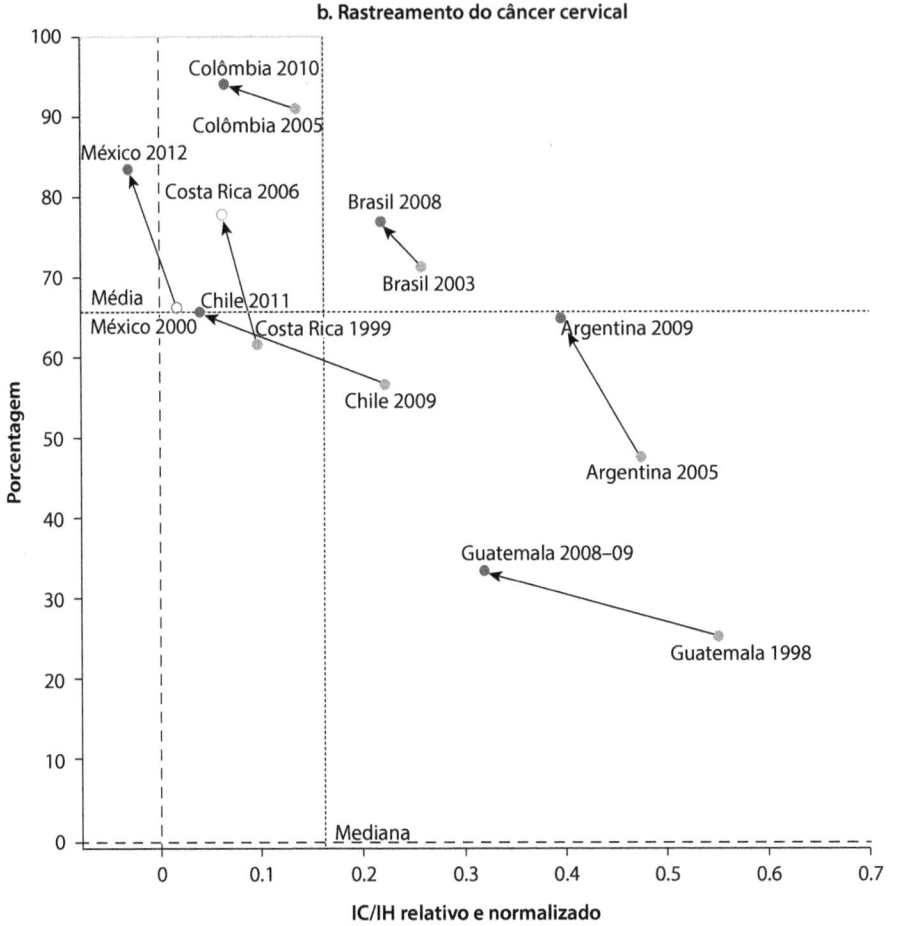

b. Rastreamento do câncer cervical

(eixo Y: Porcentagem; eixo X: IC/IH relativo e normalizado)

Colômbia 2010 · Colômbia 2005 · México 2012 · Costa Rica 2006 · Brasil 2008 · Brasil 2003 · Média · Chile 2011 · México 2000 · Costa Rica 1999 · Argentina 2009 · Chile 2009 · Argentina 2005 · Guatemala 2008–09 · Guatemala 1998 · Mediana

figura continua na página seguinte

Figura 4.32 Acompanhamento do progresso quanto ao nível e distribuição de serviços de DNT, 1995–2010 (ou ano mais próximo) *(continuação)*

c. Rastreamento do câncer de mama

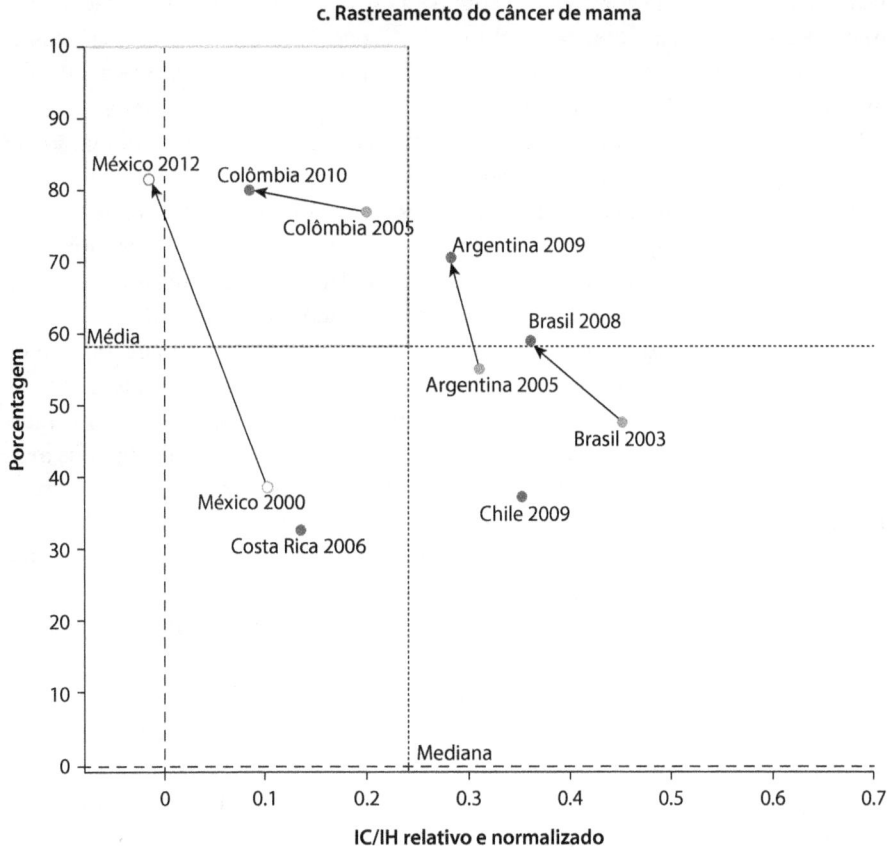

Nota: O quadrante noroeste refere-se a médias elevadas e baixa desigualdade; o quadrante nordeste refere-se a médias elevadas e grande desigualdade; o quadrante sudoeste refere-se a médias reduzidas e pequena desigualdade; e o quadrante sudeste refere-se a médias reduzidas e grande desigualdade. Pontos representam CI/HI estatisticamente significante a 5%. Círculos representam CI/HI sem significância estatística a 5%. Azul representa o ano mais antigo da pesquisa, enquanto laranja representa o ano mais recente ou único da pesquisa.
CI/HI = Índice de concentração/índice de iniquidade horizontal.

cardíacos com aspirina (Jamison *et al.* 2013). Enquanto medicamentos para a redução do risco cardiovascular podem ser englobados para outros males, há uma variedade de combinações de fármacos que são receitados dependendo das características individuais do paciente. Esta complexidade dificulta isolar os indicadores de prestação de serviços que teria uma população alvo identificada por de uma entrevista domiciliar e para quem a meta de cobertura seria de 100%.

Os registros administrativos fornecem dados mais detalhados para o acompanhamento, tratamento e controle de doenças crônicas e não transmissíveis, particularmente se consideramos a qualidade (discutida no próximo capítulo). No entanto, avaliar a dimensão da equidade – que argumentamos como essencial para acompanhar o progresso rumo à cobertura universal de saúde – requer análise de dados administrativos estratificados por medidas de status socioeconômicos ou outro fator determinante social relevante. Como os sistemas de informação de saúde tendem a não registrar a renda do paciente, alguns estudos usam o lugar de residência como uma variável substituta para estratificação por status socioeconômico. A análise é mais robusta quando áreas geográficas são mais homogêneas, o que geralmente requer informação sobre o bairro de residência. Em geral, isto implicaria refinar os sistemas de informação sanitária usados nos países em desenvolvimento. Provavelmente as análises de DNT incluirão uma combinação de dados de pesquisas e dados administrativos.

Em sua abrangente revisão das avaliações dos esquemas de cobertura universal, Giedion, Alfonso e Díaz (2013) encontraram evidência do seu impacto positivo na proteção financeira. Entretanto, ela é menos convincente do que a evidência do impacto sobre utilização dos serviços. Existem menos estudos referentes ao efeito sobre a proteção financeira, e a evidência é mais forte se os programas resultarem em declínio nos gastos diretos mais do que nas despesas catastróficas em saúde. Isto se deve a limitações deste tipo de medida, as quais foram analisadas na seção anterior. Embora apenas quatro estudos revisados avaliaram o impacto sobre o empobrecimento, três encontraram um efeito positivo. Isto sugere que o empobrecimento pode ser uma medida melhor do que despesas catastróficas em saúde para monitorar o progresso em toda a dimensão da proteção financeira da cobertura universal de saúde.

Este cenário é menos claro quando observamos nossos resultados sobre os progressos em matéria de proteção financeira. O México é o único país que segue na direção certa, com proporções cada vez menores em despesas catastróficas, redução do empobrecimento devido a gastos em saúde e uma diminuição de gastos diretos das famílias. A Colômbia, por um lado experimentou uma queda nas despesas catastróficas e no empobrecimento, mas viu um aumento na proporção de gastos diretos das famílias nos gastos totais em saúde. O oposto ocorreu no Brasil. No Peru os três indicadores pioraram. O empobrecimento causado pelos gastos em saúde foi mais baixo na Costa Rica e no México, apesar dos altos gastos diretos neste último. O Chile é um caso isolado, com o nível mais alto de despesas catastróficas em saúde entre os países estudados. É lamentável e surpreendente que para o Chile e para a Costa Rica a periodicidade dos dados seja escassa para os indicadores de proteção financeira. Da mesma forma, a próxima pesquisa do Brasil para recolher estas informações está prevista para 2015, ampliando a atual lacuna de cinco anos em, no mínimo, mais dois anos.

Giedion, Alfonso e Díaz (2013) também revisaram o impacto dos esquemas da cobertura universal nos status de saúde e constataram que a maioria dos estudos são inconclusivos, embora poucos tenham demonstrado um impacto positivo. Macinko e outros (2006) constataram que o Programa Saúde da Família contribuiu para queda da mortalidade infantil e outros resultados no Brasil; numa avaliação do *Plan Nacer* na Argentina, Gertler, Martinez e Celhay (2011) constataram que crianças com baixo peso ao nascer e mortes neonatais diminuíram em duas províncias; Dow e Schmeer (2003) concluíram que o seguro de saúde ampliado na Costa Rica causou uma diminuição na mortalidade infantil, embora explique apenas uma pequena parte da diminuição quando controlado por variáveis de confusão. Embora melhorar o status de saúde seja o objetivo final de programas para avançar a cobertura universal de saúde, outros fatores determinantes sociais estão em jogo, vários deles fora do âmbito do setor a saúde. Os países, é claro, devem monitorar os indicadores dos resultados de saúde, mas sozinhos, estes são insuficientes para avaliações completas de programas para avançar rumo à cobertura universal de saúde.

Melhorias na utilização e proteção financeira são objetivos mais imediatos para estes programas. Esta clara relação, apoiada pelos estudos da avaliação dos impactos, sugere que são boas medidas para monitorar o progresso em direção à cobertura universal de saúde. Embora útil para países para marcar sua evolução ao longo do tempo e em relação a outros países, monitorar estas medidas síntese não deve de maneira alguma substituir avaliações exaustivas do impacto dos programas individuais. Os estudos analisados por Giedion, Alfonso e Díaz (2013) revelam que o impacto dos esquemas de cobertura universal na utilização e na proteção financeira varia dependendo do formato do programa e sua implementação. As complexidades dos programas individuais detalhados no próximo capitulo não podem ser totalmente contempladas por meio de medidas simples.

Finalmente, notamos que as variações no acesso e na utilização de serviços de saúde derivam da disponibilidade e qualidade da assistência, do transporte, da acessibilidade, do tempo de espera, do horário de atendimento, de barreiras culturais e linguísticas, da discriminação e das informações e da compreensão dos fatores de risco, entre outros. Esta dinâmica contribui para as desigualdades em resultados de saúde, incluindo mortalidade prematura e maior prevalência de doenças entre os pobres e os menos favorecidos (OMS 2005). Uma posição socioeconômica individual não existe isoladamente e pode produzir um ciclo de desvantagens, incluindo acesso limitado à assistência medica, educação, informação, e outros bens e serviços (UNDP 2005), os quais todos podem impactar o comportamento de saúde. A redução das diferenças entre os ricos e os pobres na utilização de assistência médica necessária requer a eliminação de barreiras ao acesso, para que este ciclo de desvantagem possa ser interrompido. Monitorar e avaliar a cobertura dos serviços e a proteção financeira a níveis locais e nacionais tornam-se essenciais para garantir que as ações corretivas e os programas possam ser implementados para que todos tenham acesso aos serviços que necessitam.

Notas

1. O Uruguai não foi incluído porque não tivemos acesso aos dados de pesquisa para o período em estudo.
2. Ver tabela 3.1 para a categorização dos países de acordo com o nível de segmentação de seus sistemas de saúde.
3. A cobertura de vacinação contra a influenza sazonal e haemophilus influenza aumentou, o que em parte explica a redução nas infecções respiratórias.
4. Deve ser notado que estas taxas de imunização, obtidas de pesquisas baseadas na população, são significativamente inferiores àquelas relatadas na publicação anual da OPAS *Imunização nas Américas*, a qual se baseia em dados administrativos.

Rumo a uma cobertura universal de saúde e equidade na América Latina e no Caribe
http://dx.doi.org/10.1596/978-1-4648-0920-0

5. Isto pode ser visto mais claramente nos dados desagregados no apêndice C.
6. Necessidade como "capacidade de benefício" é dito como sendo a habilidade do indivíduo de se beneficiar da assistência médica. De acordo com Dixon *et al.* (2011), a capacidade de se beneficiar implica que aqueles com pior status de saúde tenham maior necessidade dos serviços de saúde.
7. Capacidade de pagar é definida como a renda após a subsistência básica é cumprida, onde a subsistência é o consumo médio alimentar dos domicílios nos intervalos percentis 44 a 55.

Referências

Almeida, Gisele, and Flávia Mori Sarti. 2013. "Measuring Evolution of Income-Related Inequalities in Health and Health Care Utilization in Selected Latin American and Caribbean Countries." *Revista Panamericana de Salud Pública* 33 (2): 83–89.

Bitrán, Ricardo, Rodrigo Muñoz, and Lorena Prieto. 2010. "Health Insurance and Access to Health Services, Health Services Use and Health Status in Peru." In *The Impact of Health Insurance in Low and Middle Income Countries*, edited by Maria-Luisa Escobar, Charles C. Griffin, and R. Paul Shaw. Washington, DC: Brookings Institution Press.

Bonilla-Chacín, Maria Eugenia, ed. 2014. *Promoting Healthy Living in Latin America and the Caribbean: Governance of Multisectoral Activities to Prevent Risk Factors for Noncommunicable Diseases.* Washington, DC: World Bank.

Bott, S., A. Guedes, M. Goodwin, and J. A. Mendoza. 2012. *Violence against Women in Latin America and the Caribbean: A Comparative Analysis of Population-Based Data from 12 Countries.* Washington, DC: Pan American Health Organization.

Breslau, Naomi, and Edward Peterson. 1996. "Smoking Cessation in Young Adults: Age and Initiation of Cigarette Smoking and Other Suspected Influences." *American Journal of Public Health* 86 (2): 214–20.

Cercone, James, Etoile Pinder, Jose Pacheco Jimenez, and Rodrigo Briceno. 2010. "Impact of Health Insurance on Access, Use, and Health Status in Costa Rica." In *The Impact of Health Insurance in Low and Middle Income Countries*, edited by Maria-Luisa Escobar, Charles C. Griffin, and R. Paul Shaw. Washington, DC: Brookings Institution Press.

CONAPO (Consejo Nacional de Población). 2011. "Índice de marginación por entidad federativa y municipio 2010." Mexico City. http://www.conapo.gob.mx.

Cooper, P. J., L. C. Rodrigues, A. A. Cruz, and M. L. Barreto. 2009. "Asthma in Latin America: A Public Heath Challenge and Research Opportunity." *Allergy* 64 (1): 5–17.

Costa, Eduardo, Mauricio Bregman, Denizar V. Araujo, Claudia H. Costa, and Rogerio Rufino. 2013. "Asthma and the Socio-Economic Reality in Brazil." *World Allergy Organization Journal* 6 (1): 20.

Council on Scientific Affairs. 1986. "Alcohol and the Driver." *JAMA* 255 (4): 522–27.

Couttolenc, Bernard, and Tania Dmytraczenko. 2013. "Brazil's Primary Care Strategy." UNICO Study Series 2, World Bank, Washington, DC.

CSDH (Commission on Social Determinants of Health). 2008. *Closing the Gap in a Generation: Health Equity through Action on the Social Determinants of Health.* Geneva: WHO.

Cunningham, S. A., M. R. Kramer, and K. M. V. Narayan. 2014. "Incidence of Childhood Obesity in the United States." *New England Journal of Medicine* 370: 403–11.

Di Cesare, Mariachiara, Young-Ho Khang, Perviz Asaria, Tony Blakely, Melanie J. Cowan, Farshad Farzadfar, Ramiro Guerrero, Nayu Ikeda, Catherine Kyobutungi, Kelias P. Msyamboza, Sophal Oum, John W. Lynch, Michael G. Marmot, and Majid Ezzati, on behalf of The Lancet NCD Action Group. 2013. "Inequalities in Non-Communicable Diseases and Effective Responses." *The Lancet* 381 (9866): 585–97.

Dixon, Anna, Julian Le Grand, John Henderson, Richard Murray, and Emmi Poteliakhoff. 2003. "Is the NHS Equitable? A Review of Evidence." LSE Health and Social Care Discussion Paper 11, London School of Economics, London.

———. 2011. "Is the NHS Equitable?: A Review of Evidence." LSE Health and Social Care, London School of Economics and Political Science, London.

Dow, William H., and Kammi K. Schmeer. 2003. "Health Insurance and Child Mortality in Costa Rica." *Social Science & Medicine* 57: 975–86.

Fink, Günther, Isabel Günther, and Kenneth Hill. 2011. "The Effect of Water and Sanitation on Child Health: Evidence from the Demographic and Health Surveys 1986–2007." *International Journal of Epidemiology* 40: 1196–204.

Fiszbein, Ariel, Norbert Rudiger Schady, and Francisco H. G. Ferreira. 2009. *Conditional Cash Transfers: Reducing Present and Future Poverty*. Washington, DC: World Bank.

Forouzanfar, Mohammad H., Kyle J. Foreman, Allyne M. Delossantos, Rafael Lozano, Alan D. Lopez, Christopher J. L. Murray, and Mohsen Naghavi. 2011. "Breast and Cervical Cancer in 187 Countries between 1980 and 2010: A Systematic Analysis." *The Lancet* 378 (9801): 1461–84.

Frenz, Patricia, Iris Delgado, Jay S. Kaufman, and Sam Harper. 2013. "Achieving Effective Universal Health Coverage with Equity: Evidence from Chile." *Health Policy and Planning* 29 (6): 717–31.

Gakidou, Emmanuela, Krycia Cowling, Rafael Lozano, and Christopher J. L. Murray. 2010. "Increased Educational Attainment and Its Effect on Child Mortality in 175 Countries between 1970 and 2009: A Systematic Analysis." *The Lancet* 376 (9745): 959–74.

Gertler, Paul, Sebastian Martinez, and Pablo Celhay. 2011. "Impact of Plan Nacer on the Use of Services and Health Outcomes: Intermediate Results Using Administrative Data from Misiones and Tucuman Provinces." World Bank, Washington, DC.

Giedion, Ursula, Eduardo Andrés Alfonso, and Yadira Díaz. 2013. "The Impact of Universal Coverage Schemes in the Developing World: A Review of the Existing Evidence." UNICO Studies Series 25, World Bank, Washington, DC.

Giedion, Ursula, and Manuela Villar Uribe. 2009. "Colombia's Universal Health Insurance Scheme." *Health Affairs* 28 (3): 853–63.

Gonzalez, Rogelio, Jennifer Harris Requejo, Jyh Kae Nien, Mario Merialdi, Flávia Bustreo, and Ana Pilar Betran. 2009. "Tackling Health Inequities in Chile: Maternal, Newborn, Infant, and Child Mortality between 1990 and 2004." *American Journal of Public Health* 99 (7): 1220–26.

Gragnolati, Michele, Magnus Lindelow, and Bernard Couttolenc. 2013. *Twenty Years of Health System Reform in Brazil: An Assessment of the Sistema Único de Saúde*. Washington, DC: World Bank.

HHS (United States Department of Health and Human Services). 2014. *The Health Consequences of Smoking—50 Years of Progress: A Report of the Surgeon General.* Centers for Disease Control and Prevention, Coordinating Center for Health Promotion, National Center for Chronic Disease Prevention and Health Promotion, Office on Smoking and Health. Atlanta, GA: HHS.

Ider, E. L., and Y. Benyamini. 1997. "Self-Rated Health and Mortality: A Review of Twenty Seven Community Studies." *Journal of Health and Social Behavior* 38: 21–37.

IHME (Institute of Health Metrics and Evaluation). 2010. "Global Burden of Disease Compare, Latin America and Caribbean, DALYs, Both Sexes, under 5 Years." University of Washington, Seattle. http://viz.healthmetricsandevaluation.org/gbd-compare.

IHME (Institute of Health Metrics and Evaluation) and World Bank. 2013. *The Global Burden of Disease: Generating Evidence, Guiding Policy: Latin America and Caribbean Regional Edition.* Seattle, WA: Institute of Health Metrics and Evaluation.

Jamison, Dean T., Joel G. Breman, Anthony R. Measham, George Alleyne, Mariam Claeson, David B. Evans, Prabhat Jha, Anne Mills, and Philip Musgrove, eds. 2006. *Priorities in Health.* Washington, DC: World Bank.

Jamison, Dean T., Lawrence H. Summers, George Alleyne, Kenneth J. Arrow, Seth Berkley, Agnes Binagwaho, Flávia Bustreo, David Evans, Richard G. A. Feachem, Julio Frenk, Gargee Ghosh, Sue J. Goldie, Yan Guo, Sanjeev Gupta, Richard Horton, Margaret E. Kruk, Adel Mahmoud, Linah K. Mohohlo, Mthuli Ncube, Ariel Pablos-Mendez, K. Srinath Reddy, Helen Saxenian, Agnes Soucat, Karen H. Ulltveit-Moe, and Gavin Yamey. 2013. "Global Health 2035: A World Converging within a Generation." *The Lancet* 382 (9908): 1898–955.

Jimenez, Jorge, and Maria Ines Romero. 2007. "Reducing Infant Mortality in Chile: Success in Two Phases." *Health Affairs* 26 (2): 458–65.

Knaul, Felicia Marie, Eduardo González-Pier, Octavio Gómez-Dantés, David García-Junco, Héctor Arreola-Ornelas, Mariana Barraza-Lloréns, Rosa Sandoval, Francisco Caballero, Mauricio Hernández-Avila, Mercedes Juan, David Kershenobich, Gustavo Nigenda, Enrique Ruelas, Jaime Sepúlveda, Roberto Tapia, Guillermo Soberón, Salomón Chertorivski, and Julio Frenk. 2012. "The Quest for Universal Health Coverage: Achieving Social Protection for all in Mexico." *The Lancet* 380 (9849): 1259–79.

Laxminarayan, Ramanan, and Lori Ashford. 2008. "Using Evidence about 'Best Buys' to Advance Global Health." Disease Control Priorities Project.

Liu, Li, Hope L. Johnson, Simon Cousens, Jamie Perin, Susana Scott, Joy E. Lawn, Igor Rudan, Harry Campbell, Richard Cibulskis, Mengying Li, Colin Mathers, and Robert E. Black, for the Child Health Epidemiology Reference Group of WHO and UNICEF. 2012. "Global, Regional, and National Causes of Child Mortality: An Updated Systematic Analysis for 2010 with Time Trends Since 2000." *The Lancet* 379 (9832): 2151–61.

Lora, Eduardo. 2012. "Health Perceptions in Latin America." *Health Policy and Planning* 27 (7): 555–69.

Macinko, James, Frederico C. Guanais, Maria de Fatima, and Marinho de Souza. 2006. "Evaluation of the Impact of the Family Health Program on Infant Mortality in Brazil, 1990–2002." *Journal of Epidemiology and Community Health* 60 (1): 13–19.

Marcus, M., M. T. Yasamy, M. Van Ommeren, D. Chisholm, and S. Saxena. 2012. "Depression: A Global Public Health Concern." World Federation of Mental Health, World Health Organization, Perth, Australia.

Mayhew, D. R., A. C. Donelson, D. J. Beirness, and H. M. Simpson. 1986. "Youth, Alcohol and Relative Risk of Crash Involvement." *Accident, Analysis & Prevention* 18 (4): 273–87.

Miller, Anthony B., Claus Wall, Cornelia J. Baines, Ping Sun, Teresa To, and Steven A. Narod. 2014. "Twenty Five Year Follow-Up for Breast Cancer Incidence and Mortality of the Canadian National Breast Screening Study: Randomised Screening Trial." *British Medical Journal* 348:1–10.

Mossey, Jana M., and Evelyn Shapiro. 1982. "Self-Rated Health: A Predictor of Mortality among the Elderly." *American Journal of Public Health* 72 (8): 800–8.

Mukhtar, Toqir K., David R. G. Yeates, and Michael J. Goldacre. 2013. "Breast Cancer Mortality Trends in England and the Assessment of the Effectiveness of Mammography Screening: Population-Based Study." *Journal of the Royal Society of Medicine* 106 (6): 234–42.

Neffen, Hugo, Carlos Fritscher, Francisco Cuevas Schacht, Gur Levy, Pascual Chiarella, Joan B. Soriano, and Daniel Mechali. 2005. "Asthma Control in Latin America: The Asthma Insights and Reality in Latin America (AIRLA) Survey." *Revista Panamericana de Salud Pública* 17 (3): 191–97.

O'Donnell, Owen A., and Adam Wagstaff. 2008. *Analyzing Health Equity Using Household Survey Data: A Guide to Techniques and Their Implementation.* Washington, DC: World Bank.

OECD (Organisation for Economic Co-operation and Development). 2004. *Towards High-Performing Health Systems.* Paris: OECD.

———. 2011. *Health at a Glance 2011: OECD Indicators.* Paris: OECD. doi: 10.1787/health_glance-2011-en.

Omer, Saad B., Daniel A. Salmon, Walter A. Orenstein, M. Patricia de Hart, and Neal Halsey. 2009. "Vaccine Refusal, Mandatory Immunization, and the Risks for Vaccine-Preventable Diseases." *New England Journal of Medicine* 360 (19): 1981–88.

PAHO (Pan American Health Organization). 2012. "Health in the Americas: Regional Outlook and Country Profiles." PAHO, Washington, DC.

———. 2013. *Cancer in the Americas: Country Profiles 2013.* Washington, DC: PAHO.

———. 2014. "Strategy for Universal Access to Health and Universal Health Coverage." Document CD53/5, Rev 2, 53rd Directing Council, PAHO, Washington, DC.

Pearce, Neil, Nadia Ait-Khaled, Richard Beasley, Javier Mallol, Ulrich Keil, Ed Mitchell, and Colin Robertson. 2007. "Worldwide Trends in the Prevalence of Asthma Symptoms: Phase III of the International Study of Asthma and Allergies in Childhood (ISAAC)." *Thorax* 62 (9): 758–66.

Rasella, Davide, Rosana Aquino, and Mauricio L. Barreto. 2010. "Reducing Childhood Mortality from Diarrhea and Lower Respiratory Tract Infections in Brazil." *Pediatrics* 126 (3): e534–40.

Richardson, Vesta, Joselito Hernandez-Pichardo, Manjari Quintanar-Solares, Marcelino Esparza-Aguilar, Brian Johnson, Cesar Misael Gomez-Altamirano, Umesh Parashar, and Manish Patel. 2010. "Effect of Rotavirus Vaccination on Death from Childhood Diarrhea in Mexico." *New England Journal of Medicine* 362 (4): 299–305.

Rudan, Igor, Cynthia Boschi-Pinto, Zrinka Biloglav, Kim Mulholland, and Harry Campbell. 2008. "Epidemiology and Etiology of Childhood Pneumonia." *Bulletin of the World Health Organization* 86 (5): 408–16.

Seguridad, Justicia y Paz. 2013. "Metodología del ranking (2013) de las 50 ciudades más violentas del mundo." http://www.seguridadjusticiaypaz.org.mx/biblioteca/summary/5-prensa/177-por-tercer-ano-consecutivo-san-pedro-sula-es-la-ciudad-mas-violenta-del-mundo.

Shengelia, Bakhuti, Ajay Tandon, Orvill B. Adams, and Christopher J. L. Murray. 2005. "Access, Utilization, Quality, and Effective Coverage: An Integrated Conceptual Framework and Measurement Strategy." *Social Science and Medicine* 61 (1): 97–109.

Tabár, Laszlo, Bedrich Vitak, Tony Hsiu-His Chen, Amy Ming-Fang Yen, Anders Cohen, Tibor Tot, Sherry Yueh-Hsia Chiu, Sam Li-Sheng Chen, Jean Ching-Yuan Fann, Johan Rosell, Helena Fohlin, Robert A. Smith, and Stephen W. Duffy. 2011. "Swedish Two-County Trial: Impact of Mammographic Screening on Breast Cancer Mortality during 3 Decades." *Radiology-Radiological Society of North America* 260 (3): 658.

Torres, A., O. L. Sarmiento, C. Stauber, and R. Zarama. 2013. "The Ciclovia and Cicloruta Programs: Promising Interventions to Promote Physical Security and Social Capital in Bogotá, Colombia." *American Journal of Public Health* 103 (2): e23–30.

UNDP (United Nations Development Program). 2005. *Inequality in Health and Human Development.* New York: UNDP.

UNICEF (United Nations Children's Fund), World Health Organization, World Bank, and United Nations. 2013. *Levels and Trends in Child Mortality Report 2013: Estimates Developed by the UN Inter-Agency Group for Child Mortality Estimation.* New York: UNICEF.

USPSTF (U.S. Preventive Services Task Force). 2012. "Screening for Cervical Cancer—Clinical Summary of U.S. Preventive Services Task Force Recommendation." Agency for Healthcare Research and Quality, U.S. Department of Health and Human Services, Washington, DC. http://www.uspreventiveservicestaskforce.org/uspstf/uspscerv.htm.

van Doorslaer, E., and C. Masseria. 2004. *Income-Related Inequalities in the Use of Medical Care in 21 OECD Countries.* Paris: OECD.

Victora, Cesar G., Estela M. L. Aquino, Maria do Carmo Leal, Carlos Augusto Monteiro, Fernando C. Barros, and Celia L. Szwarcwald. 2011. "Maternal and Child Health in Brazil: Progress and Challenges." *The Lancet* 377 (9780): 1863–76.

Wagstaff, Adam. 2011. "The Concentration Index of a Binary Outcome Revisited." *Health Economics* 20 (10): 1155–60.

Wagstaff, Adam, Marcel Bilger, Zurba Sajaia, and Michael Lokshin. 2011. *Health Equity and Financial Protection.* Washington, DC: World Bank.

Wagstaff, Adam, and Eddy van Doorslaer. 2000. "Measuring and Testing for Inequity in the Delivery of Health Care." *Journal of Human Resources* 35 (4): 716–33.

———. 2003. "Catastrophe and Impoverishment in Paying for Health Care: With Applications to Vietnam 1993–1998." *Health Economics* 12 (11): 921–33.

WHO (World Health Organization). 2005. "Action on the Social Determinants of Health: Learning from Previous Experiences." Commission on Social Determinants of Health. World Health Organization, Geneva.

———. 2008. *The World Health Report 2008: Primary Health Care—Now More Than Ever.* Geneva: WHO.

———. 2010. *The World Health Report—Health Systems Financing: The Path to Universal Coverage.* Geneva: WHO.

———. 2011. *Global Status Report on Alcohol and Health*. Geneva: WHO. http://www.who.int/substance_abuse/publications/global_alcohol_report/en.

WHO and World Bank. 2014. "Monitoring Progress toward Universal Health Coverage at Country and Global Levels: A Framework." Joint WHO/World Bank Group Discussion Paper, WHO and World Bank, Washington, DC.

World Bank. 2012. "Datasheet for Bolivia, Brazil, Colombia, Dominican Republic, Guatemala, Haiti and Peru." http://web.worldbank.org/WBSITE/EXTERNAL/TOPICS/EXTHEALTHNUTRITIONANDPOPULATION/EXTPAH/0,,contentMDK:23159049~menuPK:400482~pagePK:148956~piPK:216618~theSitePK:400476,00.html.

Xu, Ke, David B. Evans, Kei Kawabata, Riadh Zeramdini, Jan Klavus, and Christopher J. L. Murray. 2003. "Household Catastrophic Health Expenditure: A Multicountry Analysis." *The Lancet* 362 (9378): 111–17.

Avaliando o progresso rumo à cobertura universal de saúde: além da utilização e proteção financeira

Magnus Lindelow, Saskia Nahrgang, Tania Dmytraczenko,
Fatima Marinho e Airlane Alencar

Resumo

As avaliações do movimento rumo à cobertura universal de saúde tendem a enfocar a utilização dos serviços de saúde, benefício formal ou elegibilidade para acessar os serviços, bem como as medidas de proteção financeira. Entretanto, se nossa preocupação é avaliar até que ponto todas as pessoas conseguem obter os serviços de saúde que precisam, sem incorrer em dificuldades financeiras, os indicadores nessas áreas apresentam limitações importantes. De fato, a expansão da cobertura de saúde, no sentido de tornar os serviços de saúde disponíveis e mais acessíveis, não se traduz automaticamente em melhorias nos resultados de saúde. Com este tema em mente, o capítulo 5 complementa a análise dos padrões de utilização, cobertura e proteção financeira na América Latina e no Caribe (ALC) com uma revisão do que se sabe sobre as ligações entre a utilização e os resultados de saúde. Ao fazer isso, analisamos questões como necessidades de atendimento de saúde não satisfeitas, acesso oportuno e qualidade dos serviços. Estas são áreas em que a medição tende a ser mais difícil que no caso da utilização e proteção financeira. No entanto, embora os dados comparáveis entre os países sejam limitados, estudos e dados de monitoramento dos países selecionados fornecem um panorama suficiente para destacar a importância destes assuntos e, com sorte, originar esforços para desenvolver abordagens mais sistemáticas de coleta e informação sobre o acesso oportuno e a qualidade do atendimento na região.

Introdução

Embora normalmente não esteja explicitamente declarado em sua definição que cobertura universal de saúde consiste em "garantir que todos que precisem de serviços de saúde consigam obtê-los, sem passar dificuldades financeiras indevidas" (OMS e Banco Mundial 2014, 1), o conceito gira em torno da noção de que as pessoas consigam ter acesso a serviços de *qualidade* que sejam eficazes para tratar as doenças que as aflijam. Entretanto, a avaliação do progresso em direção à cobertura universal de saúde tende a enfatizar direitos formais e elegibilidade ao acesso de serviços (por exemplo, cobertura de seguro), utilização dos serviços de saúde (por exemplo, número de consultas ou porcentagem da população alvo que recebe uma intervenção em particular) e medidas de proteção financeira (por exemplo, a proporção da população situada abaixo da linha de pobreza em função de despesas com saúde). Estes são problemas claramente críticos. Mas se a preocupação é avaliar em que medida todas as pessoas conseguem receber os cuidados de saúde necessários sem passar por dificuldades financeiras, os indicadores tradicionais têm limitações importantes (ver, por exemplo, Savedoff 2009).

Consideremos o caso da doença cardíaca, que agora é responsável por uma grande parcela da mortalidade e da carga de doenças na ALC. Para pacientes com maior risco de doença cardíaca, ou que experimentem complicações associadas a esta condição, suas necessidades de cuidados de saúde são complexas. A cobertura universal de saúde significaria uma ampla execução de programas comprovados de cuidados preventivos primários. Também demandaria um diagnóstico precoce e, uma vez que a doença fosse diagnosticada, controle efetivo por meio de monitoramento da pressão arterial e colesterol, apoio para mudança de hábitos com impacto na saúde, como tabagismo e dieta, e a prescrição de medicamentos apropriados. Também implicaria em atendimentos de emergência oportunos e eficazes em casos de ataque cardíaco ou derrame. Este exemplo destaca a complexidade do conceito de *necessidade* de serviços de saúde, que é fundamental para a definição da cobertura universal de saúde. Também enfatiza a importância da *qualidade* e *acesso oportuno* no sentido de garantir que os cuidados de saúde necessários sejam atendidos.

As limitações de indicadores simples de utilização e proteção financeira são também evidentes no caso de cuidados pré-natais. Um indicador típico de cobertura enfatiza a porcentagem de mulheres grávidas que compareceram a um número específico de consultas pré-natais. Mas para que estas visitas melhorem os resultados da gravidez, os cuidados precisam ser eficazes. A enfermeira ou o médico precisa comunicar-se efetivamente com a mulher grávida, realizar testes e exames apropriados, garantir que seus resultados sejam comunicados e que se atue em tempo oportuno, identificar riscos, tomar ações apropriadas, etc.

Estes exemplos deixam claro que a ampliação da cobertura dos benefícios, no sentido de tornar os serviços de saúde mais disponíveis e mais acessíveis, não se traduzem automaticamente em melhorias nos resultados de saúde; tais ganhos dependem também da melhoria na qualidade dos cuidados. De fato, mesmo entre os países com renda alta e com uma longa história de cobertura universal da população, existem algumas desigualdades nos resultados de saúde. Estas se devem em parte a fatores econômicos, sociais e ambientais mais amplos. Entretanto, algumas diferenças entre os países persistem mesmo quando os indicadores estão intimamente ligados ao sistema de saúde, tais como mortes evitáveis, sobrevivência ao câncer ou ao ataque cardíaco, ou taxa de complicações por doenças crônicas como a diabetes. Além disso, ainda persistem variações significativas no acesso oportuno e qualidade entre os países. Os mais pobres enfrentam mais problema não só no acesso aos serviços de saúde, mas também no recebimento de assistência adequada dos prestadores. Colocando de lado as diversas interpretações de acesso oportuno e qualidade dos cuidados de saúde, e de como estes devem ser medidos, é necessário reconhecer que (1) são dimensões cruciais para o desempenho do sistema de saúde e (2) podem ampliar a distância entre a utilização e os resultados.

O objetivo deste capítulo é complementar a análise dos padrões de cobertura populacional, utilização dos serviços e proteção financeira na ALC ao analisar seletivamente as relações entre o uso e os resultados de saúde. Especificamente, consideraremos a questão das necessidades não atendidas, acesso oportuno e qualidade dos serviços de saúde. Essas questões são fundamentais para a cobertura universal de saúde – as necessidades de cuidados de saúde não serão efetivamente atendidas sem que se tenha uma noção clara do que as pessoas necessitam, e a menos que os cuidados sejam prestados oportunamente e com qualidade. Da mesma forma que os capítulos anteriores, este capítulo também considera os problemas distributivos em relação ao acesso oportuno e de qualidade. Embora limitado, sugere que as desvantagens no acesso e na proteção financeira enfrentada pelos pobres e outros grupos vulneráveis são agravadas pelas desigualdades na qualidade dos serviços de saúde disponíveis.

Este capítulo busca promover uma maior apreciação do por que é importante monitorar e analisar sistematicamente o acesso oportuno e a qualidade dos serviços de saúde, bem como conectar esses esforços à análise política e ao debate público da cobertura universal de saúde. O foco do capítulo é intencionalmente seletivo. Não são analisadas de todas as políticas e programas na ALC com o objetivo de melhorar a qualidade e o acesso oportuno já que para isso seria preciso um relatório separado. Também não se pretende fazer uma análise abrangente do desempenho do sistema de saúde. Aliás, muitas dimensões importantes do desempenho do sistema de saúde são deixadas de lado, seja porque estão descritas em outras partes deste volume, ou porque não estão diretamente relacionadas com a consecução da cobertura universal de saúde (por exemplo, a eficiência).[1] Finalmente, o capítulo também é seletivo quanto aos países analisados e o grau das análises comparativas. Para muitos países da região, os dados são limitados em relação às necessidades não atendidas, acesso oportuno e qualidade. Os dados que temos também carecem de padronização e por isso não se prestam a comparabilidade. Independentemente destas limitações, entretanto, os estudos e os dados monitorados dos países selecionados fornecem informação suficiente para poder destacar a importância dessas questões e, com sorte, poderão estimular esforços para desenvolver abordagens mais sistemáticas de coleta e divulgação de informações sobre o acesso oportuno e a qualidade do atendimento na região.

O capítulo está organizado em cinco seções. A primeira fornece a estrutura de um modelo para considerar a cobertura universal de saúde além dos indicadores básicos de utilização e proteção financeira. Baseando-se nesta estrutura, a segunda seção fornece uma visão geral dos desafios que surgem ao avaliar o progresso em direção à cobertura universal de saúde quando a população alvo para uma intervenção específica ou a necessidade de serviços de saúde não estão muito claros. A seção três destaca a importância do acesso oportuno à assistência e a preocupação crescente com as listas de espera e o tempo de espera na região. A seção quatro fornece uma visão geral da importância da qualidade técnica dos serviços de saúde em determinar se as melhorias no acesso e utilização dos serviços se traduzem em melhorias nos resultados de saúde. A seção final discute como a qualidade e a eficácia do sistema de saúde podem ser avaliadas com base em pesquisas e indicadores voltados para os resultados atuais de saúde.

Além da utilização dos serviços de saúde: estruturação da problemática

Para alguns tipos de intervenções de saúde, a cobertura é relativamente fácil de avaliar. Por exemplo, no caso de intervenções básicas com um grupo alvo claramente definido, tais como a vacinação infantil, medidas simples de cobertura oferecem uma imagem relativamente precisa de até que ponto as necessidades foram satisfeitas.[2] Entretanto, para algumas intervenções, é muito mais difícil avaliar se o paciente recebeu o serviço correto, no momento certo, com atendimento e acompanhamento adequados. De fato, surgem três aspectos: primeiro, se a população alvo para uma intervenção é baseada no diagnóstico e não em critérios demográficos específicos (por exemplo, hipertensão ou diabetes), a cobertura é difícil de determinar. Segundo, para muitos tipos de cuidados, o acesso oportuno é importante, e isto tende a não ser captado na maior parte dos dados de utilização. Terceiro, a assistência fornecida precisa ser adequada (por exemplo, coerente com as práticas clínicas recomendadas), dado um particular e correto diagnóstico.

Essas preocupações são recorrentes na extensiva e bem estabelecida literatura sobre a qualidade da assistência médica, que tem enfatizado que com uma combinações de uso excessivo, pouco uso e uso inapropriado de medicamentos e procedimentos, muitos sistemas de saúde têm um desempenho inferior em termos de resultados e eficiência. Uma definição comumente usada de "qualidade no cuidado de saúde" é "o grau em que o serviço aumenta a probabilidade de resultados desejados para os indivíduos e a população e são consistentes com o conhecimento profissional atual" (*Institute of Medicine of the National Academies of Sciences, Engineering and Medicine* 2001; Lohr 1990; OMS 2006). Com as tecnologias médicas e práticas tornando-se cada vez mais complexas, o aumento em doenças crônicas que requerem coordenação e continuidade de tratamento e a preocupação crescente com a elevação dos custos, a questão da qualidade dos cuidados de saúde ganhou proeminência. O monitoramento e a melhoria da qualidade são agora fundamentais para os modelos nacionais que medem o desempenho do sistema de saúde.

Embora haja amplo consenso quanto à definição geral de qualidade, os detalhes sobre seus elementos e abordagens de medição variam entre os modelos e os estudos. Em alguns casos, a qualidade dos cuidados de saúde é definida de forma restritiva, enfatizando a eficácia, segurança e o quanto a abordagem é centrada no paciente ou capaz de atender suas necessidades de cuidado (Arah *et al.* 2006; Kelley e Hurst 2006). Entretanto, os cuidados de saúde que são consistentes com a boa prática clínica estão intrinsecamente interligados ao acesso. Muitos modelos de qualidade, portanto, expandem a definição de qualidade para incluir acesso oportuno, equidade e eficiência (Arah *et al.* 2006; Campbell, Roland e Buetow 2000; OMS 2006). Além disso, normalmente as medições da qualidade dos cuidados de saúde cobrem as dimensões de estrutura, processo e resultados, em que "estrutura" se refere às características das instalações e dos prestadores de serviço de saúde, "processo" se refere às interações entre prestadores e pacientes, e os "resultados" são a evidência de mudanças no estado de saúde dos pacientes (Donabedian 1980).

O conceito de *cobertura efetiva* é uma abordagem que vem sendo introduzida para vincular a cobertura com a qualidade ao quantificar a diferença entre benefícios reais e potenciais dos serviços de saúde (Shengelia, Murray e Adams 2003). A cobertura efetiva é definida como o ganho de saúde esperado de uma intervenção específica em relação ao ganho de saúde potencial possível com um ótimo desempenho dos prestadores em um determinado sistema de saúde. Há vários fatores que podem distanciar o ganho potencial do ganho esperado de saúde, incluindo a falta de infraestrutura, equipamento e prestadores (lacuna de disponibilidade de recursos); acesso físico limitado aos prestadores para alguns grupos (lacuna de disponibilidade física); barreiras de custo (lacuna na capacidade de pagamento); conflitos com crenças religiosas ou práticas culturais (lacuna de aceitação cultural); os serviços prestados podem ser inadequados ou de baixa qualidade, limitando sua eficácia (escolha estratégica e diferenças de qualidade relacionadas com o prestador); e pacientes que não aderem ao tratamento sugerido (lacuna de aderência). Essa noção é coerente com o conceito de "efetividade" na literatura sobre a qualidade dos cuidados de saúde, o qual por sua vez se refere ao nível de resultados desejáveis atingidos, dada a correta prestação de serviços de saúde baseados em evidência para todos os que poderiam se beneficiar, mas não para os que não se beneficiariam (Arah *et al.* 2006).[3]

Este capítulo adota uma abordagem mais restrita, que visa analisar as lacunas fundamentais em relação aos capítulos anteriores e boa parte da literatura existente sobre a cobertura universal de saúde, sempre dentro das limitações de dados e evidências. Especificamente, concentra-se no que é conhecido sobre as necessidades não atendidas, acesso oportuno e qualidade da assistência (no sentido estrito de consistência com a boa prática clínica) na ALC, e como os problemas nessas áreas estão relacionados com um dos objetivos principais de todos os sistemas de saúde - ou seja, melhorar o nível e a distribuição dos resultados de saúde entre a população. Para estruturar essas questões, é útil considerar um processo de cuidados simplificados, começando com a detecção e diagnóstico precoce, passando pelo acesso oportuno, qualidade técnica dos serviços de saúde e aderência do paciente, concluindo com os resultados de saúde (figura 5.1). Indicadores básicos de acesso podem elucidar os dois primeiros elos desta cadeia, embora de maneira muito parcial, e não nos dizem nada sobre a qualidade técnica ou se o acesso se traduz em resultados de saúde. Para lidar com

Figura 5.1 Modelo esquemático dos indicadores para avaliar a cobertura universal de saúde

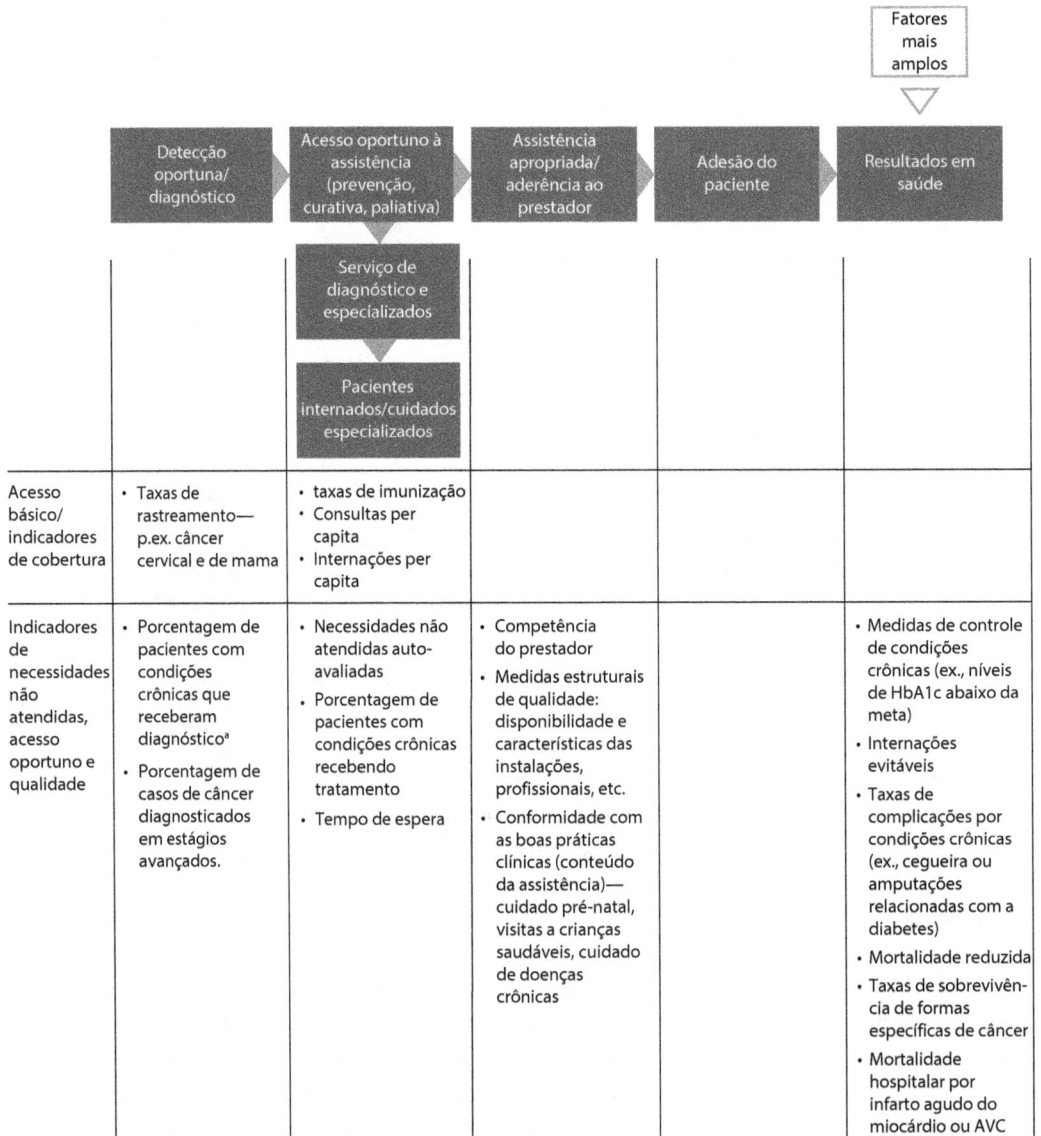

	Detecção oportuna/ diagnóstico	Acesso oportuno à assistência (prevenção, curativa, paliativa) / Serviço de diagnóstico e especializados / Pacientes internados/cuidados especializados	Assistência apropriada/ aderência ao prestador	Adesão do paciente	Resultados em saúde (Fatores mais amplos)
Acesso básico/ indicadores de cobertura	• Taxas de rastreamento— p.ex. câncer cervical e de mama	• taxas de imunização • Consultas per capita • Internações per capita			
Indicadores de necessidades não atendidas, acesso oportuno e qualidade	• Porcentagem de pacientes com condições crônicas que receberam diagnóstico[a] • Porcentagem de casos de câncer diagnosticados em estágios avançados.	• Necessidades não atendidas auto-avaliadas • Porcentagem de pacientes com condições crônicas recebendo tratamento • Tempo de espera	• Competência do prestador • Medidas estruturais de qualidade: disponibilidade e características das instalações, profissionais, etc. • Conformidade com as boas práticas clínicas (conteúdo da assistência)— cuidado pré-natal, visitas a crianças saudáveis, cuidado de doenças crônicas		• Medidas de controle de condições crônicas (ex., níveis de HbA1c abaixo da meta) • Internações evitáveis • Taxas de complicações por condições crônicas (ex., cegueira ou amputações relacionadas com a diabetes) • Mortalidade reduzida • Taxas de sobrevivência de formas específicas de câncer • Mortalidade hospitalar por infarto agudo do miocárdio ou AVC

Nota: a. Número de pacientes com condições crônicas baseadas em uma prevalência ou biomarcadores estimados em pesquisas.

essas omissões, baseamo-nos na literatura e nos modelos existentes sobre a qualidade para identificar indicadores complementares. O restante do capítulo analisa cada uma dessas áreas para revisar os dados e evidências da região da ALC sobre as relações entre o acesso e os resultados.

É obvio que o modelo proposto deixa muitas questões importantes fora do âmbito da análise. As questões de disponibilidade, acesso e viabilidade econômica são detalhadas no capítulo 4 e são também o fundamento dos esforços internacionais e nacionais para monitorar a cobertura universal de saúde. O capítulo também adota uma perspectiva limitada de qualidade porque exclui questões de satisfação (e temas relacionados com a capacidade de resposta, foco no paciente e aceitação cultural) assim como a segurança do paciente, dado estes que estão menos diretamente relacionados com a cobertura universal de saúde (o elo entre necessidade, uso e resultado) e porque a região tem poucos dados comparáveis. Finalmente, o capítulo inclui apenas uma breve discussão das medidas da qualidade estrutural, incluindo recursos humanos, tecnologia médica e produtos farmacêuticos. O capítulo 4 inclui algumas discussões sobre o nível e a distribuição dos recursos ou insumos do sistema de saúde, e o foco deste capítulo está mais em analisar os problemas de capacidade e de organização que se interpõem no caminho da melhoria da qualidade e dos resultados.

Cobertura universal de saúde, necessidades não satisfeitas e diagnóstico de doenças

A premissa central do conceito da cobertura universal de saúde é que as necessidades em cuidados de saúde sejam efetivamente cumpridas. Embora a necessidade de cuidados de saúde seja muitas vezes evidente no caso de doenças agudas, a assistência efetiva para a maioria das doenças crônicas depende do diagnóstico e do tratamento, mesmo antes que os sintomas sejam aparentes. Ainda assim, em muitos países, uma proporção significativa de pacientes hipertensos e diabéticos ainda não foi diagnosticada. Da mesma forma, o câncer é frequentemente detectado e diagnosticado em estágios avançados. Estes exemplos ilustram a necessidade de informações detalhadas de pesquisas especializadas e dados administrativos para monitorar o progresso rumo à cobertura universal de saúde.

O primeiro passo para garantir que as necessidades dos cuidados de saúde sejam efetivamente atendidas, é garantir que os pacientes e os prestadores reconheçam estas necessidades tempestivamente. Como mencionado anteriormente, algumas necessidades são facilmente estabelecidas. Por exemplo, a maioria dos países tem agendas claras para cuidados pré-natais e imunizações infantis que se aplicam a uma população alvo definida (todas as mulheres grávidas e crianças dentro de certa faixa etária). Com serviços desta natureza, existe uma base prontamente disponível para determinar na medida em que as necessidades de cuidados de saúde estão sendo atendidas. Outra abordagem para avaliar a necessidade não satisfeita é a de simplesmente perguntar às famílias se em algum momento nos últimos 6 ou 12 meses elas tiveram necessidade de assistência médica que não foi atendida. Tais dados são geralmente recolhidos em pesquisas domiciliares e podem esclarecer não apenas as necessidades não atendidas, mas também os motivos pelas quais as necessidades percebidas não foram satisfeitas (quadro 5.1).

No caso de doenças como hipertensão, diabetes e câncer, a capacidade dos indivíduos de se autodiagnosticarem e avaliarem suas necessidades de cuidados de saúde são limitadas, seja pela complexidade da doença ou porque ela pode simplesmente ser assintomática. Tanto a diabetes como a hipertensão constituem importantes fatores de risco independentes para doenças cardiovasculares e são as principais causas de mortes na ALC nas últimas duas décadas.[4] Estes custos são evitáveis, pelo menos parcialmente. Ao controlar os níveis de glicose sanguínea, o risco de um evento cardiovascular pode ser reduzido em 42% e o risco de

---

Quadro 5.1 Ilustrações dos dados das necessidades não atendidas da OCDE e do Brasil

Os relatórios da OCDE informam normalmente as necessidades não atendidas de cuidados de saúde (ver, por exemplo, OCDE 2011). Os dados para os indicadores das necessidades não atendidas vêm de pesquisas de saúde nacionais e transnacionais, incluindo Estatísticas de Pesquisas da União Europeia sobre Renda e Condições de Vida (UE-SILC) e as pesquisas de políticas internacionais de saúde realizadas pelo *Commonwealth Fund*. Os entrevistados são geralmente questionados se alguma vez nos últimos 12 meses eles tiveram necessidade de utilizar serviços de saúde mas não o fizeram, seguidos de perguntas de sobre o porquê esta necessidade não foi satisfeita.

Em muitos países da OCDE, as necessidades não atendidas são muito baixas (menos de 3% em todos os grupos de renda). Entretanto, alguns países têm maiores necessidades não satisfeitas, particularmente entre as famílias de baixa renda. Por exemplo, na Grécia, Itália e Polônia, mais de 10% das famílias no quintil mais baixo relatam necessidades não atendidas de cuidados de saúde.

Alguns países da ALC também têm dados de necessidades não satisfeitas. Por exemplo, uma sucessão de pesquisas domiciliares nacionais do Brasil, a *Pesquisa Nacional por Amostra de Domicílios*, tem perguntado sobre o não uso dos serviços de saúde quando há uma necessidade percebida. No caso do Brasil, não há uma tendência clara na última década sobre o não uso dos serviços por indivíduos que relatam um episódio de doença. Porém as pesquisas descrevem uma considerável mudança na importância relativa dos motivos para não procurar atendimento (Gragnolati, Lindelow e Couttolenc 2013). Em particular, a proporção de famílias que mencionam a falta de dinheiro (para os serviços ou transporte) como um motivo para não usufruir dos serviços necessários, caiu nas últimas duas décadas, particularmente para os que se encontram no extremo inferior da distribuição de renda. Similarmente, há evidência de que a expansão da infraestrutura e de pessoal tornaram os serviços mais disponíveis, com poucas famílias relatando o acesso ou o transporte como motivos para não procurar atendimento. Por outro lado, motivos relacionados com as instalações (falta de profissionais ou profissionais descorteses, programação inadequada e tempo de espera) aumentaram, tornando-se o motivo principal para não procurarem atendimento.

---

um ataque cardíaco, AVC ou morte por doença cardiovascular, em 57% (Grupo de Estudos e Pesquisa DCCT/EDIC 2005). Além disso, podem ser evitadas as complicações associadas com hiperglicemia prolongada, e alguns ensaios clínicos mostraram que a redução da pressão arterial pode diminuir o risco de infarto do miocárdio em 20% a 25%, de AVC em 35% a 40% e de insuficiência cardíaca em 50% (Staessen, Wang e Thijs 2001).

Para condições como hipertensão e diabetes, o diagnóstico no tempo oportuno e o tratamento dependem do acesso a cuidados primários eficazes, de encaminhamento apropriado a serviços de diagnóstico e de assistência especializada, assim como da qualidade dos cuidados de acompanhamento. Nestes casos, como deve ser avaliado o progresso em direção à cobertura universal de saúde? Indicadores relativos ao acesso e à utilização dos cuidados primários e cobertura dos programas de rastreamento fornecem alguns dados, mas uma avaliação mais proveitosa do progresso em direção à cobertura universal de saúde também verificaria se os pacientes com condições particulares foram diagnosticados de maneira oportuna e se estariam recebendo uma assistência consistente baseada em boas práticas. Estas avaliações são mais complicadas. Ainda assim, vários estudos esclareceram o grau de prontidão do diagnóstico ou detecção, que ilustra os desafios mais amplos que enfrenta o sistema de saúde ao tentar alcançar a cobertura universal de saúde.

A maioria das estimativas da prevalência de diabetes e hipertensão fundamenta-se em relatos recolhidos por pesquisas domiciliares ou por telefone, nas quais os entrevistados são perguntados se foram diagnosticados com uma doença crônica específica por profissional médico. Entretanto, dependendo do contexto, muitas pessoas com condições crônicas não são diagnosticadas e, portanto, as taxas de prevalência reportadas neste tipo de pesquisa tendem a subestimar a prevalência real, com índices de subdeclaração que variam sistematicamente com a localização geográfica e a situação socioeconômica dos entrevistados. Estimativas mais confiáveis da prevalência de doenças crônicas vêm de registros abrangentes de doenças ou pesquisas de exames nacionais de saúde que incluem a medição de sinais vitais. Gakidou et al. (2011), por exemplo, utilizaram pesquisas de exames de saúde de diversos países, incluindo a Colômbia e o México, para avaliar quão decisiva é esta subdeclaração. Constataram que aproximadamente metade dos indivíduos com diabetes ou hipertensão na Colômbia e no México nunca tiveram sua condição diagnosticada, impedindo assim um controle eficaz, em comparação com os 10% a 30% de indivíduos hipertensos e diabéticos não diagnosticados nos Estados Unidos e no Reino Unido (figura 5.2). Similarmente, a pesquisa colombiana demonstrou que 12% das mulheres diagnosticadas não estavam recebendo tratamento. Além disso, pacientes com diabetes, complicações como retinopatia e síndrome de pé diabético também estavam sendo sistematicamente subdiagnosticados e subtratados.

Estes resultados têm implicações profundas na forma como pensamos sobre a cobertura. Se nos concentramos apenas em indivíduos que foram diagnosticados com diabetes, hipertensão ou com ambas as doenças e nos que respondem que têm diabetes ou hipertensão em uma pesquisa domiciliaria ou entrevista

Figura 5.2 Diagnóstico e tratamento de diabetes e hipertensão

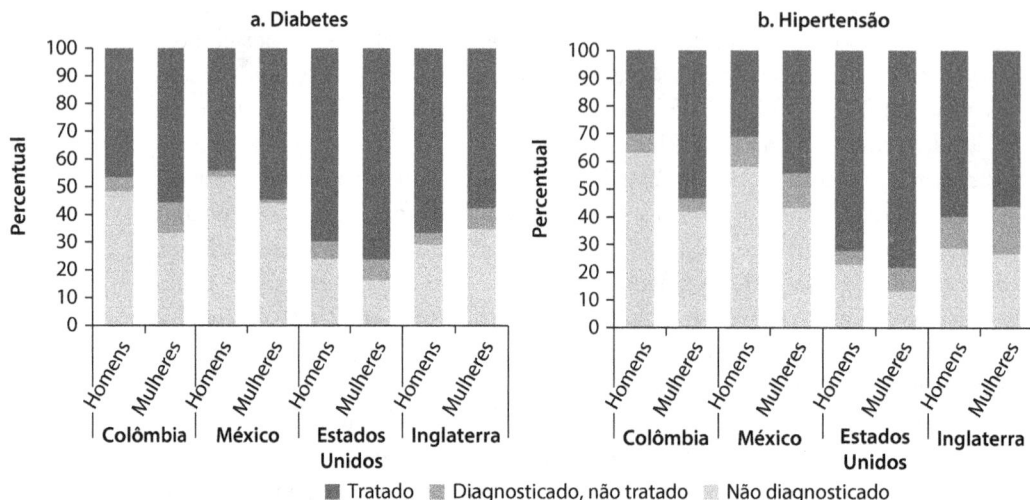

Fonte: Gakidou et al. 2011.

telefônica, constatamos que apenas uma porcentagem relativamente pequena (2% a 20%, dependendo do sexo e da condição) não está recebendo tratamento. Mas se levamos em conta que muitos indivíduos diabéticos e hipertensos não foram diagnosticados, então menos da metade dos que precisam tratamento, estão recebendo.[5] Estudos desta natureza destacam grandes falhas na cobertura relacionada ao diagnóstico e ao tratamento. Obviamente as pesquisas que captam a medição dos sinais vitais tendem a ser raras e não podem servir de base para o monitoramento de rotina da cobertura universal de saúde. Ainda assim, o fornecimento de estimativas confiáveis sobre falhas na cobertura pode ajudar a identificar o tamanho do problema em um contexto particular e obter estimativas mais confiáveis sobre a população alvo que podem ser usadas para calcular a cobertura baseada em dados administrativos.

A detecção oportuna e o diagnóstico são igualmente importantes em relação ao câncer. Estima-se que 1,7 milhão de casos de câncer serão diagnosticados na região da ALC até 2030, com mais de 1 milhão de mortes relacionadas com o câncer anualmente. Embora a incidência geral seja mais baixa na América Latina (taxa padronizada por idade de 163 por 100 mil) que na Europa (264 por 100 mil) ou nos Estados Unidos (300 por 100 mil), a carga da mortalidade é maior (Ferlay et al. 2008).[6] Em parte, isto se deve ao fato de a doença ser detectada em estágios clínicos mais avançados (estágios clínicos três e quatro), mas problemas no acesso da assistência efetiva ao câncer também são importantes. De fato, para alguns tipos de câncer, incluindo o câncer de mama, câncer cervical e câncer colorretal, as chances de cura e sobrevivência aumentam substancialmente se forem detectados e tratados nos seus estágios iniciais.[7]

Dados regionais abrangentes e comparáveis sobre o diagnóstico oportuno do câncer são difíceis de encontrar. A evidência proveniente de alguns países ilustra o problema. Por exemplo, um estudo de assistência do câncer do Tribunal de

Contas da União do Brasil (TCU 2011) descobriu que as deficiências na atenção primária associadas com a falta de acesso a procedimentos diagnósticos e cuidados especializados tiveram como consequência que 60% de pacientes com câncer foram diagnosticados já em um estágio avançado, reduzindo assim as perspectivas de tratamento efetivo e sobrevivência.[8] O problema de diagnóstico tardio também foi destacado pelo estudo AMAZONE, que estudou o câncer de mama no Brasil (Simon *et al.* 2009) e documentou disparidades entre os setores públicos e privados (quase 37% dos pacientes nas instituições públicas foram diagnosticados em estágios avançados, comparado com 16.2% nas instituições privadas) assim como entre diferentes regiões do país (46.2% das mulheres que foram diagnosticadas com estágio avançado eram do norte do Brasil, onde a pobreza é grande, comparado com 25.1% no sul mais rico).[9] Além disso, os médicos no Brasil relataram que o índice alarmante de 80% dos casos de câncer de mama são trazidos ao seu conhecimento pelos próprios pacientes (Cazap *et al.* 2010).

Descobertas similares foram encontradas no México. Um estudo feito pelo Instituto Nacional do Câncer relatou que de 744 pacientes cobertos pelo *Seguro Popular* e com câncer de mama recém-diagnosticado, mais de 80% apresentaram a doença localmente avançada ou metastática (Mohar *et al.* 2009). Em comparação, 60% de mulheres recém-diagnosticadas nos Estados Unidos tiveram o câncer de mama detectado em estágios iniciais, com ajuda da mamografia (Chávarri-Guerra *et al.* 2012; Instituto Nacional do Câncer 2011). Isto é consistente com informações de um estudo transversal e outros relatórios do México que constataram que 90% dos casos de câncer de mama foram diagnosticados por meio de um autoexame da mama (López-Carillo *et al.* 2001).

Vários fatores contribuem para a detecção e diagnóstico tardio do câncer. Aliás, um fator importante são as baixas taxas de rastreamento. Lee *et al.* (2012) estimaram que a taxa de rastreamento para câncer de mama no sistema público do Brasil é muito abaixo da recomendada pela OMS – que é rastrear mais de 70% da população alvo – e mesmo da meta nacional, que é rastrear 60% das mulheres com idades entre 50 e 69 anos (Anderson *et al.* 2010).[10] Baixas taxas de rastreamento, por sua vez, estão relacionadas com crenças locais e fatores socioculturais, mas também à baixa disponibilidade e qualidade dos serviços (Marinho *et al.* 2008). Por exemplo, um estudo mexicano mostrou que é muito menos provável que uma mulher faça o exame Papanicolau e uma mamografia, se ela mora em uma comunidade marginalizada rural (Sosa-Rubí, Walker e Serván 2009). Outro estudo sobre barreiras e benefícios percebidos para o rastreamento do câncer cervical entre as mulheres de baixa renda em cinco países da América Latina (Equador, El Salvador, México, Peru e República Bolivariana de Venezuela) constatou que as principais barreiras identificadas por todos os participantes são a acessibilidade e disponibilidade de serviços de qualidade (Agurto *et al.* 2004).

Atrasos nos diagnósticos também podem se relacionar com outros fatores do sistema de saúde, em particular com desafios no acesso de procedimentos para confirmar o diagnóstico. Isto é ilustrado em um estudo do México baseado em uma revisão prospectiva de 166 novos casos de câncer de mama em um importante hospital público na Cidade do México. Constatou-se que para um subgrupo de pacientes com estágios confirmados I-IIIC de câncer de mama, o tempo médio de intervalo entre o começo dos sintomas à primeira consulta de atenção primária foi de 1,8 meses. Outros 6,6 meses foram necessários entre esta primeira consulta e a confirmação do diagnóstico e 0,6 mês até o início do tratamento (Bright *et al.* 2011). Outro estudo realizado no México sobre fatores associados com resultados variáveis de leucemia linfoblástica aguda, um câncer das células sanguíneas brancas e que pode ser curado se for detectado precocemente, reconstruiu o período sintomático antes do diagnóstico tanto para sobreviventes como para os pacientes que faleceram (Lora *et al.* 2011). O estudo constatou longos períodos entre o início dos sintomas e a confirmação do diagnóstico (43,5 ± 22,5 dias). Estes dois estudos são relativamente pequenos em escala e foram realizados em lugares do país nos quais o serviço é considerado bom. Portanto, é de se esperar que os atrasos sejam ainda maiores nas outras regiões do país.

Hipertensão, diabetes e câncer são responsáveis por uma parcela muito grande da carga de doenças e mortalidade na região. Para todas estas condições, o diagnóstico oportuno é crítico para que a doença seja efetivamente controlada e tratada, e talvez seja o aspecto mais importante a considerar no monitoramento da cobertura universal de saúde. Ainda assim, como temos visto, mesmo com serviços de cuidados primários de saúde disponíveis e acessíveis e mesmo com programas de rastreamento, necessidades importantes podem permanecer sem nenhuma atenção. Embora não seja fácil, é possível estabelecer sistemas de monitoramento rotineiro para os pacientes diabéticos e hipertensos que foram diagnosticados e estão sob cuidados controlados, assim como do estágio do diagnóstico para diferentes formas de câncer. Indicadores desta natureza ajudariam muito a tratar com importantes lacunas de informação sobre o alcance da cobertura universal de saúde.

Acesso oportuno aos cuidados de saúde

Um período de espera para ter acesso a cuidados de saúde necessários são comuns na maioria dos sistemas de saúde. Entretanto, a menos que as listas de espera sejam limitadas e bem controladas, os atrasos no tratamento podem ter um impacto prejudicial na evolução do paciente. Este fato levou a muitos países da OCDE a estabelecer estruturas de monitoramento sistemático de tempos de espera. Tais esforços também estão em curso em alguns países da ALC, mas os dados disponíveis ainda são limitados.

Uma vez que o diagnóstico ou a necessidade dos cuidados de saúde seja estabelecido, o próximo passo na cadeia entre a disponibilidade dos serviços e os resultados de saúde é que o paciente possa acessar de forma efetiva os serviços que precisa. Em alguns casos, isto pode significar um primeiro contato ou uma consulta com um profissional de cuidados primários de saúde. Mas, em muitos outros, o caminho é mais complexo, onde os pacientes precisam de um ou mais procedimentos de diagnóstico, uma consulta com um especialista e talvez acompanhamento médico.

Um pré-requisito à cobertura universal de saúde é que os serviços de saúde sejam disponíveis e a um custo acessível. Entretanto, mesmo quando prevalecem estas condições, é provável que a demanda supere a oferta. Nos sistemas em que os serviços de saúde não são racionados com base na capacidade de pagamento, a espera é a única maneira de alocar os escassos recursos dos quais dispõem os sistemas de saúde. De fato, mesmo em sistemas de alto desempenho, o acesso raramente é imediato e a trajetória ao longo do caminho dos cuidados de saúde pode envolver repetidos atrasos e outros problemas de acesso.

Por outro lado, tempos de espera limitados para procedimentos não urgentes – sejam consultas ambulatoriais, procedimentos diagnósticos ou cirurgias eletivas – não são necessariamente uma preocupação importante. As listas de espera garantem que a capacidade seja plenamente utilizada e evitam a ineficiência. Em um sistema que funciona bem as listas de espera permitem aos profissionais de saúde priorizar de maneira eficaz o acesso baseado numa hierarquia segundo as necessidades, para assim evitar resultados adversos associados com a espera (Siciliani, Borowitz e Moran 2013). Mas, em muitos casos, os excessivos tempos de espera e priorizações não efetivas podem colocar os pacientes em risco. E mesmo que os resultados de saúde não sejam comprometidos no longo prazo, a espera pode produzir dores e ansiedade para o paciente.[11]

O tempo de espera tem sido uma preocupação relacionada às políticas no setor da saúde em países da OCDE e também está ganhando proeminência na região da ALC. Entre os desafios importantes estão o acesso ao atendimento especializado, procedimentos de diagnóstico e serviços de internação. Melhorias no acesso e qualidade da atenção primária revelaram uma notável demanda reprimida de cuidados de média e alta complexidade.

Em geral, as listas e os tempos de espera dependem de fatores de demanda e oferta, mas a relação não é simples. A demanda para alguns serviços de saúde específicos do sistema público (e a entrada na lista de espera) depende do estado de saúde (o que, por sua vez, depende de fatores de estilos de vida, demográficos e outros), tecnologia, cobertura, efetividade da assistência primária, preferências do paciente e o custo e a disponibilidade das opções fora do sistema público. Estas opções incluem serviços fornecidos pelo setor privado e financiado por gastos diretos das famílias ou pelo seguro privado de saúde (Siciliani, Borowitz e Moran 2013). Por sua vez, o movimento nas listas de espera depende primariamente da capacidade de prestação dos serviços (disponibilidade de leitos, profissionais da saúde, equipamento, etc.), assim como da produtividade. Uma resenha simples do que está acontecendo em países que estão expandindo a cobertura dos cuidados de saúde é que as melhorias no acesso aos cuidados primários, combinado com mudanças demográficas e epidemiológicas, estão gerando um constante crescimento da demanda de diagnósticos e serviços especializados e que os investimentos nestes serviços não conseguem atender esta crescente demanda. Ao mesmo tempo, as deficiências dos sistemas de referência e contrarreferência dificultam a priorização, contribuem para iniquidades no acesso e dificultam a produtividade de serviços especializados e hospitalares (por exemplo, devido aos altos níveis de não comparecimento às consultas).

Embora o conceito das listas de espera (número de pessoas esperando por um serviço em particular) e tempos de espera (período de tempo entre a identificação da necessidade e o acesso ao serviço) é fácil de entender, a medição não é de forma alguma simples (Siciliani, Borowitz e Moran 2013). Ainda que os países meçam rotineiramente e informem os tempos de espera – algo que a maioria não faz – a medição tende a focar em categorias particulares de serviços, tais como as consultas de assistência primária, procedimentos específicos (por exemplo, cirurgia da catarata, revascularização do miocárdio, implantação de uma prótese de quadril), consultas especializadas (por exemplo, oftalmologia, ortopedia) ou assistência de urgência (por exemplo, tratamento do câncer). Mas a medição pode começar e terminar em pontos diferentes da trajetória do paciente, o que dificulta a comparação entre países. Por exemplo, a medição do tempo de espera poderia iniciar com uma referência do médico geral a um especialista, com a confirmação do diagnóstico e a decisão de que é necessário um tratamento por um especialista ou com a admissão a uma lista de espera para esse tratamento. Cada vez mais, os países da OCDE estão mudando suas abordagens de medição para captar toda a trajetória do paciente.

Uma maneira de conseguir dados comparáveis é realizando entrevistas aos pacientes. Foi o que fez a Pesquisa Internacional de Políticas de Saúde da *Commonwealth Fund*, com resultados que fornecem dados dos tempos de espera para países selecionados da OCDE (figura 5.3).

Figura 5.3 Tempos de espera em países selecionados da OCDE

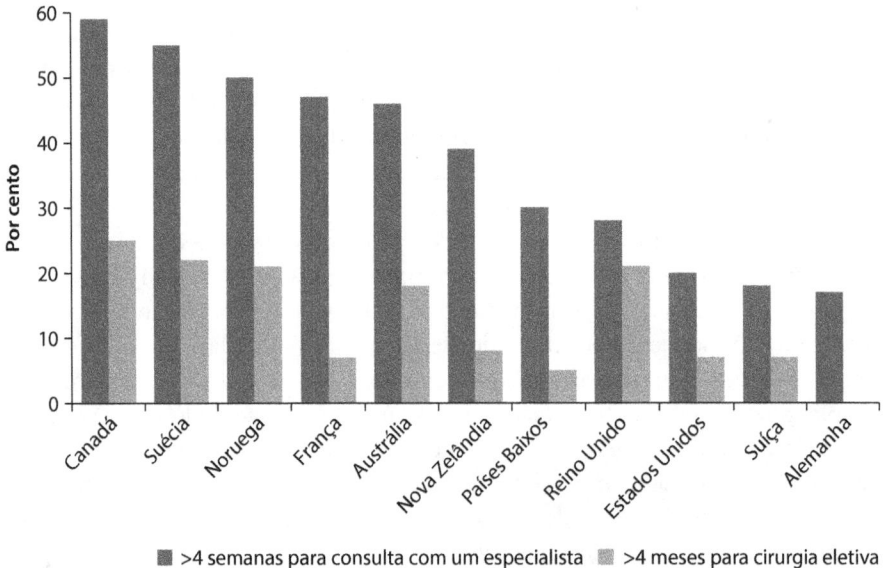

■ >4 semanas para consulta com um especialista   ■ >4 meses para cirurgia eletiva

Fonte: OCDE 2012 baseada em dados de 2010 da Pesquisa Internacional de Políticas de Saúde da *Commonwealth Fund*.
Nota: Os tempos de espera para cirurgia especializada e eletiva correspondem ao tempo entre o momento no qual os pacientes foram aconselhados a buscar assistência especializada e a data da consulta com um especialista ou a operação. Apenas foram entrevistados sobre os tempos de espera específicos as pessoas que tiveram consultas especializadas ou cirurgias eletivas nos últimos dois anos.

Entretanto, dados sobre a lista e os tempos de espera na América Latina e no Caribe são mais limitados. Uma maneira de medir os níveis de preocupação com as listas de espera na região é por meio de pesquisas de opinião ou de percepção pública.[12] Deloitte recentemente realizou pesquisas de percepção entre adultos no Brasil e no México (Deloitte 2011a, 2011b). Nestas pesquisas, os tempos de espera foram descritos como uma importante razão para não procurar assistência (a segunda razão mais importante no Brasil [38%], e a terceira razão mais importante no México).[13] Além disso, o tempo de espera foi o pior aspecto do desempenho do sistema de saúde definido pelo estudo em ambos os países (81% no Brasil e 74% no México classificando-o como desfavorável ou muito desfavorável). Na Colômbia, o Ministério da Saúde conduz pesquisas periódicas sobre a percepção dos pacientes, como parte de um sistema mais amplo de gerenciamento do desempenho. Diferentemente das informações coletadas no Brasil e no México, a pesquisa colombiana apresenta um quadro relativamente positivo, com a maioria dos pacientes respondendo que conseguem acessar as consultas gerais e especializadas (85% e 55%, respectivamente) em 10 dias. Mais de 80% dos entrevistados confiam que receberão a assistência necessária no caso de um evento grave. (MinSalud 2012).

Por outro lado, uma pesquisa de opinião recente no Brasil (CNI 2012) constatou altos níveis de insatisfação com o sistema de saúde, especialmente com as demoras no acesso a consultas ou exames e a falta de médicos, embora a insatisfação tenha sido significativamente mais baixa entre os que realmente tiveram experiências diretas utilizando o sistema de saúde.[14] Como resposta a este problema, em 2013 foi estabelecido o Programa Mais Médicos, que visa resolver a falta de profissionais médicos na atenção primária em áreas carentes. Em outra pesquisa recente, os entrevistados também destacaram como preocupações fundamentais a falta de médicos e os longos tempos de espera nos hospitais e para os serviços de encaminhamento (IPEA 2011). Como reflexo destas preocupações, estas pesquisas também destacaram a importância dos planos de saúde privados para os entrevistados como um meio de garantir um acesso mais rápido aos cuidados de saúde (IESS 2011; IPEA 2011).[15]

Os dados provenientes de pesquisas de opinião podem ser convincentes, mas geralmente são baseados em amostras relativamente pequenas, e as respostas tendem a ser muito sensíveis à forma como as perguntas são feitas. Dados mais concretos sobre tempos e listas de espera na região são mais difíceis de encontrar, mas as evidências de alguns países permitem ter uma ideia da extensão do problema. Por exemplo, uma análise recente feita pela Secretaria de Saúde do Estado de São Paulo deparou-se com enorme acúmulo de necessidades não atendidas, encontrando um total de 800,244 casos registrados na lista de espera para procedimentos de diagnósticos, consultas especializadas e cirurgias, com um tempo médio de espera de oito meses (Estado de São Paulo 2013). Para algumas especialidades, a situação era muito pior. Por exemplo, o município estimou que os tempos de espera para procedimentos ginecológicos pode chegar a até cinco anos, e para algumas cirurgias o tempo de espera alcança nove anos. Inevitavelmente, a lista de espera inclui indivíduos que podem ter optado por procurar assistência no sistema privado, que já não precisam de assistência ou que faleceram. Assim que o número de pacientes que realmente estão esperando é menor que o total que aparece na lista.

No caso da Colômbia, dados de processos judiciais também oferecem perspectivas sobre o problema das listas de espera. Em 2007, o maior número de ações judiciais arquivadas no Tribunal de Justiça Constitucional da Colômbia tinha relação com pedidos de assistência médica (25%), seguido de pedidos relacionados a medicamentos (19,6%) e em terceiro lugar as listas de espera (16,7%) (Vargas López 2010).

Também no Chile, as listas de espera são cada vez mais objeto de controle de rotina, onde o problema há muito tempo foi reconhecido e levou ao desenvolvimento do plano AUGE em 2005 (tabela 5.1), que inclui o monitoramento das listas e tempos de espera garantidos para um conjunto crescente de doenças, que é expandido gradualmente, sendo que a lista atualmente inclui 80 doenças. Em 2010, a FONASA tinha uma lista de espera de mais de 183 mil pacientes (equivalente a quase 2% de todas as consultas das condições cobertas pela lista de espera) (Paraje e Vásquez 2012). Esta situação, associada com uma insatisfação pública generalizada, assim como com internações e mortalidade evitáveis, tem desde então melhorado, embora o grau desta melhoria seja motivo de controvérsia.

Os dados sobre as listas de espera fornecem indicações claras de onde há gargalos no sistema de saúde, mas não necessariamente esclarecem os tempos de espera. Dados do tratamento do câncer de alguns países na região deixam claro, entretanto, que os tempos de espera podem em alguns casos ser muito longos. No caso do Brasil, o desafio do diagnóstico tardio, abordado acima, é agravado por atrasos no acesso ao tratamento. Utilizando dados administrativos de pagamentos para radiação e quimioterapia de 2010, um estudo feito pelo Tribunal de Contas da União (TCU 2011) mostra que o tempo de espera médio para quimioterapia em 2010 foi de 76,3 dias (desde o momento da confirmação do diagnóstico), com apenas 35,6% dos pacientes recebendo tratamento num prazo inferior a 30 dias. Além disso, muitos pacientes enfrentam atrasos consideráveis no acesso aos procedimentos de diagnóstico ou assistência especializada para confirmar o diagnóstico. No caso de terapia com radiação, os números foram 113,4 dias e 15,9%, respectivamente. Em comparação, no Reino Unido e no Canadá, quase todos os pacientes recebem tratamento em menos de 30 dias, e o tempo médio de espera varia de 5 a 25 dias, dependendo do tipo de tratamento.

Embora os dados sobre os tempos de espera na região sejam escassos, a preocupação com as consequências para a saúde causadas pelos excessivos atrasos no acesso ao tratamento, combinados com processos judiciais e pressões políticas, motivam muitos países da região a tomarem ações para reduzir os tempos de espera. A tabela 5.1 mostra um breve resumo das ações tomadas por alguns países da região para resolver a questão do tempo de espera.

Tabela 5.1 A experiência com garantias de tempo máximo de espera em países selecionados

País	Descrição
Brasil	Em 2013, criou-se uma lei que garante o acesso ao tratamento para pacientes com câncer no prazo de 60 dias da confirmação do diagnóstico.
	Os sistemas de monitoramento e cumprimento da garantia ainda estão sendo desenvolvidos, mas espera-se que sua aplicação esteja baseada em sanções administrativas e que os pacientes façam uso de recursos judiciais fundamentados no seu direito à saúde.
Chile	O *plano AUGE* foi introduzido em 2005. O *Régimen de Garantías Explícitas en Salud* (Lei 19.966) define um pacote de benefícios médicos, consistindo em uma lista prioritária de diagnósticos e tratamentos com garantias explícitas (inicialmente 25, expandido a 40 em 2006, 66 em 2010 e 80 em 2014). As garantias são definidas em termos de acesso oportuno, qualidade e proteção financeira, com protocolos clínicos associados. Por exemplo, a garantia para o câncer colorretal inclui:
	• Nos 45 dias após o diagnóstico, direito a testes de biopsia e pré-operatórios.
	• Nos 30 dias a partir da indicação do tratamento (cirurgia, quimioterapia e testes associados).
	• Nos 90 dias a partir da indicação médica, um exame de acompanhamento.
	Há também um máximo de pagamentos diretos relacionados com o preço mensal pago por cada indivíduo. Para assegurar que a garantia seja cumprida, o esquema contém comprovantes/subsídios para que beneficiários do esquema público (FONASA) usem os serviços no setor privado, caso a garantia não possa ser cumprida pelo setor público.
	Após quase uma década da execução do plano AUGE houve notáveis melhorias nos resultados, incluindo para hipertensão arterial, diabetes mellitus tipo I e II, depressão, epilepsia infantil e HIV/AIDS. A proporção de casos que receberam tratamento (calculado sobre uma demanda potencial) aumentou notavelmente e as taxas de mortalidade por estas condições diminuíram. Para hipertensão, diabetes mellitus tipo I, e HIV/AIDS, as taxas de hospitalização diminuíram (provavelmente como consequência de melhores tratamentos ambulatoriais), enquanto outras aumentaram (diabetes mellitus tipo II, epilepsia infantil, depressão). Mas a sustentabilidade financeira da garantia é um desafio crescente (Bitrán *et al.* 2010). Também há evidência de que melhorias na qualidade (relacionados aos protocolos) podem ter contribuído à redução na mortalidade hospitalar para infarto agudo do miocárdio (Nazzal *et al.* 2008) e aumentos na detecção pré-natal de doenças cardíacas congênitas (Concha *et al.*, 2008).
Uruguai	Foi introduzido um tempo de espera máximo para acessar a diferentes especialidades:
	• 24 horas para medicina geral, pediatria e ginecologia.
	• 48 horas para cirurgia geral.
	• 30 dias para especialidades médicas e cirúrgicas.
	• 180 dias desde a indicação para um procedimento cirúrgico não urgente.
	O cumprimento da garantia é baseado na ameaça de retenção dos subsídios públicos (pagamentos per capita).

Qualidade da assistência

Neste capítulo, argumentou-se que é importante complementar os indicadores básicos da cobertura universal de saúde sobre a utilização e a proteção financeira com dados e pesquisas sobre as necessidades não atendidas, assim como o acesso oportuno e de qualidade. Entretanto, também é possível avaliar mais diretamente se o sistema de saúde está contribuindo para melhorar os resultados. Esta seção ilustra esta possibilidade ao verificar os resultados de tratamentos de hipertensão e diabetes, sobrevivência do câncer e mortes evitáveis.

É importante considerar tanto a qualidade técnica como a qualidade percebida da assistência. No entanto, por falta de dados para elucidar problemas da qualidade percebida da assistência na região, esta seção somente discute elementos da qualidade técnica. Detecção e diagnósticos oportunos são um requisito prévio para a assistência efetiva, e o acesso oportuno à assistência pode ter implicações importantes para os resultados. Outro importante fator que determina a efetividade da assistência é se a mesma é de fato apropriada, ou seja, a qualidade técnica dos serviços da assistência médica. Em um sentido estrito, isto significa que a assistência deve ser fornecida em conformidade com os padrões técnicos definidos – se a enfermeira ou o médico estão fazendo as perguntas corretas, realizando os testes e exames apropriados, alcançando o diagnóstico correto, comunicando-se efetivamente com o paciente e prescrevendo os tratamentos apropriados.

Há uma literatura extensa sobre os países da OCDE que buscam avaliar a qualidade técnica da assistência para diferentes tipos de serviços de saúde. Por exemplo, uma revisão da literatura sobre a qualidade dos serviços nos EUA abrange uma ampla gama de áreas, incluindo o uso de antibióticos, doenças respiratórias, cuidados pré-natais, asma, diabetes, hipertensão e doenças cardíacas, saúde mental e câncer (Schuster, McGlynn e Brook 2005). Também há numerosos esforços para definir os indicadores de monitoramento de rotina da qualidade da assistência médica, no contexto do quadro de desempenho do sistema de saúde específico a cada país e entre os países (ver, por exemplo, AHRQ 2013; Arah *et al.* 2006; Kelley e Hurst 2006). Muitos desses indicadores enfatizam nos resultados da medição da qualidade, mas também incluem esforços para monitorar o processo das dimensões da qualidade (Marshall, Leatherman e Mattke 2004). Muitos países da OCDE também adotaram mecanismos para promover a melhoria da qualidade, inclusive através do uso de incentivos financeiros, desenvolvimento e divulgação de guias clínicos, mecanismos de credenciamento e outros.

A literatura sobre a qualidade técnica da assistência médica na região da ALC é escassa e, embora a maioria dos países tenha algum tipo de iniciativas para melhorar a qualidade, existem poucos exemplos de monitoramento de rotina da qualidade técnica. Por exemplo, de acordo com uma revisão da OPAS, apenas seis de vinte e cinco países pesquisados em 2000 tinham procedimentos formais para a credenciamento dos serviços de saúde e suas instalações (Ross, Zeballos e Infante 2000). Em parte, isto se deve ao fato de que a análise sistemática e o monitoramento da qualidade da assistência médica normalmente dependem de dados detalhados dos registros dos pacientes (idealmente eletrônicos) ou de pesquisas aprofundadas. Trata-se, portanto, de uma área de pesquisa e monitoramento do sistema de saúde que é susceptível a uma rápida evolução, na medida em que os países da região atualizam seus sistemas de informação de saúde. Por enquanto as evidências sobre a qualidade dos cuidados de saúde podem ser adquiridas de alguns estudos relacionados à atenção pré-natal e aos cuidados do câncer.

Em geral, a cobertura dos serviços de saúde materna e infantil, e em particular o cuidado pré-natal, melhorou significativamente na região da ALC nas últimas décadas. Quase 90% das mulheres grávidas na região agora recebem pelo menos quatro visitas pré-natais. Mas como vimos na primeira seção deste capítulo, o grau em que a cobertura expandida se traduz em melhorias nos resultados depende em grande parte da qualidade da assistência fornecida – isto é, até que ponto os profissionais de saúde conseguem identificar os principais riscos, tomar as ações apropriadas e se comunicar efetivamente com o paciente.

Vários estudos realizados no Brasil ilustram problemas importantes da qualidade da assistência pré-natal. Um estudo recente no Rio de Janeiro entrevistou 2.353 mulheres grávidas, onde perguntaram sobre a data do início da assistência pré-natal, o número de visitas e o tipo dos exames de diagnóstico realizados (Domingues *et al.* 2012). Baseado nos critérios do índice PHPN[16] apenas 38,5% das entrevistadas tinham recebido uma assistência adequada. Além disso, quase um terço das mulheres hipertensas relatou que não receberam o medicamento anti-hipertensivo. As deficiências mais importantes estavam relacionadas com a conclusão no momento oportuno do primeiro e segundo exame de laboratório de rotina. Entre as mulheres com idades entre 28-33 anos, apenas 41% realizaram os exames recomendados; para mulheres com idades entre 34-37 anos, nem 20% tinham realizado o primeiro exame de rotina no momento em que se esperava que já tivessem os resultados do segundo exame. A maioria dos exames clínicos, como a medição da pressão sanguínea, o registro de peso e o monitoramento dos ruídos cardíacos fetais, alcançaram elevados níveis de ocorrência (entre 73% e 98%), mas apenas entre 23% e 55% dos casos receberam a informação recomendada (por exemplo, sobre o parto, encaminhamento para o serviço de maternidade e aconselhamento sobre a amamentação) (Domingues *et al.* 2012). Na mesma linha, um estudo feito na cidade de Pelotas encontrou um número alto de cobertura e visitas pré-natais, mas apenas 77% das mulheres foram submetidas a um exame vaginal e quase um terço das mulheres não imunizadas não recebeu o toxóide tetânico (Barros *et al.* 2005). Finalmente, um estudo em quatro maternidades em Aracajú, no nordeste do Brasil, também confirma altos níveis de cobertura pré-natal, com mais de seis visitas pré-natais em média (Ribeiro *et al.* 2009). Apenas 33,9% das mulheres foram classificadas, entretanto, como tendo a utilização adequada do cuidado pré-natal,[17] e uma grande parte das mulheres não fizeram um exame de mama e não foram aconselhadas sobre a amamentação. Além disso, era mais provável que o cuidado fosse adequado entre mulheres que procuraram atendimento privado (89%), quando comparado com aquelas que procuraram atendimento público (61%).

Além do cuidado pré-natal, estudos realizados no Brasil também documentaram problemas de qualidade da assistência relativos ao uso excessivo de medicamentos e procedimentos. Por exemplo, há evidência que a indução excessiva do parto, através de medicação e cesáreas contribuiu a um aumento nos nascimentos prematuros na cidade de Pelotas (de 6,3% em 1982 a 16,2% em 2004), com efeitos negativos na mortalidade e morbidade infantil (Barros *et al.* 2005). O uso excessivo de cesáreas é um problema nacional do país, onde cerca de 43% dos nascimentos em 2010 aconteceram por cesárea (Victora *et al.* 2011).[18]

Uma avaliação na qualidade dos partos em 14 hospitais na República Dominicana também ajuda a explicar como altas taxas de partos institucionais podem coexistir com altos índices de mortalidade materna (Miller *et al.* 2003).[19] O estudo mostrou que grandes hospitais de referência, onde ocorrem mais de 40% dos nascimentos no país, estavam repletos e com falta de profissionais. Em alguns hospitais, residentes inexperientes supervisavam os cuidados prestados por estudantes de medicina, estagiários e enfermeiras. Enquanto partos não complicados foram excessivamente medicalizados, partos complicados não tiveram o atendimento apropriado e emergências não foram tratadas a tempo.

É provável que a baixa qualidade técnica dos serviços de saúde maternos e infantis tenha muitos fatores determinantes, incluindo o ambiente de trabalho, incentivos, disponibilidade do equipamento e material, e habilidades do prestador. Entre estes fatores, as habilidades e a competência do prestador receberam recentemente uma maior atenção e vários estudos realizados em diferentes partes do mundo fornecem evidência sobre os níveis e as distribuições das habilidades baseadas em testes ou vinhetas (Das e Hammer 2014). De acordo com esta literatura, um estudo recente na República Dominicana teve como objetivo avaliar a competência de médicos na atenção primária para proporcionar assistência e tratamento a mulheres grávidas e crianças menores de um ano, de acordo com normas nacionais. Uma amostra de 66 médicos teve que preencher uma prova escrita e uma simulação de caso clínico. Apenas 8% dos médicos atingiram pontuações suficientemente altas para se qualificar como cuidadores adequados para mulheres grávidas e nenhum deles foi considerado adequado para fornecer cuidados a crianças menores de um ano (Pérez-Then *et al.* 2008).

Em relação ao cuidado do câncer, o melhor indicador da qualidade é discutivelmente, a taxa de sobrevivência de casos confirmados, idealmente analisado pelo estágio no momento do diagnóstico. Dada a complexidade do cuidado do câncer, medidas de qualidades estruturais como a disponibilidade e a funcionalidade dos equipamentos tecnológicos avançados, médicos especialistas e a quantidade de leitos hospitalares, também são indicadores relevantes da qualidade e determinantes importantes dos resultados. Como em outras regiões, os serviços oncológicos na ALC tendem a se concentrar nas cidades mais importantes, contribuindo a desigualdades no acesso aos serviços e nos resultados. Por exemplo, no Peru, 10 das 18 unidades de radioterapia do país estão localizadas em Lima ou outra cidade grande, enquanto 20 de 25 regiões do país não têm centros de radioterapia. No México, há 20 aceleradores lineares para 32 estados, e sete destes estão na Cidade do México (Goss *et al.* 2013).

Mas também é possível avaliar a qualidade técnica dos cuidados do câncer ao verificar o processo de assistência. Um dos pontos críticos nesta matéria diz respeito a procedimentos de diagnóstico e os cuidados de acompanhamento associados. Os desafios são evidentes a partir de um estudo de controle de casos (câncer invasivo e controles de saúde) em quatro estados colombianos que relevou que cerca de 50% dos rastreamentos do câncer cervical (Papanicolau) foram falsos negativos, e que apenas cerca de 65% dos casos tiveram exames de seguimento após resultados citológicos positivos (Murillo *et al.* 2011). Além disso, os resultados para o rastreamento do câncer cervical (Papanicolau) em lugares distantes foram considerados deficientes: quando as mesmas amostras de

Papanicolau foram avaliadas em um laboratório nacional, até 61% das amostras negativas ou normais tiveram resultados anormais. No México, um estudo similar encontrou altos e persistentes níveis de falsos negativos de até 53% para casos de citologia cervical no México (Lazcano-Ponce *et al.* 2008).

Também se verificou que deficiências na qualidade dos processos de diagnósticos e testes laboratoriais no México foram agravadas pelo uso inapropriado de processos de diagnósticos invasivos, em particular o uso de colposcopia em combinação com exame Papanicolau (Madrigal de la Campa, Lazcano Ponce e Infante Castaneda 2005). Os cuidados de acompanhamento após um exame citológico anormal também geralmente são fracos. De fato, um estudo encontrou que apenas 25% dos pacientes receberam um acompanhamento adequado, o que poderia explicar a falta de impacto do exame do câncer cervical no país (Gage *et al.* 2003).

Problemas para fornecer diagnósticos de alta qualidade também foram encontrados em relação ao câncer de mama no Brasil. Um estudo revelou baixos níveis de concordância de diagnósticos entre diferentes patologistas que examinaram a mesma amostra (60% de concordância em uma amostra de 329 biopsias) (Salles *et al.* 2008). Outro estudo encontrou que uma proporção relativamente alta (22%) de procedimentos de punção biopsia aspirativa por agulha fina obteve material inadequado para análises citopatológicas, que poderia estar relacionado com incompetência do profissional de saúde ou com dificuldades técnicas devido a equipamentos menos avançados ou uma combinação de ambos (INCA 2010; Lee *et al.* 2012).

Além do diagnóstico, a qualidade dos cuidados do câncer também está relacionada com regimes apropriados de tratamento, incluindo a quimioterapia e cuidados paliativos. A adoção de regimes atualizados para quimioterapia tem sido lenta na região, particularmente em áreas distante. Por exemplo, a OMS relatou que o Tamoxifeno usado para câncer de mama não estava disponível na Bolívia, El Salvador, Nicarágua, Paraguai, e São Cristóvão e Névis, apesar de estarem disponíveis na maioria dos países a um custo de apenas US$ 0,10 por comprimido.

Igualmente, quando se perguntou sobre a disponibilidade de tratamentos modernos para o cuidado do câncer no sistema público no Brasil, os oncologistas entrevistados confirmaram que a adoção de regimes mais atualizados é um problema (65%). Cerca de 15% mencionaram a disponibilidade limitada do Trastuzumabe, outro medicamento usado no tratamento de câncer de mama e de outros tipos (TCU 2011). No Brasil, o projeto AMAZONE, que é um estudo financiado pelo GBECAM que abrange 4.912 mulheres com câncer de mama em 28 centros de tratamento, confirmou esta observação. O estudo revelou que novas gerações de quimioterápicos e tratamentos específicos para câncer de mama sensíveis aos hormônios, como o adjuvante Trastuzumabe, eram utilizadas com mais frequência em pacientes tratados nas instalações privadas de saúde (56%) que em pacientes tratados nas instalações públicas (5,6%) ou filantrópicas (10%). Isto está relacionado com o fato de que, apesar da sua importância para poder tomar decisões apropriadas para o tratamento, os métodos diagnósticos mais sofisticados, como a determinação do receptor de hormônio e do fator de crescimento, não estão amplamente disponíveis no setor público. Estes métodos podem ter implicações importantes para as escolhas de tratamento. Por exemplo, o Instituto Mexicano do Câncer (INCAN) relatou que médicos mudaram suas recomendações em 31 de 96 casos com base no perfil genético de tumores, com uma diminuição de 48% a 34% na recomendação de quimioterapia (Bargallo-Rocha *et al.* 2015). Ainda assim, a maioria dos centros de tratamento não realizam estes testes.

Finalmente, a disponibilidade dos cuidados paliativos efetivos é muito limitada na maioria dos países da região (Goss *et al.* 2013; Lee *et al.* 2012; Torres *et al.* 2007). Na maioria dos países Latino-americanos, os recursos se concentram principalmente para o tratamento curativo em vez de para o tratamento paliativo, o que se reflete na pouca quantidade de centros paliativos disponíveis no sistema público de saúde.[20] A oferta insuficiente de tais serviços está acompanhada por uma disponibilidade limitada de analgésicos potentes (medicamentos para a dor) e poucos especialistas na área de cuidados paliativos. O consumo médio de opióides na região permanece muito inferior aos níveis mundiais, o qual se traduz em um inadequado controle da dor (Callaway *et al.* 2007; OMS 2013).[21]

Em geral, fica claro que a qualidade técnica dos serviços de saúde, seja em relação à saúde materna e infantil, ao câncer, ou em outras áreas, é um aspecto crítico para determinar se as necessidades de saúde foram cumpridas. Altas taxas de cobertura de cuidado pré-natal e partos institucionais não necessariamente se traduzem em bons resultados de saúde. Do mesmo modo, se a expansão do rastreamento do câncer não for acompanhada por melhorias proporcionais na disponibilidade e qualidade dos procedimentos de diagnóstico e pelo acesso a regimes de tratamentos atualizados, é improvável que se traduza em melhorias significativas na sobrevivência do câncer. Isto destaca a necessidade de complementar o monitoramento da disponibilidade e uso dos serviços com uma maior ênfase na qualidade. Com sistemas de informação melhorados é possível monitorar rotineiramente importantes dimensões da qualidade, mas mesmo assim, realizar pesquisas e utilizar outras maneiras de coletar dados continuarão sendo importantes ferramentas. A evidência também destaca desafios em termos de falta de patologistas e outros profissionais de saúde relacionados em áreas afins, baixos níveis de treinamento e educação contínua e limitações nos sistemas de credenciamento de controle de qualidade.

Resultados em saúde: por que o acesso oportuno e a qualidade são importantes?

Este capítulo argumentou em favor da importância de complementar indicadores básicos da cobertura universal de saúde sobre utilização e proteção financeira com dados e pesquisas sobre as necessidades não atendidas, o acesso oportuno e a qualidade dos serviços prestados. Entretanto, também é possível avaliar mais diretamente se o sistema de saúde está contribuindo para melhorar os resultados. Esta seção ilustra esta possibilidade ao verificar os resultados dos tratamentos para hipertensão e diabetes, sobrevivência do câncer e mortes evitáveis.

A verdadeira prova de que um sistema de saúde é eficaz, não é apenas se garante o acesso equitativo aos serviços de saúde baseados nas necessidades, mas também se este produz bons e equitativos resultados de saúde. O acesso oportuno e a qualidade são muito importantes, já que sua ausência pode ser um obstáculo quase intransponível entre os ganhos de saúde potenciais e reais, uma vez alcançado o acesso aos serviços. Está além do escopo deste capítulo discutir cada uma destas áreas em detalhe, e uma discussão abrangente sobre tendências e padrões na região seria, de todo modo, dificultada pela falta de dados sistemáticos e comparáveis. No entanto, os estudos e dados existentes destacam o valor de alguns indicadores específicos no fortalecimento do monitoramento e na análise do desempenho da cobertura e do sistema de saúde.

Esta seção trata especificamente de quatro tipos de indicadores. Primeiramente, grande parte deste capítulo concentrou-se no diagnóstico e controle da hipertensão e diabetes. No caso destas duas condições, existem estudos que vão além do processo de medição da qualidade para avaliar em que medida os objetivos do tratamento estão sendo efetivamente alcançados. Segundo, os indicadores das complicações relacionadas com a diabetes e hipertensão, e as internações hospitalares evitáveis podem ser importantes para medir e acompanhar o desempenho dos sistemas de saúde, captando problemas no acesso e na efetividade da assistência primária. Terceiro, uma extensão dos indicadores de complicações e internações como medidas do desempenho do sistema de saúde significa avaliar a "mortalidade evitável" – isto é, o grau da mortalidade que poderia ter sido evitada com uma assistência médica efetiva. Finalmente, no caso do câncer, os registros poderiam fornecer a base para uma análise das taxas de sobrevivência, as quais em troca são indicadores poderosos de quão bem-sucedido é o sistema de saúde em detectar, diagnosticar e tratar o câncer.

Atingindo metas de tratamento no controle de doenças crônicas

O risco de morte e complicações associadas com diabetes e hipertensão pode ser reduzido significativamente se as condições forem controladas efetivamente para assim manter a glicemia sanguínea e a pressão arterial dentro do intervalo de controle. A medida na qual se consegue, no entanto, dependerá de que os pacientes sejam apropriadamente diagnosticados e da qualidade técnica da assistência médica oferecida a estes pacientes. Os resultados da ALC destacam várias oportunidades perdidas para reduzir a carga dos três principais fatores de risco para doenças cardiovasculares (diabetes, hipertensão arterial e hipercolesterolemia) e sugere que a diabetes e os fatores de risco associados a ela não estão sendo controlados efetivamente.

Uma análise recente de pesquisas sobre os exames de saúde em sete países, incluindo a Colômbia e o México, revelou que não só uma proporção substancial dos indivíduos com diabetes permanece sem diagnóstico e sem tratamento, mas também que a proporção de indivíduos que alcançam as metas do tratamento para a glicose sanguínea era muito baixa (Gakidou *et al.* 2011). Por exemplo, pacientes com diabetes que alcançaram a meta do tratamento para glicose sanguínea, pressão arterial, e colesterol sérico, foi muito baixa, variando de 1% dos pacientes masculinos no México a 12% nos Estados Unidos. Mais de 70% dos indivíduos com diabetes em todos os países não estavam alcançando as metas do tratamento para a glicose sanguínea definidas pela Federação Internacional de Diabetes.[22]

Estas descobertas são consistentes com os resultados de uma revisão sistemática da literatura sobre a qualidade do cuidado da diabetes em países de renda baixa e média na região da ALC, onde a proporção de pacientes alcançando as metas do tratamento variou amplamente no caso de controle glicêmico (13%–92,9%), hipertensão (4,6%–92%) e lipídios (28,2%–18,3%). A maior parte da literatura analisada para esta revisão proveio do Brasil, da Jamaica e do México. A revisão também revelou que o rastreamento da disfunção orgânica final não cardiovascular foi o componente mais ausente nos cuidados relacionados com o controle da diabetes na região. Os autores reconhecem que o baixíssimo registro de pacientes que foram rastreados para tais disfunções relacionadas com a diabetes (apenas 1%), pode ser um reflexo de debilidades nos registros. Por outro lado, a consistente falta de dados neste aspecto aponta para um problema de negligência no cuidado da diabetes.

Complicações e internações evitáveis

A quantidade de internações hospitalares evitáveis ou "desnecessárias" são outra importante medida do acesso e da qualidade dos cuidados primários. Estimativas do Banco Interamericano de Desenvolvimento (Guanais, Gómez-Suárez e Pinzón 2012) sugerem que a região da ALC teve de 8 a 10 milhões de internações evitáveis em 2009. Um alto impacto de internações evitáveis por doenças crônicas foi encontrado na Argentina, Colômbia, Costa Rica e no México. Já países com baixa renda, como o Equador e Paraguai, mostraram um maior índice de condições evitáveis.

Dentro da ampla categoria de internações evitáveis, também é possível dar destaque a complicações ou procedimentos associados com condições específicas. Por exemplo, a falta ou o controle inadequado da diabetes pode levar a complicações como a síndrome do pé diabético e amputações. Um estudo feito no Brasil mostrou que 66,3% das amputações realizadas em hospitais gerais ocorreu em pacientes com diabetes. Além disso, 85% das amputações são precedidas de úlceras que poderiam ser tratadas de maneira efetiva em unidade de cuidados de saúde primários (Gamba 1998). O impacto econômico de internações hospitalares prolongadas e amputações em decorrência de pé diabético é significante. Dados do estado brasileiro de Sergipe mostrou um aumento de 49% nos custos relacionados com amputações entre 2008 e 2010 (DATASUS). Apenas no sistema público foram realizadas 13 amputações por semana, das quais 9 foram atribuídas à diabetes. Similarmente, uma revisão retrospectiva dos prontuários de pacientes diabéticos participando de um programa de seguimento no estado de

Pernambuco no Brasil, encontrou um padrão de desigualdade urbano-rural, segundo a qual 40% dos pacientes procedentes da área rural tinham retinopatia diabética, comparado com 25% dos pacientes provenientes da área urbana (Escarião *et al.* 2008).

Mortes evitáveis

Uma maneira de avaliar a cobertura e a qualidade do sistema de saúde é estudando o grau em que o sistema está contribuindo para melhorar os resultados de saúde com uma análise das tendências da mortalidade evitável ou reduzida – isto é, mortes que poderiam ter sido evitadas por meio do acesso oportuno e uma assistência médica eficaz. Neste caso, os autores utilizaram dados de registros nacionais de óbitos, já que neles se registra a causa de morte baseada em normas de classificação de doenças padronizadas.[23] A mortalidade por condições específicas é então definida como evitável se diante de um acesso oportuno e de uma assistência médica efetiva. Isto permite uma análise das tendências e padrões (por exemplo, variação entre países e regiões) da mortalidade que poderia ter sido evitada. A premissa desta análise é que melhorias ou diferenças geográficas na cobertura e/ou efetividade do sistema de saúde, serão refletidas em dados sobre mortes evitáveis.[24]

Vários estudos foram realizados para comparar tendências e níveis de mortes evitáveis nos países da OCDE (McKee e McMichael 2008; Nolte e McKee 2003, 2004, 2012), mas existe pouca evidência sistemática sobre a América Latina e o Caribe. Alguns estudos foram realizados no Brasil, os quais revelaram declínios significativos nas mortes evitáveis. Malta *et al.* (2010), por exemplo, averiguaram tendências nas mortes evitáveis em infantes (crianças menores de 1 ano) durante o período de 1997-2006. Encontraram declínios significativos em óbitos evitáveis por cuidados de saúde (37%) e os óbitos por causas não definidas (75%, indicando acesso melhorado à assistência médica), enquanto a mortalidade por outras causas permaneceu estável, registrando uma pequena redução de 2.2%. É provável que estes resultados se devam, pelo menos em parte, a melhorias na cobertura e qualidade do sistema de saúde. Por exemplo, a mortalidade por pneumonia caiu 52,7%, e existe uma alta probabilidade que a assistência primária efetiva tenha sido fundamental neste caso. Mas outros fatores, em particular melhorias nas condições de vida e intervenções de saúde pública que afetam a incidência de diferentes condições de saúde, também teriam desempenhado um papel importante. Embora o estudo apresente um quadro positivo geral do sistema de saúde, também relata um aumento de 28% nas mortes evitáveis por um adequado cuidado pré-natal. Isto é difícil de conciliar com melhorias na cobertura de cuidados pré-natais, mas os autores especulam que a pobre qualidade da atenção pode ter sido um fator.

Um estudo mais recente investigou uma coorte de crianças em Pelotas (Gorgot *et al.* 2011; Santos *et al.* 2011) e relevou que a maior parte da mortalidade em crianças era evitável e que a maior parte da mortalidade poderia ser reduzida por um adequado cuidado materno durante a gravidez (70% das mortes) e que quase todas as mortes ocorreram no primeiro ano de vida (92%). Isto aponta a um aumento nas mortes prematuras e problemas de qualidade na assistência pré-natal como importantes fatores contribuintes. O estudo também documenta um gradiente socioeconômico, segundo o qual os infantes nascidos de mulheres no quintil mais baixo têm três vezes mais probabilidade de falecer de causas suscetíveis à intervenções do que aqueles nascidos de mulheres no quintil mais alto. Isto se deve em parte ao fato de que os partos prematuros ocorrem cerca de duas vezes mais vezes nos quintis mais baixos. O abandono definitivo do tabagismo e o fornecimento de progesterona a mulheres em alto risco poderiam contribuir à redução da mortalidade. O aumento na mortalidade que poderia ter sido evitada através de um efetivo cuidado pré-natal também pode estar relacionado parcialmente a um aumento das condições do estado de saúde materna que prejudicam o feto (por exemplo, a diabetes), melhores diagnósticos e uma classificação mais precisa de óbitos.

Na mesma linha, Abreu, César e França (2007) estudaram tendências nas mortes evitáveis para crianças e adultos entre 1983 e 2002 em 117 municípios. Comparando os períodos de 1983 a 1992 e 1993 a 2002, revelaram uma redução significante na mortalidade evitável, enquanto a mortalidade por outras causas permaneceu estável. Também notaram que entre mulheres e homens há uma grande diferença em mortalidade evitável. A maior parte desta diferença pode ser atribuída a doenças cardíacas isquêmicas (também houve uma ampla diferença entre os gêneros na mortalidade por outras causas, provavelmente devido a taxas diferentes de morte relacionadas com violência e acidentes) (Abreu, César e França 2009).

Analisamos informações do banco de dados de mortalidade da OMS no período de 1985 a 2010 para investigar as tendências nas taxas de mortalidade evitável em oito países e para dois grupos de idade, de 0 a 14 anos e de 15 a 69 anos. As principais causas foram selecionadas da lista proposta por Nolte e McKee (2003); também foram incluídas como causas de mortes evitáveis a desnutrição e anemias nutricionais, por causa de sua importância como determinante social da saúde, ainda que elas sejam evitáveis por políticas sociais mais amplas e não somente políticas de saúde.[25] Algumas causas classificadas como evitáveis por Nolte e McKee não foram incluídas, fosse devido à sua baixa incidência na região ou por haver lacunas nos dados usados para definir a causa de óbito.

A figura 5.4 mostra que para o grupo de idade abaixo de 15 anos, a mortalidade evitável devido às doenças infecciosas intestinais, desnutrição, anemias nutricionais, pneumonia e influenza foram responsáveis por 14% a 55% de todas as mortes nos países estudados, com o Chile e a Costa Rica tendo as proporções mais baixas e a Guatemala tendo as mais altas. Até 2010, todos os países apresentaram uma redução na proporção de mortalidade evitável, embora as melhorias variem consideravelmente, com as maiores quedas absolutas ocorrendo no México e no Brasil e os maiores ganhos relativos sendo percebidos no Chile, Costa Rica, México e Brasil, onde óbitos devidos a estas causas evitáveis caíram

**Figura 5.4 Mortalidade proporcional por causas infecciosas evitáveis 1985 e 2010 –
faixa etária de 0 a 14 anos**

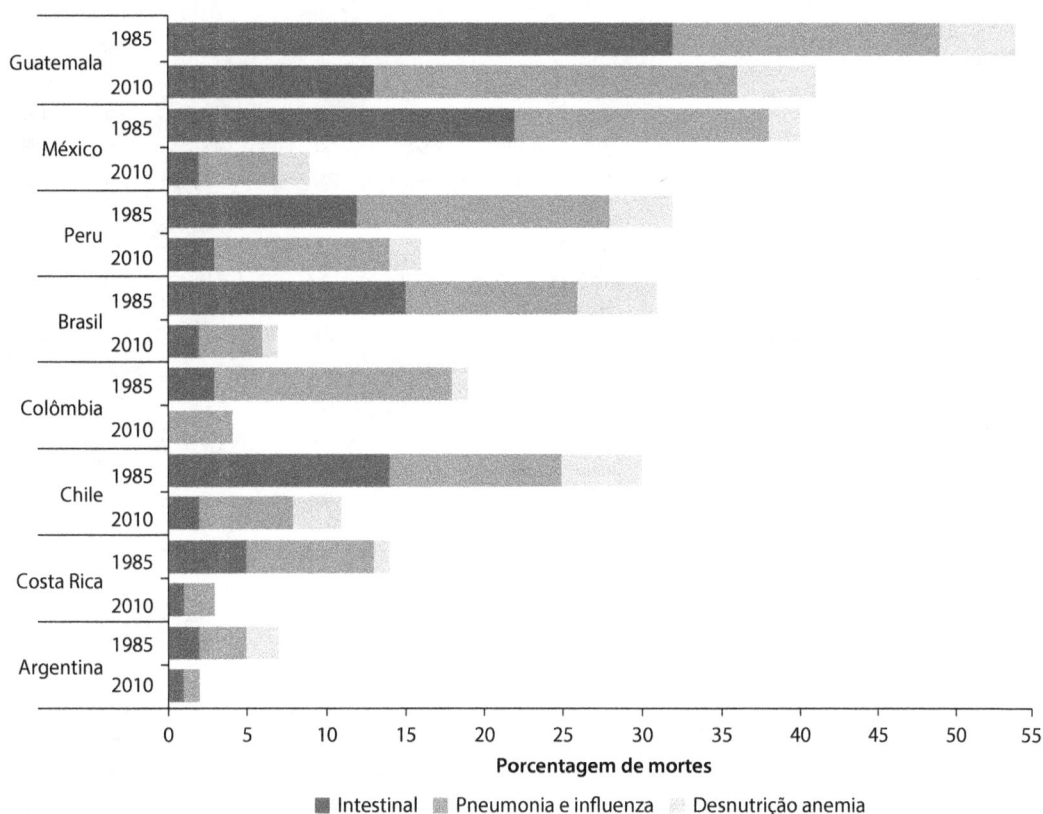

Porcentagem de mortes

■ Intestinal ▨ Pneumonia e influenza ░ Desnutrição anemia

Fontes: Estimativas do Banco Mundial com informações do banco de dados de mortalidade da OMS, modificado.
Nota: Causas evitáveis incluem doença infecciosa intestinal (ICD9 001-009, ICD-10 E40-56, D50-53); desnutrição e anemias nutricionais
(ICD-9 260-68, ICD-10 A00-9); pneumonia e influenza (ICD-9 480-86, 487; ICD-10 J10-18).

abaixo de 10% do total de mortes. Além disso, em todos os países, exceto na Guatemala, houve um maior declínio observado para mortalidade evitável que para qualquer outra causa considerada suscetível aos cuidados médicos e às políticas de saúde (tabela 5.2). Isto confirma descobertas em pesquisas anteriores do Brasil e sugere que, em todos os países estudados, as políticas de saúde e os programas executados no período tiveram uma contribuição notável com objetivo de melhorar os resultados de saúde infantis e explica, pelo menos em parte, a redução da mortalidade infantil observada na região.

O quadro em relação à mortalidade evitável na faixa etária entre 15-69 anos é menos claro. Em 1985, a mortalidade evitável devido a doenças não transmissíveis específicas na faixa etária foi responsável por 15% a 37% das mortes, dependendo do país (figura 5.5). A maioria dos países teve uma redução pequena a moderada na proporção de mortalidade evitável, tendo a variação permanecendo entre 12% e 29% em 2010. A maior queda absoluta ocorreu no Brasil,

Tabela 5.2 Taxa de mortalidade padronizada por causas evitáveis e outras causas de morte, 1985 e 2010 – faixa etária 0-14 anos

		Argentina	Brasil	Chile	Colômbia	Costa Rica	Guatemala	México	Peru
Doença infecciosa intestinal	1985	10.1	50.0	6.2	36.2	10.1	344.4	70.1	48.1
	2010	1.4	2.3	0.2	2.1	1.0	20.3	2.9	1.8
	Percentual	86	95	96	94	90	94	96	96
Malnutrição e nutricionais anemias	1985	7.7	18.1	1.6	11.9	2.0	56.0	6.8	15.6
	2010	0.6	1.1	0.1	3.2	0.0	9.5	2.3	1.0
	Percentual	92	94	94	73	98	83	66	93
Pneumonia e influenza	1985	12.7	39.3	27.8	28.5	15.2	174.0	49.2	68.5
	2010	3.4	5.0	3.1	5.6	0.9	34.8	5.6	9.9
	Percentual	74	87	89	80	94	80	89	86
Evitável[a]	1985	30.5	107.5	35.6	76.7	27.3	573.9	126.1	132.0
	2010	5.4	8.4	3.6	10.8	1.8	64.4	10.8	12.4
	Percentual	82	92	90	86	93	89	91	91
Outra	1985	431.2	341.9	188.7	258.1	192.7	553.1	315.5	442.7
	2010	223.2	114.4	73.4	100.7	68.3	118.9	112.4	79.3
	Percentual	48	67	61	61	65	92	61	82

Fonte: Estimativas do Banco Mundial com dados do banco de mortalidade da OMS, modificado.
Nota: O método de padronização direto foi aplicado usando a população padrão mundial de 2000 da OMS.
a. Causas evitáveis incluem doenças infecciosas intestinais (ICD-9 001-009, ICD-10 E40-56, D50-53); desnutrição e anemias nutricionais (ICD-9 260-68, ICD-10 A00-9); e pneumonia e influenza (ICD-9 480-86, 487; ICD-10 J10-18).

enquanto os maiores declínios em termos relativos ocorreram no Brasil e na Argentina. A tabela 5.3 mostra que os níveis de causas de morte evitável entre os adultos caíram em todos os países, mas apenas em alguns – Argentina, Brasil, Chile, Colômbia e Costa Rica – as taxas de mortalidade por causas evitáveis específicas analisadas diminuiu mais que as taxas de mortalidade por outras causas. A tendência para doenças crônicas específicas variou consideravelmente nos últimos 25 anos. Mortes por doença cerebrovascular diminuíram em todos os oito países, enquanto mortes por câncer de cólon e reto também aumentaram em todos. Estes resultados devem ser interpretados com precaução devido às melhorias no registro de causas de morte, particularmente nos casos de doenças não transmissíveis, já que torna mais difícil medir as mudanças reais nas causas de mortalidade. No entanto, as descobertas corroboram evidências de outras fontes de que os sistemas de cuidados de saúde não estão respondendo plenamente às necessidades emergentes para diagnóstico, controle e tratamento de doenças crônicas.

Sobrevivência ao câncer

Dados sobre a sobrevivência ao câncer esclareceram a eficácia do tratamento do câncer em termos de perspectiva de sobrevivência.[26] Na OCDE, há agora dados suficientes baseados em registros que permitem usar os países do grupo como referências na sobrevivência ao câncer. Estes dados forneceram um ímpeto importante para que países desenvolvam planos e estratégias para melhorar o desempenho do tratamento do câncer (OCDE 2013). No caso do câncer

Figura 5.5   Mortalidade proporcional por causas evitáveis específicas, 1985 e 2010 – faixa etária de 15 a 69 anos

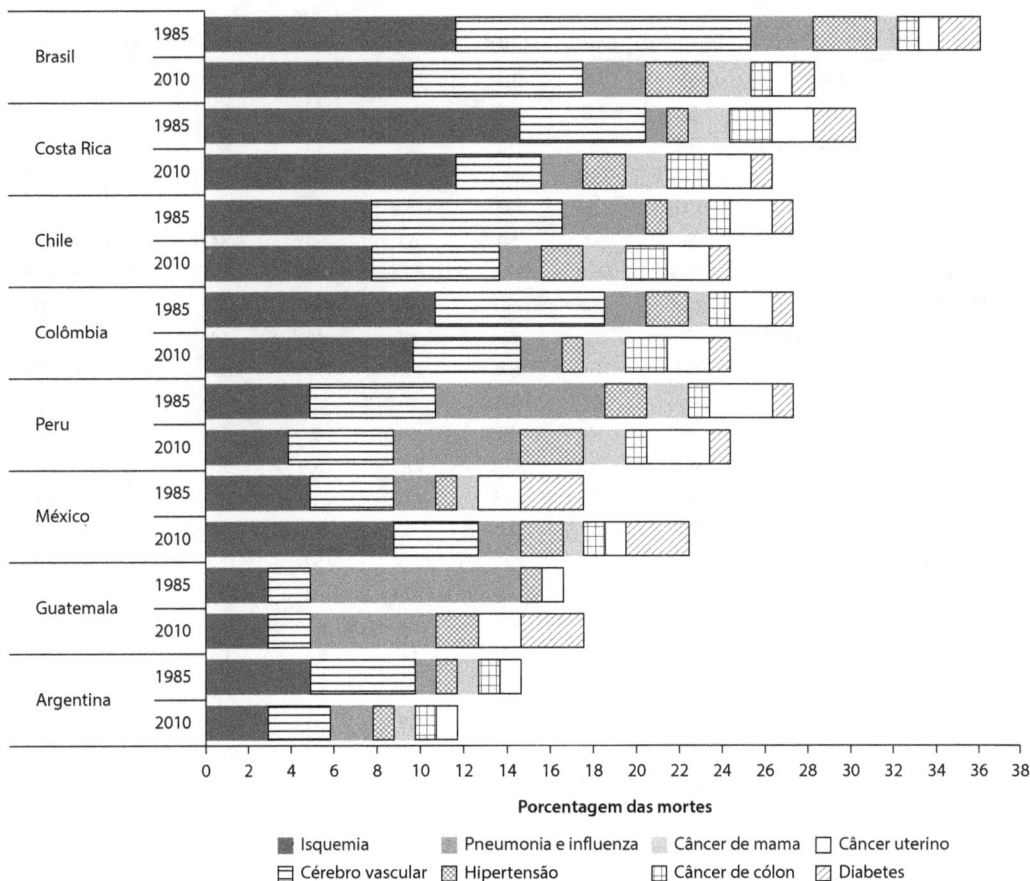

Porcentagem das mortes

Legenda:
- ■ Isquemia
- ▦ Pneumonia e influenza
- ▨ Câncer de mama
- ☐ Câncer uterino
- ▤ Cérebro vascular
- ▨ Hipertensão
- ▦ Câncer de cólon
- ▨ Diabetes

Fonte: Estimativas do Banco Mundial com dados do banco de mortalidade da OMS, modificado.
Nota: Causas evitáveis incluem doença hipertensiva (ICD-9 401-5; ICD-10 I10-13, I15); doença cerebrovascular (ICD-9 430-38; ICD-60-69); doença cardíaca isquêmica (ICD-9 410-14; ICD-10 I20-25); neoplasia maligna do cólon e reto (ICD-9 53-54; ICD-10 C18-21); neoplasia maligna de mama e útero (ICD-9 74, 179, 180, 182; ICD-10 C50, C53-55); e diabetes mellitus (ICD-9 250; ICD-10 E10-14).

de mama, a sobrevivência difere amplamente entre os países, desde mais de 80% na Noruega e na Suíça a menos de 60% nos casos da Polônia ou do Brasil.

Registros de câncer na região da ALC são muito menos desenvolvidos e há poucos dados sistemáticos sobre a sobrevivência. Um estudo encontrou diferenças de mortalidade entre pacientes com câncer cervical nas áreas urbana e rural, o que foi atribuído a menor nível de educação, subemprego e falta de cobertura de seguro social (Palacio-Mejia *et al.* 2003). Constatações semelhantes foram relatadas para o câncer infantil, com piores taxas de sobrevivência nas regiões com condições socioeconômicas mais pobres, maior população rural e entre aqueles que habitam mais longe dos centros especializados de cuidados do câncer (Perez-Cuevas *et al.* 2013; Ribeiro, Lopes e de Camargo 2007).

Tabela 5.3 Taxas de mortalidade padronizada por causas evitáveis e outras causas de morte, 1985 e 2010 – faixa etária 15-69 anos

		Argentina	Brasil	Chile	Colômbia	Costa Rica	Guatemala	México	Peru
Diabetes	1985	15	2.8	1.1	1.9	20	13	6.5	0.7
	2010	1.3	3.0	0.9	1.4	1.1	7.9	9.4	1.2
	Percentual	14	5	18	26	45	526	46	78
Doença cerebrovascular	1985	45.0	75.0	44.4	44.1	216	12.2	24.8	18.5
	2010	19.6	32.0	17.9	16.6	10.9	8.1	15.4	8.5
	Percentual	56	57	60	62	50	34	3.8	54
Doença cardíaca isquêmica	1985	46.9	66.0	43.4	65.4	54.8	22.1	32.4	15.3
	2010	22.4	41.6	21.7	34.8	29.8	19.1	36.2	8.0
	Percentual	52	37	50	47	46	14	12	48
Doença hipertensiva	1985	6.8	16.6	5.4	14.1	4.7	8.7	7.1	6.0
	2010	4.3	14.0	4.4	45	5.1	14.6	7.8	4.8
	Percentual	37	16	18	68	9	68	9	20
Câncer de mama	1985	36.9	26.9	27.3	21.9	28.9	5.2	18.1	24.2
	2010	28.5	27.2	21.6	23.2	20.3	12.9	21.8	12.4
	Percentual	23	1	21	6	30	147	20	49
Câncer uterino	1985	12.7	14.2	20.1	23.4	15.6	15.6	22.5	21.4
	2010	9.6	8.7	73	10.4	7.3	17.0	9.4	11.1
	Percentual	24	39	64	56	53	9	58	48
Câncer de cólon	1985	8.7	4.1	5.0	3.4	4.3	1.2	2.4	20
	2010	9.9	6.0	5.5	55	6.7	2.6	3.6	2.8
	Percentual	14	45	11	59	56	113	52	36
Pneumonia e influenza	1985	5.8	14.2	20.9	8.5	2.7	67.7	12.5	24.4
	2010	20.0	13.5	6.6	7.1	6.1	30.5	6.6	11.9
	Percentual	247	5	69	17	124	55	47	51
Evitável[a]	1985	110.6	159.3	117.4	120.8	78.6	109.7	84.8	74.3
	2010	81.8	101.7	57.7	63.9	52.9	83.0	71.3	41.7
	Percentual	26	36	51	47	33	24	16	44
Outro	1985	818.4	475.6	390.0	400.2	234.8	689.1	417.9	395.2
	2010	656.1	335.6	218.2	238.2	179.8	399.4	258.0	157.5
	Percentual	20	29	44	40	23	42	38	60

Fonte: Estimativas do Banco Mundial com dados do banco de mortalidade da OMS, modificado.
Nota: O método direto de padronização foi aplicado utilizando a população mundial padrão de 2000 da OMS.
a. causas evitáveis incluem doenças hipertensivas (ICD-9 401-5; ICD-10 I10-13, I15); doença cerebrovascular (ICD-9 430-38; ICD-60-69); doença cardíaca isquêmica (ICD-9 410-14; ICD-10 I20-25); neoplasia maligna do cólon e reto (ICD-9 53-54; ICD-10 C18-21); neoplasia maligna de mama e útero (ICD-9 74, 179, 180, 182; ICD-10 C50, C53-55); e diabetes mellitus (ICD-9 250; ICD-10 E10-14).

Conclusões

É provável que indicadores sobre a cobertura, a utilização e a proteção financeira continuem a ser os pilares do monitoramento da cobertura universal de saúde. Ainda assim, estes indicadores tradicionais têm importantes limitações. Eles esclarecem pouco se as principais necessidades de saúde estão sendo efetivamente cumpridas, se os cuidados de saúde estão sendo fornecidos de maneira oportuna e se a qualidade dos serviços é adequada – todos estes são fatores que podem levar a distanciamentos importantes entre o uso dos serviços de saúde e os resultados positivos na saúde dos pacientes.

Este capítulo demonstrou como as pesquisas e os dados administrativos podem fornecer conhecimentos complementares importantes sobre o desempenho dos sistemas de saúde e do progresso rumo à cobertura universal de saúde. Nos últimos anos muitos, os países da OCDE fizeram investimentos consideráveis nos sistemas e na capacidade de monitorar sistematicamente as necessidades não atendidas, os tempos de espera e a qualidade da assistência médica. Na região da América Latina e do Caribe tais esforços são ainda incipientes. Entretanto, muitos países têm sistemas de dados administrativos maduros – por exemplo, registros de câncer, pagamentos de seguradoras de saúde e dados de internações hospitalares – que poderiam ser mais utilizados para avaliar e monitorar o desempenho do sistema de saúde. Alguns países também estão investindo em sistemas para monitorar com biomarcadores os tempos de espera e pesquisas de exames de saúde, sendo estes importantes passos. No entanto, a qualidade dos dados e o acesso aos mesmos, a falta de padronização, assim como as restrições de capacidades nos ministérios da saúde, muitas vezes limitam a utilização desses dados para monitoramento do desempenho do sistema de saúde.

Notas

1. Embora existam muitas diferenças em termos de terminologia nas diferentes maneiras em que se realizam estas avaliações, o desempenho do sistema de saúde é tipicamente avaliado em relação aos objetivos intrínsecos para melhorar o nível e a distribuição dos resultados de saúde, a capacidade de resposta e a proteção financeira. Além destes objetivos intrínsecos, a maioria dos modelos também destacam resultados intermediários importantes, incluindo o acesso e a cobertura, eficiência, qualidade e às vezes outros fatores que são também elementos fundamentais para alcançar resultados intermediários e objetivos intrínsecos (Hurst e JeeHughes 2001; OCDE 2002; Roberts *et al.* 2003; Smith, Mossialos e Papanicolas 2008; OMS 2000, 2007).

2. Mesmo com as imunizações infantis, a qualidade pode ser uma preocupação importante. Por exemplo, a efetividade da maioria das vacinas depende do processo de produção, uma cadeia de resfriamento intacta desde a produção até a entrega da vacina, um cronograma adequado na aplicação das doses e outros fatores. Em muitos contextos estas condições não são cumpridas, desta forma as crianças imunizadas poderiam ter uma imunidade limitada ou inexistente apesar de terem sido vacinadas.

3. Também está relacionado com a fórmula sobre a efetividade a partir da literatura de avaliação de tecnologias em saúde: Efetividade = eficácia × precisão do diagnóstico × cobertura × aderência do usuário × aderência do prestador.

4. Em 2011, o número de mortes atribuídas a doenças cardiovasculares e diabetes foi estimado em cerca de 100 mil e 350 mil respectivamente, com altos custos fiscais e econômicos (OMS 2011). Estima-se que o custo atribuído a doenças cardiovasculares aos sistemas de saúde na ALC esteve cerca de US$ 10 bilhões e o valor da perda de produção cerca de US$19 bilhões (Bloom *et al.* 2011).

5. Estudos menores de outros países confirmam padrões similares sobre as necessidades não atendidas para diagnóstico e tratamento. Por exemplo, metade da população

diabética na República Dominicana não havia sido diagnosticada (Morales Peláez *et al.* 1997).

6. Um problema importante que deve ser considerado ao interpretar os dados sobre o câncer na região é que geralmente eles são extrapolados de hospitais locais ou bases de dados regionais, e apenas uma pequena porção da população da região está coberta por registros nacionais do câncer, em contraste com 96% nos EUA e 32% na Europa. Ver o Programa Nacional de Registros do Câncer do Centro para o Controle e Prevenção de Doenças (acessado em 22 de agosto, 2013), http://www.cdc.gov/cancer/npcr/about.htm. Também ver Goss *et al.* (2013).

7. O diagnóstico tardio tende a limitar as opções terapêuticas. Por exemplo, no caso do câncer de mama, o diagnóstico em estágios avançados, junto com disponibilidade limitada de outros tratamentos, conduz a taxas de procedimentos radicais tais como a mastectomia que tendem a ocorrer a taxas mais altas em países de baixa e média renda do que em países de alta renda. Um relatório do Instituto Mexicano do Câncer (INCAN), por exemplo, mostrou uma taxa de mastectomia de 85% em suas instituições, enquanto nos Estados Unidos a cirurgia conservadora de mama é mais comum e a mastectomia só é realizada em 37% dos casos (Chávarri-Guerra *et al.* 2012).

8. A evidência baseia-se em dados dos sistemas de pagamento (Autorização de Procedimento de Alta Complexidade – APAC) e diz respeito a todos os tipos de câncer para os quais foi requerida rádio e/ou quimioterapia.

9. É mais provável que estas diferenças reflitam uma série de fatores, incluindo desigualdades nas oportunidades de acesso entre os diferentes grupos, a qualidade dos serviços e as condições demográficas e socioeconômicas.

10. Cálculos provenientes de pesquisas, as quais também tomam em conta serviços privados fornecidos e administrados ao longo dos últimos três anos, sugerem uma maior cobertura de aproximadamente 59%, embora com desigualdades importantes entre os grupos socioeconômicos (ver capítulo 4).

11. A evidência sugere que os tempos de espera levam a resultados de saúde mais negativos, especialmente no caso de atenção atrasada em situações de emergência (Guttmann *et al.* 2011). No caso de câncer de mama, constatou-se que tempos de espera maiores que 12 semanas afetavam o estágio e consequentemente a taxa de sobrevivência. (Richards *et al.* 1999).

12. As pesquisas de opinião geralmente são baseadas em amostras relativamente pequenas e as respostas tendem a ser muito sensíveis à maneira como as perguntas foram formuladas. Portanto, os resultados devem ser interpretados com precaução.

13. Em ambos os países a razão mais importante para não procurarem assistência foi o pensamento individual de que melhorariam sem assistência médica.

14. Na pesquisa, 61% consideraram os serviços públicos de saúde como ruim ou péssimo, com 85% não vendo melhorias ou até uma piora no sistema de saúde nos últimos três anos. Entretanto, entre aqueles que realmente utilizaram o serviço único de saúde (SUS) no último ano, apenas 22% consideraram os serviços como ruim ou muito ruim.

15. Na pesquisa do Datafolha e IESS, as famílias classificaram o seguro de saúde privado como o segundo bem individual mais desejado, ficando na frente do carro, seguro de vida, novos eletrodomésticos e computador. Apenas a casa própria foi classificada como mais importante.

16. O índice é baseado nas Diretrizes do Programa para a Humanização do Pré-natal e Nascimento estabelecido pelo Ministério de Saúde do Brasil. O índice avalia os

seguintes critérios: (1) iniciação das visitas pré-natais antes da 16ª semana de gestação; (2) número mínimo de visitas pré-natal por idade gestacional; (3) resultados para a primeira bateria de exames de rotina (inclui glicemia, fator Rh, sífilis, HIV, etc.) a partir da 22ª semana de gestação; (4) vacina do tétano a partir da 28ª semana gestacional; (5) resultados para a segunda bateria de exames de rotina (glicemia, sedimento urinário, e sífilis) após a 34ª semana de gestação.

17. O estudo usou Índice de Adequação da Utilização do Cuidado Pré-natal (Kotelchuck 1994) para avaliar a adequação do cuidado pré-natal. Cuidado inadequado foi definido como cuidado pré-natal começando após a 15ª semana de gestação ou uma relação de visitas realmente ocorridas dividida pelo número de visitas esperadas abaixo de 50%.

18. Usando 20% como a taxa limite para definir o uso excessivo de cesáreas (a OMS recomenda não mais de 15%), no mundo todo são feitas 4 milhões de cesáreas em excesso em 46 países. De acordo com estimativas da OMS, o custo do "excesso" global de cesáreas em 2008 foi estimado em aproximadamente US$2,32 bilhões (todos os custos são expressos em dólares constantes de 2005), enquanto para o mesmo ano o custo das cesáreas "necessárias" totais foi estimado em aproximadamente US$432 milhões. Calcula-se que as cesáreas são cerca de 2,8 vezes mais caras em países onde o procedimento é "excessivo", comparado com aqueles nos quais o procedimento apenas se realiza quando for "necessário". Além disso, o número total "excessivo" de cesáreas em 2008 excedeu o número de cesáreas "necessárias" por um fator de aproximadamente 1,9 (Gibbons *et al.* 2010).

19. O estudo abrangeu uma revisão de estatísticas nacionais e registros hospitalares, um inventário das instalações e observações das interações entre cliente e prestador no periparto em 14 instalações.

20. Tomando o Brasil como exemplo, apenas 24 centros oferecem cuidados paliativos em todo o país e o Brasil tem as menores proporções de serviços de cuidados paliativos ou centros de saúde por população em 21 países na ALC (Wright *et al.* 2008).

21. A morfina e outros opióides são necessários para controlar a dor severa e a OMS incluiu-os na lista de medicamentos essenciais. OMS Tópicos de Saúde. Medicamentos Essenciais (acessado 28 de agosto, 2013). http://www.OMS.int/selection_medicines /list/en/.

22. Ainda que os critérios diagnósticos sejam, em grande parte, consistentes com as diretrizes nacionais, existem variações consideráveis nos objetivos do tratamento para glicose sanguínea, assim como para taxas de controle efetivo de fatores de risco cardiovascular em indivíduos com diabetes.

23. A lista de condições para as quais a mortalidade é considerada evitável tem variado significativamente ao longo do tempo e entre os estudos. Em parte, isto reflete, não apenas a introdução de novas tecnologias, mas também o grau com que estes estudos mantêm foco em profissionais de saúde, serviços de assistência médica ou ainda intervenções mais amplas de prevenção primária. Para mais detalhes, ver Nolte e McKee (2003).

24. É claro que mudanças na mortalidade evitável refletem mudanças na incidência e na efetividade da assistência médica (tratamento assim como prevenção secundária e terciária). Consequentemente, é preciso precaução ao interpretar os dados. Nolte e McKee (2003) ressaltam que "medir a mortalidade evitável foi concebida unicamente como um indicador de potenciais fragilidades nos cuidados de saúde, que podem então ser investigados com mais profundidade".

25. Causas evitáveis selecionadas para a faixa etária de 0 a 14 anos, incluem doença infecciosa intestinal (ICD-9 001-009; ICD-10 E40-56, D50-53), desnutrição e anemias nutricionais (ICD-9 260-68; ICD-10 A00-9), pneumonia e influenza (ICD-9 480-86, 487; ICD-10 J10-18; para a faixa etária entre 15 a 69 anos, as causas evitáveis incluem doença hipertensiva (ICD-9 401-5, ICD-10 I10-13, I15), doença cerebrovascular (ICD-9 430-38; ICD-60-69), doença cardíaca isquêmica (ICD-9 410-14; ICD-10 I20-25), neoplasia maligna do cólon e reto (ICD-9 53-54; ICD-10 C18-21), neoplasia maligna da mama e do útero (ICD-9 74, 179, 180, 182; ICD-10 C50, C53-55) e diabetes mellitus (ICD-9 250; ICD-10 E10-14). Causas inespecíficas foram distribuídas proporcionalmente de acordo com as causas definidas por países, ano e faixa etária.
26. As taxas de sobrevivência do câncer são definidas como a proporção de pacientes com um câncer específico que ainda estão vivos depois de um período de tempo definido (por exemplo, cinco anos), comparado com aqueles que ainda estão vivos na ausência de uma doença.

Referências

Abreu, Daisy Maria Xavier de, Cibele Comini César, and Elisabeth Barboza França. 2007. "Relação entre as causas de morte evitáveis por atenção à saúde e a implementação do Sistema Único de Saúde no Brasil." *Revista Panamericana de Salud Pública* 21 (5): 282–91.

———. 2009. "Diferenciais entre homens e mulheres na mortalidade evitável no Brasil (1983–2005)." *Cadernos de Saúde Pública* 25 (12): 2672–82.

Agurto, I., A. Bishop, G. Sanchez, Z. Betancourt, and S. Robles. 2004. "Perceived Barriers and Benefits to Cervical Cancer Screening in Latin America." *Preventive Medicine* 39 (1): 91–98.

AHRQ (Agency for Healthcare Research and Quality). 2013. *2012 National Healthcare Quality Report*. Rockville, MD. http://www.ahrq.gov/research/findings/nhqrdr/nhqr12/index.html.

Anderson, Benjamin O., Eduardo Cazap, Nagi S. El Saghir, Cheng-Har Yip, Hussein M. Khaled, Isabel V. Otero, Clement A. Adebamowo, Rajendra A. Badwe, and Joe B. Harford. 2010. "Optimisation of Breast Cancer Management in Low-Resource and Middle-Resource Countries: Executive Summary of Breast Health Global Initiative Consensus." *The Lancet Oncology* 12: 387–98.

Arah, Onyebuchi A., Gert P. Westert, Jeremy Hurst, and Niek S. Klazinga. 2006. "A Conceptual Framework for the OECD Health Care Quality Indicators Project." *International Journal for Quality in Health Care* 18 (Suppl. 1): 5–13.

Bargallo, Juan Enrique, Fernando Lara, Robin Shaw-Dulin, Victor Perez-Sánchez, Cynthia Villarreal-Garza, Hector Maldonado-Martinez, Alejandro Mohar-Betancourt, Carl Yoshizawa, Emily Burke, Timothy Decker, and Calvin Chao. 2015. "A Study of the Impact of the 21-Gene Breast Cancer Assay on the Use of Adjuvant Chemotherapy in Women with Breast Cancer in a Mexican Public Hospital." *Journal of Surgical Oncology* 111 (2): 203–07.

Barros, Fernando C., Cesar G. Victora, Aluisio J. D. Barros, Ina S. Santos, Elaine Albernaz, Alicia Matijasevich, Marlos R. Domingues, Iândora K. T. Sclowitz, Pedro C. Hallal, Mariângela F. Silveira, and J. Patrick Vaughan. 2005. "The Challenge of Reducing Neonatal Mortality in Middle-Income Countries: Findings from Three Brazilian Birth Cohorts in 1982, 1993, and 2004." *The Lancet* 365 (9462): 847–54.

Bitrán R., L. Escobar, and P. Gassibe. 2010. "After Chile's Health Reform: Increase in Coverage and Access, Decline in Hospitalization and Death Rates." *Health Affairs* 29: 2161.

Bloom, D. E., E. T. Cafiero, E. Jané-Llopis, S. Abrahams-Gessel, L. R. Bloom, S. Fathima, A. B. Feigl, T. Gaziano, M. Mowafi, A. Pandya, K. Prettner, L. Rosenberg, B. Seligman, A. Z. Stein, and C. Weinstein. 2011. *The Global Economic Burden of Noncommunicable Diseases*. Geneva: World Economic Forum.

Bright, Kristin, Maya Barghash, Martin Donach, Marcos Gutiérrez de la Barrera, Robert J. Schneider, and Silvia C. Formenti. 2011. "The Role of Health System Factors in Delaying Final Diagnosis and Treatment of Breast Cancer in Mexico City, Mexico." *The Breast* 20: S54–59.

Callaway, Mary, Kathleen M. Foley, Liliana De Lima, Stephen R. Connor, Olivia Dix, Thomas Lynch, Michael Wright, and David Clark. 2007. "Funding for Palliative Care Programs in Developing Countries." *Journal of Pain and Symptom Management* 33: 509–13.

Campbell, Stephen M., Martin O. Roland, and Stephen A. Buetow. 2000. "Defining Quality of Care." *Social Science & Medicine* 51 (11): 1611–25.

Cazap, E., A. Buzaid, C. Garbino, J. de la Garza, F. Orlandi, G. Schwartsmann, C. T. Vallejos, A. Gercovich, and G. Breitbart. 2010. "Breast Cancer in Latin America: Experts Perceptions Compared with Medical Care Standards." *The Breast* 19: 50–54.

Chávarri-Guerra, Y., C. Villarreal-Garza, P. Liedke, F. Knaul, A. Mohar, D. M. Finkelstein, and P. E. Goss. 2012. "Breast Cancer in Mexico: A Growing Challenge to Health and the Health System." *The Lancet Oncology* 13: e335–43.

CNI (Confederação Nacional da Indústria). 2012. "Retratos da sociedade brasileira: Saúde pública. Pesquisa CNI-IBOPE." CNI, Brasilia.

Concha, D. F., V. N. Pastén, F. V. Espinosa, and A. F. López. 2008. "Impacto de la Implementación del Plan AUGE en la detección antenatal de Cardiopatías Congénitas." *Revista Chilena de Obstetricia y Ginecología* 73: 163–72.

Das, Jishnu, and Jeffrey Hammer. 2014. "Practice Quality Variation in Low-Income Countries: Facts and Economics." *Annual Review of Economics* 6 (1).

DCCT/EDIC (Diabetes Control and Complications Trial/Epidemiology of Diabetes Interventions and Complications) Study Research Group. 2005. "Intensive Diabetes Treatment and Cardiovascular Disease in Patients with Type 1 Diabetes." *The New England Journal of Medicine* 353: 2643–53. doi:10.1056/NEJMoa052187.

Deloitte. 2011a. "2011 Survey of Health Care Consumers in Mexico: Key Findings, Strategic Implications." Deloitte Center for Health Solutions.

———. 2011b. "2011 Survey of Health Care Consumers in Brazil: Key Findings, Strategic Implications." Deloitte Center for Health Solutions.

Domingues, Rosa Maria Soares Madeira, Zulmira Maria de Araújo Hartz, Marcos Augusto Bastos Dias, and Maria do Carmo Leal. 2012. "Avaliação da adequação da assistência pré-natal na rede SUS do Município do Rio de Janeiro, Brasil." *Cadernos de Saúde Pública* 28: 425–37.

Donabedian, Avedis. 1980. *The Definition of Quality and Approaches to Its Assessment— Explorations in Quality Assessment and Monitoring, Vol. 1*. Ann Arbor: Health Administration Press.

Escarião, Paulo Henrique Gonçalves, Tiago Eugênio Faria de Arantes, Telma Lúcia Tabosa Florêncio, and Ana Lúcia de Andrade Lima Arcoverde. 2008. "Epidemiologia e diferenças regionais da retinopatia diabética em Pernambuco, Brasil." *Arquivos Brasileiros de Oftalmologia* 71 (2): 172–75.

Estado de São Paulo (newspaper). 2013. "SP tem 800 mil pedidos médicos na fila de espera." Estado de São Paulo.

Ferlay, J., H. R. Shin, F. Bray, D. Forman, C. Mathers, and D. M. Parkin. 2008. "Cancer Incidence and Mortality Worldwide: GLOBOCAN 2008" (accessed August 25, 2013), http://globocan.iarc.fr.

Gage, J. C., C. Ferreccio, M. Gonzales, R. Arroyo, H. Militza, and S. Robles. 2003. "Follow-up Care of Women with an Abnormal Cytology in a Low-Resource Setting.." *Cancer Detection and Prevention* 27: 466–71.

Gakidou, E., L. Mallinger, J. Abbott-Klafter, R. Guerrero, S. Villalpando, R. Lopez Ridaura, W. Aekplakorn, M. Naghavi, S. Lim, R. Lozanoa, and J. L. C. Murray. 2011. "Management of Diabetes and Associated Cardiovascular Risk Factors in Seven Countries: A Comparison of Data from National Health Examination Surveys." *Bulletin of the World Health Organization* 89: 172–83.

Gamba, M. A. 1998. "Amputações por diabetes mellitus, uma prática prevenível?" *Acta Paulista de Enfermagem* 11 (3): 92–100.

Gaziano, A. B., M. Mowafi, A. Pandya, K. Prettner, L. Rosenberg, B. Seligman, A. Z. Stein, and C. Weinstein. 2011. *The Global Economic Burden of Noncommunicable Diseases.* Geneva: World Economic Forum.

Gibbons, Luz, José M. Belizán, Jeremy A. Lauer, Ana P. Betrán, Mario Merialdi, and Fernando Althabe. 2010. "The Global Numbers and Costs of Additionally Needed and Unnecessary Caesarean Sections Performed Per Year: Overuse as a Barrier to Universal Coverage." World Health Report Background Paper, 1–31.

Gorgot, Luis Ramon Marques da Rocha, Iná Santos, Neiva Valle, Alicia Matisajevich, Aluisio J. D. Barros, and Elaine Albernaz. 2011. "Avoidable Deaths until 48 Months of Age among Children from the 2004 Pelotas Birth Cohort." *Revista de Saúde Pública* 45 (2): 334– 42.

Goss, Paul E., Brittany L. Lee, Tanja Badovinac-Crnjevic, Kathrin Strasser-Weippl, Yanin Chavarri-Guerra, Jessica St. Louis, Cynthia Villarreal-Garza, Karla Unger-Saldaña, Mayra Ferreyra, Márcio Debiasi, Pedro E. R. Liedke, Diego Touya, Gustavo Werutsky, Michaela Higgins, Lei Fan, Claudia Vasconcelos, Eduardo Cazap, Carlos Vallejos, Alejandro Mohar, Felicia Knaul, Hector Arreola, Rekha Batura, Silvana Luciani, Richard Sullivan, Dianne Finkelstein, Sergio Simon, Carlos Barrios, Rebecca Kightlinger, Andres Gelrud, Vladimir Bychkovsky, Gilberto Lopes, Stephen Stefani, Marcelo Blaya, Fabiano Hahn Souza, Franklin Santana Santos, Alberto Kaemmerer, Evandro de Azambuja, Andres Felipe Cardona Zorilla, Raul Murillo, Jose Jeronimo, Vivien Tsu, Andre Carvalho, Carlos Ferreira Gil, Cinthya Sternberg, Alfonso Dueñas-Gonzalez, Dennis Sgroi, Mauricio Cuello, Rodrigo Fresco, Rui Manuel Reis, Guiseppe Masera, Raúl Gabús, Raul Ribeiro, Renata Knust, Gustavo Ismael, Eduardo Rosenblatt, Berta Roth, Luisa Villa, Argelia Lara Solares, Marta Ximena Leon, Isabel Torres-Vigil, Alfredo Covarrubias-Gomez, Andrés Hernández, Mariela Bertolino, Gilberto Schwartsmann, Sergio Santillana, Francisco Esteva, Luis Fein, Max Mano, Henry Gomez, Marc Hurlbert, Alessandra Durstine, and Gustavo Azenha. 2013. "Planning Cancer Control in Latin America and the Caribbean." *The Lancet Oncology* 14: 391–436.

Gragnolati, M., M. Lindelow, and B. Couttolenc. 2013. *20 Years of Health System Reform in Brazil: An Assessment of the Sistema Unico de Saude.* Washington, DC: World Bank.

Guanais, Frederico C., Ronald Gómez-Suárez, and Leonardo Pinzón. 2012. "Primary Care Effectiveness and the Extent of Avoidable Hospitalizations in Latin America and the Caribbean." IDB Discussion Paper Series IDB-DP-266, Inter-American Development Bank, Washington, DC.

Guttmann, Astrid, Michael J. Schull, Marian J. Vermeulen, and Therese A. Stukel. 2011. "Association between Waiting Times and Short-Term Mortality and Hospital Admission after Departure from Emergency Department: Population-Based Cohort Study from Ontario, Canada." *British Medical Journal* 342: d2983.

Hurst, J., and M. Jee-Hughes. 2001. "Performance Measurement and Performance Management in OECD Health Systems." Labour Market and Social Policy Occasional Paper 47, OECD Publishing, Paris.

IESS (Instituto de Estudos de Saúde Suplementar). 2011. "Pesquisa IESS/Datafolha aponta que o plan de saúde é uma necessidade e desejo do brasileiro." *Saúde Suplementar em Foco, Informativo Eletrônico* 2 (13).

INCA. 2010. "Análise da Atenção Oncológica no Brasil: Acesso, medicamentos e equipamentos." Presentation by Luiz Santini at Conselho Nacional de Saúde, Brasilia, July 7.

Institute of Medicine of the National Academies. 2001. *Crossing the Quality Chasm: A New Health System for the 21st Century.* Committee on Quality of Health Care in America. Washington, DC: National Academies Press.

IPEA (Instituto de Pesquisa Econômica Aplicada). 2011. *Sistema de indicadores de percepção social: Saúde.* Brasilia: IPEA.

Kelley, Edward, and Jeremy Hurst. 2006. "Health Care Quality Indicators Project: Conceptual Framework Paper." OECD Health Working Papers 23, OECD, Paris.

Kotelchuck, Milton. 1994. "An Evaluation of the Kessner Adequacy of Prenatal Care Index and a Proposed Adequacy of Prenatal Care Utilization Index." *American Journal of Public Health* 84 (9): 1414–20.

Lazcano-Ponce, Eduardo, Lina Sofía Palacio-Mejia, Betania Allen-Leigh, Elsa Yunes-Diaz, Patricia Alonso, Raffaela Schiavon, and Mauricio Hernandez-Avila. 2008. "Decreasing Cervical Cancer Mortality in Mexico: Effect of Papanicolaou Coverage, Birthrate, and the Importance of Diagnostic Validity of Cytology." *Cancer Epidemiology, Biomarkers and Prevention* 17: 2808–17.

Lee, B. L., P. Liedke, C. H. Barrios, S. D. Simon, D. M. Finkelstein, and P. E. Goss. 2012. "Breast Cancer in Brazil: Present Status and Future Goals." *The Lancet Oncology* 13: e95–102.

Lohr, Kathleen N., ed. 1990. *Medicare: A Strategy for Quality Assurance.* Vol. 1. Washington, DC: National Academies Press.

Lopez -Carrillo, L., L. Torres-Sanchez, M. Lopez-Cervantes, and C. Rueda-Neria. 2001. "Identification of Malignant Breast Lesions in Mexico." *Salud Pública de México* 43: 199–202.

Lora, Miranda, América Liliana, Marta Margarita Zapata Tarrés, Elisa María Dorantes Acosta, Alfonso Reyes López, Daniela Marín Hernández, Onofre Muñoz Hernández, and Juan Garduño Espinosa. 2011. "Estímulo iatrotrópico y tiempo al diagnóstico en pacientes pediátricos con leucemia linfoblástica aguda." *Boletín Médico del Hospital Infantil de México* 68 (6): 419–24.

Madrigal de la Campa, M. L., E. C. Lazcano Ponce, and C. Infante Castaneda. 2005. "Overuse of Colposcopy Service in Mexico." *Ginecología y Obstetricia de México* 73: 637–47.

Malta, Deborah Carvalho, Elisabeth Carmen Duarte, Juan José Corez Escalante, Márcia Furquim de Almeida, Luciana M. Vasconcelos Sardinha, Eduardo Marques Macário, Rosane Aparecida Monteiro, and Otaliba Libânio de Morais Neto. 2010. "Mortes evitáveis em menores de um ano, Brasil, 1997 a 2006: contribuições para a avaliação de desempenho do Sistema Único de Saúde." *Cadernos de Saúde Pública* 26 (3) 481–91.

Marinho, L. A., J. G. Cecatti, M. J. Osis, and M. S. Gurgel. 2008. "Knowledge, Attitude and Practice of Mammography among Women Users of Public Health Services." *Revista de Saúde Pública* 42: 200–07.

Marshall, Martin, Sheila Leatherman, and Soeren Mattke. 2004. "Selecting Indicators for the Quality of Health Promotion, Prevention and Primary Care at the Health Systems Level in OECD Countries." OECD Health Technical Papers 16, OECD, Paris.

McKee, Martin, and Anthony J. McMichael. 2008. "The Health of Nations." *BMJ* 337. http://www.bmj.com/content/337/bmj.a2811.

Miller, S., M. Cordero, A. L. Coleman, J. Figueroa, S. Brito-Anderson, R. Dabagh, V. Calderon, F. Caceres, A. J. Fernandez, and M. Nunez. 2003. "Averting Maternal Death and Disability. Quality of Care in Institutionalized Deliveries: The Paradox of the Dominican Republic." *International Journal of Gynecology and Obstetrics* 82: 89–103.

MinSalud. 2012. "Evaluación de la percepción social del sistema de salud y ordenamiento de las entidades promotoras de salud." Powerpoint presentation, October 2012, Oficina de Calidad.

Mohar, A., E. Bargallo, M. T. Ramirez, F. Lara, and A. Beltran-Ortega. 2009. "Available Resources for the Treatment of Breast Cancer in Mexico." *Salud Pública de México* 51: s263–69.

Morales Peláez, Eduardo, Méjico Angeles Suarez, Juan Batlle Pichardo, and Felix M. Escaño Polanco. 1997. "República Dominicana diabetes y ceguera: Resultados de una encuesta nacional realizada por Clubes de Leones Distrito Múltiple R." Clubes de Leones.

Murillo, R., C. Wiesner, R. Cendales, M. Pineros, and S. Tovar. 2011. "Comprehensive Evaluation of Cervical Cancer Screening Programs: The Case of Colombia." *Salud Pública de México* 53: 469–77.

National Cancer Institute. 2011. "SEER Cancer Statistics Review, 1975–2008." http://seer .cancer.gov/csr/1975_2008/.

Nazzal, N. C. T. P. Campos, H. R. Corbalán, Z. F. Lanas, J. J. Bartolucci, C. P. Sanhueza, C. G. Cavada, and D. J. C. Prieto. 2008. "The Impact of Chilean Health Reform in the Management and Mortality of ST Elevation Myocardial Infarction (STEMI) in Chilean Hospitals." *Revista Médica de Chile* 136 (10): 1231–39.

Nolte, E., and M. McKee. 2003. "Measuring the Health of Nations: How Much Is Attributable to Health Care ? An Analysis of Mortality Amenable to Medical Care." *BMJ* 327: 1129–32.

———. 2004. *Does Healthcare Save Lives? Avoidable Mortality Revisited.* London: Nuffield Trust.

———. 2012. "In Amenable Mortality—Deaths Avoidable through Health Care —Progress in the United States Lags that of Three European Countries." *Health Affairs* 31: 2114–22.

OECD (Organisation for Economic Co-operation and Development). 2002. *Measuring Up: Improving Health System Performance in OECD Countries.* Paris: OECD.

———. 2011. *Health at a Glance 2011.* Paris: OECD.

———. 2012. *Health at a Glance 2012.* Paris: OECD.

———. 2013. "Cancer Care: Assuring Quality to Improve Survival." OECD Health Policy Studies, Paris.

Palacio -Mejia, L. S., G. Rangel-Gomez, M. Hernandez-Avila, and E. Lazcano-Ponce. 2003. "Cervical Cancer, a Disease of Poverty: Mortality Differences between Urban and Rural Areas in Mexico." *Salud Pública de México* 45 (Suppl. 3): 315–25.

Paraje, Guillermo, and Felipe Vásquez. 2012. *Toward Universal Health Coverage: The Case of Chile.* Washington, DC: World Bank.

Perez-Cuevas, Ricardo, Svetlana V. Doubova, Marta Zapata-Tarres, Sergio Flores-Hernández, Lindsay Frazier, Carlos Rodríguez-Galindo, Gabriel Cortes-Gallo, Salomon Chertorivski-Woldenberg, and Onofre Muñoz-Hernández. 2013. "Scaling Up Cancer Care for Children without Medical Insurance in Developing Countries: The Case of Mexico." *Pediatric Blood and Cancer* 60: 196–203.

Pérez-Then, Eddy, Ana Gómez, Roberto Espinal, Jeannette Báez, Erwin Cruz Bournigal, Ceila Pérez-Ferrán, Rosa Abreu, Samuel Guerrero, Emilton López, Fátima Guerrero, and Equipo CENISMI. 2008. "Calidad de atención a la embarazada y al niño sano en centros de primer nivel de atención de las regiones de salud III, IV, V y VI de la República Dominicana." Informe final, Centro Nacional de Investigaciones en Salud Materno Infantil (CENISMI), Santo Domingo, República Dominicana.

Ribeiro, Eleonora R. O., Alzira Maria D. N. Guimarães, Heloísa Bettiol, Danilo D. F. Lima, Maria Luiza D. Almeida, Luiz de Souza, Antônio Augusto M. Silva, and Ricardo Q. Gurgel. 2009. "Risk Factors for Inadequate Prenatal Care Use in the Metropolitan Area of Aracaju, Northeast Brazil." *BMC Pregnancy and Childbirth* 9: 31.

Ribeiro, K. B., L. F. Lopes, and B. De Camargo. 2007. "Trends in Childhood Leukemia Mortality in Brazil and Correlation with Social Inequalities." *Cancer* 110: 1823–31.

Richards, M. A., P. Smith, A. J. Ramirez, I. S. Fentiman, and R. D. Rubens. 1999. "The Influence on Survival of Delay in the Presentation and Treatment of Symptomatic Breast Cancer." *British Journal of Cancer* 79: 858–64.

Roberts, M., W. Hsiao, P. Berman, and M. Reich. 2003. *Getting Health Reform Right: A Guide to Improving Performance and Equity.* New York: Oxford University Press.

Ross, Anna Gabriela, José Luis Zeballos, and Alberto Infante. 2000. "Quality and Health Sector Reform in Latin America and the Caribbean." *Revista Panamericana de Salud Pública* 8 (1–2): 93–98.

Salles, Marcio de Almeida, Agostinho Pinto Gouvêa, Daniela Savi, Marco Aurélio Figueiredo, Ramão Tavares Neto, Rodrigo Assis de Paula, and Helenice Gobbi. 2008. "Training and Standardized Criteria Improve the Diagnosis of Premalignant Breast Lesions." *Revista Brasileira de Ginecologia e Obstetrícia* 30: 550–5.

Santos, Iná S., Alicia Matijasevich, Aluísio J. D. Barros, Elaine P. Albernaz, Marlos Rodrigues Domingues, Neiva C. J. Valle, Deborah Carvalho Malta, Luís Ramón M. R. Gorgot, and Fernando C. Barros. 2011. "Avoidable Deaths in the First Four Years of Life among Children in the 2004 Pelotas (Brazil) Birth Cohort Study." *Cadernos de Saúde Pública* 27: s185–97.

Savedoff, William. 2009. "A Moving Target: Universal Access to Healthcare Services in Latin America and the Caribbean." IDB Research Department Working Paper 667, Washington, DC.

Schuster, Mark A., Elizabeth A. McGlynn, and Robert H. Brook. 2005. "How Good Is the Quality of Health Care in the United States?" *Milbank Quarterly* 83 (4): 843–95.

Shengelia, Bakhuti, Chrisotpher J. L. Murray, and Orvill B. Adams. 2003. "Beyond Access and Utilization: Defining and Measuring Health System Coverage." In *Health Systems Performance Assessment: Debates, Methods and Empiricism*, edited by Christopher J. L. Murray and David B. Evans, 221–34. Geneva: WHO.

Siciliani, L., M. Borowitz, and V. Moran. 2013. "Waiting Time Policies in the Health Sector. What Works?" OECD Health Policy Studies, OECD, Paris.

Simon, S. D., J. Bines, C. H. Barrios, J. Nunes, E. Gomes, F. Pacheco, A. Santana Gomes, J. Segalla, S. Crocamo-Costa, D. Gimenes, B. van Eyll, G. Queiroz, G. Borges, L. Dal Lago, and C. Vasconcellos. 2009. "Clinical Characteristics and Outcomes of Treatment of Brazilian Women with Breast Cancer Treated at Public and Private Institutions—The AMAZONE Project of the Brazilian Breast Cancer Study Group (GBECAM)." Abstract 3082, San Antonio Breast Cancer Symposium December 11, San Antonio, TX.

Smith, P., E. Mossialos, and I. Papanicolas. 2008. "Performance Measurement for Health System Improvement: Experiences, Challenges, and Prospects." Background document, World Health Organization on behalf of the European Observatory on Health Systems and Policies, Copenhagen.

Sosa-Rubí, S. G., D. Walker, and E. Serván. 2009. "Performance of Mammography and Papanicolaou among Rural Women in Mexico." *Salud Pública de México* 51 (Suppl. 2): 236–45.

Staessen, Jan A., Ji-Guang Wang, and Lutgarde Thijs. 2001. "Cardiovascular Prevention and Blood Pressure Reduction: A Meta-Analysis." *The Lancet* 359: 1305–15.

TCU (Tribunal de Contas da União). 2011. *Política Nacional de Atenção Oncológica/ Tribunal de Contas da União; Relator: Ministro José Jorge.* Brasília: TCU, Secretaria de Fiscalização e Avaliação de Programas de Governo (Relatório de auditoria operacional).

Torres, V. I., L. A. Aday, L. De Lima, and C. S. Cleeland. 2007. "What Predicts the Quality of Advanced Cancer Care in Latin America? A Look at Five Countries: Argentina, Brazil, Cuba, Mexico, and Peru." *Journal of Pain and Symptom Management* 34: 315–27.

Vargas López, K. 2010. *El Desarrollo del Derecho a la Salud por Parte de la Sala Constitucional y Su Influencia en el Sistema Público de Salud en Costa Rica. Trabajo final de investigación aplicada sometido a la consideración de la Comisión del Programa de Estudios de Posgrado en Salud Pública para optar al grado y título de Maestría Profesional en Salud Pública con Énfasis en Gerencia de la Salud.* San Jose: Universidad de Costa Rica.

Victora, Cesar G., Estela M. L. Aquino, Maria do Carmo Leal, Carlos Augusto Monteiro, Fernando C. Barros, and Celia L. Szwarcwald. 2011. "Health in Brazil 2: Maternal and Child Health in Brazil: Progress and Challenges." *The Lancet* 377: 1863–76.

WHO (World Health Organization). 2000. *World Health Report 2000: Health Systems: Improving Performance.* Geneva: WHO.

———. 2006. *Quality of Care : A Process for Making Strategic Choices in Health Systems.* Geneva: WHO.

———. 2007. *Everybody's Business: Strengthening Health Systems to Improve Health Outcomes; WHO's Framework for Action.* Geneva: WHO.

———. 2011. "Global Health Observatory Data Repository. World Bank Regions: Latin America and Caribbean, Number of Deaths by Cause." http://apps.who.int/gho/data/node.main.CODWBDCPLAC?lang=en.

———. 2013. "Strengthening of Palliative Care as a Component of Integrated Treatment throughout the Life Course." EB134/28, WHO, Geneva.

WHO and World Bank. 2014. "Monitoring Progress toward Universal Health Coverage at Country and Global Levels: A Framework." Joint WHO/World Bank Group Discussion Paper, WHO and World Bank, Washington, DC.

Wright, Michael, Justin Wood, Thomas Lynch, and David Clark. 2008. "Mapping Levels of Palliative Care Development: A Global View." *Journal of Pain and Symptom Management* 35 (5): 469–85.

CAPÍTULO 6

Conclusões

Tania Dmytraczenko e Gisele Almeida

Introdução

Nas três últimas décadas, os países da América Latina e Caribe (ALC) realizaram progresso em direção à consolidação do direito à saúde. Os países comprometeram-se a proteger este direito ao ratificar convenções internacionais e promulgar disposições constitucionais que garantem o acesso a cuidados de saúde para todos. Como consequência, aumentou a demanda para que os sistemas de saúde fossem mais receptivos na prestação de serviços economicamente acessíveis para atender as necessidades da população. O perfil demográfico e epidemiológico em constante transformação, principalmente em uma população em processo de envelhecimento e a mudança da carga de doenças em direção a doenças crônicas têm pressionado os sistemas de saúde para que se adaptem.

Como resposta, vários países da região implementaram políticas e programas para promover a cobertura universal de saúde – ou seja, "garantir que todos que precisem de serviços de saúde consigam obtê-los, sem passar dificuldades financeiras indevidas" (OMS e Banco Mundial 2014, 1). As políticas sociais que abrangem as reformas do setor de saúde foram executadas no contexto da recente redemocratização e crescimento econômico estável, que na maioria dos países se traduziu em aumentos de renda das famílias, fortes quedas nas taxas de pobreza e redução da desigualdade. Uma classe média emergente e um eleitorado fortalecido vêm exigindo investimentos maiores e mais efetivos na saúde e em outros setores sociais. Quando satisfeitas, estas demandas terão o potencial de aumentar o capital humano e estimularem um maior crescimento econômico e redução da pobreza, criando assim um círculo virtuoso.

Nosso estudo analisou as políticas referente ao atendimento de saúde na América Latina e Caribe e aplicou uma lente de equidade para avaliar a cobertura da população, a cobertura dos serviços e a proteção financeira. Os avanços alcançados rumo à cobertura universal de saúde são evidentes em muitas áreas. Em primeiro lugar, a parcela da população coberta pelos programas com direitos explícitos a cuidados de saúde aumentou consideravelmente; desde início dos anos 2000, mais 46 milhões de pessoas nos países analisados obtiveram cobertura por programas de cuidados de saúde e por políticas voltados à expansão da cobertura universal de saúde. Além disso, a equidade melhorou. Vários países têm introduzido programas altamente subsidiados com o objetivo de alcançar populações específicas, tais como as que não contam com cobertura por esquemas de seguro social de saúde contributivos, que são principalmente esquemas de seguro que requerem a inscrição dos beneficiários. Outros países têm priorizado a extensão da cobertura para incluir grupos vulneráveis dentro da estrutura de programas que são universais. Mesmo nos países que mantêm sistemas de saúde em que os esquemas subsidiados coexistem com planos de seguro social de saúde separados e em grande medida contributivos, o resultado é uma cobertura geral que se encontra distribuída de maneira razoavelmente justa entre grupos com diferentes níveis de renda. Embora o seguro social de saúde baseado no emprego continue a ter uma forte tendência a favor dos ricos, os esquemas subsidiados estão bem dirigidos aos pobres e provêm de algum grau de equilíbrio, pelo menos inicialmente.

Do ponto de vista do financiamento, as reformas foram acompanhadas por um aumento das despesas públicas em saúde e, na maioria dos casos, por uma queda na parcela de gastos diretos das famílias no gasto total em saúde. Ainda que nem todas as reformas tenham tido o objetivo explícito de estender proteção financeira, na maioria dos países, houve redução nos gastos catastróficos em saúde e no empobrecimento causado por despesas relacionadas a cuidados em saúde. Não é possível identificar um quadro claro na relação entre gastos catastróficos e equidade; isto pode ser um reflexo das limitações na medição que não capta aqueles que não procuraram serviços devido a barreiras financeiras nem tampouco provê granularidade suficiente quanto à natureza das despesas realizadas, particularmente se os serviços pagos foram necessários ou opcionais. Cabe notar que mesmo que o empobrecimento causado pelos gastos com saúde e despesas catastróficas em saúde seja baixo em termos relativos e continue em geral em declínio na região, nos países analisados, 2 a 4 milhões de pessoas ainda se encontram abaixo da linha de pobreza em razão de seus gastos com saúde. Apesar das tendências positivas, a proporção dos gastos diretos das famílias no gasto total é ainda relativamente alta se comparado com a maioria dos países da Organização para a Cooperação e o Desenvolvimento Econômico (OCDE). As despesas com medicamentos absorvem de longe a maior proporção dos gastos diretos em todos os grupos de renda, mas são uma carga particularmente pesada para os pobres.

A cobertura dos serviços também se expandiu. Os esquemas subsidiados cobrem no mínimo as intervenções de saúde materna e infantil, sendo que a maior parte vai além disso e inclui atenção primária integral. A metade dos países estudados oferece amplos benefícios que abrangem desde cuidados primários até atendimento de alta complexidade. A evidência comprova que os investimentos para ampliar assistência de saúde custo-efetivos, com ênfase específica em alcançar as populações vulneráveis, dão resultados. O escalamento de programas para impulsionar a cobertura universal de saúde tem coincidido com melhorias na equidade em saúde, reduzindo a distância entre ricos e pobres quanto aos resultados de saúde e utilização dos serviços, em particular com relação aos Objetivos de Desenvolvimento do Milênio. Não obstante, permanece um gradiente em favor dos pobres em resultados negativos. Os países que têm programas com maior cobertura populacional e pacotes de benefícios mais extensos obtiveram uma quase universalidade na utilização dos serviços de saúde materna, isto é, níveis elevados de utilização e virtualmente inexistência de diferença entre os quintis de renda. Nos países onde persiste um gradiente em favor dos ricos na utilização dos serviços, há menos diferença entre os quintis e os níveis gerais são mais altos para serviços prestados por programas verticais tradicionais, como imunizações e programas de planejamento familiar. Isso é acompanhado por serviços que são oferecidos principalmente nos níveis mais baixos da rede de prestadores (por exemplo, cuidados pré-natais ou tratamento médico para infecções respiratórias agudas). As diferenças entre ricos e pobres se acentuam nos casos de partos realizados em hospitais.

O quadro referente a situação de saúde dos adultos é mais matizado e nem de longe tão positivo, especialmente quanto às doenças crônicas e doenças que são as causas principais de mortalidade e morbidez nos estágios médios e tardios da vida. A proporção da população que relata uma condição de saúde "menos que boas" não diminuiu de forma marcante ou contínua na maioria dos países, e os indicadores são bastante desiguais, com os pobres reportando de maneira uniforme os piores resultados.[1] Além disso, em vários países as condições crônicas diagnosticadas tais como diabetes, doença isquêmica do coração e asma estão aumentando em todos os grupos, assim como os fatores de risco como a obesidade e a hipertensão. Esta dispersão por todos os grupos econômicos contraria as expectativas baseadas em forte evidência na literatura de que as populações marginalizadas e socioeconomicamente carentes teriam maior risco de morrer de doenças não transmissíveis em comparação com outros grupos (Di Cesare *et al.* 2013). Em nossa análise, nenhum gradiente claro nas condições crônicas diagnosticadas e nem nos fatores de risco associados pôde ser observado. Isto provavelmente se deve a um melhor acesso à saúde entre os ricos, em particular para serviços de diagnósticos o que ocultaria diferenças na prevalência *de facto* entre grupos de renda. Em realidade, as evidências sobre rastreamentos de câncer sugerem exatamente esta situação. A utilização destes diagnósticos é geralmente favorável aos ricos, e a gradiente é particularmente pronunciada nos exames de câncer de mama, os quais requerem cuidados especializados. A tendência observada tanto nos níveis de utilização como na equidade é positiva. Com exceção do Brasil, os países com altos níveis de cobertura da população têm reduzido significativamente a diferença entre os ricos e pobres, especialmente para a detecção de câncer cervical, mas também para mamografias nos casos da Colômbia e do México.

A meta máxima da cobertura universal de saúde é melhorar os resultados de saúde para todos os segmentos da população. Um meio importante de atingir este fim é garantir o acesso a cuidados de saúde para todos sem que isto acarrete aos indivíduos dificuldades financeiras. No entanto, para traduzir a disponibilidade de cuidados de saúde em melhores resultados de saúde, os países devem abordar as necessidades dos pacientes e prestar serviços de qualidade no tempo adequado. Os dados provenientes dos países selecionados e as pesquisas disponíveis indicam que muitos sistemas de saúde enfrentam sérios desafios nessas áreas, e elas provavelmente se tornarão ainda mais importantes à medida que as necessidades de cuidados de saúde se tornam mais complexas e as expectativas da população aumentam. Devido a limitações da informação, os esforços por monitorar os avanços em direção à cobertura universal de saúde até agora não captam de forma adequada as dimensões das necessidades não satisfeitas em termos de cuidados de saúde, a qualidade dos serviços e a prestação oportuna de modo a realmente avaliar se o acesso a uma cobertura *efetiva* está melhorando.

Olhando para trás: lições aprendidas

Os países da ALC tomaram caminhos diferentes ao avançar em direção à cobertura universal de saúde, com variáveis graus de êxito. Alguns obtiveram resultados comparáveis com os dos países da OCDE, embora tenham começado seus programas de extensão da cobertura muito mais tarde. Ainda que os países estudados representem um conjunto diverso de experiências, a análise da evidência e das políticas executadas para promover a cobertura universal de saúde revela alguns aspectos comuns nas abordagens adotadas.

O compromisso político respaldado pela alocação de recursos

O estabelecimento de direitos legais ou constitucionais à saúde na maioria dos países da ALC reflete o compromisso político de alcançar a cobertura universal de saúde. Mas direitos constitucionais não se traduzem automaticamente em uma cobertura de cuidados de saúde mais alta, e pode não ser uma condição suficiente para atingir a meta da cobertura universal de saúde. De fato, os países tanto dentro como fora da região que são considerados mais avançados no caminho à cobertura universal de saúde não têm constituições que consagram o direito à saúde (por exemplo, Costa Rica e Canadá). O que fica claro em pesquisa anterior (Savedoff *et al.* 2012), e também confirmado por nossas constatações, é que é necessário um aumento no financiamento, assim como uma ênfase na equidade. Todos os países estudados tiveram um aumento no financiamento público para a saúde como proporção do PIB e a maioria também aumentou a cobertura de esquemas de agrupamento que são financiados em grande parte, senão inteiramente, pelas receitas gerais que priorizam ou explicitamente têm como alvo a população sem capacidade de pagar. Em quase todos os países, o compromisso político traduziu-se em um incremento temporal na alocação orçamentária e na promulgação de leis que destinam financiamento para saúde, estabelecem requerimentos mínimos de gastos ou atrela certos impostos para a saúde. Mesmo os países que não tomaram medidas tão permanentes se afastaram parcialmente dos orçamentos baseados em séries históricas de gastos ligados aos insumos da cadeia em direção às transferências per capita que às vezes são derivadas de cálculos de custo atuariais e, portanto reduzem a incerteza no financiamento.

Rumo a uma cobertura universal de saúde e equidade na América Latina e no Caribe
http://dx.doi.org/10.1596/978-1-4648-0920-0

Reduzindo a segmentação em subsistemas separados e desiguais

Poucos países seguiram o caminho em direção a uma integração total segundo a qual todas as contribuições obrigatórias – sejam aquelas financiadas por impostos incidentes sobre à folha de pagamento ou advindas de receitas gerais (como na Costa Rica) ou apenas este último (como no Brasil) – são combinadas para financiar o acesso de toda a população por meio de uma rede comum de provedores. Em maior ou menor medida, a maioria dos países optou por manter um sistema segmentado no qual o subsistema subsidiado existe de maneira paralela a outro que é financiado inteira ou principalmente por contribuições à folha de pagamento, e os beneficiários geralmente têm acesso a diferentes redes de prestadores. Tradicionalmente, houve grandes discrepâncias nos pacotes de benefícios, assim como na qualidade do atendimento nos diferentes esquemas. Os arranjos de agrupamento que ampliam o risco e facilitam o subsídio cruzado entre beneficiários contribuintes e os que são subsidiados, regulamentos que nivelam os pacotes de benefícios e garantias explícitas de acesso oportuno aos serviços que atendem a diretrizes de cuidados (e, portanto, fecham os canais utilizados para racionar o atendimento no setor público, que é pobre em recursos) têm efetivamente reduzido as desigualdades no financiamento e na provisão de serviços entre subsistemas – por exemplo, no Chile, Colômbia e Uruguai.

Priorizando a atenção primária custo-efetiva

A diversidade no leque de benefícios cobertos sob os diferentes programas de atendimento de saúde oscila entre pacotes integrais que abrangem desde cuidados primários aos de alta complexidade, até outros que são mais restritos e se concentram nos cuidados primários, mais precisamente em pacotes específicos para atendimento materno-infantil. A priorização de cuidados primários com eficiência em termos de custo nos pacotes de benefícios é um denominador comum em todos os países. Alguns começaram em pequena escala e gradualmente expandiram seus benefícios, como a Argentina e o Peru; outros ofereceram cobertura integral desde o começo, como foi o caso do Brasil, Costa Rica e Uruguai. A priorização de cuidados primários favorece aos pobres, provavelmente porque antes tinham menos acesso a esses serviços, em comparação com os ricos. Os benefícios são mais abrangentes nos países que têm sistemas de saúde integrados e nos que já se encontram mais adiantados no caminho rumo a integração. A maioria dos países tem uma lista positiva que define que serviços estão cobertos, se bem que isto não seja sempre o caso, pois Brasil e Costa Rica, por exemplo, tem benefícios irrestritos.

Criando uma separação parcial entre financiamento e prestação, introduzindo aquisições estratégicas

Embora haja uma ampla variação no grau em que os países se têm afastado de modelos em que a prestação de serviços e o financiamento estão altamente integrados para outros em que estas funções estão separadas, a tendência comum é a de adotar métodos de compras que incentivem a eficiência e a prestação de contas e deem aos administradores do setor saúde maior controle para fazer com

Rumo a uma cobertura universal de saúde e equidade na América Latina e no Caribe
http://dx.doi.org/10.1596/978-1-4648-0920-0

que os prestadores cumpram com as prioridades em saúde. Uma maneira como os países têm criado uma separação de funções é estabelecendo relações contratuais entre financiadores e prestadores, seja mediante contratos legalmente vinculantes ou acordos explícitos que especifiquem os papeis e responsabilidades de cada parte e os resultados esperados. Os mecanismos de pagamento variam consideravelmente, desde capitação ao pagamento por unidade de serviço e pagamentos baseados no caso, mas em geral os métodos utilizados incentivam os prestadores a satisfazerem a demanda mediante a vinculação do fluxo de fundos ao cadastramento dos beneficiários e/ou os serviços realmente prestados. Cada vez mais os países estão instituindo mecanismos de pagamento por desempenho que recompensam o cumprimento de metas específicas que estão vinculadas às necessidades de saúde da população. Ao eliminar a rigidez dos orçamentos baseados em séries históricas de gastos, as novas modalidades de financiamento oferecem aos prestadores maior autonomia para administrar os insumos e conseguir avanços em eficiência. Nos sistemas descentralizados, arranjos similares que promovem o cumprimento das prioridades das políticas nacionais estão sendo aplicados para as transferências de recursos para governos subnacionais. Com poucas exceções – Chile, Colômbia e Uruguai – as reformas não introduziram a competição com o setor privado. Apesar do movimento em direção ao financiamento impulsionado pela demanda, na maioria dos países uma significante proporção do setor público continua a receber financiamento pelo lado da oferta por meio de itens orçamentários. No entanto, mesmo nos países em que o volume de recursos que flui por esses novos mecanismos de pagamento seja relativamente pequeno, as reformas introduzem uma plataforma para a construção de sistemas que dependem mais intensamente de aquisições estratégicas.

Olhando para o futuro: a agenda inacabada

Os países da ALC têm progredido muito rumo à realização do direito à saúde e do cumprimento da promessa de cobertura universal de saúde, mas ainda há muito a ser feito. Manter o que se conseguiu até hoje e abordar os desafios que ainda persistem demandarão investimentos sustentados em saúde. De fato, em toda a região, os países têm aumentado o financiamento público no setor. No entanto, na metade dos países estudados, estes gastos ainda representam menos 5%[2] como proporção do PIB. Ainda assim, em oito dos dez países estudados, o setor da saúde já absorve mais de 15% do orçamento público (que é a média na OCDE) e, em três desses oito, a proporção supera os 20%. Isso é preocupante, porque os países de renda média podem não ter espaço fiscal para permitir que as despesas com saúde aumentem mais do que o crescimento econômico, como foi o caso por muitos anos nos países de alta renda que tinham populações mais idosas.

Cumprir o compromisso de consolidar a cobertura universal de saúde irá sem dúvida requerer esforços concentrados para melhorar a geração de receitas de uma maneira fiscalmente sustentável, assim como a eficiência nos gastos. Isso será particularmente importante na medida em que os países avançam na transição demográfica e enfrentam os desafios da erosão da base fiscal e aumento gradual dos coeficientes de dependência. Ao buscarem formas de financiar o gasto público em saúde, será importante avaliar a eficácia e justiça das medidas de financiamento. Muitos países na região dependem de taxas incidentes sobre os salários para financiar a saúde, mas valeria a pena explorar opções que têm sido implementadas em outras partes. A inclusão das rendas provenientes de alugueis ou juros bancários nesses cálculos gera renda e ao mesmo tempo melhora a progressividade do financiamento, já que os rendimentos não salariais representam uma parcela maior da renda total entre as famílias ricas. Embora a dotação de impostos para cuidados de saúde seja usada amplamente na região para financiar a expansão da cobertura, existe uma preocupação de que esta medida venha a reduzir a flexibilidade para mudar a realocação de recursos de forma a satisfazer as mudanças nas necessidades da população e entre os diferentes setores. Em todo caso, será difícil introduzir novos impostos para a saúde nos países em que a carga fiscal já se encontra nos mesmos níveis dos da OCDE, como por exemplo na Argentina e no Brasil.[3]

Embora a priorização de serviços primários custo-efetivos e reformas nos arranjos de agrupamento e aquisições sem dúvida contribuam para melhorar a efetividade dos investimentos na saúde, muito mais deve ser feito para conter o aumento dos custos e melhorar a eficiência nas despesas. Em primeiro lugar, as reformas das aquisições estratégicas devem ser aprofundadas e seu âmbito estendido para além de cuidados primários com o fim de obter maiores lucros na eficiência técnica e na distribuição de recursos. Em segundo lugar, os países devem afastar-se de processos *ad hoc* ao selecionar a cobertura de serviços e estabelecer sistemas formais e transparentes que determinam as prioridades do setor público com base em critérios bem definidos e fundamentados em provas científicas de efetividade e custo, assim como nas preferências da sociedade. Na ausência de tais sistemas, vários países da região experimentam a judicialização do direito à saúde, em que disputas sobre o que o Estado deve legalmente prover são muitas vezes solucionadas por meio de ações judiciais, que podem levar ao financiamento público de cuidados pouco eficazes ou ineficientes e ainda têm o efeito adverso adicional de aumentar a desigualdade, uma vez que os ricos possuem maior acesso aos mecanismos jurídicos. Em terceiro lugar, em muitos países, a proporção de desembolso direto no gasto total em saúde ainda ultrapassa 30%, e dessa forma os esforços para conter o aumento do custo dos insumos no setor público não pode funcionar de maneira isolada. Isso é particularmente relevante na adoção de novas tecnologias médicas no setor privado, uma área na qual se demonstrou nos países desenvolvidos que a demanda induzida pelo prestador mostrou ser um elemento importante no aumento dos preços. Uma regulamentação efetiva dos prestadores privados de saúde e de seguros continua a ser um grande desafio na região (Atun *et al.* 2015).

Para esticar o valor do dinheiro será necessário aliviar os gargalos atuais na prestação de serviços adequados e oportunos que atendam às necessidades dos pacientes. A evidência é limitada, mas os dados da pesquisa disponíveis nos países selecionados indicam que, apesar dos avanços alcançados na década passada, os sistemas de saúde na região ainda enfrentam sérios desafios neste sentido. As desvantagens encontradas pelos pobres e outros grupos vulneráveis são agravadas por desigualdades na qualidade dos serviços. Para converter os investimentos em saúde em melhores resultados será necessário abordar as deficiências presentes na atenção primária, no acesso aos procedimentos de diagnóstico e nos cuidados especializados. Além disso, embora alguns países na região estejam desenvolvendo formas para medir e monitorar a qualidade dos serviços, os esforços para melhorar os dados e a análise desses aspectos críticos são ainda insipientes em comparação com os sistemas de saúde mais maduros dos países da OCDE. Mas além de fortalecer os mecanismos de garantia de qualidade e remediar as limitações pelo lado da oferta em níveis específicos da rede de prestadores – como recursos humanos, medicamentos e outras tecnologias de saúde, entre outras coisas – é necessária uma melhor integração e coordenação entre diferentes níveis de atendimento saúde para garantir que os pacientes recebam um leque integral de serviços durante todo o atendimento. As preocupações acerca da qualidade e tempestividade do atendimento são importantes, não apenas numa perspectiva de boa aplicação do dinheiro, mas também porque são os principais fatores determinantes da satisfação da população com os sistemas de saúde. Com o aumento da complexidade dos sistemas de saúde e das expectativas da população, essas questões serão cada vez mais importantes.

A lacuna existente em termos de financiamento per capita e qualidade dos serviços prestados pelos diferentes subsistemas é menos que ideal em termos de equidade, mas confere um poderoso incentivo para que os indivíduos procurem aderir aos sistemas contributivos que oferecem pacotes de benefícios mais generosos e melhor atenção. Ao reduzirem-se as diferenças entre os dois subsistemas, existe o risco de que este movimento perca força. De fato, no Chile, onde os trabalhadores têm a opção de aplicar sua contribuição obrigatória a um plano privado de saúde ou se inscrever no plano público, nossos dados mostram uma migração das pessoas do plano privado para o público. Até agora a informação recolhida sugere que a expansão da cobertura de seguro para os que se encontram fora do setor formal, como no caso do *Seguro Popular* do México, tem impacto marginal sobre a informalidade (Reyes, Hallward-Driemeyer e Pages 2011). No entanto, para sustentar os esforços de prestar cuidados de saúde economicamente acessíveis a toda a população, os países terão de manter a vigilância no sentido de captar contribuições dos podem pagar mas não estão dispostos a fazê-lo de maneira voluntária, e também direcionar subsídios públicos aos que realmente não podem pagar. A obrigatoriedade e o subsídio são condições necessárias e suficientes para a cobertura universal de saúde (Fuchs 1996).

Por fim, só se pode gerir o que se mede. Cumprir a promessa da cobertura universal de saúde requer que avaliações e monitoramento regular dos resultados, inclusive verificar se os benefícios estão sendo compartilhados por toda a população, independentemente da sua condição socioeconômica, gênero ou lugar de residência. Para que isso seja feito, será de primordial importância fortalecer os dados – os sistemas de informação de saúde no país, o registro civil, as estatísticas vitais e os sistemas estatísticos em geral – e também aprimorar a comparabilidade internacional. Na era digital, as oportunidades para recolher e processar quantidades maciças de informação por meio de registros administrativos, levantamentos e outras fontes tem-se multiplicado exponencialmente. A complexidade de gerenciar grandes sistemas de dados provenientes de múltiplas instituições e que contenham informação médica altamente sensível dificulta a realização dessa tarefa dentro do setor público, considerando suas limitações em termos de recursos. As parcerias com instituições de pesquisa tanto em nível nacional como internacional poderia ser uma maneira de os ministérios de saúde trabalhar com a vasta quantidade de dados que estão sendo gerados sobre o financiamento da saúde, a prestação de serviços e os resultados para informar a tomada de decisões de políticas e fortalecer a governança do setor, assim como melhorar a transparência e prestação de contas ao público.

Notas

1. Existem severas limitações para analisar as diferenças nos resultados da saúde adulta por estrato socioeconômico. Os dados para a análise das tendências na mortalidade em geral provêm de registros de dados estatísticos civis que normalmente não contêm informações sobre a situação socioeconômica das pessoas. É possível utilizar o nível de educação como dado substituto para isso, mas entre os países estudados só o Chile e o México tinham dados estatísticos confiáveis para realizar este tipo de análise. Portanto, nos levantamentos estudados o que se mediu foi o estado de saúde autoavaliado, um indicador que tem algumas limitações (Lora 2012).

2. Os países que se encontram abaixo da linha de 5% a 6% do gasto público como parcela do PIB têm dificuldades para garantir a cobertura de saúde para os pobres (OMS 2010).

3. A receita fiscal como proporção do PIB é 36% no Brasil e 37% na Argentina, comparado com uma média de 34% na OCDE.

Referências

Atun, Rifat, Luiz Odorico Monteiro de Andrade, Gisele Almeida, Daniel Cotlear, Tania Dmytraczenko, Patricia Frenz, Patrícia Garcia, Octavio Gómez-Dantés, Felicia M. Knaul, Carles Muntaner, Juliana Braga de Paula, Felix Rígoli, Pastor Castell-Florit Serrate, and Adam Wagstaff. 2015. "Health-System Reform and Universal Health Coverage in Latin America." Series on Universal Health Coverage in Latin America. *The Lancet* 385: 1230–47.

Di Cesare, Mariachiara, Young-Ho Khang, Perviz Asaria, Tony Blakely, Melanie J. Cowan, Farshad Farzadfar, Ramiro Guerrero, Nayu Ikeda, Catherine Kyobutungi, Kelias P. Msyamboza, Sophal Oum, John W. Lynch, Michael G. Marmot, and Majid Ezzati, on behalf of The Lancet NCD Action Group. 2013. "Inequalities in Non-Communicable Diseases and Effective Responses." *The Lancet* 381 (9866): 585–97.

Fuchs, Victor. 1996. "What Every Philosopher Should Know about Health Economics." *Proceedings of the American Philosophical Society* 140 (2): 186–96.

Lora, Eduardo. 2012. "Health Perceptions in Latin America." *Health Policy and Planning* 27 (7): 555–69.

Reyes, A., M. Hallward-Driemeier, and C. Pages. 2011. "Does Expanding Health Insurance beyond Formal-Sector Workers Encourage Informality? Measuring the Impact of Mexico's Seguro Popular." Policy Research Working Paper, WPS 5785, World Bank, Washington, DC.

Savedoff, William, David de Ferranti, Amy L. Smith, and Victoria Fan. 2012. "Political and Economic Aspects of the Transition to Universal Health Coverage." Series on Universal Health Coverage, *The Lancet* 380: 924–32.

WHO (World Health Organization). 2010. *The World Health Report—Health Systems Financing: The Path to Universal Coverage*. Geneva: WHO.

WHO and World Bank. 2014. "Monitoring Progress toward Universal Health Coverage at Country and Global Levels: Frameworks, Measures and Targets." WHO/HIS/HIA/14.1, WHO, Geneva, Switzerland.

ANEXO A

Metodologia

Introdução

A metodologia de iniquidade horizontal requer a comparação entre a distribuição efetiva e a distribuição com base na necessidade esperada para avaliar as iniquidades no uso dos serviços de atendimento de saúde. A distribuição relacionada à renda da utilização efetiva dos cuidados de saúde revela uma iniquidade no uso, e a utilização dos cuidados de saúde padronizada por necessidades revela uma iniquidade no uso (van Doorslaer *et al.* 2004). No caso da utilização dos cuidados de saúde, padronizou-se a variável de utilização por necessidade de cuidados de saúde, além de idade e sexo. Normalmente, a necessidade de cuidados de saúde é substituída pelo estado de saúde autoavaliado, doenças crônicas e limitações físicas, quando esta informação está disponível. O método escolhido foi o de padronização indireta ao invés do método de padronização direta, por ser mais preciso ao lidar com dados no nível do indivíduo. A padronização indireta para o estado de saúde e utilização dos cuidados de saúde é calculada da seguinte forma:

$$\hat{y}_i^{IS} = y_i - \hat{y}_i^X + y^m$$

onde

$\hat{y}_i^{IS}$ = estado de saúde padronizado ou utilização padronizada dos cuidados de saúde.

y_i = estado de saúde efetivo ou utilização efetiva dos cuidados de saúde.

$\hat{y}_i^X$ = estado de saúde esperado ou utilização esperada dos cuidados de saúde, e

y_m = média da amostra.

No caso da utilização dos cuidados de saúde, a utilização com base na necessidade esperada é calculada em duas etapas. A utilização efetiva dos cuidados de saúde é calculada por meio de uma regressão ordinária linear de mínimos quadrados da utilização dos cuidados de saúde (y_i) no logaritmo de renda (ln inc$_i$), um vetor das variáveis de necessidade (χ_k) e um vetor das variáveis não atribuídas a necessidades (Z_p), como segue:

$$y_i = \alpha + \beta \ln \mathrm{inc}_i + \sum_k \gamma_k \chi_{k,i} + \sum_p \delta_p Z_{p,1} + \varepsilon_i$$

onde

$\alpha, \beta, \gamma_k,$ e δ_p = parâmetros, e

ε_i = termo de erro.

Ao combinar os coeficientes estimados acima com valores efetivos das variáveis de necessidade (χ_k) selecionadas para a padronização, os valores médios da amostra do logaritmo de renda $(\ln \mathrm{inc}_i)$ e os valores médios das variáveis não ligadas à necessidade (Z_p) selecionadas como controles, a utilização esperada controlada por necessidade é obtida da seguinte forma:

$$\hat{y}_i^x = \hat{\alpha} + \hat{\beta} \ln \mathrm{inc}^m + \sum_k \hat{\gamma}_k \chi_{k,i} + \sum_p \hat{\delta}_p Z_p^m$$

onde

$\hat{\alpha}, \hat{\beta}, \hat{\gamma}_k,$ e $\hat{\delta}_p$ = parâmetros, e

m = valor médio

Dado que algumas variáveis de utilização de cuidados de saúde como consultas médicas e número de dias de hospitalização são expressas por valores binários ou contagem de números inteiros não negativos e constituem variáveis dependentes distribuídas de maneira não normal e muito inclinada (devido a grande número de observações iguais a zero presentes nas variáveis de contagem de inteiros), os modelos não lineares são mais apropriados que os modelos lineares para o processo de padronização indireta. No entanto, ainda que os cálculos gerados pelos modelos lineares possam ser menos robustos e precisos que os que são gerados por modelos não lineares, a evidência na literatura indica que os resultados são similares (van Doorslaer *et al.* 2004; O'Donnell *et al.* 2008).

Além disso, os modelos lineares oferecem vantagens em comparação aos métodos não lineares para calcular medições de iniquidade horizontal. Por exemplo, as variáveis de controle incluídas na regressão podem ser completamente neutralizadas ao gerar as predições de necessidades quando definidas como iguais aos seus valores médios, melhorando a precisão da medição e possibilitando calcular a contribuição destas variáveis nas iniquidades observadas. Isto permite separar a contribuição de cada variável incluída no modelo e valorar seu impacto sobre a utilização de serviços de saúde. Este aspecto é muito útil para a decomposição, já que permite identificar os fatores que contribuem à desigualdade (O'Donnell *et al.* 2008).

Os índices e as distribuições obtidos com os modelos lineares e não lineares foram comparados para confirmar que a seleção do modelo linear não afetou os resultados. Dadas as vantagens de utilizar o modelo linear e a similaridade dos resultados com modelos não lineares para todos os países, deu-se preferência à apresentação dos resultados dos modelos lineares.

Índices de concentração foram utilizados para medir tanto as desigualdades e como as iniquidades. A desigualdade foi medida com o índice de concentração (IC) para a distribuição não padronizada da variável dependente. A iniquidade foi medida com índice de concentração da distribuição padronizada da variável dependente, sendo também chamado neste caso de índice de iniquidade horizontal (IH). Portanto, o IH é uma medida síntese da magnitude da iniquidade na variável dependente, tomando em consideração fatores demográficos tais como idade e sexo ou morbidez, características estas que, como se sabe, influenciam o estado de saúde das pessoas e o padrão de utilização dos cuidados de saúde nos diferentes grupos de renda.

O IH é equivalente ao IC da variável dependente padronizada por necessidades, que é também a diferença entre o índice de concentração da distribuição efetiva e a distribuição com base na necessidade esperada (O'Donnell *et al.* 2008). A relação média entre necessidades e a variável dependente é usada como norma para medir a iniquidade horizontal. Desvios sistemáticos da norma foram calculados para o estado de saúde e para as variáveis de utilização dos cuidados de saúde para pelo menos dois anos em cada país.

Também é possível calcular o IC utilizando-se uma simples fórmula de covariação para dados ponderados, que é expresso pela covariação entre a variável dependente e a posição na distribuição de renda escalada por 2 e dividida pela média da variável dependente (O'Donnell *et al.* 2008), como segue:

$$CI = \frac{2^{IS}}{\mu_i} \text{cov}_w(y_i, R_i)$$

onde
μ = média da amostra ponderada de γ
cov_w = covariação ponderada, e
Ri = posição fracionária relativa do indivíduo i

A posição fracionária relativa indica que a proporção cumulativa ponderada da população até o ponto médio de ponderação de cada indivíduo e é calculada como segue:

$$R_i = \frac{1}{n} \sum_{j=1}^{i-1} w_j + \frac{1}{2} w_i$$

onde
n = tamanho da amostra e
w = ponderação da amostra.

Os valores IH são calculados a partir de amostras o que requer o cálculo do erro padrão para realização dos testes de significância estatística. Como estes estudos usaram amostras de diferentes anos, realizou-se o teste-t para calcular a significância estatística da diferença do IH para cada ano de pesquisa.

Referências

O'Donnell, Owen A., Eddy van Doorslaer, Adam Wagstaff, and Magnus Lindelow. 2008. *Analyzing Health Equity Using Household Survey Data: A Guide to Techniques and Their Implementation*. Washington, DC: World Bank.

van Doorslaer, Eddy, Cristina Masseria, and the OECD Health Equity Research Group. 2004. *Income-Related Inequalities in the Use of Medical Care in 21 OECD Countries*. OECD Working Papers No. 14. Paris: OECD. DELSA/ELSA/WD/HEA(2004)5.

ANEXO B

Definições de indicadores

Dimensão	Estágio do ciclo de vida	Indicador	Definição	Comentários (quando aplicável)
Resultado	Primeiros anos	Taxa de mortalidade infantil	Número de mortes em crianças menores de 1 ano de idade por 1.000 nascidos vivos.	A taxa de mortalidade é calculada usando o método da tabela de vida de coorte real; as DHS usam o método da tabela de vida de coorte sintético.
		Taxa de mortalidade em menores de 5 anos	Número de mortes em crianças menores de 5 anos de idade por 1.000 nascidos vivos.	A taxa de mortalidade é calculada usando o método da tabela de vida de coorte real; as DHS usam o método da tabela de vida de coorte sintético.
		Infecção respiratória aguda (menores de 5 anos)	Porcentagem de crianças com um episódio de tosse e respiração rápida (nas últimas 2 semanas)	
		Diarreia (menores de 5 anos)	Porcentagem de crianças com diarreia (nas últimas 2 semanas)	
		Desnutrição crônica (menores de 5 anos)	Porcentagem de crianças comum z-score de altura-por-idade < −2 desvios-padrão da mediana referência	z-score é calculado usando os padrões de crescimento para crianças da OMS 2006[a]
	Juventude à meia-idade	Violência perpetrada por parceiro íntimo (mulheres)	Prevalência de violência perpetrada por parceiro íntimo nos últimos 12 meses	
		Acidentes de trânsito e lesões	Probabilidade de se envolver em um acidente de transporte com lesões corporais	Brasil—no último ano, população de 18+ Jamaica—nas últimas 4 semanas, população de 18+ México—no último ano, população de 20+

A tabela continua na página seguinte

Anexo B *(continuação)*

Dimensão	Estágio do ciclo de vida	Indicador	Definição	Comentários (quando aplicável)
		Estado de saúde autoavaliado	Porcentagem de adultos que qualificam seu estado de saúde como menos que bom	Este indicador foi criado a partir de uma variável ordinal com cinco categorias
	Meia-idade em diante	Diagnóstico de asma	Porcentagem de adultos que alguma vez foram diagnosticados com asma	
		Diagnóstico de depressão	Porcentagem de adultos que alguma vez foram diagnosticados com depressão	
		Diagnóstico de diabetes	Porcentagem de adultos que alguma vez foram diagnosticados com diabetes	
		Diagnóstico de cardiopatia	Porcentagem de adultos (40+ anos) que alguma vez foram diagnosticados com infarto, angina pectoris, insuficiência cardíaca, ou outra doença cardíaca	
Fator de risco	Juventude à meia-idade	Consumo de álcool	Porcentagem de adultos que consumem ≥5 (4 para mulheres) doses em ao menos um dia (semana anterior)	
		Uso de tabaco (mulheres)	Porcentagem de mulheres entre 15–49 anos que fumam cigarros, cachimbo, etc.	Costa Rica—18–44 anos Guatemala—18–49 anos
	Meia-idade em diante	Diagnóstico de hipertensão	Porcentagem de adultos (40+ anos) que alguma vez foram diagnosticados com hipertensão	
		Obesidade (mulheres não grávidas)	Porcentagem de mulheres entre 15–49 anos com um índice de massa corporal maior do que 30	Costa Rica e Guatemala—18–49 anos México—20–49 anos
		Obesidade (homens)	Porcentagem de homens (18+ anos) com índice de massa corporal maior do que 30	
Utilização de serviços	Primeiros anos	Imunização completa	Porcentagem de crianças entre 12–23 meses que receberam BCG, sarampo, três doses de pólio e DPT, verificado pela carteira de vacinação ou de memória pelo entrevistado	Jamaica—menos de 5 anos de idade

A tabela continua na página seguinte

Rumo a uma cobertura universal de saúde e equidade na América Latina e no Caribe
http://dx.doi.org/10.1596/978-1-4648-0920-0

Anexo B *(continuação)*

Dimensão	Estágio do ciclo de vida	Indicador	Definição	Comentários (quando aplicável)
		Tratamento médico de infecção respiratória aguda (menores de 5 anos)	Porcentagem de crianças com tosse e respiração rápida que procuraram tratamento médico para infecção respiratória aguda (nas últimas duas semanas)	usa, ao menos um método anticonceptivo, sem importar qual
		Tratamento de diarreia (menores de 5)	Porcentagem de crianças com diarreia que receberam sais de reidratação oral ou uma solução caseira	
		Prevalência de uso de anticoncepcional	Porcentagem de mulheres entre 15–49 anos, casadas ou em união estável, que atualmente usam, ou cujo parceiro sexual	Costa Rica—18–49 anos México—20–49 anos
	Juventude à meia-idade	Cuidado pré-natal	Porcentagem de mulheres entre as idades de 15–49 que tiveram ao menos quatro consultas por profissional competente (assim definido na pesquisa do país)	
		Parto assistido por profissional habilitado	Porcentagem de mães entre 15–49 anos que foram atendidas por profissional competente durante o parto (assim definido na pesquisa do país)	Costa Rica—18–44 anos
		Rastreamento de câncer cervical	Proporção de mulheres entre 18–69 anos que realizaram um Papanicolau em seu mais recente exame pélvico (últimos 3 anos)	Brasil—25–69 anos Costa Rica—18–44 (1999) e 18–49 (2006) Guatemala—18–49 anos México—20–69; quando a pergunta se referia aos últimos 12 meses, a resposta foi ajustada para os últimos 3 anos
	Meia-idade em diante	Rastreamento de câncer de mama	Proporção de mulheres entre 40–69 anos que realizaram mamografia (últimos 3 anos)	Colômbia—40–49 anos México—período da pergunta de 1 ano ajustado a uma base de 3 anos
	Todos os adultos	Consultas ambulatoriais	Porcentagem de adultos que utilizaram qualquer serviço ambulatorial nas últimas 2 semanas	Chile só registra consultas médicas
		Internações hospitalares	Entrevistado reportou haver sido hospitalizado ao menos uma vez durante os últimos 12 meses	Guatemala—período da pergunta de 1 mês ajustado a uma base de 12 meses

A tabela continua na página seguinte

Anexo B *(continuação)*

Dimensão	Estágio do ciclo de vida	Indicador	Definição	Comentários (quando aplicável)
		Cuidados preventivos	Porcentagem de adultos que utilizaram qualquer serviço preventivo, ou sem haver estado doentes nos últimos 3 meses	Brasil—período da pergunta de 2 semanas ajustado a uma base de 3 meses Colômbia—período da pergunta de 12 meses ajustado a uma base de 3 meses
		Cuidados curativos	Porcentagem de adultos que receberam qualquer serviço de saúde devido a uma necessidade no mês anterior	Brasil e México—período da pergunta de 2 semanas ajustado a uma base de 1 mês Chile—período da pergunta de 3 meses ajustado a uma base de 1 mês
Proteção financeira	Domicílio	Empobrecimento a $1,25 por dia	O domicílio é classificado como empobrecido pelo gasto direto em saúde se o seu consumo **incluindo** gasto direto está acima da linha de pobreza de $1,25 por dia, enquanto seu consumo **excluindo** gasto direto em saúde está baixo da linha de pobreza de $1,25 por dia	abaixo da linha de pobreza de $1,25
	Domicílio	Empobrecimento a $2 por dia	O domicílio é classificado como empobrecido pelo gasto direto em saúde se o seu consumo **incluindo** gasto direto em saúde está acima da linha de pobreza de $2 por dia, enquanto seu consumo **excluindo** gasto direto em saúde está abaixo da linha de pobreza de $2 por dia	
	Domicílio	Gastos catastróficos superiores a 25% do consumo total	Os gastos diretos das famílias em saúde ultrapassam 25% do seu consumo total no ano anterior	

Nota: DHS = Pesquisa Nacional Sobre Demografia e Saúde; DPT = vacinação contra difteria, pertussis e tétano; BCG = Bacillus Calmette-Guérin (vacinação contra tuberculose).
a. http://www.who.int/childgrowth/standards/en.

Resultados da análise de equidade: média nacional, médias dos quintis e índice de concentração/índice de iniquidade horizontal

País	Ano	Média	Q1	Q2	Q3	Q4	Q5	IC/IH relativo	IH absoluto
Primeiros anos									
Taxa de mortalidade em menores de 5 anos									
Bolívia	1998	108.0	165.3	118.1	117.2	45.3	37.2	-0.2530***	-0.0273
Bolívia	2003	107.6	133.5	139.3	103.7	74.5	43.8	-0.1660***	-0.0179
Bolívia	2008	82.0	120.6	93.0	74.8	52.6	32.1	-0.2190***	-0.0180
Brasil	1996	63.5	106.4	61.1	44.4	32.8	47.6	-0.2200***	-0.0140
Brasil	2006	26.8	47.4	32.4	24.8	16.7	08.1	-0.3122***	-0.0084
Colômbia	1995	39.8	55.2	44.0	27.0	44.2	17.7	-0.1400***	-0.0056
Colômbia	2000	31.0	46.3	40.4	25.6	11.5	21.2	-0.1950***	-0.0060
Colômbia	2005	28.8	45.9	28.2	25.2	17.8	20.1	-0.1860***	-0.0054
Colômbia	2010	25.0	32.5	25.5	23.8	23.5	13.0	-0.1400***	-0.0035
República Dominicana	2002	45.1	74.2	50.3	42.9	32.5	15.2	-0.2290***	-0.0103
República Dominicana	2007	37.3	56.9	41.5	33.2	24.8	22.4	-0.1710***	-0.0064
Guatemala	1995	85.5	99.3	111.3	87.9	70.5	25.3	-0.1470***	-0.0126
Guatemala	1998	68.9	88.8	71.5	89.7	61.6	18.9	-0.1464***	-0.0101
Guatemala	2002	58.7	84.2	70.2	65.4	39.6	14.4	-0.0901***	-0.0053
Guatemala	2008-09	46.0	68.2	44.9	48.2	25.9	12.5	-0.2007***	-0.0092
Haiti	2000	144.7	186.1	134.4	135.6	127.4	130.8	-0.0670**	-0.0097
Haiti	2005-06	113.3	134.5	129.1	117.2	99.8	52.6	-0.1060***	-0.0120
Haiti	2012	98.7	108.0	104.7	103.4	97.3	64.0	-0.0579***	-0.0057
Peru	1996	76.6	121.4	83.5	51.8	56.9	19.0	-0.2440***	-0.0187
Peru	2004-08	40.8	60.6	51.1	31.8	22.1	15.5	-0.2510***	-0.0102
Peru	2012	27.6	43.5	34.1	18.4	16.4	14.3	-0.2484***	-0.0069
Infecção respiratória aguda (menores de 5 anos)									
Bolívia	1998	0.2450	0.2690	0.2720	0.2020	0.2510	0.2130	-0.0380***	-0.0093
Bolívia	2003	0.2290	0.2190	0.2100	0.2320	0.2660	0.2190	0.0230*	0.0053
Bolívia	2008	0.2010	0.2410	0.2010	0.0202	0.1700	0.1710	-0.0640***	-0.0129
Brasil	1996	0.2440	0.2630	0.2710	0.2340	0.2140	0.2090	-0.0490***	-0.0120

Segue na página seguinte

Anexo C *(continuação)*

País	Ano	Média	Q1	Q2	Q3	Q4	Q5	IC/IH relativo	IH absoluto
Brasil	2006	0.1457	0.1787	0.1591	0.1473	0.1274	0.1082	-0.0983***	-0.0143
Colômbia	1995	0.2480	0.2810	0.2270	0.2220	0.2410	0.2700	-0.0170	-0.0042
Colômbia	2010	0.0630	0.0690	0.0730	0.0700	0.0500	0.0390	-0.0940***	-0.0059
Costa Rica	1999	0.0916	0.0816	0.1010	0.0707	0.0971	0.1068	0.0847	0.0078
República Dominicana	1996	0.1120	0.1170	0.1020	0.1310	0.1110	0.0910	-0.0270	-0.0030
República Dominicana	2007	0.1240	0.1480	0.1320	0.1260	0.1150	0.0770	-0.0910***	-0.0113
Guatemala	1995	0.2220	0.2330	0.2170	0.2220	0.2370	0.1860	-0.0120	-0.0027
Guatemala	2008–09	0.2041	0.245	0.221	0.201	0.175	0.133	-0.0966***	-0.0197
Haiti	2000	0.4140	0.4860	0.4580	0.3870	0.3960	0.2960	-0.0780***	-0.0323
Haiti	2005–06	0.2900	0.3220	0.3360	0.2910	0.2560	0.2190	-0.0710***	-0.0206
Haiti	2012	0.3615	0.3590	0.3591	0.3873	0.3759	0.3122	-0.0091	-0.0033
México	2006	0.2222	0.1945	0.2151	0.2444	0.2402	0.2247	0.0399***	0.0089
Peru	1996	0.2070	0.2520	0.2190	0.1900	0.1840	0.1370	-0.0980***	-0.0203
Peru	2000	0.2040	0.2140	0.2150	0.2070	0.1810	0.1840	-0.0330***	-0.0067
Peru	2004–08	0.1910	0.2340	0.1860	0.1730	0.1720	0.1630	-0.0780***	-0.0149
Peru	2012	0.1394	0.1673	0.1535	0.1344	0.1021	0.1219	-0.0921***	-0.0128
Diarréia (menores de 5 anos)									
Bolívia	1998	0.1930	0.2200	0.2030	0.2070	0.1760	0.1170	-0.0800***	-0.0154
Bolívia	2003	0.2260	0.2500	0.2340	0.2240	0.2340	0.1520	-0.0630***	-0.0142
Bolívia	2008	0.2620	0.3050	0.2710	0.2810	0.2180	0.1950	-0.0760***	-0.0199
Brasil	1996	0.1000	0.1410	0.0920	0.0950	0.0810	0.0570	-0.1530***	-0.0153
Brasil	2006	0.2128	0.3003	0.2041	0.2142	0.1703	0.1536	-0.1274***	-0.0271
Colômbia	1995	0.1690	0.1880	0.1990	0.1710	0.1520	0.1030	-0.0900***	-0.0152
Colômbia	2000	0.1410	0.1780	0.1620	0.1310	0.1040	0.1030	-0.1070***	-0.0151
Colômbia	2005	0.1440	0.1770	0.1700	0.1290	0.1120	0.0880	-0.1230***	-0.0177
Colômbia	2010	0.1270	0.1640	0.1450	0.1140	0.1070	0.0730	-0.1380***	-0.0175
Costa Rica	1999	0.0678	0.1250	0.0392	0.0521	0.0745	0.0505	-0.1110	-0.0075
República Dominicana	1996	0.1050	0.1080	0.0930	0.1310	0.0990	0.0860	-0.0250	-0.0026
República Dominicana	2007	0.1490	0.1680	0.1560	0.1450	0.1320	0.1340	-0.0500**	-0.0075

Segue na página seguinte

Anexo C *(continuação)*

País	Ano	Média	Q1	Q2	Q3	Q4	Q5	IC/IH relativo	IH absoluto
Guatemala	1995	0.2100	0.2290	0.2160	0.2360	0.1760	0.1630	-0.0540***	-0.0113
Guatemala	2008-09	0.2293	0.2440	0.2322	0.2500	0.2140	0.1798	-0.0411***	-0.0094
Haiti	2000	0.2680	0.2730	0.2540	0.3010	0.2840	0.2150	-0.0120	-0.0032
Haiti	2005-06	0.2430	0.2610	0.2490	0.2480	0.2540	0.1800	-0.0430**	-0.0104
Haiti	2012	0.2128	0.1864	0.2362	0.2436	0.2185	0.1686	-0.0079	-0.0017
Jamaica	2004	0.0452	0.0500	0.0630	0.0500	0.0290	0.0340	-0.1410	-0.0064
Jamaica	2007	0.0770	0.0800	0.1090	0.0690	0.0360	0.0910	-0.0290	-0.0022
México	2000	0.1172	0.1280	0.1326	0.1218	0.0990	0.0899	-0.0817***	-0.0096
México	2006	0.1283	0.1357	0.1399	0.1102	0.1162	0.1416	-0.0163	-0.0021
México	2012	0.1102	0.1045	0.1126	0.1249	0.1042	0.1013	-0.0084	-0.0009
Peru	1996	0.1810	0.2160	0.2070	0.1840	0.1420	0.0940	-0.1210***	-0.0219
Peru	2000	0.1550	0.1870	0.1810	0.1630	0.1120	0.0760	-0.1320***	-0.0205
Peru	2004-08	0.1400	0.1690	0.1550	0.1440	0.1100	0.0850	-0.1170***	-0.0164
Peru	2012	0.1231	0.1276	0.1464	0.1298	0.1000	0.0938	-0.0838***	-0.0103
Imunização completa									
Bolívia	1998	0.2559	0.2206	0.2489	0.2087	0.3386	0.3054	0.0750**	0.0192
Bolívia	2003	0.5085	0.4779	0.4984	0.4444	0.5932	0.5805	0.0367**	0.0187
Bolívia	2008	0.6723	0.6790	0.6798	0.6704	0.6838	0.6347	-0.0083	-0.0056
Brasil	1996	0.7308	0.5731	0.7394	0.8586	0.8310	0.7558	0.0760***	0.0555
Colômbia	1995	0.6576	0.5406	0.6679	0.6846	0.7119	0.7457	0.0649***	0.0427
Colômbia	2000	0.5239	0.4052	0.4994	0.5959	0.6328	0.5457	0.1011	0.0530
Colômbia	2005	0.5995	0.4918	0.5747	0.6631	0.6506	0.7420	0.0758***	0.0454
Colômbia	2010	0.6848	0.6524	0.6793	0.7269	0.6974	0.6704	0.0149	0.0102
Costa Rica	1999	0.7573	0.7000	0.7619	0.7500	0.8095	0.7619	0.0366	0.0277
República Dominicana	1996	0.3886	0.2796	0.3082	0.4742	0.4217	0.5156	0.1417***	0.0551
República Dominicana	2002	0.3570	0.2690	0.3300	0.4120	0.4290	0.3660	0.0820***	0.0293
República Dominicana	2007	0.5462	0.4513	0.5230	0.5631	0.5590	0.7148	0.0878***	0.0480
Guatemala	1995	0.4277	0.4148	0.4359	0.4640	0.3864	0.4318	0.0057	0.0024
Guatemala	2008-09	0.7125	0.7442	0.7011	0.7061	0.7144	0.6547	-0.0199	-0.0142

Segue na página seguinte

Anexo C *(continuação)*

País	Ano	Média	Q1	Q2	Q3	Q4	Q5	IC/IH relativo	IH absoluto
Haiti	2000	0.3375	0.2557	0.3059	0.4234	0.3107	0.4235	0.1005***	0.0339
Haiti	2005–06	0.4143	0.3338	0.4125	0.4614	0.3572	0.5605	0.0716***	0.0297
Haiti	2012	0.4522	0.4251	0.4550	0.5229	0.4226	0.4090	-0.0059	-0.0027
Jamaica	2004	0.8656	0.7880	0.8030	0.9490	0.8980	0.8900	0.0310	0.0268
Jamaica	2007	0.7778	0.6110	0.7670	0.7540	0.8880	0.8690	0.0550*	0.0428
México	2000	0.7092	0.6747	0.6985	0.7282	0.7021	0.7483	0.0169	0.0120
México	2006	0.7474	0.7446	0.7952	0.7279	0.7570	0.6883	-0.0137	-0.0102
México	2012	0.7675	0.7361	0.8277	0.7777	0.7471	0.7328	-0.0053	-0.0041
Peru	1996	0.6338	0.5566	0.6399	0.6443	0.7197	0.6680	0.0479***	0.0304
Peru	2004–08	0.5373	0.4867	0.5289	0.5278	0.5876	0.6072	0.0436***	0.0234
Peru	2012	0.6387	0.6151	0.6476	0.6089	0.6597	0.6846	0.0200	0.0128
Tratamento médico de infecção respiratória aguda (menores de 5 anos)									
Bolívia	1998	0.4250	0.2740	0.3740	0.4130	0.5890	0.6940	0.1870***	0.0795
Bolívia	2003	0.4830	0.3950	0.5420	0.4940	0.4680	0.5740	0.0490***	0.0237
Bolívia	2008	0.5090	0.4060	0.4920	0.5380	0.5500	0.6990	0.0980***	0.0499
Brasil	1996	0.4620	0.3300	0.4830	0.4820	0.5280	0.6470	0.1240***	0.0573
Brasil	2006	0.6372	0.6294	0.5120	0.5707	0.6846	0.8552	0.0578***	0.0368
Colômbia	1995	0.4870	0.3490	0.4930	0.5060	0.5340	0.6770	0.1290***	0.0628
Colômbia	2010	0.6470	0.5280	0.6780	0.6830	0.7650	0.6410	0.0590***	0.0382
Costa Rica	2006	0.1752	0.1626	0.1944	0.1790	0.2157	0.1235	0.0111	0.0019
República Dominicana	1996	0.5040	0.4388	0.4643	0.5670	0.4895	0.6017	0.0581**	0.0293
República Dominicana	2002	0.6460	0.6770	0.6120	0.7000	0.6630	0.5120	-0.0200	-0.0129
República Dominicana	2007	0.6226	0.6132	0.6482	0.6219	0.6185	0.5901	-0.0104	-0.0065
Guatemala	1995	0.4052	0.2755	0.2981	0.4759	0.4687	0.7399	0.1925***	0.0780
Guatemala	2008–09	0.7598	0.6252	0.7822	0.7974	0.9239	0.8615	0.0781***	0.0594
Haiti	2000	0.3795	0.3345	0.3312	0.4343	0.3885	0.5032	0.0794***	0.0301
Haiti	2005–06	0.2479	0.1466	0.1847	0.2718	0.3613	0.4137	0.2209***	0.0548
Haiti	2012	0.3496	0.2295	0.3001	0.3598	0.4296	0.5028	0.1457***	0.0509
México	2000	0.5755	0.5265	0.5618	0.5966	0.5745	0.6361	0.0280***	0.0161

Segue na página seguinte

Anexo C *(continuação)*

País	Ano	Média	Q1	Q2	Q3	Q4	Q5	IC/IH relativo	IH absoluto
México	2006	0.5843	0.5209	0.6018	0.5639	0.6099	0.6634	0.0393***	0.0230
México	2012	0.6365	0.6191	0.6196	0.6115	0.6522	0.6996	0.0197**	0.0125
Peru	1996	0.4602	0.3613	0.4489	0.5174	0.5717	0.5796	0.1113***	0.0512
Peru	2004–08	0.6652	0.6456	0.6816	0.6345	0.7193	0.6720	0.0117	0.0078
Peru	2012	0.5931	0.5878	0.6030	0.6195	0.6026	0.5261	–0.0014	–0.0008
Tratamento de diarreia (menores de 5 anos)									
Bolívia	1998	0.4840	0.4510	0.4720	0.4920	0.5050	0.5800	0.0420**	0.0203
Bolívia	2003	0.3820	0.3790	0.3700	0.3890	0.3860	0.4010	0.0070	0.0027
Bolívia	2008	0.4380	0.3850	0.4570	0.4700	0.4840	0.4060	0.0330*	0.0145
Brasil	1996	0.4360	0.4260	0.4790	0.5160	0.3730	0.2930	–0.0100	–0.0044
Brasil	2006	0.4050	0.5121	0.3035	0.4460	0.2879	0.4962	–0.0623***	–0.0252
Colômbia	1995	0.4450	0.3440	0.4880	0.4680	0.4960	0.4990	0.0780***	0.0347
Colômbia	2000	0.3210	0.3280	0.3460	0.3130	0.2940	0.2810	–0.0240	–0.0077
Colômbia	2005	0.5550	0.5000	0.5910	0.5640	0.6440	0.4860	0.0350**	0.0194
Colômbia	2010	0.6100	0.5790	0.6380	0.6470	0.5750	0.6230	0.0090	0.0055
República Dominicana	2002	0.3301	0.4265	0.3040	0.2969	0.3477	0.1748	–0.1020***	–0.0337
República Dominicana	2007	0.4686	0.5011	0.4606	0.4709	0.4768	0.3989	–0.0221	–0.0104
Guatemala	1995	0.5156	0.5467	0.4319	0.5682	0.5536	0.4482	–0.0002	–0.0001
Guatemala	2008–09	0.4511	0.4683	0.3984	0.4237	0.4754	0.5778	0.0179	0.0081
Haiti	2000	0.4076	0.3246	0.3709	0.4278	0.4900	0.4494	0.0871***	0.0355
Haiti	2005–06	0.4395	0.3295	0.3857	0.4867	0.5295	0.5487	0.1242***	0.0546
Haiti	2012	0.5787	0.5657	0.5212	0.6085	0.5870	0.6449	0.0265*	0.0154
México	2000	0.3831	0.3955	0.3961	0.3907	0.3832	0.3082	–0.0225	–0.0086
México	2006	0.5313	0.5506	0.5508	0.5431	0.4638	0.5258	–0.0165	–0.0088
Peru	1996	0.2624	0.2695	0.2917	0.2204	0.2969	0.1655	–0.0242	–0.0064
Peru	2004–08	0.3830	0.3127	0.3235	0.4435	0.4430	0.5976	0.1202***	0.0460
Peru	2012	0.3799	0.2961	0.3814	0.4471	0.3972	0.4040	0.0705**	0.0268

Segue na página seguinte

Anexo C *(continuação)*

País	Ano	Média	Q1	Q2	Q3	Q4	Q5	IC/IH relativo	IH absoluto
Desnutrição crônica (menores de 5 anos)									
Bolívia	1998	0.3350	0.4960	0.4010	0.3050	0.2020	0.1040	−0.2290***	−0.0767
Bolívia	2003	0.3250	0.4870	0.4150	0.2810	0.1880	0.0990	−0.2400***	−0.0780
Bolívia	2008	0.2710	0.4510	0.3440	0.2190	0.1510	0.0660	−0.2920***	−0.0791
Brasil	1996	0.1300	0.2700	0.1160	0.0740	0.0410	0.0360	−0.4150***	−0.0540
Brasil	2006	0.0656	0.0641	0.0928	0.0600	0.0399	0.0427	−0.1254***	−0.0082
Colômbia	1995	0.1980	0.3000	0.2240	0.1730	0.1050	0.1050	−0.2220***	−0.0440
Colômbia	2000	0.1860	0.2800	0.2250	0.1600	0.1040	0.0970	−0.2100***	−0.0391
Colômbia	2005	0.1560	0.2490	0.1650	0.1290	0.1120	0.0880	−0.1230***	−0.0192
Colômbia	2010	0.1280	0.1930	0.1280	0.1110	0.0930	0.0680	−0.1870***	−0.0239
Costa Rica	2008	0.0528	0.0842	0.0634	0.0424	0.0436	0.0309	−0.1696	−0.0090
República Dominicana	1996	0.1370	0.2680	0.1270	0.1040	0.0750	0.0370	−0.3440***	−0.0471
República Dominicana	2007	0.1010	0.1690	0.1000	0.0720	0.0800	0.0530	−0.2270***	−0.0229
Guatemala	1995	0.5520	0.7020	0.6670	0.5920	0.3890	0.1500	−0.1740***	−0.0960
Guatemala	1998	0.5182	0.6949	0.6665	0.5618	0.3315	0.1467	−0.2096***	−0.1086
Guatemala	2002	0.4965	0.6546	0.5911	0.5396	0.2637	0.1433	−0.1236***	−0.0613
Guatemala	2008–09	0.4767	0.690	0.600	0.450	0.255	0.150	−0.2331***	−0.1111
Haiti	2000	0.2730	0.3710	0.3430	0.2710	0.2150	0.0910	−0.1940***	−0.0530
Haiti	2005–06	0.2810	0.3860	0.3620	0.3040	0.2010	0.0610	−0.2220***	−0.0624
Haiti	2012	0.2107	0.3110	0.2521	0.2043	0.1408	0.0692	−0.2175***	−0.0458
Jamaica	2004	0.0432	0.0690	0.0580	0.0340	0.0070	0.0480	−0.2180	−0.0094
Jamaica	2007	0.0428	0.0410	0.0570	0.0220	0.0310	0.0630	−0.0070	−0.0003
Peru	1996	0.3110	0.5150	0.3690	0.2420	0.1350	0.0830	−0.2940***	−0.0914
Peru	2000	0.3120	0.5420	0.3740	0.2120	0.1180	0.0710	−0.3270***	−0.1020
Peru	2004–08	0.2840	0.5170	0.3800	0.1690	0.1240	0.0610	−0.3520***	−0.1000
Peru	2012	0.1817	0.3862	0.2030	0.1122	0.0620	0.0401	−0.3982***	−0.0724

Segue na página seguinte

Anexo C *(continuação)*

País	Ano	Média	Q1	Q2	Q3	Q4	Q5	IC/IH relativo	IH absoluto
Juventude à meia idade									
Consumo de álcool									
México	2000	0.4781	0.5527	0.5073	0.4993	0.4765	0.4413	−0.0450***	−0.0215
México	2006	0.3026	0.2459	0.2950	0.3108	0.3166	0.3293	0.0482***	0.0146
México	2012	0.3264	0.3078	0.2973	0.3055	0.3390	0.3673	0.0435***	0.0142
Uso de tabaco (mulheres)									
Argentina	2005	0.3090	0.3082	0.3016	0.3202	0.3140	0.3027	0.0145	0.0045
Argentina	2009	0.2823	0.2955	0.2431	0.2880	0.3119	0.2751	0.0522***	0.0147
Bolívia	2008	0.0860	0.0620	0.0540	0.0670	0.0810	0.1480	0.2260***	0.0194
Brasil	2003	0.1948	0.2735	0.2155	0.1419	0.1678	0.1670	−0.1102***	−0.0215
Brasil	2006	0.1521	0.1829	0.1662	0.1469	0.1514	0.1221	−0.0810***	−0.0123
Brasil	2008	0.1383	0.1771	0.1527	0.1378	0.1240	0.1001	−0.1107***	−0.0153
Chile	2009	0.3650	0.3634	0.3308	0.2957	0.3926	0.4506	0.1263***	0.0461
Costa Rica	1999	0.0613	0.0293	0.0631	0.0534	0.0922	0.0683	0.2141***	0.0131
Costa Rica	2006	0.1229	0.1169	0.1339	0.1044	0.1163	0.1418	0.0174	0.0021
República Dominicana	2002	0.0860	0.1330	0.1100	0.0820	0.0690	0.0560	−0.1760***	−0.0151
República Dominicana	2007	0.0670	0.1080	0.0840	0.0600	0.0460	0.0480	−0.1830***	−0.0123
Guatemala	2002	0.0263	0.0169	0.0063	0.0088	0.0262	0.0599	0.4920***	0.0129
Guatemala	2008–09	0.0155	0.0062	0.0018	0.0071	0.0138	0.0504	0.5410***	0.0084
Haiti	2005–06	0.0320	0.0460	0.0350	0.0290	0.0230	0.0350	−0.0660	−0.0021
Haiti	2012	0.0497	0.0673	0.0621	0.0553	0.0444	0.0309	−0.1601***	−0.0080
Peru	2004–08	0.0610	0.0140	0.0170	0.0420	0.0740	0.1320	0.4140***	0.0253
Peru	2012	0.0481	0.0100	0.0088	0.0279	0.0525	0.1280	0.4960***	0.0238
Prevalência de uso de anticoncepcional									
Argentina	2005	0.5550	0.5050	0.5930	0.5860	0.5890	0.5110	0.0442***	0.0245
Argentina	2009	0.6280	0.5840	0.6710	0.6570	0.6110	0.6210	0.0087	0.0054

Segue na página seguinte

Anexo C *(continuação)*

País	Ano	Média	Q1	Q2	Q3	Q4	Q5	IC/IH relativo	IH absoluto
Bolívia	1994	0.1777	0.0191	0.0684	0.1538	0.2399	0.4204	0.4463***	0.0793
Bolívia	1998	0.2511	0.0708	0.1719	0.2231	0.3246	0.4555	0.3030***	0.0761
Bolívia	2003	0.3501	0.2244	0.2786	0.3178	0.4219	0.4954	0.1635***	0.0572
Bolívia	2008	0.3449	0.2249	0.2689	0.3428	0.4096	0.4676	0.1489***	0.0514
Brasil	1996	0.7006	0.5605	0.6857	0.7396	0.7368	0.7674	0.0554***	0.0388
Brasil	2006	0.8494	0.8334	0.8777	0.8384	0.8572	0.8412	-0.0019	-0.0016
Chile	2006	0.5850	0.5880	0.5580	0.5500	0.6920	0.5480	-0.0079	-0.0046
Colômbia	1995	0.5921	0.4200	0.6012	0.6229	0.6462	0.6535	0.0723***	0.0428
Colômbia	2000	0.6414	0.5431	0.6169	0.6724	0.7001	0.6688	0.0566***	0.0363
Colômbia	2005	0.6781	0.6059	0.6681	0.6889	0.7140	0.7170	0.0353***	0.0239
Colômbia	2010	0.7284	0.6831	0.7306	0.7327	0.7500	0.7481	0.0186***	0.0136
Costa Rica	2006	0.6681	0.6101	0.7188	0.6855	0.5850	0.7444	0.0139	0.0093
República Dominicana	1996	0.5923	0.5117	0.6230	0.5791	0.6173	0.6338	0.0365***	0.0216
República Dominicana	1999	0.6419	0.5423	0.6885	0.6762	0.6027	0.6833	0.0232	0.0149
República Dominicana	2002	0.6583	0.5877	0.6494	0.6794	0.6695	0.6955	0.0299***	0.0197
República Dominicana	2007	0.7009	0.6666	0.7164	0.7122	0.7134	0.6923	0.0083*	0.0058
Guatemala	1995	0.2633	0.0542	0.1029	0.2127	0.3764	0.5714	0.4101***	0.1080
Guatemala	2008–09	0.2983	0.0546	0.1408	0.2328	0.4574	0.5995	0.3980***	0.1187
Haiti	1994–95	0.1313	0.0456	0.0848	0.1300	0.2048	0.2149	0.2885***	0.0379
Haiti	2000	0.2282	0.1736	0.2243	0.2576	0.2429	0.2381	0.0543**	0.0124
Haiti	2005–06	0.2483	0.1470	0.2229	0.2623	0.2982	0.2922	0.1216***	0.0302
Haiti	2012	0.2161	0.2091	0.2061	0.2399	0.2334	0.1927	-0.0121	-0.0026
México	2000	0.5402	0.5054	0.6031	0.5723	0.5032	0.5252	-0.0141	-0.0076
México	2006	0.5378	0.5270	0.5511	0.5269	0.5780	0.5067	-0.0014	-0.0008
México	2012	0.4833	0.4450	0.4601	0.4745	0.5083	0.5270	0.0353***	0.0171

Segue na página seguinte

Anexo C *(continuação)*

País	Ano	Média	Q1	Q2	Q3	Q4	Q5	IC/IH relativo	IH absoluto
Peru	1996	0.4131	0.2394	0.3808	0.4508	0.4898	0.5036	0.1281***	0.0529
Peru	2000	0.5037	0.3673	0.4602	0.5466	0.5633	0.5791	0.0845***	0.0425
Peru	2004–08	0.4826	0.3596	0.4447	0.5272	0.5431	0.5353	0.0771***	0.0372
Peru	2012	0.5168	0.4109	0.5185	0.5280	0.5431	0.5865	0.0590***	0.0305
Cuidado pré-natal (4+ visitas)									
Bolívia	1998	0.4718	0.1784	0.3584	0.5218	0.7245	0.8631	0.2948***	0.1391
Bolívia	2003	0.5748	0.3071	0.4818	0.5938	0.7212	0.8922	0.1975***	0.1135
Bolívia	2008	0.7033	0.4432	0.6332	0.7578	0.8400	0.9157	0.1360***	0.0956
Brasil	1996	0.7889	0.5341	0.7952	0.9004	0.9518	0.9717	0.1305***	0.1030
Brasil	2006	0.9611	0.9482	0.9357	0.9677	0.9761	0.9977	0.0130***	0.0125
Colômbia	1995	0.7091	0.4365	0.6582	0.8092	0.8971	0.9223	0.1523***	0.1080
Colômbia	2000	0.8062	0.6024	0.7748	0.8716	0.9218	0.9097	0.0852***	0.0687
Colômbia	2005	0.8432	0.6870	0.8315	0.8897	0.9134	0.9598	0.0661***	0.0557
Colômbia	2010	0.8983	0.7894	0.8941	0.9253	0.9513	0.9729	0.0415***	0.0373
Costa Rica	1999	0.9570	0.9342	0.9308	0.9379	0.9932	0.9930	0.0190***	0.0182
República Dominicana	1996	0.8863	0.7866	0.8681	0.9121	0.9468	0.9730	0.0455***	0.0403
República Dominicana	1999	0.9350	0.8640	0.9300	0.9470	0.9340	1.0000	0.0220**	0.0206
República Dominicana	2002	0.9500	0.8950	0.9410	0.9680	0.9640	0.9860	0.0190***	0.0181
República Dominicana	2007	0.9107	0.8283	0.8990	0.9272	0.9533	0.9760	0.0327***	0.0298
Guatemala	1995	0.4194	0.2272	0.2791	0.3908	0.6282	0.8562	0.2808***	0.1178
Guatemala	2008–09	0.6730	0.5030	0.5923	0.7050	0.8539	0.9436	0.1312***	0.0883
Haiti	2000	0.4487	0.2495	0.3276	0.4551	0.5290	0.7341	0.2150***	0.0965
Haiti	2005–06	0.5398	0.3214	0.4344	0.5396	0.6489	0.8253	0.1878***	0.1014
Haiti	2012	0.6772	0.5050	0.5598	0.6942	0.7824	0.8895	0.1187***	0.0804
México	2000	0.8459	0.7015	0.8252	0.8843	0.9002	0.9256	0.0453***	0.0383
México	2006	0.8739	0.7724	0.8666	0.8929	0.9067	0.9745	0.0395***	0.0345
México	2012	0.9256	0.9098	0.9202	0.9151	0.9421	0.9495	0.0083***	0.0077
Peru	1996	0.4948	0.1603	0.4164	0.6057	0.7477	0.8965	0.3000***	0.1484

Segue na página seguinte

Anexo C *(continuação)*

País	Ano	Média	Q1	Q2	Q3	Q4	Q5	IC/IH relativo	IH absoluto
Peru	2000	0.6825	0.4075	0.5914	0.7679	0.8845	0.9365	0.1680***	0.1147
Peru	2004–08	0.8759	0.7292	0.8580	0.9287	0.9552	0.9712	0.0592***	0.0519
Peru	2012	0.9248	0.8083	0.9191	0.9630	0.9731	0.9939	0.0403***	0.0373
Parto assistido por profissional habilitado									
Bolívia	1998	0.5746	0.1899	0.4447	0.6893	0.8849	0.9843	0.2953***	0.1697
Bolívia	2003	0.6112	0.2510	0.4960	0.7115	0.8803	0.9858	0.2489***	0.1521
Bolívia	2008	0.7082	0.3597	0.6460	0.8145	0.9215	0.9873	0.1884***	0.1334
Brasil	1996	0.8875	0.7282	0.8953	0.9678	0.9790	0.9932	0.0710***	0.0630
Brasil	2006	0.9692	0.9465	0.9595	0.9765	0.9902	0.9921	0.0126***	0.0122
Colômbia	1995	0.8409	0.5972	0.8546	0.9155	0.9864	0.9828	0.1010***	0.0849
Colômbia	2000	0.8633	0.6393	0.8502	0.9508	0.9873	0.9864	0.0879***	0.0759
Colômbia	2005	0.9047	0.7281	0.9357	0.9723	0.9894	0.9922	0.0652***	0.0590
Colômbia	2010	0.9462	0.8373	0.9656	0.9870	0.9931	0.9937	0.0373***	0.0353
Costa Rica	1999	0.9743	0.9290	0.9880	0.9796	0.9934	0.9860	0.0110***	0.0107
República Dominicana	1996	0.9500	0.8817	0.9652	0.9693	0.9815	0.9771	0.0222***	0.0211
República Dominicana	1999	0.9780	0.9560	0.9970	1.0000	0.9820	0.9370	-0.0020	-0.0020
República Dominicana	2002	0.9830	0.9450	0.9920	0.9930	0.9960	0.9980	0.0120***	0.0118
República Dominicana	2007	0.9465	0.8859	0.9499	0.9621	0.9786	0.9870	0.0222***	0.0210
Guatemala	1995	0.3536	0.0936	0.1636	0.3277	0.6361	0.9193	0.4384***	0.0410
Guatemala	2008–09	0.5262	0.2176	0.4053	0.6243	0.8637	0.9446	0.2926***	0.1539
Haiti	2000	0.2456	0.0509	0.0876	0.1324	0.3947	0.7019	0.4987***	0.1225
Haiti	2005–06	0.2630	0.0675	0.1078	0.2045	0.4267	0.6669	0.4475***	0.1177
Haiti	2012	0.3768	0.0965	0.2132	0.3821	0.5647	0.7882	0.3648***	0.1375
México	2000	0.9053	0.6800	0.8718	0.9415	0.9520	0.9909	0.0553***	0.0501
México	2006	0.9335	0.8339	0.9181	0.9600	0.9934	0.9958	0.0343***	0.0321
México	2012	0.9616	0.9057	0.9681	0.9706	0.9885	0.9862	0.0149***	0.0144
Peru	1996	0.5737	0.1395	0.4916	0.7573	0.9087	0.9699	0.3146***	0.1805
Peru	2000	0.5853	0.1701	0.4549	0.7956	0.9358	0.9845	0.3157***	0.1848

Segue na página seguinte

Anexo C *(continuação)*

País	Ano	Média	Q1	Q2	Q3	Q4	Q5	IC/IH relativo	IH absoluto
Peru	2004–08	0.7744	0.4405	0.7509	0.9333	0.9782	0.9926	0.1602***	0.1241
Peru	2012	0.8689	0.6103	0.8746	0.9730	0.9925	0.9930	0.0957***	0.0832
Rastreamento de câncer cervical									
Argentina	2005	0.4790	0.1690	0.3580	0.4990	0.6630	0.6310	0.2470***	0.1183
Argentina	2009	0.6570	0.4110	0.5710	0.6970	0.7820	0.7860	0.1360***	0.0894
Brasil	2003	0.7192	0.6021	0.6574	0.7077	0.7748	0.8540	0.0724***	0.0520
Brasil	2008	0.7730	0.6904	0.7219	0.7649	0.8130	0.8747	0.0496***	0.0384
Chile	2009	0.5704	0.5264	0.5441	0.5556	0.5719	0.7059	0.0953***	0.0544
Chile	2011	0.6618	0.6580	0.6529	0.6295	0.6562	0.7133	0.0135***	0.0089
Colômbia	2005	0.9144	0.8885	0.9056	0.9060	0.9150	0.9455	0.0116***	0.0106
Colômbia	2010	0.9470	0.9467	0.9425	0.9370	0.9467	0.9623	0.0035***	0.0033
Costa Rica	1999	0.6202	0.5659	0.6390	0.6293	0.6269	0.6404	0.0372***	0.0231
Costa Rica	2006	0.7842	0.7480	0.7994	0.8008	0.7538	0.8167	0.0136	0.0107
Guatemala	1998	0.2564	0.0371	0.0872	0.1927	0.3854	0.5075	0.4096***	0.1050
Guatemala	2008–09	0.3374	0.1854	0.2253	0.3319	0.4275	0.5104	0.2120***	0.0715
México	2000	0.6658	0.6789	0.6729	0.6685	0.6069	0.6985	0.0119	0.0037
México	2006	0.7523	0.8001	0.7599	0.7346	0.7173	0.7513	−0.0261***	−0.0097
México	2012	0.8394	0.8765	0.8332	0.8318	0.8060	0.8457	−0.0164**	−0.0075
Meia-idade em diante									
Estado de saúde autoavaliado (menos que bom)									
Argentina	2003	0.1831	0.2879	0.2503	0.1393	0.1721	0.0671	−0.1852***	−0.0339
Argentina	2005	0.1992	0.2865	0.2437	0.1805	0.1424	0.1430	−0.2170***	−0.0432
Argentina	2009	0.1925	0.2794	0.2157	0.1953	0.1360	0.1360	−0.2180***	−0.0420
Brasil	1998	0.2844	0.3724	0.3543	0.2957	0.2449	0.1547	−0.1593***	−0.0453
Brasil	2003	0.2764	0.3719	0.3379	0.2974	0.2343	0.1406	−0.1712***	−0.0473
Brasil	2008	0.2879	0.3910	0.3415	0.3114	0.2413	0.1542	−0.1668***	−0.0480

Segue na página seguinte

Anexo C *(continuação)*

País	Ano	Média	Q1	Q2	Q3	Q4	Q5	IC/IH relativo	IH absoluto
Chile	2003	0.3587	0.4766	0.4351	0.3850	0.3111	0.2033	−0.1400***	−0.0502
Chile	2009	0.3403	0.4153	0.3895	0.3512	0.3192	0.2408	−0.0937***	−0.0319
Chile	2011	0.3744	0.4230	0.4168	0.3893	0.3592	0.2835	−0.0745***	−0.0279
Colômbia	2003	0.2068	0.3418	0.2545	0.2058	0.1542	0.0776	−0.0714***	−0.0148
Colômbia	2008	0.3441	0.4724	0.4098	0.3588	0.2908	0.1889	−0.1661***	−0.0572
Colômbia	2010	0.2867	0.3906	0.3468	0.3030	0.2320	0.1613	−0.1666***	−0.0478
Costa Rica	2005	0.2241	0.3173	0.2495	0.2004	0.1961	0.1598	−0.1243***	−0.0279
Jamaica	2004	0.2244	0.2804	0.2622	0.2005	0.2028	0.1769	−0.1073***	−0.0241
Jamaica	2007	0.2277	0.2923	0.2301	0.2279	0.2038	0.1845	−0.0916***	−0.0209
Jamaica	2009	0.1930	0.2384	0.1839	0.1853	0.1797	0.1780	−0.0625***	−0.0121
México	2000	0.4572	0.5237	0.5117	0.4712	0.4257	0.3537	−0.0786***	−0.0359
México	2006	0.3629	0.4203	0.3959	0.3774	0.3507	0.2704	−0.0828***	−0.0301
Diagnóstico de asma									
Argentina	2003	0.0329	0.0313	0.0437	0.0331	0.0306	0.0261	−0.0193***	−0.0006
Argentina	2005	0.0487	0.0221	0.0874	0.0365	0.0603	0.0372	0.0920***	0.0045
Brasil	2003	0.0402	0.0356	0.0415	0.0430	0.0415	0.0433	0.0335***	0.0013
Brasil	2008	0.0396	0.0376	0.0402	0.0415	0.0406	0.0423	0.0227***	0.0009
Chile	2009	0.0628	0.0610	0.0370	0.0600	0.0610	0.0950	0.2200***	0.0138
Costa Rica	2006	0.0300	0.0340	0.0283	0.0243	0.0352	0.0284	−0.0119	−0.0004
Jamaica	2004	0.0047	0.0051	0.0065	0.0016	0.0065	0.0040	−0.0108	−0.0001
Jamaica	2007	0.0090	0.0164	0.0098	0.0068	0.0040	0.0078	−0.1639*	−0.0015
Jamaica	2009	0.0278	0.0268	0.0266	0.0375	0.0255	0.0230	−0.0194	−0.0005
México	2006	0.0033	0.0029	0.0024	0.0030	0.0044	0.0036	0.0888***	0.0003
México	2012	0.0024	0.0019	0.0019	0.0026	0.0028	0.0030	0.0964***	0.0002
Diagnóstico de depressão									
Brasil	2003	0.0590	0.0560	0.0609	0.0608	0.0629	0.0567	0.0049***	0.0003
Brasil	2008	0.0574	0.0551	0.0568	0.0610	0.0602	0.0550	0.0055***	0.0003
Chile	2009	0.2160	0.2210	0.2230	0.1820	0.2320	0.2220	0.1330***	0.0287

Segue na página seguinte

Anexo C *(continuação)*

País	Ano	Média	Q1	Q2	Q3	Q4	Q5	IC/IH relativo	IH absoluto
Costa Rica	2006	0.0392	0.0690	0.0499	0.0163	0.0417	0.0197	−0.2171***	−0.0085
México	2006	0.1094	0.0884	0.1031	0.1191	0.1154	0.1208	0.0566***	0.0062
México	2012	0.1129	0.0991	0.1059	0.1191	0.1187	0.1219	0.0456***	0.0051
Diagnóstico de diabetes									
Argentina	2005	0.0848	0.0871	0.0943	0.0768	0.0820	0.0837	−0.0018	−0.0002
Argentina	2009	0.0964	0.0940	0.0926	0.1109	0.0944	0.0899	0.0260*	0.0025
Brasil	2003	0.0378	0.0358	0.0377	0.0414	0.0402	0.0368	0.0093***	0.0004
Brasil	2008	0.0498	0.0473	0.0507	0.0515	0.0526	0.0490	0.0095***	0.0005
Chile	2009	0.0676	0.1030	0.0760	0.0590	0.0540	0.0460	0.0749	0.0051
Costa Rica	2006	0.0550	0.0694	0.0580	0.0473	0.0523	0.0484	−0.0624	−0.0034
Jamaica	2004	0.0190	0.0188	0.0266	0.0198	0.0164	0.0136	−0.0887	−0.0017
Jamaica	2007	0.0323	0.0255	0.0310	0.0339	0.0432	0.0280	0.0526	0.0017
Jamaica	2009	0.0721	0.0726	0.0647	0.0765	0.0649	0.0816	0.0281	0.0020
México	2000	0.0618	0.0690	0.0467	0.0664	0.0654	0.0616	0.0140	0.0009
México	2006	0.0713	0.0569	0.0708	0.0820	0.0752	0.0716	0.0430***	0.0031
México	2012	0.0899	0.0908	0.0913	0.0865	0.0884	0.0923	−0.0004	0.0000
Diagnóstico de cardiopatia (em maiores de 40 anos)									
Argentina	2003	0.0456	0.0513	0.0128	0.0514	0.0338	0.0784	0.1454***	0.0066
Argentina	2005	0.0658	0.0886	0.0851	0.0760	0.0415	0.0378	−0.1106***	−0.0073
Brasil	2003	0.0995	0.0982	0.1038	0.1046	0.1041	0.0868	−0.0146**	−0.0015
Brasil	2008	0.0953	0.0910	0.1021	0.1006	0.0967	0.0861	−0.0108*	−0.0010
Chile	2009	0.1809	0.2531	0.2164	0.1513	0.1566	0.1256	0.0301	0.0054
México	2006	0.0582	0.0535	0.0525	0.0536	0.0696	0.0571	0.0351	0.0020
México	2012	0.0736	0.0708	0.0774	0.0715	0.0725	0.0755	0.0276	0.0020
Diagnóstico de hipertensão (em maiores de 40 anos)									
Argentina	2005	0.4442	0.4625	0.4724	0.4457	0.4376	0.4114	0.0087	0.0039
Argentina	2009	0.4537	0.4718	0.4608	0.4834	0.4480	0.4091	0.0088	0.0040
Brasil	2003	0.3308	0.3379	0.3536	0.3488	0.3262	0.2872	−0.0311***	−0.0103

Segue na página seguinte

Anexo C *(continuação)*

País	Ano	Média	Q1	Q2	Q3	Q4	Q5	IC/IH relativo	IH absoluto
Brasil	2008	0.3494	0.3527	0.3676	0.3606	0.3483	0.3176	−0.0202***	−0.0071
Chile	2009	0.4415	0.5037	0.4800	0.4336	0.4085	0.3814	0.0618***	0.0273
Jamaica	2004	0.0721	0.0666	0.0901	0.0643	0.0734	0.0663	−0.0112	−0.0008
Jamaica	2007	0.1147	0.1334	0.1239	0.1156	0.1179	0.0829	−0.0764**	−0.0088
Jamaica	2009	0.1682	0.1685	0.1535	0.1533	0.1751	0.1909	0.0367	0.0062
México	2000	0.2626	0.2287	0.2142	0.2231	0.2399	0.2848	0.0607*	0.0159
México	2006	0.2350	0.2117	0.2489	0.2425	0.2445	0.2417	0.0185	0.0043
México	2012	0.2604	0.2528	0.2601	0.2537	0.2625	0.2630	0.0093	0.0024
Obesidade (homens)									
Argentina	2005	0.0690	0.0536	0.0691	0.0798	0.0739	0.0687	0.0570***	0.0042
Argentina	2009	0.0858	0.0674	0.0994	0.0841	0.0909	0.0871	0.0440***	0.0041
Chile	2009	0.1938	0.1684	0.1597	0.2640	0.2292	0.1449	0.1817***	0.0437
Colômbia	2005	0.0871	0.0309	0.0694	0.0865	0.1162	0.1322	0.4647***	0.0443
Colômbia	2010	0.1227	0.0575	0.1082	0.1244	0.1561	0.1671	0.3664***	0.0512
Obesidade (mulheres não grávidas)									
Argentina	2005	0.0478	0.0673	0.0591	0.0402	0.0369	0.0283	−0.0599*	−0.0029
Argentina	2009	0.0656	0.1007	0.0756	0.0570	0.0447	0.0375	−0.1247***	−0.0082
Bolívia	1998	0.1140	0.0470	0.0990	0.1380	0.1490	0.1510	0.1970***	0.0225
Bolívia	2008	0.1740	0.0820	0.1580	0.2010	0.2320	0.1680	0.0840***	0.0146
Brasil	1996	0.0980	0.0630	0.0990	0.1200	0.1210	0.0950	0.0970***	0.0095
Brasil	2006	0.2099	0.1941	0.2067	0.2315	0.2310	0.1933	−0.0016	−0.0003
Chile	2009	0.3071	0.3506	0.3512	0.3407	0.2608	0.2130	0.0230	0.0071
Colômbia	1995	0.0930	0.0700	0.1210	0.0850	0.0820	0.1160	0.0450	0.0042
Colômbia	2000	0.1070	0.0770	0.0880	0.1240	0.1180	0.1330	0.1420***	0.0152
Colômbia	2005	0.1160	0.0970	0.1150	0.1230	0.1280	0.1120	0.0270**	0.0031
Colômbia	2010	0.1420	0.1400	0.1600	0.1470	0.1390	0.1190	−0.0380***	−0.0054
Costa Rica	2006	0.1480	0.1714	0.1308	0.1530	0.1720	0.1188	−0.0362	−0.0054
Guatemala	1998	0.1267	0.0243	0.0659	0.1309	0.1488	0.3008	0.3992***	0.0506

Segue na página seguinte

Anexo C *(continuação)*

País	Ano	Média	Q1	Q2	Q3	Q4	Q5	IC/IH relativo	IH absoluto
Guatemala	2002	0.1389	0.0730	0.0938	0.1377	0.1799	0.1760	0.2499***	0.0347
Guatemala	2008–09	0.1702	0.0833	0.1119	0.1731	0.2229	0.2323	0.1941***	0.0330
Haiti	1994–95	0.0270	0.0080	0.0100	0.0000	0.0250	0.1170	0.5820***	0.0157
Haiti	2005–06	0.0620	0.0060	0.0180	0.0310	0.0710	0.1300	0.4370***	0.0271
Haiti	2012	0.0776	0.0118	0.0397	0.0506	0.0869	0.1508	0.3670***	0.0285
México	2006	0.1029	0.0623	0.0813	0.1204	0.1084	0.1419	0.1588***	0.0163
Peru	1996	0.0960	0.0300	0.0730	0.1160	0.1350	0.1610	0.2750***	0.0264
Peru	2000	0.1300	0.0360	0.0970	0.1590	0.1790	0.1410	0.1540***	0.0200
Peru	2004–08	0.1420	0.0500	0.1220	0.1700	0.1780	0.1500	0.1110***	0.0158
Peru	2012	0.1787	0.0853	0.1610	0.2170	0.2153	0.1849	0.0975***	0.0174
Rastreamento de câncer de mama									
Argentina	2005	0.5520	0.4000	0.5020	0.5900	0.6900	0.6210	0.1390***	0.0767
Argentina	2009	0.7060	0.5870	0.6640	0.7290	0.8080	0.7670	0.0830***	0.0586
Brasil	2003	0.4780	0.2360	0.3304	0.4545	0.5899	0.7790	0.2355***	0.1126
Brasil	2008	0.5918	0.3639	0.4651	0.5472	0.6649	0.8401	0.1470***	0.0870
Chile	2009	0.3740	0.2830	0.2540	0.3980	0.4280	0.5070	0.2205***	0.0825
Chile	2011	0.5714	0.5009	0.5156	0.5328	0.5981	0.7039	0.0662***	0.0378
Colômbia	2005	0.7695	0.6986	0.6829	0.6934	0.7516	0.8269	0.0463***	0.0356
Colômbia	2010	0.8001	0.7324	0.8194	0.7845	0.7683	0.8284	0.0169***	0.0136
Costa Rica	2006	0.3276	0.2362	0.2870	0.3469	0.3691	0.3990	0.0912***	0.0299
México	2000	0.3871	0.3492	0.3382	0.3457	0.3219	0.4804	0.0884	0.0133
México	2006	0.5177	0.4443	0.4593	0.4898	0.4945	0.6390	0.0978***	0.0211
México	2012	0.8141	0.8383	0.8336	0.8128	0.7691	0.8239	–0.0082	–0.0035
Consultas ambulatoriais									
Argentina	2003	0.4598	0.3354	0.4484	0.4298	0.4926	0.5928	0.1140***	0.0524
Argentina	2005	0.5147	0.3875	0.5202	0.5222	0.6142	0.5289	0.0918***	0.0473
Brasil	1998	0.2468	0.1818	0.2121	0.2388	0.2639	0.3331	0.1321***	0.0175
Brasil	2003	0.2699	0.2248	0.2356	0.2594	0.2841	0.3423	0.0981***	0.0143

Segue na página seguinte

Anexo C *(continuação)*

País	Ano	Média	Q1	Q2	Q3	Q4	Q5	IC/IH relativo	IH absoluto
Brasil	2008	0.2685	0.2242	0.2379	0.2615	0.2820	0.3345	0.0928***	0.0134
Chile	2003	0.1125	0.1099	0.1097	0.1085	0.1117	0.1228	0.0682***	0.0205
Chile	2009	0.1160	0.1139	0.1161	0.1103	0.1112	0.1288	0.0602***	0.0186
Chile	2011	0.1354	0.1433	0.1408	0.1258	0.1252	0.1421	0.0433***	0.0153
Guatemala	2006	0.1871	0.1341	0.1715	0.1875	0.2123	0.2397	0.1137***	0.0213
Guatemala	2011	0.1474	0.1073	0.1355	0.1375	0.1602	0.2026	0.1208***	0.0178
México	2006	0.1708	0.1515	0.1665	0.1643	0.1757	0.1957	0.0538***	0.0048
México	2012	0.1645	0.1456	0.1556	0.1635	0.1716	0.1861	0.0526***	0.0045
Internações hospitalares									
Argentina	2003	0.0775	0.0976	0.0358	0.0921	0.0785	0.0829	0.0467***	0.0036
Argentina	2005	0.0769	0.0743	0.0883	0.0475	0.0855	0.0886	0.0436***	0.0034
Brasil	1998	0.0842	0.0938	0.0843	0.0790	0.0777	0.0861	−0.0193***	−0.0016
Brasil	2003	0.0804	0.0876	0.0757	0.0754	0.0764	0.0868	0.0007	0.0001
Brasil	2008	0.0804	0.0841	0.0780	0.0753	0.0778	0.0870	0.0073	0.0006
Chile	2000	0.0680	0.0770	0.0670	0.0650	0.0620	0.0680	0.0200***	0.0014
Chile	2003	0.0729	0.0776	0.0706	0.0709	0.0704	0.0751	0.0681***	0.0050
Chile	2009	0.0574	0.0605	0.0577	0.0558	0.0545	0.0586	0.0322***	0.0018
Chile	2011	0.0681	0.0750	0.0714	0.0651	0.0614	0.0675	0.0307***	0.0021
Colômbia	2003	0.0784	0.0628	0.0728	0.0810	0.0808	0.0948	0.0773***	0.0061
Colômbia	2008	0.0747	0.0684	0.0752	0.0657	0.0845	0.0798	0.0361**	0.0027
Colômbia	2010	0.0773	0.0660	0.0773	0.0775	0.0825	0.0832	0.0473***	0.0037
Costa Rica	2006	0.0522	0.0491	0.0469	0.0459	0.0706	0.0482	0.0403	0.0021
Guatemala	2006	0.1067	0.0610	0.0489	0.1210	0.1378	0.1711	0.2400***	0.0022
Guatemala	2011	0.0636	0.0436	0.0346	0.0602	0.0896	0.0929	0.2175***	0.0012
Jamaica	2004	0.0650	0.0325	0.0627	0.0589	0.0781	0.0933	0.1645	0.0107
Jamaica	2007	0.0449	0.0057	0.0321	0.0480	0.0577	0.0805	0.3314***	0.0149
Jamaica	2009	0.0433	0.0301	0.0587	0.0476	0.0702	0.0102	−0.0419	−0.0018
México	2000	0.0618	0.0521	0.0598	0.0689	0.0658	0.0623	0.0324***	0.0020
México	2006	0.0457	0.0438	0.0466	0.0440	0.0456	0.0487	0.0201*	0.0009

Segue na página seguinte

231

Anexo C *(continuação)*

País	Ano	Média	Q1	Q2	Q3	Q4	Q5	IC/IH relativo	IH absoluto
México	2000	0,0472	0,0483	0,0474	0,0511	0,0423	0,0472	-0,0101	-0,0005
Peru	2004	0,0476	0,0354	0,0461	0,0468	0,0586	0,0513	0,0666***	0,0032
Peru	2008	0,0533	0,0358	0,0506	0,0579	0,0574	0,0650	0,0927***	0,0049
Peru	2011	0,0606	0,0459	0,0591	0,0662	0,0620	0,0697	0,0664***	0,0040
Cuidados preventivos									
Argentina	2003	0,6018	0,6311	0,6269	0,4643	0,5409	0,7041	0,0293	0,0077
Argentina	2005	0,7753	0,7278	0,7705	0,8096	0,8111	0,7312	0,0298	0,0117
Brasil	1998	0,1012	0,0574	0,0787	0,1001	0,1146	0,1530	0,1961***	0,0035
Brasil	2003	0,2630	0,2051	0,2146	0,2418	0,2723	0,3707	0,1464***	0,0073
Brasil	2008	0,2030	0,1589	0,1618	0,1843	0,2143	0,2892	0,1487***	0,0055
Chile	2003	0,1669	0,1870	0,1823	0,1666	0,1558	0,1426	0,0024	0,0004
Chile	2009	0,1832	0,2014	0,2015	0,1794	0,1680	0,1658	0,0020	0,0004
Chile	2011	0,2139	0,2584	0,2427	0,2054	0,1841	0,1788	-0,0239***	-0,0051
Colômbia	2003	0,1472	0,0924	0,1175	0,1374	0,1745	0,2357	0,1450***	0,0683
Colômbia	2008	0,1756	0,1253	0,1560	0,1807	0,1951	0,2326	0,0913***	0,0491
Colômbia	2010	0,1736	0,1230	0,1490	0,1723	0,1976	0,2408	0,1000***	0,0534
Peru	2004	0,1044	0,0977	0,1145	0,1182	0,1025	0,0889	-0,0334**	-0,0035
Peru	2008	0,1637	0,1594	0,1765	0,1657	0,1643	0,1529	-0,0129*	-0,0021
Peru	2011	0,1525	0,1609	0,1615	0,1529	0,1469	0,1404	-0,0288***	-0,0044
Cuidados curativos									
Argentina	2003	0,7077	0,6749	0,7014	0,7829	0,7444	0,6424	0,0000	0,0000
Argentina	2005	0,5336	0,5462	0,5255	0,5570	0,5096	0,5316	0,0072	0,0038
Brasil	1998	0,2232	0,1704	0,1987	0,2151	0,2358	0,2931	0,1163***	0,0138
Brasil	2003	0,1991	0,1746	0,1807	0,1959	0,2110	0,2324	0,0674***	0,0071
Brasil	2008	0,2144	0,1841	0,1962	0,2146	0,2242	0,2518	0,0701***	0,0080
Chile	2003	0,0652	0,0552	0,0567	0,0616	0,0692	0,0839	0,1285***	0,0235
Chile	2009	0,0737	0,0638	0,0679	0,0691	0,0730	0,0955	0,1115***	0,0229
Chile	2011	0,0927	0,0890	0,0879	0,0857	0,0888	0,1125	0,0980***	0,0248

Segue na página seguinte

Anexo C *(continuação)*

País	Ano	Média	Q1	Q2	Q3	Q4	Q5	IC/IH relativo	IH absoluto
Colômbia	2003	0.6859	0.6046	0.6395	0.6464	0.7193	0.8033	0.0576***	0.0395
Colômbia	2008	0.7847	0.6949	0.7751	0.7801	0.8299	0.8404	0.0373***	0.0293
Colômbia	2010	0.7801	0.7129	0.7595	0.7344	0.8301	0.8635	0.0404***	0.0315
Guatemala	2006	0.1947	0.1391	0.1751	0.1963	0.2232	0.2501	0.1164***	0.0227
Guatemala	2011	0.1517	0.1108	0.1372	0.1397	0.1672	0.2100	0.1251***	0.0190
Jamaica	2004	0.6724	0.6182	0.6958	0.7043	0.6701	0.6752	0.0146	0.0098
Jamaica	2007	0.6777	0.4817	0.6726	0.7020	0.7687	0.7611	0.0808***	0.0548
Jamaica	2009	0.7808	0.7017	0.7683	0.7760	0.7931	0.8632	0.0375**	0.0293
México	2006	0.8253	0.7692	0.8353	0.7964	0.8369	0.8700	0.0369**	0.0215
México	2012	0.8584	0.8505	0.8402	0.8327	0.8665	0.8904	0.0245*	0.0153
Peru	2004	0.1429	0.0896	0.1233	0.1392	0.1649	0.1976	0.1440***	0.1440
Peru	2008	0.1645	0.1382	0.1501	0.1576	0.1821	0.1945	0.0721***	0.0721
Peru	2011	0.1880	0.1623	0.1795	0.1826	0.1973	0.2185	0.0610***	0.0610

Fontes: DHS—Equity DataSheet. Estimativas próprias baseadas em Argentina—ENFR 2005 e 2009; Brasil—PNDS 2006, PNAD 2003 e 2008; Chile—ENS 2009, CASEN 2003, 2009, e 2011, ENCAVI 2006; Colômbia—ENDS 2005 e 2010, ECV—2003, 2008, e 2010, ENSIN 2005 e 2010; Costa Rica—ENSSR 1999, ENSA 2006, ENANU 2006; Guatemala—ENSMI 2008–09, ENCOVI 2006 e 2011; Haiti—DHS 2012; Jamaica—JSLC 2004, 2007, e 2009; México—ENSA 2000, ENSANUT 2006 e 2012; Peru—DHS 2012, ENAHO 2004, 2008, e 2012.

Nota: O indicador de mortalidade de crianças menores de 5 anos de idade representa o número de mortes por 1.000 nascidos vivos. Os outros indicadores são porcentagens.

Nível de significância: * = 10 por cento, ** = 5 por cento, *** = 1 por cento.

Declaração de benefícios ambientais

O Grupo do Banco Mundial está comprometido com a redução de seu impacto ambiental. Em apoio a este compromisso, a Divisão de Publicação e Conhecimento estimula opções de publicação eletrônica e a tecnologia de impressão por demanda, localizada em centros regionais espalhados por todo o mundo. Em seu conjunto, estas iniciativas permitem reduzir as tiragens e diminuir as distâncias de envio, resultando em menor consumo de papel, uso de produtos químicos, emissões de gases do efeito estufa e desperdícios.

A Divisão de Publicação e Conhecimento segue as normas recomendadas para uso de papel estabelecidas pela *Green Press Initiative*. Sempre que possível, os livros são impressos com 50% a 100% de papel reciclado e no mínimo 50% da fibra do papel utilizado em nossos livros não é branqueada ou é branqueada utilizando processos totalmente livres de cloro, cloro processado ou processos melhorados livres do elemento cloro.

Para maiores informações sobre a filosofia ambiental do Banco, visite http://crinfo.worldbank.org/wbcrinfo/node/4.

green press
INITIATIVE

www.ingramcontent.com/pod-product-compliance
Lightning Source LLC
Chambersburg PA
CBHW080525220326
41599CB00032B/6210